AF608462

Die Reihe
„Wahlen in Deutschland“
wird herausgegeben von

Prof. Dr. Hans Rattinger, Universität Mannheim
Prof. Dr. Sigrid Roßteutscher, Universität Frankfurt a.M.
Prof. Dr. Rüdiger Schmitt-Beck, Universität Mannheim
PD Dr. Bernhard Weßels, Wissenschaftszentrum Berlin (WZB)

im Auftrag der Deutschen Gesellschaft für Wahlforschung (DGfW)

Band 1

Hans Rattinger | Sigrid Roßteutscher
Rüdiger Schmitt-Beck | Bernhard Weßels

und

Ina Bieber | Jan Eric Blumenstiel | Evelyn Bytzek | Thorsten Faas |
Sascha Huber | Mona Krewel | Jürgen Maier | Tatjana Rudi |
Philipp Scherer | Markus Steinbrecher | Aiko Wagner | Ansgar Wolsing

Zwischen Langeweile und Extremen: Die Bundestagswahl 2009

Die Deutsche Bibliothek verzeichnet diese Publikation in der Deutschen Nationalbibliografie; detaillierte bibliografische Daten sind im Internet über http://dnb.ddb.de abrufbar.

ISBN 978-3-8329-5889-3

1. Auflage 2011

Inhaltsverzeichnis

1. Einleitung

Hans Rattinger, Sigrid Roßteutscher, Rüdiger Schmitt-Beck und Bernhard Weßels

Der Titel dieses Buches „Zwischen Langeweile und Extremen“ soll die Hauptlinien von Wahlkampf bzw. Wahlergebnis 2009 pointiert charakterisieren. „Langeweile“ bezieht sich – sicher nicht überraschend – auf den Wahlkampf. Dass er so viel weniger aufregend verlief als frühere Bundestagswahlkämpfe („Schicksalswahl“, „Freiheit statt Sozialismus“) hängt sicher mit der Persönlichkeit von Kanzlerkandidatin und Kanzlerkandidat zusammen, die beide eher ruhige „Sachpolitiker“ als Volkstribunen sind, denen die Arbeit hinter den Kulissen mehr liegt als die öffentliche Polemik. Über die Kanzlerin schrieb „Der Spiegel“ in gewohnter Formulierungslust (39/2010: 24), dass sie „im Wahlkampf 2009 als führende Anästhesistin des Landes auftrat und noch die letzten Politikbegeisterten einschläferte“. Über ihren damaligen Außenminister gibt es vergleichbare Zitate.

Die vom Wahlkampf ausgestrahlte Ruhe hatte jedoch mindestens ebenso viel mit der Regierungskonstellation der Großen Koalition zu tun und der Notwendigkeit für die Koalitionäre, bei der Bewältigung der Finanz- und Wirtschaftskrise weiter und bis zum Ende zusammenzuarbeiten. Zum Schluss einer Großen Koalition haben die Partner immer große Schwierigkeiten, heftig aufeinander einzuschlagen, verantworten sie doch die letzte Legislaturperiode gemeinsam. Angesichts der tiefsten ökonomischen Krise seit Bestehen der Bundesrepublik hätte das Wahlvolk die Hochstilisierung der Auseinandersetzung zwischen den beiden bisher regierenden Parteien zu einer „Schicksalswahl“ mit Inszenierung von Schlammschlachten eher nicht goutiert.

„Extreme“ bezieht sich – ebenso kaum überraschend – auf das Wahlergebnis. Gar nicht gemeint ist damit das Abschneiden von extremistischen Parteien, denn das war völlig unspektakulär. Statt „Extreme“ könnte man auch „Rekorde“ sagen, aber da 2009 so viele „Negativrekorde“ dabei waren, schiene uns dieser Begriff die falschen Assoziationen zu wecken. Warum war 2009 eine Bundestagswahl der Extreme? Erstens war die Wahlbeteiligung mit 70,8 Prozent so niedrig wie noch nie bei einer Bundestagswahl – zum Teil vielleicht ein Ergebnis der „Anästhesierung“ durch den Wahlkampf. Zweitens waren die Veränderungen der Stimmenanteile der Parteien zwischen zwei aufeinander folgenden Bundestagswahlen noch nie so hoch.

Drittens hatte noch nie in der bundesdeutschen Wahlgeschichte eine Partei einen so starken Verlust gegenüber der Vorwahl zu verzeichnen wie die SPD 2009 (minus 11,2 Prozentpunkte bei den Zweitstimmen) – und damit zusammenhängend war viertens der kombinierte Zweitstimmenanteil der beiden Volksparteien mit nur 56,8 Prozent noch niemals so niedrig. Spiegelbildlich dazu hatten fünftens die drei kleineren Bundestagsparteien (FDP, Grüne, Linke) alle ihre besten Ergebnisse aller Zeiten seit 1949 bzw. 1990 vorzuweisen und konnten zusammen weit über ein Drittel der Stimmen (37,2 Prozent) einfahren. Sechstens erreichte auch das Splitting von Erst- und Zweitstimme einen neuen Höchstwert, ebenso wie schließlich der Anteil der Wechselwähler. Wahrscheinlich wird der Leser auf den folgenden Seiten noch mehr Beobachtungen machen, die in diese Liste der Extreme aufgenommen werden könnten.

Das Wahlvolk ging also am 26. September 2009 gut sediert zu Bett, um sich am Abend des folgenden Tages mit einem in etlichen Aspekten extremen Wahlergebnis konfrontiert zu finden. Seine Besonderheiten werden mindestens diese ganze 17. Legislaturperiode des Bundestages bestimmen und teilweise weit darüber hinaus Wirkungen zeigen. Wie es dazu kam, dass auf einen derart langweiligen Wahlkampf ein so extremes Wahlresultat folgte, wird in den Kapiteln dieses Buches untersucht. Sein Anliegen ist, aktuelle Ergebnisse der wissenschaftlichen Beschäftigung mit dem Wahlverhalten der Bürgerinnen und Bürger bei dieser Wahl für einen Leserkreis aufzubereiten, der über das enge Fachpublikum der professionellen Wahlforscher hinaus reicht.

Die deutsche Wahlforschung hat über die Jahrzehnte hinweg einen allgemein anerkannten hohen professionellen Stand erreicht. Sie gehört zu denjenigen Teildisziplinen der Politikwissenschaft, die hohen methodischen Standards genügen und in die internationale Forschungslandschaft gut integriert sind (für einen Überblick s. die Beiträge in Klein et al. 2000; Falter/Schoen 2005). Sie beschäftigt sich mit derjenigen Form politischer Partizipation der Bürger, die am häufigsten genutzt wird und mittels derer den Trägern politischer Ämter Vertrauen auf Zeit ausgesprochen und auch wieder entzogen wird. Deshalb ist das Forschungsfeld der Wahlforschung zentral für die sozialwissenschaftliche Demokratieforschung, sei sie eher empirisch oder eher normativ ausgerichtet.

Neben der Untersuchung der politischen Verhaltensweisen der Bürger und ihrer politischen Einstellungswelten hat die deutsche Wahlforschung seit Jahrzehnten eine sehr hohe Anzahl von Datensätzen hervorgebracht, deren Sekundäranalyse von inländischen und ausländischen Forschern intensiv betrieben wird. Für jede Bundestagswahl seit 1949 steht mindestens jeweils eine größere Umfragestudie im Datenarchiv von GESIS – Leibniz-Institut für Sozialwissenschaften für die Sekundäranalyse zur Verfügung. Allerdings fehlte der deutschen Wahlforschung lange eine kontinuierlich betriebene „Nationale Wahlstudie" (etwa vergleichbar mit der seit den fünfziger Jahren des letzten Jahrhunderts durchgeführten American National Election Study, ANES). Dieser Umstand bringt verschiedene Nachteile mit sich: Bei jeder Bundestagswahl ist die Durchführung einer Wahlstudie hierzu neu zu finanzieren und zu organisieren. Bisweilen wurden zu einer einzelnen Bundestagswahl auch mehrere Wahlstudien durchgeführt, bei widrigen Umständen hätte es aber auch sehr wohl vorkommen können, dass zu einer Bundestagswahl auch einmal gar keine solche Studie auf den Weg gebracht wird. Die von Wahl zu Wahl erfolgende Finanzierung und Organisation von Wahlstudien führte auch dazu, dass bei ihrer Konzeption nicht notwendigerweise auf Kontinuität geachtet wurde, weil es dringender war, in Anträgen auf Förderung für Einzelprojekte wissenschaftliches Innovationspotential geltend zu machen. Die Intention politischer Dauerbeobachtung mit Kontinuität von Erhebungsinstrumenten ist damit nicht immer ohne weiteres vereinbar. Schließlich unterliegen Einzelforscher, die eine Wahlstudie zu einer bestimmten Bundestagswahl betreiben, keiner bindenden Auflage, die erhobenen Daten rasch und vollständig der wissenschaftlichen Fachgemeinschaft zugänglich zu machen, so dass es oftmals mehrere Jahre bis nach einer Wahl dauerte, bevor die Daten über das Datenarchiv von GESIS für Sekundäranalysen verfügbar gemacht wurden. Dieses Fehlen einer kontinuierlichen nationalen Wahlstudie als Bestandteil eines Systems sozialwissenschaftlicher Dauerbeobachtung auf einer stabilen organisatorischen Grundlage und mit Gewährleistung raschen Datenzugangs für alle interessierten Forscher stellte einen der zentralen Schwachpunkte der deutschen Wahlforschung dar.

Um diesen Schwachpunkt zu beseitigen und auch in Deutschland nach dem Vorbild vieler anderer Länder eine nationale Wahlstudie von höherer Kontinuität zu begründen, schlossen sich Anfang 2007 eine größere Anzahl von deutschen Wahlforschern in der Deutschen Gesellschaft für Wahlforschung (DGfW) zusammen. Die DGfW konstituierte sich als eingetragener Verein mit einem Vorstand (derzeit bestehend aus den vier Verfassern dieser Einleitung) und einem Präsidium. Inzwischen hat der Verein mehr als 50 Mitglieder, die zahlreiche Universitäten und akademische Forschungseinrichtungen repräsentieren; auch Kollegen aus dem Ausland sind in der DGfW vertreten (s. http://www.dgfw.eu).

Das erste und wichtigste Ziel der DGfW war, die deutsche Wahlforschung auf dem Weg zu einer nationalen Wahlstudie für die Bundesrepublik voranzubringen. Zur Realisierung dieses Ziels wurde bis zum Frühjahr 2008 ein Förderungsantrag erarbeitet, der im Rahmen ihres Langfristprogramms für die Geistes- und Sozialwissenschaften an die Deutsche Forschungsgemeinschaft (DFG) gerichtet wurde. Antragsteller waren die vier Verfasser dieser Einleitung. Mit der Bewilligung dieses Antrags für einen Zeitraum, der die Bundestagswahlen von 2009 bis 2017 umfasst, konnte Anfang 2009 die Arbeit an der German Longitudinal Election Study (GLES) in Angriff genommen werden, wofür der DFG unsere große Dankbarkeit auszusprechen ist. Die GLES umfasst eine ganze Reihe von Untersuchungskomponenten, von der „klassischen“ großen, vor und nach der Bundestagswahl durchgeführten Querschnittsstudie über eine Rolling Cross-Section-Erhebung während des Wahlkampfes und langfristige sowie kurzfristige Wiederholungsbefragungen bis hin zu einer Kandidatenbefragung und Untersuchungen der redaktionellen Berichterstattung der Nachrichtenmedien und speziell der Fernsehdebatten zwischen den Kanzlerkandidaten. Vermittelt über die intensive Arbeit in der DGfW erhielt die Projektgruppe bei der Entwicklung des Projekts wichtige Impulse aus der wissenschaftlichen Gemeinschaft, an der Vorbereitung und Durchführung bestimmter Studienteile waren weitere Kollegen eng beteiligt (für eine vollständige Übersicht des Gesamtprojekts und seiner Komponenten s. Schmitt-Beck et al. 2010). Zu den Projektgruppen der vier Primärforscher an den Universitäten Mannheim und Frankfurt und am Wissenschaftszentrum Berlin (WZB) kam noch eine Arbeitsgruppe hinzu, die dankenswerterweise von GESIS an deren Standorten Mannheim und Köln eingerichtet wurde, um die GLES bei der Datenerhebung, -aufbereitung und -dokumentation sowie bei der Datenanalyse zu unterstützen. Die als öffentliches Gut verstandenen Datensätze werden allesamt möglichst bald nach Abschluss der Datenaufbereitung restriktionsfrei über GESIS zur Verfügung gestellt (s. http://www.gesis.org/dienstleistungen/forschungsdatenzentren/fdz-wahlen/gles/).

Mit der Etablierung der GLES ist das langfristige Ziel der Realisierung einer auf Dauer gestellten deutschen nationalen Wahlstudie noch nicht vollständig erreicht, aber ein überaus wichtiger Schritt ist getan. Dieser Schritt wurde auch dadurch erleichtert, dass sich im deutschen Wissenschaftssystem im letzten Jahrzehnt zwei wichtige Innovationen durchgesetzt haben. Zum einen hat sich die Erkenntnis verbreitet, dass es Problemstellungen und wissenschaftliche Fragestellungen gibt, die nur in einer langfristigen Perspektive optimal bearbeitet werden können. Das Langfristförderungsprogramm der Deutschen Forschungsgemeinschaft, in das die GLES aufgenommen wurde, trägt dieser Erkenntnis Rechnung. Zum zweiten kann man das erste Jahrzehnt dieses Jahrhunderts als das „Jahrzehnt der Infrastrukturen" bezeichnen. Während es in den Naturwissenschaften schon lange zum Allgemeingut gehört, dass Wissenschaft große und kollektiv finanzierte und genutzte Infrastrukturen (wie Experimentaleinrichtungen, Sternwarten und ähnliches) benötigt, ist die Einsicht inzwischen gewachsen, dass ähnliche Erfordernisse auch für die Sozialwissenschaften bestehen. Sichtbarster Ausdruck dafür ist die im Rahmen der Europäischen Union erarbeitete „Roadmap" für ein europäisches System von Forschungsinfrastrukturen (ESFRI), in der etwa der European Social Survey (ESS) und der europäische Verbund sozialwissenschaftlicher Datenarchive (CESSDA) einen wichtigen Platz gefunden haben. Auch innerhalb der Bundesrepublik und ihren wissenschaftspolitischen Koordinations- und Förderungseinrichtungen geht der Trend zu Infrastrukturen (Kämper/Nießen 2008). Die Vorstellung, dass Wissenschaftsorganisationen und Wissenschaftsförderung nicht nur originelle und innovative Einzelprojekte voranbringen müssen, sondern auch die Aufgabe haben, über längere Zeiträume Infrastrukturen für die Sammlung und Auswertung von Forschungsdaten bereitzustellen, begegnet immer höherer Akzeptanz. Die GLES ist in diesem Sinne ein Teil der neuen Forschungsinfrastrukturen, die zu den etablierten Vertretern dieser Spezies (etwa dem Sozio-Ökonomischen Panel, SOEP) hinzutreten. Familienpanel oder Bildungspanel sind nur einige der weiteren Exemplare, wobei es wohl kein Zufall ist, dass alle genannten Projekte großangelegte Wiederholungsbefragungen als Kernkomponente haben. Dies ist auch bei der GLES der Fall, die diesbezüglich an von der DFG finanzierte Wahlstudien zu den Bundestagswahlen seit 1994 anschließen kann, die ebenfalls eine langfristige Panel-Komponente enthielten.

Wissenschaft findet im sozialen Kontext statt und die Ergebnisse von Wissenschaft betreffen jeden einzelnen Bürger. Das gilt für die Umwelt- oder Klimaforschung ebenso wie für die Wahlforschung, beschäftigt letztere sich doch mit dem Zustandekommen von Wahlentscheidungen und Wahlergebnissen, von denen abhängt, wer ein Land künftig regieren wird. Deshalb setzte sich die GLES zum Ziel, neben einem gewichtigen Beitrag zur Weiterentwicklung der einschlägigen Forschung zu jeder Bundestagswahl auch einen Band vorzulegen, in dem Ergebnisse der Wahlanalysen für einen breiteren Leserkreis aufbereitet werden. Dankenswerterweise hat der Nomos-Verlag sich dafür entschieden, zusammen mit den vier Primärforschern der GLES eine Buchreihe aufzulegen, die im Auftrag der DGfW herausgegeben wird und ab 2009 zu jeder Bundestagswahl einen solchen Band zur Verfügung stellen soll. Das erste Produkt aus dieser Reihe liegt hiermit vor. Seine Verfasser sind oder waren ausnahmslos innerhalb der GLES tätig, sei es als Projektmitarbeiter oder als Kooperationspartner im Rahmen einzelner Studienkomponenten der GLES.

Die zwanzig folgenden Beiträge dieses Bandes versuchen, einen umfassenden Überblick über das Ergebnis und die Hintergründe der Bundestagswahl 2009 zu vermitteln. Kapitel 2 behandelt die Ausgangslage der Wahl, der zweiten Bundestagswahl in der deutschen Nachkriegsgeschichte, die einer Regierung einer Großen Koalition aus CDU/CSU und SPD folgte. Eine weitere Besonderheit der politischen Ausgangskonstellation dieser Bundestagswahl war die tiefgreifende Finanz- und Wirtschaftskrise, die im Herbst 2008 schlagartig eingesetzt hatte. Den Verlauf des Wahlkampfs aus Sicht der Parteien und der Wähler charakterisiert das dritte Kapitel, während im vierten Kapitel das Wahlergebnis dargestellt wird.

Die 14 Unterkapitel des fünften Kapitels liefern Einsichten in verschiedene Hintergründe der Wahlentscheidungen der Bürger. Sie handeln zunächst von der Wahlbeteiligung, die 2009 einen Tiefpunkt erreichte, und dem Wechsel von Parteipräferenzen. Noch nie zuvor war der Anteil der Wechselwähler so hoch wie zwischen den Bundestagswahlen 2005 und 2009. Zwei weitere Teilkapitel befassen sich mit dem Wahlverhalten sozialer Gruppen, einem „klassischen“ Thema seitdem es die empirische Wahlforschung gibt. Ferner wird auf die regionale Differenzierung des Wahlverhaltens eingegangen, auch zwanzig Jahre nach der Wiedervereinigung insbesondere im Hinblick auf Ost und West eine wichtige Problemstellung. Nach einer Analyse der Rolle politischer Ideologien und Werthaltungen für die Wahlentscheidung folgen eine Reihe von Teilkapiteln (Kap. 5.6 bis 5.13), denen ein einheitliches Analyseschema zugrunde liegt. Dieses greift das in den fünfziger Jahren des letzten Jahrhunderts entwickelte grundlegende „Michigan-Modell“ der Wählerentscheidung auf, wonach langfristige Orientierungen gegenüber den politischen Parteien und kurzfristige Einstellungen gegenüber den personellen und inhaltlichen Angeboten der Parteien zusammenwirken, um die jeweilige Wahlentscheidung zu erklären, wobei die Gewichte dieser Faktoren sich durchaus von Wahl zu Wahl verschieben können. Einer Zusammenfassung dieser Teilkapitel zu einem Gesamtmodell folgt dann schließlich zum Schluss des fünften Kapitels eine Analyse koalitionsstrategischen Wahlverhaltens. Angesichts der Diversifikation des Parteiensystems mit inzwischen fünf Parlamentsparteien bei zunehmend unklaren Mehrheitsverhältnissen und des dadurch bedingten

Anstiegs der Anzahl der Koalitionsoptionen ist dies eine hochinteressante, in diesem Komplexitätsgrad bei Bundestagswahlen neuartige Problemstellung. Kapitel 6 beschließt die Analyse mit einer Skizze des Prozesses der anschließenden Regierungsbildung, die zu einer Neuauflage der 1998 abgewählten schwarz-gelben Koalition führte. Nach einer kurzen Zusammenfassung der wichtigsten Befunde und einem Ausblick für die Zukunft werden in den Anhängen das Wahlverfahren und das Wahlergebnis dargestellt, die in den Kapiteln dieses Buches verwendeten Datensätze beschrieben und schließlich einige methodische Erläuterungen gegeben, um die einzelnen Kapitel von diesen eher „technischen" Aspekten zu entlasten.

Literatur

Falter, Jürgen W./Schoen, Harald 2005: Handbuch Wahlforschung, Wiesbaden: VS Verlag für Sozialwissenschaften.

Kämper, Eckard/Nießen, Manfred 2008: Developing the Research Infrastructure in the Social Sciences: The Role and Contribution of the German Research Foundation, Rat für Sozial- und Wirtschaftsdaten Working Paper 50, Berlin: RatSWD.

Klein, Markus/Jagodzinski, Wolfgang/Mochmann, Ekkehard/Ohr, Dieter, Hg. 2000: 50 Jahre Empirische Wahlforschung in Deutschland: Entwicklung, Befunde, Perspektiven, Daten, Wiesbaden: Westdeutscher Verlag.

Schmitt-Beck, Rüdiger/Rattinger, Hans/Roßteutscher, Sigrid/Weßels, Bernhard 2010: Die deutsche Wahlforschung und die German Longitudinal Election Study (GLES), in: Faulbaum, Frank/Wolf, Christof, Hg., Gesellschaftliche Entwicklungen im Spiegel der empirischen Sozialforschung, Wiesbaden: VS Verlag für Sozialwissenschaften, 141-172.

2. Große Koalition und Wirtschaftskrise: Zur Ausgangslage der Bundestagswahl 2009

Ina Bieber und Sigrid Roßteutscher

2.1 Einleitung

Es hätte so spannend werden können und wurde so langweilig. Der politische Betrieb zeigte auf Sturm und Dauermobilisierung: 2009 war ein Superwahljahr wie es die politische Terminplanung nur selten kennt. Im Mai stand die (Wieder-)Wahl des Bundespräsidenten auf der Agenda, im Juni wurden alle Deutschen zur Europawahl an die Urnen gerufen, mehrere Landtagswahlen führten in einem Crescendo der Mobilisierung zum finalen Akt, der Bundestagswahl am 23. September. 2009 war zudem das Jahr politischer Gedenkfeiern, Diskussionsrunden und Podiumsdiskussionen: Die Bundesrepublik feierte ihren sechzigsten Geburtstag, der Fall der Mauer jährte sich zum zwanzigsten Mal. Was hätte man also diskutieren und streiten können: Über die Rolle Europas, über die politische Kultur des geeinten Deutschland, über das Schicksal einzelner Parteien, über ihr Spitzenpersonal, über Gefahren und Chancen veränderter Mehrheitsverhältnisse im Bundesrat, über Politik und Demokratie ganz allgemein. So viele Anreize und Gelegenheiten zur politischen Meinungsäußerung und Partizipation bieten sich dem Volk auch in der modernen Mehrebenendemokratie nur äußerst selten. Natürlich wurde diskutiert und manchmal auch gestritten. Dennoch: Es ging lau zu, und die Spannung hielt sich in Grenzen. Am Ende stand die geringste Wahlbeteiligung, welche die Bundesrepublik in ihrer Geschichte erlebte. Die journalistische Idee des „Superwahljahrs" blieb eine Kopfgeburt, die der Realität nicht standhalten konnte. Die nationalen Gedenktage schafften es nicht, das Wahlkampfgeschehen zu tangieren.

Woran lag es? Dieses Kapitel versucht eine Spurensuche, die mit dem Ergebnis der Bundestagswahl 2005 beginnt und die Stimmungen und Präferenzen der Wählerschaft über den gesamten Zyklus bis zur Bundestagswahl im September 2009 in den Blick nimmt. Im Mittelpunkt stehen dabei die langfristig wirksamen Konstellationen und Ereignisse, die sozusagen die Basis legten und die Optionen für die eigentlich „heiße" Wahlkampfphase der letzten Wochen vor der Wahl bestimmten. Wie die Parteien, Spitzenkandidaten und Wähler mit diesen Optionen und Beschränkungen tatsächlich im Wahlkampf umgegangen sind, ist dann das Thema des direkt folgenden Kapitels.

Wahlkämpfe finden nicht im luftleeren Raum statt. Auch findigste Parteistrategen sind an die politischen Realitäten gebunden und müssen ihre Wahlkampfstrategien so zuschneiden, dass sie der Wählerschaft plausibel und umsetzbar erscheinen. Wären SPD oder auch CDU/CSU lautstark mit dem Ziel der absoluten Mehrheit in den Wahlkampf gezogen, hätten sie sich der Lächerlichkeit preisgegeben. Welche Wahlkampfziele, Themen oder Wunschkoalitionen dem Wähler gegenüber vermittelbar und erfolgsversprechend sind, steht aber in vielen Punkten schon fest, bevor der eigentliche Wahlkampf beginnt. Die Parteien und ihre Spitzenkandidaten sind gezwungen, sich diesen Realitäten zu stellen. Der Wahlkampf wird somit zu einer Optimierungsstrategie auf der Basis feststehender Möglichkeiten und Alternativen. Welche Alternativen standen den Parteien nun zur Verfügung? Was bedingte die Ausgangslage, die den Möglichkeitsraum der Wahlkampfstrategen bestimmte?

2.2 Die Große Koalition

Ein ganz grundlegender Bestimmungsfaktor dieses Möglichkeitsraums ist die Konstellation von Regierung und Opposition, wie sie sich aus dem vorausgegangenen Regierungsbildungsprozess ergeben hatte. Hier stand der Bundestagswahlkampf 2009 durchaus unter außergewöhnlichen Vorzeichen: Die Wahl 2005 mündete in der Bildung einer Großen Koalition aus SPD und CDU/CSU, welche sich in der Bundesrepublik bis zu diesem Zeitpunkt nur einmal zuvor zwischen 1966 und 1969 formiert hatte. Die Wunschkonstellationen beider Volksparteien – Rot-Grün bzw. Schwarz-Gelb – erreichten 2005 keine regierungsfähigen Mehrheiten. Alternative und für die Bundesrepublik neuartige Koalitionsmodelle, wie die „Jamaika“-Koalition aus CDU/CSU, FDP und Grünen, wurden zwar wie das Pendant der sogenannten „Ampel“ (SPD, FDP, Grüne) diskutiert, aber genauso schnell wieder verworfen. Damit blieb nur die „Elefanten-Hochzeit“ der beiden stärksten, allerdings massiv geschrumpften Großparteien. Die Kanzlerkandidatin der mit knapp 35,2 Prozent der Wählerstimmen stärkeren Fraktion, Angela Merkel, wurde die erste weibliche Bundeskanzlerin in der Geschichte der Bundesrepublik Deutschland. Die mit 34,2 Prozent leicht schwächere SPD stellte mit Franz Müntefering den Arbeitsminister und Vize-Kanzler, nachdem sich ein abgewählter Ex-Kanzler Gerhard Schröder enttäuscht aus der Politik zurückgezogen hatte. Die Große Koalition wurde aus der Not geboren, von den Parteien von Beginn an als eine Übergangslösung betrachtet und vom Wählervolk nie wirklich geliebt. Abbildung 1 zeigt die Koalitionspräferenzen der deutschen Wählerschaft über den gesamten Wahlzyklus hinweg. Von der kurzen Phase direkt nach der Regierungsbildung sowie einer Periode in der Mitte des Wahlzyklus abgesehen, als immerhin knapp 30 Prozent der Wähler Schwarz-Rot als beste Regierungsoption sahen, erhielt die Große Koalition selten mehr als ein knappes Viertel, teilweise sogar deutlich weniger Unterstützung. Damit lag sie zwar in der Gunst der Wähler meist über der eher ungeliebten Rot-Grün-Option, aber in der Regel deutlich unter dem vertrauteren Koalitionsmodell von CDU/CSU und FDP.

Abbildung 1: Koalitionspräferenzen von 2005 bis 2009

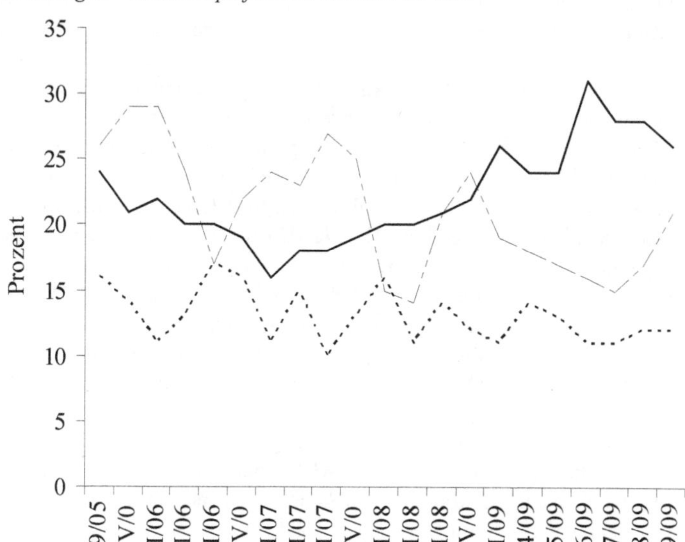

Quelle: Forschungsgruppe Wahlen: Politbarometer. Jeweils letzte Erhebung zum Ende eines Quartals (römische Zahlen) bzw. Monats (arabische Zahlen).

2009 sollte somit zur Scheidung dieser Zwangsehe führen. Allerdings hatte das Wahlergebnis 2005 massive Folgen für die Ausgangslage 2009. Beide

Volksparteien mussten damit rechnen, dass es, wie 2005, wieder nicht reichen könnte. Wie damals wurden alternative Dreierkonstellationen diskutiert, aber ebenso eindeutig verworfen. Die FDP hatte sich sehr frühzeitig auf ihren „Traumpartner" CDU/CSU festgelegt und jede alternative Konstellation kategorisch ausgeschlossen. Rot-Rot-Grün, also die Einbeziehung der Linkspartei in ein klassisches Rot-Grün-Bündnis, war für die SPD spätestens nach dem Hessen-Desaster um Andrea Ypsilanti und der Furcht vor einer „roten Socken"-Kampagne ein Tabu. So gingen die beiden Kontrahenten Merkel und Steinmeier, die ja bis zum Zeitpunkt der Wahl gleichzeitig das Spitzenpersonal einer gemeinsamen Regierung bildeten, mit angezogener Handbremse in den Wahlkampf: Vielleicht mussten sie ja sehr bald wieder miteinander koalieren. Hinzu kam, dass im Laufe der Regierungsarbeit deutlich wurde, dass beide eigentlich sehr gut und in vieler Hinsicht besser als erwartet miteinander regieren konnten. So war von Anfang an klar, dass Polarisierungen und politische Überzeichnungen oder gar persönliche Angriffe, wie sie für Wahlkämpfe typisch sind, den drei kleinen Oppositionsparteien überlassen sein würden. Aus dieser Konstellation ergaben sich allerdings auch die wenigen politischen Höhepunkte der Vorwahlkampfphase, da die FDP fast panisch befürchtete, dass die CDU/CSU sich eigentlich doch lieber nochmals mit der SPD einlassen würde. Resultat waren deutliche Aufrufe an die CDU/CSU und Kanzlerin Merkel, endlich eine eindeutige Koalitionsaussage zugunsten der FDP zu treffen sowie ein politisches Geplänkel zwischen FDP und CSU, zwischen Guido Westerwelle und Horst Seehofer, um den neuen Frontmann der CSU, zu Guttenberg. Dieser wurde von der CSU als zukünftiger Wirtschaftsminister ins Gespräch gebracht, was klassisch als Kernressort der Liberalen gilt. In diesen CSU-FDP-Konflikt, der auch vor dem Hintergrund der Veröffentlichungen der Meinungsforschungsinstitute geführt wurde, die den Sommer über stabile Mehrheiten für Schwarz-Gelb voraussagten, gehören auch die Streitigkeiten um Sachkompetenz in Steuerfragen und – immer wieder – das Einklagen von Koalitionsaussagen und laute Zweifel an der Verlässlichkeit des potentiellen Koalitionspartners.

Abbildung 2: Die politische Stimmung – Wahlabsichten im Zeitverlauf

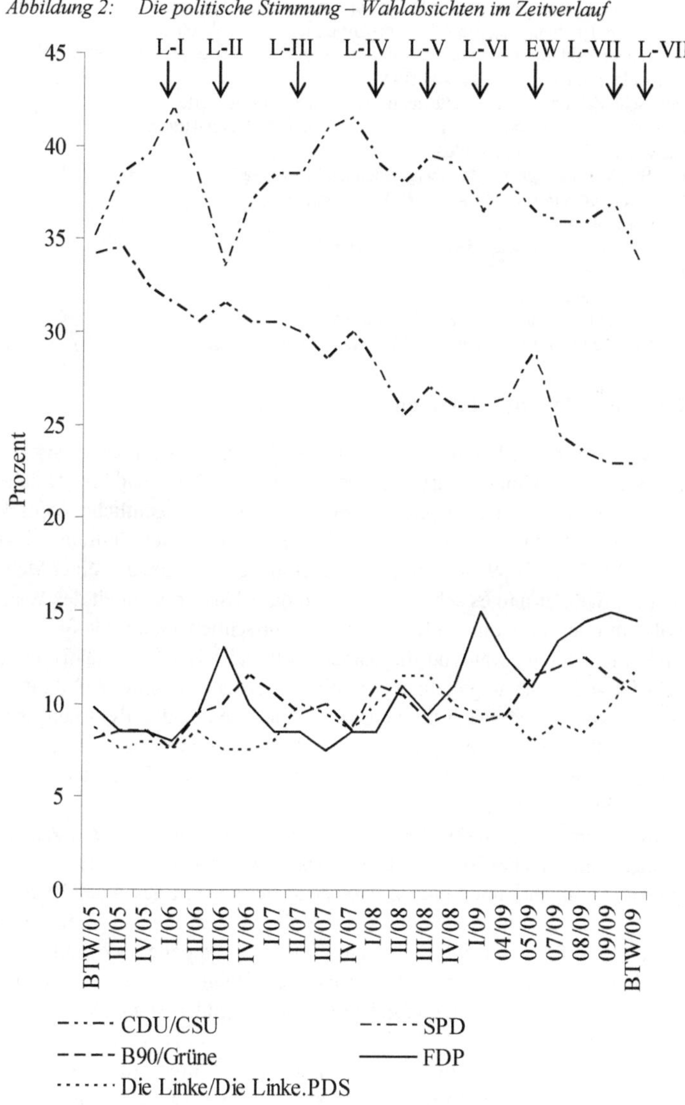

Dargestellt sind Mittelwerte aus Daten der Forschungsgruppe Wahlen und von Infratest dimap von der Bundestagswahl 2005 bis zur Bundestagswahl 2009.
Die Linke: Zahlen für die am 16. Juni 2007 gegründete Partei „Die Linke", vor diesem Zeitpunkt Zahlen für „Die Linke.PDS".
Römische Zahlen: Quartalswerte, arabische Zahlen: Monatswerte.
Zeitpunkte von Landtags- und Europawahlen sind mit Pfeilen dargestellt, wobei L=Landtagswahlen, EW=Europawahlen.
L-I: Wahlen in Baden-Württemberg, Rheinland-Pfalz, Sachsen-Anhalt
L-II: Wahlen in Berlin, Mecklenburg-Vorpommern
L-III: Wahlen in Bremen
L-IV: Wahlen in Hessen, Niedersachsen, Hamburg
L-V: Wahl in Bayern
L-VI: Wahl in Hessen
L-VII: Wahlen in Saarland, Sachsen, Thüringen
L-VIII: Wahlen in Brandenburg, Schleswig-Holstein

2.3 Die politische Stimmung

Besonders für die SPD gestaltete sich diese Ausgangslage mehr als schwierig. Sie war der kleinere Partner in einer Großen Koalition und konnte daher kaum auf einen typischen Kanzlerbonus hoffen. Ihre eigentliche Wunschkoalition mit den Grünen erreichte während des gesamten Zeitraums zwischen 2005 und 2009 nie auch nur annähernd die Unterstützung einer Mehrheit der Wähler und es schien als ob sämtliche Unzufriedenheit des Wahlvolks mit der amtierenden Regierung sich ausschließlich auf die Sozialdemokratie richtete, während die Kanzlerin-Partei CDU/CSU relativ unbeschadet aus dieser ungeliebten Koalition herausgehen sollte. Abbildung 2 macht deutlich, dass sich die Schere zwischen den beiden Regierungsparteien in der Wertschätzung der Wählerschaft in der Mitte der Wahlperiode auftut, wenn typischerweise Regierungsparteien in der Gunst der Wähler einen Tiefpunkt erreichen (Bytzek 2007).

Im Sommer und Herbst 2007 kletterte die CDU/CSU sogar auf Zustimmungsraten von über 40 Prozent – eine Marke, von der politische Beobachter eigentlich angenommen hatten, dass sie spätestens seit der Wahl 2005 außerhalb des Möglichkeitsraumes der Volksparteien stünde. Gleichzeitig sackte die SPD unter die 30 Prozent-Linie und dümpelte ab Anfang 2008 kontinuierlich bei ungefähr einem Viertel der Wähler. Diese katastrophale Lage der SPD verschlimmerte sich durch die steigenden Sympathiewerte für die Linkspartei, die für die Sozialdemokratie zu einer zunehmend gefährlichen Konkurrenz auch im Westen der Republik wurde. So stand die berechtigte Befürchtung im Raum, dass sich die negative Stimmungslage direkt im Wahlergebnis niederschlagen könnte. Die SPD befand sich somit ab

2007/2008 in einer bedrohlichen Situation, da sich neben den Grünen, die ihr seit Mitte der 1980er Jahre Stimmenanteile im links-alternativen Bildungsbürgertum abnahmen, nun zunehmend eine zweite linke Konkurrenzpartei etablierte, die Unzufriedene im gewerkschaftlich-gebundenen Arbeitermilieu mobilisieren konnte. Solche Probleme hatte die CDU/CSU nicht. Während die erste Große Koalition der Bundesrepublik noch ein Erstarken rechter Randparteien provozierte, war eine solche Entwicklung nach 2005 zu keinem Zeitpunkt ersichtlich.

Wie Tabellen 1 und 2 zeigen, wurde dieser zweigeteilte Problemhorizont über viele Wahlen, die zwischen den Bundestagswahlen 2005 und 2009 stattfanden, erkenntlich.

Tabelle 1: Wahlen und Nebenwahlen 2005 bis 2009 – Ergebnisse in Prozent der Zweitstimmen

	Jahr/ Monat	CDU/ CSU	SPD	FDP	B90/ Grüne	Die Linke
LTW/NW	05/05	44,8	37,1	6,2	6,2	2,2
BTW	09/05	35,2	34,2	9,8	8,1	8,7
LTW/BW	03/06	44,2	25,2	10,7	11,7	3,1
LTW/RP	03/06	32,8	45,6	8,0	4,6	2,6
LTW/ST	03/06	36,2	21,4	6,7	3,6	24,1
LTW/BE	09/06	21,3	30,8	7,6	13,1	13,4
LTW/MV	09/06	28,8	30,2	9,6	3,4	16,8
LTW/HB	05/07	25,6	36,7	6,0	16,5	8,4
LTW/HE	01/08	36,8	36,7	9,4	7,5	5,1
LTW/NI	01/08	42,5	30,3	8,2	8,0	7,1
LTW/HH	02/08	42,6	34,1	4,8	9,6	6,4
LTW/BY	09/08	43,4	18,6	8,0	9,4	-
LTW/HE	01/09	37,2	23,7	16,2	13,7	5,4
EW	06/09	37,9	20,8	11,0	12,1	7,5
LTW/SL	08/09	34,5	24,5	9,2	5,9	21,3
LTW/SN	08/09	40,2	10,4	10,0	6,4	20,6
LTW/TH	08/09	31,2	18,5	7,6	6,2	27,4
LTW/BB	09/09	19,8	33,0	7,2	5,7	27,2
LTW/SH	09/09	31,5	25,4	14,9	12,4	6,0

–: Nicht angetreten.

Quelle: Bundeswahlleiter, Landeswahlleiter.

Abkürzungen: BB=Brandenburg, BE=Berlin, BTW=Bundestagswahl, BW=Baden-Württemberg, BY=Bayern, EW=Europawahl, HB=Bremen, HE=Hessen, HH=Hamburg, LTW=Landtagswahl, MV=Mecklenburg-Vorpommern, NS=Niedersachsen, NW=Nordrhein-Westfalen, RP=Rheinland-Pfalz, SH=Schleswig-Holstein, SL=Saarland, SN=Sachsen, ST=Sachsen-Anhalt, TH=Thüringen.

Tabelle 2: Veränderungen bei Wahlen und Nebenwahlen 2005 bis 2009 im Vergleich zur vorherigen Wahl – Ergebnisse in Prozent der Zweitstimmen

	Jahr/ Monat	CDU/ CSU	SPD	FDP	B90/ Grüne	Die Linke
LTW/NW	05/05	7,8	-5,7	-3,6	-0,9	-
BTW	09/05	-3,3	-4,3	2,5	-0,4	4,7
LTW/BW	03/06	-0,6	-8,1	2,6	4,0	-
LTW/RP	03/06	-2,5	0,9	0,2	-0,6	-
LTW/ST	03/06	-1,1	1,4	-6,6	1,6	3,7
LTW/BE	09/06	-2,5	1,1	-2,3	4,0	-9,2
LTW/MV	09/06	-2,6	-10,4	4,9	0,8	0,4
LTW/HB	05/07	-4,2	-5,6	1,8	3,7	6,7
LTW/HE	01/08	-12,0	7,6	1,5	-2,6	-
LTW/NI	01/08	-5,8	-3,1	0,1	0,4	6,6
LTW/HH	02/08	-4,6	3,6	2,0	-2,7	-
LTW/BY	09/08	-17,3	-1,0	5,4	1,7	-
LTW/HE	01/09	0,4	-13,0	8,7	4,3	0,3
EW	06/09	-6,6	-0,7	4,9	0,2	1,4
LTW/SL	08/09	-13,0	-6,3	4,0	0,3	19,0
LTW/SN	08/09	-0,9	0,6	4,1	1,3	-3,0
LTW/TH	08/09	-11,8	4,0	4,0	1,7	1,3
LTW/BB	09/09	0,4	1,1	3,9	2,1	-0,8
LTW/SH	09/09	-8,7	-13,3	8,3	6,2	5,2

–: Nicht angetreten.
Quelle: Bundeswahlleiter, Landeswahlleiter.
Die Tabelle enthält die Differenzen Zweitstimmenergebnis der aktuellen Wahl minus Zweitstimmenergebnis der vorherigen Wahl.
Abkürzungen für die Bundesländer: S. Tabelle 1.

Die ersten Landtagswahlen, die schon ein halbes Jahr nach der Bundestagswahl 2005 in Baden-Württemberg, Rheinland-Pfalz und Sachsen-Anhalt stattfanden, zeigten noch ein sehr gemischtes Bild: Die CDU musste jeweils leichte Verluste hinnehmen, die SPD wurde in Baden-Württemberg regelrecht abgestraft, gewann in Rheinland-Pfalz und Sachsen-Anhalt jedoch leicht hinzu. Die Landtagswahlen, die im September 2006 stattfanden, also genau ein Jahr nach der Bundestagswahl, waren für die Sozialdemokraten eine Katastrophe: In Mecklenburg-Vorpommern verloren sie über zehn Prozentpunkte. Nur Berlin setzte ein kleines Ausrufezeichen zu Gunsten der SPD. Die CDU konnte allerdings von der Schwäche des Koalitionspartners nicht profitieren. Auch sie verlor in der Gunst der Wähler.

Weitere herbe Verluste bescherten beiden Groß-Koalitionären die Wahlen der Jahre 2007 und 2008. In Bremen verloren beide etwa fünf Prozentpunkte, Niedersachen fiel für die dort oppositionelle SPD ein wenig glimpflicher aus als für die regierende CDU. In Hamburg verlor die CDU deutlich, die SPD konnte Zugewinne verbuchen. Zum Debakel für die CSU gestalten sich die bayrischen Landtagswahlen im September 2008. Die Wähler bescherten der absolute Mehrheiten gewohnten CSU ein Minus von 17 Prozentpunkten und zwangen sie somit in eine Koalition mit der FDP. Hier zeigte sich ein umgekehrtes Bild: Die Konservativen verloren drastisch, die Sozialdemokraten konnten von der Schwäche des Koalitionspartners nicht profitieren und mussten ebenfalls Einbußen hinnehmen.

Bei allen länderspezifischen Konstellationen lagen hierin die zentralen Gemeinsamkeiten der Landtagswahlen in der Zeit zwischen den Bundestagswahlen 2005 und 2009. Die Verluste der einen Seite kamen der anderen nicht zugute. Gewinne und Verluste trafen die Volksparteien allerdings auf unterschiedlichem Niveau. Während die SPD nur noch in den Stadtstaaten Bremen und Hamburg deutlich über 30 Prozent zu bleiben vermochte, konnte sie in anderen Ländern kaum ein Viertel der Wählerschaft für sich gewinnen. Allein Rheinland-Pfalz bescherte der gebeutelten SPD ein Gefühl alter Größe, nämlich leichte Gewinne bei einem Stimmanteil von fast 46 Prozent. Trotz teilweise massiver Verluste blieb die CDU bzw. CSU in fast allen Länderparlamenten in Westdeutschland die stärkste Kraft. Allerdings musste sie in insgesamt sechs Landtagen den Verlust der absoluten Mehrheit verkraften (s. auch Hilmer 2010).

Gewinner durch die Schwäche beider Volksparteien waren durchweg die kleinen Parteien. Von wenigen Ausnahmen abgesehen konnten alle drei Oppositionsparteien im Bund – FDP, Grüne und Linkspartei – durchweg Zuwächse verbuchen. Während Achtungserfolge bei „Nebenwahlen" für Oppositionsparteien in der Zeit zwischen den Bundestagswahlen zu erwarten sind, liegt die eigentliche Sensation dieser Landtagswahlen in der Etablierung der Linken im Westen der Republik. Der bis dahin auf den Osten Deutschlands begrenzten Regionalpartei gelang erstmals der Einzug in die Länderparlamente von Bremen, Hamburg, Hessen, Niedersachsen und Schleswig-Holstein sowie ein triumphaler Erfolg bei den Landtagswahlen im Saarland (s. dazu ausführlicher Kapitel 3).

2009 war ein besonderes Wahljahr – ein Superwahljahr – das nicht nur zahlreiche Landtagswahlen bereit hielt, sondern auch Wahlen zum Europäischen Parlament auf der Tagesordnung vorsah. Mit den Europawahlen am 7. Juni sollte der Auftakt zu diesem Superwahljahr eingeläutet werden. Wer erwartet hätte, dass die Parteistrategen aufgrund dieser Terminfolge mit geballter Kraft für die Europawahlen mobilisieren würden, sah sich allerdings enttäuscht. Auch dieser Wahlkampf verlief lau, die Mehrheit der Wahlberechtigten (fast 57 Prozent) verzichtete auf eine Stimmabgabe, das Ergebnis der Wahlen war der politischen Stimmung entsprechend. CDU und CSU verloren fast sieben Prozentpunkte, blieben aber mit 38 Prozent der Stimmen mit Abstand stärkste Kraft. Die SPD, die bereits bei der vorherigen Europawahl nur knapp die 20-Prozent-Marke erreicht hatte, musste weitere Einbußen hinnehmen. Grünen und FDP gelangen zweistellige Ergebnisse, die Linke blieb deutlich über der Fünf-Prozent-Hürde.

2.4 Die Kanzlerkandidaturen

Diese grundsätzliche Stimmungslage eher zu Gunsten der CDU/CSU und klar zu Ungunsten der SPD spiegelte sich auch in der Kanzlerpräferenz der deutschen Wählerschaft wider. Seit am 7. September 2007 das SPD-Präsidium beschlossen hatte, den amtierenden Außenminister der Großen Koalition, Frank-Walter Steinmeier, als Kanzlerkandidaten vorzuschlagen, lag Kanzlerin Merkel weit vor ihrem Herausforderer. Steinmeier – als Außenminister einer der sichtbarsten Frontmänner der SPD – sollte nun endlich auch klare Signale in Punkto Führungsstärke ausstrahlen. Mit Gerhard Schröder hatte eine unbestreitbare Führungskraft die politische Bühne verlassen. Franz Müntefering war bereits Anfang 2006 nach innerparteilichen Querelen vom Parteivorsitz zurückgetreten (s. Poguntke 2008). Sein Nachfolger Matthias Platzeck, der zunächst mit triumphalen 99,4 Prozent vom SPD-Parteitag in Karlsruhe gewählt worden war, trat nur wenige Monate später aus gesundheitlichen Gründen vom Amt zurück. Zum Nachfolger wurde schnell der rheinland-pfälzische Ministerpräsident und bisherige Stellvertreter Kurt Beck gekürt (ausführlich s. Hilmer 2010: 151-152). Beck war der strahlende Gewinner der vergangenen Landtagswahlen. Gegen den allgemeinen Trend konnte er leichte Zuwächse für seine SPD verbuchen und fuhr mit fast 46 Prozent der Stimmen ein Ausnahmeergebnis ein. Aber auch ihm war nur wenig politische Fortune beschieden. Sein Schicksal verknüpfte sich mit dem aus SPD-Perspektive wohl dramatischsten Ereignis der 16. Legislaturperiode, der hessischen Landtagswahl im Januar 2008. Die CDU und ihr amtierender Ministerpräsident Roland Koch verloren die Mehrheit – eigentlich ein grandioser Erfolg für Beck und die hessische SPD-Spitzenkandidatin Andrea Ypsilanti. Beide standen allerdings vor einem großen strategischen und ethischen Dilemma: Vor der Wahl hatte Ypsilanti öffentlich erklärt, nicht mit der Linkspartei paktieren zu wollen. Nach der Wahl benötigte sie deren Stimmen zur Tolerierung einer rot-grünen Minderheitsregierung. Medien, politische Gegner, aber auch Genossen aus den eigenen Reihen beschuldigten sie des Wortbruchs, als sie mit Duldung Becks zweimal versuchte, sich mit den Stimmen der Linkspartei zur Ministerpräsidentin küren zu lassen. Schließlich scheiterte das Tolerierungsprojekt am parteiinternen Widerstand. Die im Mai stattfindende Neuwahl bescherte Schwarz-Gelb und Roland Koch die Bestätigung im Amt (zum Hessen-Drama s. Poguntke 2009). Mit Ypsilanti verabschiedete sich auch Beck, dem Mitschuld an diesem strategischen Desaster und dem Stimmungstief der SPD zugeschrieben wurde. An der Seite des designierten Kanzlerkandidaten Steinmeier kehrte Müntefering ins Amt des Parteivorsitzenden einer schwer angeschlagenen Partei zurück, die nun hoffte, zumindest auf der Seite des politischen Personals Ruhe und Stabilität gefunden zu haben.

Abbildung 3: Die Entwicklung der Kanzlerpräferenzen

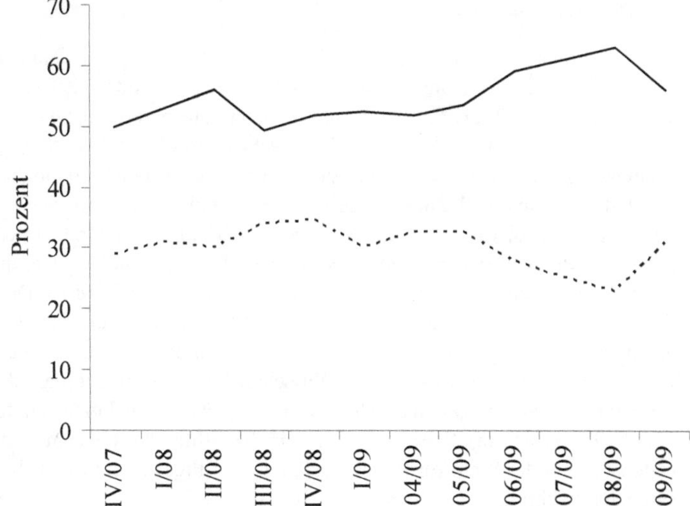

Quelle: Daten von IV/07 bis II/08: Infratest dimap, ab III/08: Mittelwerte aus den Daten der Forschungsgruppe Wahlen und von Infratest dimap. Römische Zahlen: Quartalswerte, arabische Zahlen: Monatswerte.

Gefragt, wen die Wähler lieber als zukünftigen Kanzler bzw. Kanzlerin wünschten, startete Merkel allerdings bei 50 Prozent, während gerade knapp 30 Prozent eine Präferenz für Steinmeier äußerten. Dieser massive Unterschied veränderte sich bis in die direkte Vorwahlkampf-Periode kaum, wo zunächst noch einmal ein deutlicher Anstieg für Merkel festzustellen war. Den Höhepunkt ihrer Beliebtheit erreichte sie im August 2009, einen Monat vor der Wahl, als ihre Zustimmungsrate auf 63 Prozent stieg und Steinmeier mit 23 Prozent immer tiefer zu fallen schien, bis sich der Trend erst kurz vor der Wahl wieder zugunsten von Steinmeier drehte (s. dazu ausführlich Kapitel 3). Dennoch versuchte die SPD bis zum Schluss Optimismus zu verbreiten. Immerhin war es ihr und Kanzler Schröder 2005 in einer fulminanten Aufholjagd während der heißen Wahlkampfphase gelungen, fast 20 Prozentpunkte gut zu machen (Schmitt-Beck/Faas 2006). Dieses Wunder, so beschwor man Parteibasis und Wählervolk, könne sich auch 2009 wiederholen.

2.5 Die Wirtschaftskrise

In den Medien fand man den Wahlkampf einfach nur „zum Gähnen" (bild.de, 14. 9. 2009), „langweiligst" (FAZ, 26. 8. 2009) oder gar „völlig sinnfrei" (stern.de, 2. 11. 2009). Im August 2009 freute man sich schon, dass das Geplänkel zwischen CSU und FDP, zwischen Seehofer und Westerwelle, ein wenig Farbe in das triste Grau zu bringen schien. Endlich, so jubelten die Medien, hatte der Wahlkampf sein Thema – und wenn es nur die Koalitionsfrage selbst war (FAZ, 25. 8. 2009). Die Medien konnten den Protagonisten nur schwer verzeihen, dass sie nicht die Munition lieferten, die für die Inszenierung von Spannung und Wettkampf unverzichtbar ist. Dass dieser Wahlkampf kein Thema hatte, ist aber falsch. Er hatte ein Thema – ein Super-Thema sogar, die Wirtschafts-, Finanz- und Bankenkrise nämlich. In gewissem Sinne war es sogar der Wirtschaftskrise geschuldet, dass der Wettstreit zwischen SPD und CDU/CSU so wenig Fahrt aufnehmen konnte.

Immerhin zwang die Krise die beiden Groß-Koalitionäre bis zum allerletzten Tag vor der Wahl zur Handlungsfähigkeit. Eilige Gesetzesvorhaben waren durchzubringen, Konjunktur- und Rettungspakete sollten verabschiedet werden. Natürlich war dieser gesetzgeberische Aktivismus nicht nur politischer Notwendigkeit geschuldet, sondern stand klar im Zeichen der kommenden Bundestagswahl. Die Initiativen zur Rettung angeschlagener Banken, aber vor allem das Gerangel um staatliche Hilfen für den angeschlagenen Autohersteller Opel, bestimmten das deutsche Vorwahlkampf-Geschehen und standen eindeutig im Kontext eines Wettstreits um die Anerkennung von Wirtschaftskompetenzen und die Gewinnung von Sympathiepunkten in der Wählerschaft. Da man schlussendlich aber beides gemeinsam verantwortete, konnte man schlecht über die Politik des Gegners herziehen. Profilierungsversuche zeigten sich vor allem in Nuancen – etwa beim Versuch die Hauptverantwortung für beim Volk beliebte Maßnahmen für sich zu reklamieren bzw. unbeliebtere Schritte dem Diktat des jeweils anderen Koalitionspartners in die Schuhe zu schieben. Diesen Wettstreit um ein (positives) Handlungsprofil haben Merkel und die Union eindeutig für sich entscheiden können. Selbst klar auf Initiativen der SPD zurückgehende Gesetzesvorhaben (z.B. die Ausweitung des Kurzarbeitergeldes) kamen der Kanzlerin Merkel und ihrer Partei zu Gute und konnten den Rückhalt der SPD in der Bevölkerung nicht steigern. Damit wiederholte sich ein Bild, das für beinahe die gesamte Lebenszeit der Großen Koalition typisch war – die CDU/CSU punktete selbst bei Themen, die zu den Kernkompetenzen der Sozialdemokratie gehörten (ausführlich hierzu s. Hilmer 2010: 151-152).

2.6 Fazit

Die Ausgangslage der SPD für die Bundestagswahl 2009 war miserabel. Nach den Grünen war nun eine zweite Kraft am linken Rand erschienen, die zum ersten Mal seit der Wiedervereinigung im Jahr 1990 auch im Westen der Republik massiv im Wählerpotential der Sozialdemokratie zu „räubern" ansetzte. Spätestens seit der Wahl im Saarland musste allen klar sein, dass die Linke auch in der „alten" Bundesrepublik zu einer politischen Größe geworden war. Geschwächt durch mehrere Wechsel im Führungspersonal, angekratzt durch Ulla Schmidts „Dienstwagen-Affäre" (die Gesundheitsministerin sah sich dem Vorwurf ausgesetzt, den aus Steuergeldern finanzierten Dienstwagen auch für private Urlaubszwecke genutzt zu haben) und durch den misslungenen Ypsilanti-Coup aller „linken" Alternativen beraubt, konnte die SPD nur noch auf die Fortsetzung einer allseits ungeliebten Großen Koalition setzen. Die FDP hatte ihr ein klares Nein für eine Ampelkoalition gegeben, die Wiederaufnahme der rot-grünen Option war aufgrund aller Umfrageergebnisse vollständig unrealistisch. Als Juniorpartner in der Großen Koalition war es ihr zu keinem Zeitpunkt gelungen, erfolgreiche Maßnahmen mit ihrem Namen zu verknüpfen. Selbst ursozialdemokratische Regelungen, wie das Eltern- oder Kurzarbeitergeld, wurden – wenn überhaupt – Kanzlerin Merkel und der CDU/CSU gut geschrieben. Nur ein Wahlkampfwunder à la 2005 hätte die Steinmeier-Partei noch retten können.

Ganz anders die Unionsparteien: Auch wenn ein Gesetz der Wahlforschung besagt, dass Regierungsparteien grundsätzlich zur Mitte des Wahlzyklus und in der Regel auch bei der folgenden Wahl Federn lassen müssen, sah es lange so aus, als sei für die CDU/CSU dieses Gesetz außer Kraft gesetzt. Schimpf und Schande schienen sich ausschließlich auf die SPD zu konzentrieren. 2007 konnte die Union sogar die 40-Prozent-Marke überschreiten, während die SPD in der Wählergunst immer weiter abrutschte. Merkel war allzeit weit beliebter als ihr Herausforderer Steinmeier. Mit der SPD teilte sie allerdings ein gemeinsames Handicap, nämlich eine gemeinsam zu verantwortende Regierungsarbeit, die aufgrund der Wirtschafts- und Bankenkrise auch keinen frühzeitigen Ausstieg aus gemeinsamem Handeln erlaubte. Massive Angriffe auf den politischen „Gegner", der ja gleichzeitig auch Partner war, verboten sich somit schon aus politischem Anstand und wären in den Augen der Wähler auch kaum glaubhaft gewesen. Das größte Risiko barg das Erstarken der FDP. Die Große Koalition war und blieb in den Augen der Wähler eine ungeliebte Notlösung. Sollte es der FDP also gelingen, in der Wählerschaft die Angst zu schüren, dass eine Neuauflage der Elefanten-Hochzeit drohe, könnte sie vielleicht viele Wähler dazu bringen, durch eine FDP-Zweitstimme die Union zum Koalitionswechsel zu zwingen.

Als eindeutig und uneingeschränkt gut stellte sich die Ausgangslage somit nur für die „kleinen" Oppositionsparteien dar. Alle drei Parteien – Grüne, FDP und Linke – standen während des gesamten Wahlzyklus stabil über der Fünf-Prozent-Hürde. Um den Einzug in den Bundestag musste also niemand von ihnen fürchten. Sie konnten aus der Opposition heraus ohne Hemmungen, die aus Verantwortung für getätigte Entscheidungen resultieren, ihre Themen forcieren und politische Alternativen auf die Agenda setzen. Gänzlich frei war hierbei vor allem die Linke. Da von vornherein ausgeschlossen schien, dass sie an irgendeiner zukünftigen Regierung beteiligt sein würde, stand ihr das gesamte Arsenal politischer Polemik zur Verfügung. Auch Grüne und FDP konnten ihr politisches Profil deutlich akzentuieren, mussten aber immer ein wenig taktieren, da ihre Machtoptionen ja von dem Erfolg einer der beiden Volksparteien abhängig waren. Wie die politischen Parteien und ihr Spitzenpersonal tatsächlich mit diesen Möglichkeiten und Einschränkungen im Wahlkampf umgegangen sind, ist das Thema des folgenden Kapitels.

Literatur

Bytzek, Evelyn 2007: Ereignisse und ihre Wirkung auf die Popularität von Regierungen: Von der Schleyer-Entführung zur Elbeflut, Baden-Baden: Nomos.

Hilmer, Richard 2010: Bundestagswahl 2009: Ein Wechsel auf Raten, in: Zeitschrift für Parlamentsfragen 41, 147-180.

Poguntke, Thomas 2008: Germany, in: European Journal of Political Research 47, 985-989.

Poguntke, Thomas 2009: Germany, in: European Journal of Political Research 48, 964-967.

Schmitt-Beck, Rüdiger/Faas, Thorsten 2006: The Campaigning and its Dynamics at the 2005 German General Election, in: German Politics 15, 393-419.

3. Geringe Polarisierung, unklare Mehrheiten und starke Personalisierung: Parteien und Wähler im Wahlkampf

Mona Krewel, Rüdiger Schmitt-Beck und Ansgar Wolsing

3.1 Einleitung

Im Wahlkampf versuchen die Parteien und ihre Kandidaten, durch strategisch geplante Kommunikationskampagnen die Vorstellungen und Einstellungen der Wähler so zu beeinflussen, dass sich dadurch ihre Wahlchancen verbessern (Schmitt-Beck 2007; Wlezien 2010). Vor dem Hintergrund des Rückgangs der Parteibindungen in den letzten Jahrzehnten (s. Kapitel 5.7) und der zunehmenden Neigung von Wählern, ihre Wahlentscheidungen erst kurz vor dem Wahltag zu treffen, ist davon auszugehen, dass die Bedeutung von Wahlkämpfen für das Wählerverhalten langfristig zunimmt (Schmitt-Beck 2003). Die Parteien müssen ihnen daher grundsätzlich größere Beachtung schenken und sie können sich auch nicht mehr damit begnügen, ihre Kampagnen primär auf die Mobilisierung und Aktivierung der eigenen Anhängerschaft auszurichten. Vielmehr müssen sie komplexere Strategien entwickeln, welche ungebundene Wähler anziehen, ohne den traditionellen Unterstützerkern zu entfremden. Im Folgenden wird zunächst beschrieben, wie und unter welchen Rahmenbedingungen die Parteien vor der Bundestagswahl 2009 ihre Kampagnen geplant und gestaltet haben. Daran anschließend betrachten wir die Entwicklung der öffentlichen Meinung über den Zeitraum des Wahlkampfs hinweg und wenden uns der Dynamik von Wahrnehmungen, Einstellungen und Präferenzen der Wähler im Bundestagswahlkampf 2009 zu.

3.2 Der Wahlkampf der Parteien

Das Urteil der Medien über den Bundestagswahlkampf 2009 lässt sich mit einem Wort zusammenfassen: langweilig. Von den meisten Beobachtern wurde er als wenig aufregend empfunden. Hierzu trugen in erheblichem Maße die in mehr als einer Hinsicht ungewöhnlichen Rahmenbedingungen des Wahlkampfs bei, die auf Seiten der Parteien den Griff zu bewährten Rezepten konfrontativer Eskalation nicht angezeigt erscheinen ließen. Die beiden großen Parteien mussten ihre Kampagnen aus der ungewohnten Ausgangssituation einer Großen Koalition heraus planen und umsetzen. Zumindest auf der Ebene öffentlicher Rhetorik war zwar klar, dass weder CDU/CSU noch SPD eine Fortsetzung dieser Zusammenarbeit wünschten. Aber die gegebenen Voraussetzungen machten es ihnen unmöglich, einander in den üblichen Wahlkampfrollen gegenüber zu treten - nämlich als führende Regierungspartei, die ihre Leistungsbilanz präsentiert und verteidigt, und als große Oppositionspartei, welche diese kritisiert und sich selbst als die bessere Alternative präsentiert. Unter den Bedingungen der ein Jahr zuvor ausgebrochenen Finanz- und Wirtschaftskrise, die nach wie vor große Aufmerksamkeit forderte, war auch in Wahlkampfzeiten konstruktives Zusammenwirken am Kabinettstisch unumgänglich (Glaab/Weigl 2009). Taktisch motivierte Konfliktinszenierungen gab es in geringem Maße, aber die Wähler hätten weitergehende Zuspitzungen in Anbetracht der Tragweite der zu bewältigenden Probleme gewiss nicht gutgeheißen. Den Journalisten, aber auch den Wählern fehlte 2009 somit ein Stück weit die gewohnte Wahlkampfdramaturgie, in der grundsätzliche Antagonismen zwischen den Wettbewerbern in den Vordergrund gestellt und politische Unvereinbarkeiten in symbolischer Überhöhung herausgearbeitet werden (Brettschneider/Bachl 2009). Kein Wunder ist es daher, dass die Medien für den Wahlkampf zumeist nur Etiketten wie „geräuschlos und inhaltsleer“ (Financial Times Deutschland) übrig hatten oder gar von einem „Valium-Wahlkampf“ (Spiegel online, van Rinsum/Grill 2009) sprachen.

Auch die Rückmeldungen über die Popularität der Parteien, die in Form eines permanenten Stroms demoskopischer Ergebnisse in die Wahlkampfkommunikation eingespeist wurden (die Fernsehnachrichten berichteten fast jeden zweiten Tag über Ergebnisse einer Wahlumfrage; s. Krüger/Zapf-Schramm 2009), bildeten keine Grundlage für die Herausbildung einer klar konturierten Wettbewerbskonstellation mit deutlichen Alternativen. Abbildung 1 sind die Ergebnisse der Wahlprojektionen bzw. Sonntagsfragen zu entnehmen, welche von den Massenmedien in den Monaten vor der Bundestagswahl veröffentlicht wurden. Ihnen zufolge war für alle drei kleinen Parteien ein sehr gutes Abschneiden weit oberhalb der Fünf-Prozent-Hürde zu erwarten. Die FDP erschien dabei als Spitzenreiter, gefolgt von den Grünen, zu denen die Linke in der heißen Phase des Wahlkampfs aufschloss. Auf Basis der demoskopischen Zahlen musste es während des gesamten Wahlkampfs als gewiss erscheinen, dass die CDU/CSU ein deutlich besseres Wahlergebnis erzielen würde als die SPD, auch wenn sich die Werte der Sozialdemokraten kurz vor der Wahl etwas verbesserten. Nicht sicher konnten sich die Rezipienten dieser Daten hingegen sein, ob es auch zur gemeinsamen Mehrheit von CDU/CSU und FDP reichen würde, die Voraussetzung der schwarz-gelben Koalition war, welche diese Parteien anstrebten. Der gemeinsame Stimmenanteil von Union und Liberalen schwankte stets um die 50-Prozent-Marke, lag jedoch vor allem zum Ende des Wahlkampfs hin eher darunter. Damit erschien es für Parteien, Journalisten und Wähler – deren gemeinsamen Bezugshorizont solche Daten stets darstellen (Kaase/Pfetsch 2000) – zunehmend angezeigt, sich auch mit der Frage zu beschäftigen, wie denn die Alternativen zu einer solchen Koalition aussehen könnten. Das seit über zwei Jahrzehnten für Bundestagswahlen typische Schema der Konkurrenz zwischen einem links und einem rechts der Mitte angesiedelten Zweiparteien-Bündnis war schon mit dem Ergebnis der Bundestagswahl 2005 hinfällig geworden. Angesichts der unklaren Mehrheitsverhältnisse war nun einerseits das Szenario einer Fortführung der Großen Koalition zu erwägen, zum anderen aber auch die Möglichkeit bislang auf Bundesebene nie erprobter, ideologische Lagergrenzen überschreitender Dreier-Koalitionen (Pappi 2009).

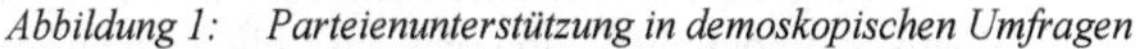

Abbildung 1: Parteienunterstützung in demoskopischen Umfragen

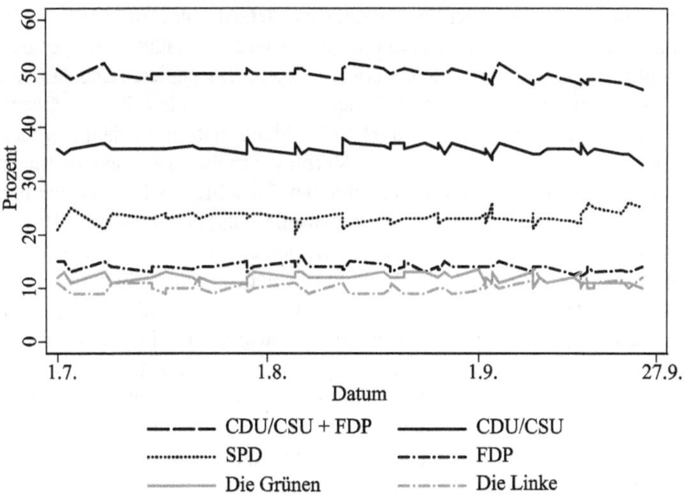

Quelle: http://www.wahlrecht.de (publizierte Umfrageergebnisse von: FORSA, Forschungsgruppe Wahlen, Gesellschaft für Markt- und Sozialforschung, Infratest dimap, Institut für Demoskopie Allensbach, TNS-Emnid; bei Publikation mehrerer Ergebnisse am selben Tag wurden Durchschnitte gebildet)

In strategischer Hinsicht waren mehrere Gemeinsamkeiten zwischen den Parteien zu beobachten. So scheinen alle Parteien ihre Wahlkampfmaßnahmen in größerem Ausmaß als bisher auf die letzten Tage des Wahlkampfs konzentriert zu haben, um im Endspurt noch einmal alle verfügbaren Kräfte zu mobilisieren. Offenbar haben die Parteien aus der Aufholjagd der SPD in den letzten Wochen des Bundestagswahlkampfs 2005 (Schmitt-Beck 2009) die Lehre gezogen, dass es in Anbetracht der stetig größer werdenden Zahl bis zum Wahltag unentschlossener Wähler lohnenswert sein kann, bis zur letzten Minute zu kämpfen. Dies muss rückblickend als sinnvolle Maßnahme gelten. So war der 2005 sprunghaft angestiegene Anteil der Wähler, die sich erst während des Wahlkampfs auf eine Partei festlegten (Schmitt-Beck/Faas 2006), auch 2009 wieder ziemlich hoch – obwohl es sich um eine reguläre Bundestagswahl und nicht wie 2005 um eine vorgezogene Neuwahl handelte. Fast jeder vierte Wähler entschied sich erst in den letzten Tagen des Wahlkampfs (GLES Rolling Cross-Section Nachwahl-Panelwelle).

Darüber hinaus war bei allen Parteien eine Rückbesinnung auf die Vorzüge des „Grassroots Campaigning“ festzustellen. Entgegen dem langjährigen Trend in der Wahlkampfkommunikation, fast ausschließlich auf die Vermittlungsleistung der Massenmedien zu setzen, wurde im Wahljahr 2009 die Kommunikation über Parteimitglieder und Unterstützer als personale Multiplikatoren betont. Viele Verweise in Strategiepapieren und ähnlichen Dokumenten lassen darauf schließen, dass insbesondere Barack Obamas erfolgreicher Wahlkampf um die US-Präsidentschaft im Vorjahr hierbei inspirierend wirkte. Auch darin dem Vorbild der Obama-Kampagne folgend setzten die Parteien stark auf das Internet. So sollte das Internet nun nicht nur, wie schon bei früheren Bundestagswahlen, als Schaufenster der Parteien gegenüber den traditionellen Massenmedien und als Ausweis ihrer Modernität dienen, sondern auch als Plattform netzvermittelter interpersonaler Kommunikation. In der Online-Welt präsentierten sich die Parteien somit nicht nur mit ihren regulären Websites und – wie schon bei vorangegangenen Bundestagswahlen – eigens für Kampagnenzwecke erstellten Kandidatenseiten. Als Innovation des Wahlkampfs 2009 kamen spezielle Unterstützer-Websites hinzu, über die sich interessierte Bürger den Parteien als Wahlkampfhelfer zur Verfügung stellen konnten. Die Linke entwickelte hierfür eine besonders ausgefeilte Strategie. Vor allem um Erst- und Jungwähler zu erreichen, nutzten die Parteien zudem die sogenannten Social Networks; bei Facebook, studiVZ, meinVZ und ähnlichen Diensten waren sie sowohl als Organisation als auch mit ihrem politischen Spitzenpersonal präsent. Zudem wurde der Microbloggingdienst Twitter als Medium der Kampagnenkommunikation entdeckt. Auch hier versuchten die Parteien nach amerikanischem Vorbild, das Internet und weitere moderne Kommunikationsmittel (wie z.B. SMS) zur Einwerbung von Spendengeldern einzusetzen. Hierbei tat sich die FDP besonders hervor.

Die Wahlkampfbudgets der Parteien lagen ähnlich hoch wie bei der Vorwahl (s. Schmitt-Beck/Faas 2006), zum Teil jedoch auch darüber. Angaben der Werbefachzeitschrift „Werben und Verkaufen" zufolge verfügte die SPD über ein Budget von 27 Millionen Euro, während die CDU Ausgaben in Höhe von 20 Millionen plante (für die CSU liegen keine Angaben vor). Dahinter blieben die kleinen Parteien weit zurück, auch wenn ihre Planungen höhere Ausgaben vorsahen als 2005. Die Linke wollte fünf Millionen in ihren Wahlkampf investieren, die FDP 4,8 Millionen und die Grünen vier Millionen Euro (van Rinsum/Grill 2009: 19). Eine eigenständige Kampagnenorganisation außerhalb der Parteizentrale nach dem Muster der legendären SPD-„Kampa" von 1998 richteten lediglich die Grünen ein – das „Triebwerk". Die Wahlkampfhauptquartiere der anderen Parteien trugen zwar ebenfalls klingende Namen wie „Nordkurve" (SPD), „Ideenreich" (FDP) oder „Wahlquartier" (die Linke), wurden aber innerhalb der Parteizentralen organisiert.

Der Verlauf des Bundestagswahlkampfs 2009 trug – seinem insgesamt gedämpften Ton entsprechend – wenig dynamischen Charakter. Die markantesten Kampagnenereignisse waren die Auftaktveranstaltungen der einzelnen Parteien zwischen Ende Juli und Anfang September sowie das TV-Duell der beiden Kanzlerkandidaten am 13. September. Wenngleich das Publikum dieser wie bei der Vorwahl von vier Sendern übertragenen Sendung mit 14,3 Millionen Zuschauern deutlich kleiner ausfiel als im Wahlkampf 2005, wurde sie zum reichweitenstärksten Fernsehereignis des gesamten Jahres (s. Kapitel 5.12). Im Wahlkampfkontext besondere Beachtung fanden naturgemäß die Landtagswahlen in Thüringen, Sachsen und dem Saarland sowie die Kommunalwahl in Nordrhein-Westfalen am 30. August (s. Kapitel 2).

Wenden wir uns nun den Kampagnen der einzelnen Parteien zu: Bei der *Union* hatte man offenbar aus dem, was rückblickend als gravierender strategischer Fehler des Wahlkampfs 2005 gedeutet wurde, Lehren gezogen. Exakt bezifferbare Kürzungen und finanzielle Belastungen für die Bürger, wie sie vier Jahre zuvor in der vergeblichen Hoffnung angekündigt worden waren, dass die Wähler eine solche „Strategie der Ehrlichkeit" positiv honorieren würden, waren im Wahljahr 2009 für die CDU/CSU kein Thema. An die Stelle des damaligen, offensiv auf liberalen Gesellschaftswandel ausgerichteten und dafür vom politischen Gegner massiv attackierten Richtungswahlkampfs (Schmitt-Beck/Faas 2006) trat nun der dazu entgegengesetzte Versuch, im Bereich Sozialpolitik der SPD das Feld streitig zu machen. In sozial- und wirtschaftspolitischer Hinsicht lag das Wahlprogramm der CDU/CSU 2009 deutlich näher an der Mitte als bei der Vorwahl. Noch ausgeprägter bewegte sich die Union auf der gesellschaftspolitischen Dimension in Richtung Mitte (Debus 2009).

Der Stellenwert konkreter politischer Sachthemen war in der Unionskampagne allerdings vergleichsweise gering (Brettschneider/Bachl 2009). Statt aktiv Themen zu setzen, verfolgte man im Konrad-Adenauer-Haus eine ausgeprägte Strategie der Personalisierung. Von der Popularität der Bundeskanzlerin Angela Merkel erhoffte sich die CDU/CSU den Sieg bei der Bundestagswahl. Ein manchmal als präsidentiell empfundener, thematisch eher im Vagen bleibender persönlicher Stil, den die Parteivorsitzende schon während der Legislaturperiode als Regierungschefin kultiviert hatte, sollte das Risiko minimieren, im Wahlkampf anzuecken. Die Formel „Regieren statt Wahlkampf" sollte den Sichtbarkeitsbonus kapitalisieren (Hilmer 2010a), den die Regierungschefin in den Medien genoss (für das Fernsehen s. Krüger/Zapf-Schramm 2009). Passend dazu ersetzte die Union ihren Wahlkampfslogan „Wir haben die Kraft" in der Schlussphase des Wahlkampfs durch: „Wir wählen die Kanzlerin". Wenngleich die inhaltliche Positionierung der CDU/CSU durchaus auch eine Fortsetzung ihrer Zusammenarbeit mit der SPD hätte nahelegen können (Pappi 2009), war ihr erklärter Wunschpartner in der nächsten Regierung die FDP. Eine Neuauflage der 1998 abgewählten schwarz-gelben Koalition war das einvernehmliche Wahlziel von Union und Liberalen.

Die CSU war im Kanzlerinnenwahlkampf der Union nur wenig sichtbar. Lediglich ihrem prominenten Zugpferd Bundeswirtschaftsminister Karl-Theodor zu Guttenberg wurde größere öffentliche Aufmerksamkeit zuteil (deutlich mehr als dem Spitzenkandidaten Peter Ramsauer, dem CSU-Landesgruppenchef im Bundestag). Doch fiel diese nicht durchweg positiv aus. Die allgemeine Popularität des „coolen Barons" (Stern Nr. 29, 2009) provozierte immer wieder Angriffe aus den Reihen der SPD. Ein wichtiges Wahlziel der CSU bestand darin, mehr Stimmen zu erhalten als die FDP, um mit größerem Gewicht als diese am gemeinsamen Kabinettstisch Platz nehmen zu können. Insbesondere in den letzten drei Wochen des Wahlkampfs griff sie die Liberalen in Bayern mit einer massiven Zweitstimmenkampagne an. Dazu traten Abgrenzungsversuche gegenüber der FDP als Partei der „sozialen Kälte" und der Versuch, sich selbst mit einem 100-Tage-

„Sofortprogramm für Wachstum und Arbeit" beim Wähler zu empfehlen (Glaab/Weigl 2009).

Trotz einer zufriedenstellenden Bilanz ihrer Arbeit in der Großen Koalition hatten die *Sozialdemokraten* mit ihrem Kanzlerkandidaten, dem Außenminister und Vizekanzler Frank-Walter Steinmeier, einen schweren Start in den Bundestagswahlkampf 2009. Die Reformen der Ära Schröder, aber auch die Politik der SPD in der Großen Koalition hatten viele traditionelle Anhänger ihrer Partei entfremdet, zudem sorgte ihr als „Erosion des Markenkerns ‚soziale Gerechtigkeit'" (Hilmer 2010b: 32) empfundener Kurs parteiintern für Flügelstreitigkeiten. Mehrere kurz aufeinander folgende personelle Wechsel an der Parteispitze in den vergangenen Jahren und die gescheiterten Versuche der hessischen SPD, eine durch die Linke gestützte Landesregierung zu bilden (Schmitt-Beck/Faas 2009), hatten dem Ansehen der Partei nicht gut getan. Miserable Umfragewerte (s. Abbildung 1) machten die Ausgangssituation der Sozialdemokraten nicht einfacher. Ihren Spitzenkandidaten stellte die SPD ebenso ins Zentrum von Personalisierungsbemühungen wie die Union ihre Parteichefin. Doch galt Steinmeier allgemein als „zu blass, zu nüchtern, zu steif und zu langweilig" (Spiegel online vom 6. September 2008). Aus der Rolle des Vizekanzlers heraus konnte er sich auch nicht durch einen echten Angriffswahlkampf profilieren. Dass die Union und erst recht ihre Kanzlerin durch ihren „Wahlkampfvermeidungswahlkampf" (Spreng 2010) wenig Angriffsfläche boten, erschwerte konfrontative Taktiken zusätzlich. Angetreten unter dem Slogan „Unser Land kann mehr" schien die SPD im Wahlkampf 2009 ohne klare Strategie zwischen einer angesichts der Positionierung der Union für die Wähler sachlich schwer nachvollziehbaren Angriffskampagne und einer Leistungsbilanzkampagne zu schwanken (Brettschneider/Bachl 2009).

2005 hatte sich die SPD entgegen ihrer bis dahin verantworteten Regierungspolitik für eine eher traditionell sozialdemokratisch anmutende Themenstrategie entschieden (Schmitt-Beck/Faas 2006), nun positionierte sie sich in ihrem Wahlprogramm auf der sozial- und wirtschaftspolitischen Achse sogar noch etwas weiter links. Auch auf der gesellschaftspolitischen Achse rückte die SPD recht ausgeprägt in Richtung des progressiven Pols (Debus 2009). Wie schon vor der Europawahl versuchte sie im Verlauf des Wahlkampfs mehrfach, doch ohne große Fortune, traditionelle thematische Akzentsetzungen vorzunehmen. Ein von Steinmeier persönlich autorisierter „Deutschlandplan" sollte das Thema Arbeitsmarktpolitik auf die Agenda setzen, blieb jedoch ohne besonderen Nachhall. Andere Themen, an denen sich die SPD ad hoc versuchte, waren die Atomenergie und die Afghanistan-

Politik. Sie beschwor die Fortführung des Atomausstiegs, der in Frage gestellt sei, wenn eine schwarz-gelbe Regierung ans Ruder käme, und stellte einen Rückzugsplan für die Bundeswehrsoldaten in Afghanistan in Aussicht. Eingeklemmt zwischen einer Linken, die sich als einziger Garant einer sozialen Politik darzustellen suchte, und einer CDU/CSU, die seit der Vorwahl eine beachtliche „Sozialdemokratisierung" hinter sich gebracht hatte, fiel es der SPD schwer, Profil zu gewinnen.

Zudem wurden von der SPD während des Wahlkampfs immer wieder Antworten auf die – vor dem Hintergrund der demoskopischen Großwetterlage alles andere als leicht zu beantwortende, genau darum aber umso häufiger von Journalisten gestellte – Frage verlangt, wie sie sich eine Regierungsperspektive vorstelle. Dass sie trotz der deutlichen programmatischen Nähe (Debus 2009; Pappi 2009) auf Bundesebene keinesfalls mit der Linken in einer rot-rot-grünen Koalition zusammenarbeiten würde, obwohl sie das auf Länderebene sehr wohl tat und im Vorjahr sogar vergeblich versucht hatte, dieses Modell erstmals auch in einem westdeutschen Bundesland zu etablieren (Schmitt-Beck/Faas 2009), war schwer zu plausibilisieren und machte die Partei angreifbar. Ebenso wenig überzeugend war die offiziell verfolgte Linie, auf eine Ampel-Koalition mit Grünen und FDP zu setzen, denn die Liberalen lehnten eine solche Zusammenarbeit rundweg ab und die Sozialdemokraten ließen selbst wenige Gelegenheiten verstreichen, verbale Giftpfeile in Richtung der FDP und ihrer „neoliberalen" Politik abzuschießen. Da eine Mehrheit für eine Wiederbelebung des rot-grünen Bündnisses nicht in Sicht war, konnte die SPD dem Wähler letztlich kein plausibles Machtszenario anbieten und versetzte sich damit in eine „koalitionspolitische Selbstblockade" (Raschke/Tils 2010: 12). Da eine durch das Wahlergebnis erzwungene Wiederauflage der Großen Koalition als noch am ehesten realistische Regierungsperspektive der SPD erscheinen musste, verbot sich auch aus diesem Grund ein harter Konfrontationskurs gegenüber der Union und ihrer Kanzlerin.

Die Kampagne der *FDP* verfolgte klare und ausweislich der demoskopischen Befunde (Abbildung 1) auch nicht unrealistisch scheinende Wahlkampfziele, nämlich in Partnerschaft mit der CDU/CSU Regierungspartei zu werden sowie ein zweistelliges Wahlergebnis und gute Resultate in allen Bundesländern zu erzielen. Inhaltlich verließ sich die FDP vor allem auf das Thema Steuern – Steuervereinfachungen und Abgabensenkungen in Höhe von insgesamt 35 Milliarden Euro wurden den Bürgern für den Fall einer Regierungsbeteiligung versprochen (Glaab/Weigl 2009). Mit ihrer „Mehr Netto vom Brutto"-Kampagne war die FDP auf der wirtschaftspolitischen

Dimension programmatisch nicht weit von der dezidiert marktliberalen Position entfernt, die sie auch bei der Vorwahl vertreten hatte (Debus 2009). Ein sehr wichtiges Element der FDP-Strategie war eine Zweitstimmenkampagne, die in engem Zusammenhang mit ihrem den gesamten Wahlkampf über geäußerten Vorwurf an die Adresse von CDU und CSU zu sehen war, insgeheim mit einer Großen Koalition zu liebäugeln. Die Selbststilisierung zum ordnungspolitischen Korrektiv sollte die Liberalen nicht nur ihrem Ziel näher bringen, in eine schwarz-gelbe Koalition einzutreten, sondern auch die Grundlage schaffen, um darin eine möglichst gewichtige Rolle zu spielen. Personell stellte die FDP im Wahlkampf vor allem ihren Spitzenkandidaten und Parteivorsitzenden Guido Westerwelle heraus. Mit dem Versuch allerdings, ihm ein Team zur Seite zu stellen und auf diese Weise Regierungsfähigkeit zu demonstrieren, gingen die Liberalen fast vollständig in den Medien unter. So blieb die FDP-Kampagne, gewollt oder ungewollt, auf den Vorsitzenden fokussiert. Seine angestrebte künftige Rolle als Außenminister vorwegnehmend, gab sich dieser im Wahlkampf betont staatsmännisch.

Unter der Losung „Aus der Krise hilft nur Grün" konzentrierte sich der Themenwahlkampf der *Grünen* auf die Politikfelder Umwelt und Arbeit. Vor dem Hintergrund der Wirtschafts- und Finanzkrise betonte die Kampagne das Konzept der ökologischen Industriepolitik und stellte damit klare Bezüge zum traditionellen Identitätsthema der Grünen her. Mit ihren Vorstellungen von einem „Green New Deal" drangen die Grünen in der Öffentlichkeit jedoch kaum durch (Brettschneider/Bachl 2009). Zwischenfälle in einem Atomkraftwerk bescherten der Partei in diesem ansonsten an überraschenden Ereignissen armen Wahlkampf jedoch ein Thema, das ihrem zentralen Kompetenzfeld Umweltpolitik allgemeine Aufmerksamkeit verschaffte. Im systematischen Vergleich der Wahlprogramme zeigt sich, dass sich die Grünen sozial- und wirtschaftspolitisch sehr nah bei der SPD positionierten, gesellschaftspolitisch artikulierten sie jedoch progressivere Standpunkte (Debus 2009).

Nach dem Rückzug ihres früheren Zugpferds Joschka Fischer aus der aktiven Politik traten die Grünen diesmal mit weniger bekannten Spitzenkandidaten an und verfolgten auch eine vergleichsweise wenig personalisierte Kampagnenstrategie. Renate Künast und Jürgen Trittin führten die Partei in den Wahlkampf. Jedoch war die mediale Aufmerksamkeit für beide Kandidaten nicht ausreichend konzentriert, da das nach dem Abgang von Joschka Fischer entstandene Machtvakuum auch anderen Politikern aus der grünen Führungsriege erlaubte, stärkere öffentliche Präsenz zu erlangen (Brettschneider/Bachl 2009). Das bei dieser Bundestagswahl aufgrund der unklaren Mehrheitsverhältnisse besonders virulente Thema der Koalitionspolitik erwies sich auch für die Grünen als schwieriges Terrain. Sie lehnten sowohl die auf Basis inhaltlicher Vorstellungen denkbare rot-rot-grüne Koalition als auch eine sogenannte Jamaika-Koalition mit CDU und FDP als Optionen möglicher Regierungsbeteiligungen ab. Zumindest die Parteispitze schien der Jamaika-Lösung gegenüber zwar nicht abgeneigt, musste sich jedoch einem Parteitagsbeschluss beugen, der dieses Koalitionsmodell ausschloss. Da die FDP eine Zusammenarbeit mit SPD und Grünen in einer Ampel-Koalition ablehnte, konnten die Grünen dem Wähler genauso wenig wie die SPD eine nachvollziehbare Regierungsperspektive aufzeigen.

Nachdem es der jungen, aus dem Zusammenschluss der ostdeutschen SED-Nachfolgepartei PDS und der in Westdeutschland verankerten Wahlalternative Soziale Gerechtigkeit (WASG) entstandenen Partei bei mehreren Landtagswahlen gelungen war, sich auch im Westen der Republik zu etablieren, verfolgte die *Linke* bei der Bundestagswahl das selbstbewusste Wahlziel, ein zweistelliges Ergebnis zu erreichen. Neben Jungwählern, Frauen, wahlberechtigten Migranten, Protest- und Nichtwählern sowie sozial schwachen Schichten und dem gewerkschaftlichen Milieu wollte die Linke insbesondere enttäuschte SPD-Wähler als Hauptadressaten ansprechen. Thematisch betonte sie zwei Themen, nämlich Soziales und Frieden. Als einzige Partei forderte die Linke im Wahlkampf 2009 einen umgehenden Abzug der Bundeswehr aus Afghanistan. Ihr Wahlkampf arbeitete stark mit emotionsgeladenen Slogans (Hilmer 2010a). Der Vergleich der Wahlprogramme lokalisiert die Linke 2009 im Hinblick auf gesellschaftspolitische Inhalte nahe bei den Grünen, sozial- und wirtschaftspolitisch war sie aber etwas weiter links positioniert als Grüne wie auch Sozialdemokraten (Debus 2009). Recht ausgeprägt setzte auch die Linke auf eine Strategie der Personalisierung. Vom Bekanntheitsgrad ihrer beiden Spitzenkandidaten, den Vorsitzenden der Bundestagsfraktion Oskar Lafontaine und Gregor Gysi, gedachte die Partei an der Urne zu profitieren. Koalitionspolitische Aussagen zu treffen, gestaltete sich für die Linke einfach – sie stellte in Abrede, für andere Parteien als Mehrheitsbeschaffer zur Verfügung stehen zu wollen. In erster Linie definierte sie ihre Rolle als die des „Stachels im Fleische" der SPD.

3.3 Wählerresonanz

Dem übereinstimmenden Urteil vieler Beobachter zufolge absolvierten die Parteien den Bundestagswahlkampf 2009 mit angezogener Handbremse. Das Kampagnengeschehen war wenig dramatisch und gedämpft im Ton. Während des hoch konfrontativen und turbulenten Wahlkampfs 2005 hatten sich in den Wahrnehmungen, Einstellungen und Präferenzen der Wähler zum Teil deutliche Verschiebungen ergeben (Schmitt-Beck/Faas 2006; Schmitt-Beck 2009). Gab es 2009 vergleichbare Änderungen in den Orientierungen der Wähler oder waren diese, dem Charakter der Parteienkampagnen entsprechend, ebenfalls eher durch einen Mangel an Dynamik geprägt? Bei der Beantwortung dieser Frage ist zwischen manifesten und latenten Funktionen von Wahlkämpfen zu unterscheiden (Schmitt-Beck/Farrell 2002). Die manifesten Funktionen stehen mit dem Ziel in Zusammenhang, das die Parteien mit ihren Wahlkampagnen erreichen wollen: Wahrnehmungen und Einstellungen der Wähler durch gezielte Kommunikation so zu beeinflussen, dass sie bei der Wahl möglichst gut abschneiden (Wlezien 2010). Die latenten Funktionen mögen für die Parteien selbst normalerweise nicht von prioritärer Bedeutung sein, sind jedoch aus demokratietheoretischer Perspektive wünschenswert. Zu ihnen gehören beispielsweise die Involvierung, Motivierung und Mobilisierung der Wähler, welche die Wahlbeteiligung fördern und für die Wähler Voraussetzungen schaffen, fundierte und informierte Entscheidungen zu treffen. Nachfolgend wird beschrieben, wie sich die öffentliche Meinung unter diesen beiden Aspekten während des Wahlkampfs 2009 entwickelte. Als latente Funktionen des Wahlkampfs werden die politische Involvierung und die Mobilisierung der Wähler in den Blick genommen. Der Dimension manifester Wahlkampffunktionen sind die Wahrnehmungen und Einstellungen der Wähler im Hinblick auf Parteien, Kandidaten und Koalitionsoptionen zuzurechnen, die im Anschluss untersucht werden.

Ausgangspunkt der nachfolgenden Analysen ist die Frage nach latenten Wirkungen des Wahlkampfs 2009, die von den Parteien nicht gezielt angestrebt wurden, aber sich gleichsam als Nebenprodukt ihrer Kampagnen in der Wählerschaft eingestellt haben könnten. Die Auswertung basiert auf der Überlegung, dass die gesteigerte politische Kommunikation der Parteien bei den Bürgern zunächst zu steigendem Interesse am Wahlkampf geführt hat. Darüber vermittelt sollte es zu intensiverer Zuwendung zur Kampagnenkommunikation sowie in deren Folge dann wiederum zu einem besseren Kenntnisstand und klareren Vorstellungen über das aktuelle politische Geschehen und die zur Auswahl stehenden parteipolitischen Alternativen kommen. Das wiederum hat möglicherweise die Motivation der Bürger erhöht, sich an der Wahl zu beteiligen, und ihnen geholfen, eine Wahlentscheidung zu treffen (s. Lazarsfeld et al. 1968).

Abbildung 2: Politische Involvierung

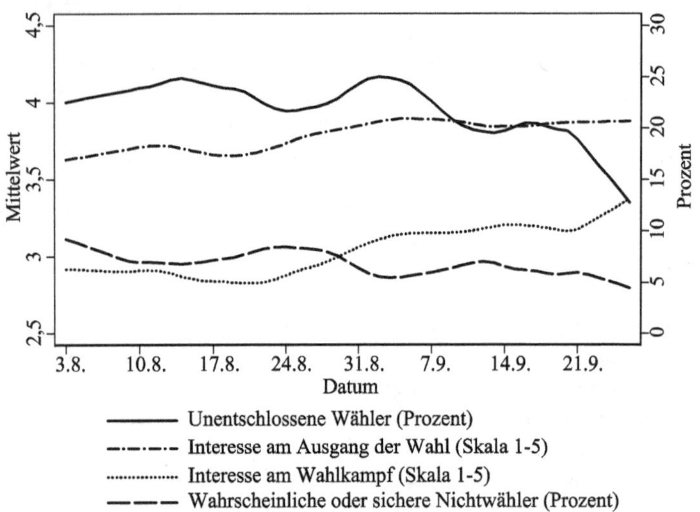

Abbildung 2 zeigt, dass selbst der undramatische Wahlkampf 2009 die Wähler in gewissem Maße in den Wahlprozess involviert hat (Abbildungen 2-10 basieren auf der Rolling Cross-Section Studie der GLES; die Daten wurden für diese Abbildungen tagesgenau mit Design- und Bildungsgewicht gewichtet und geglättet, s. Anhänge 3 und 4). Das Interesse am Wahlkampf stieg ab Ende August kontinuierlich an. Auch die subjektive Wichtigkeit des Wahlausgangs, d.h. die Wahrnehmung, dass es bei der Wahl um etwas ging, nahm zu, wenngleich in geringerem Ausmaß. Zugleich kristallisierten sich die Wahlabsichten immer stärker heraus, was zu einem sinkenden Anteil derjenigen führte, die noch keine Parteipräferenz äußern konnten. Im letzten Monat vor der Wahl schrumpfte der Anteil dieser unentschlossenen Personen von rund einem Viertel der Wähler auf etwa 15 Prozent. Der Beginn des Rückgangs derjenigen, die noch nicht wussten, welcher Partei sie am Wahltag ihre Stimme geben wollten, fällt zeitlich mit den Landtagswahlen am 30. August zusammen, das TV-Duell am 13. September könnte dieser Entwicklung einen zusätzlichen Impuls gegeben haben. Abbildung 2 zufolge erhöhte sich im Verlauf des Wahlkampfs auch die Bereitschaft, sich an der Bundestagswahl zu beteiligen. Der Anteil derjenigen Wähler, die nach eigenem Bekunden wahrscheinlich oder sicher der Wahlurne fern bleiben wollten, halbierte sich in den sieben Wochen vor der Bundestagswahl.

Abbildung 3: Wahrgenommene Problemlösungskompetenz der Parteien

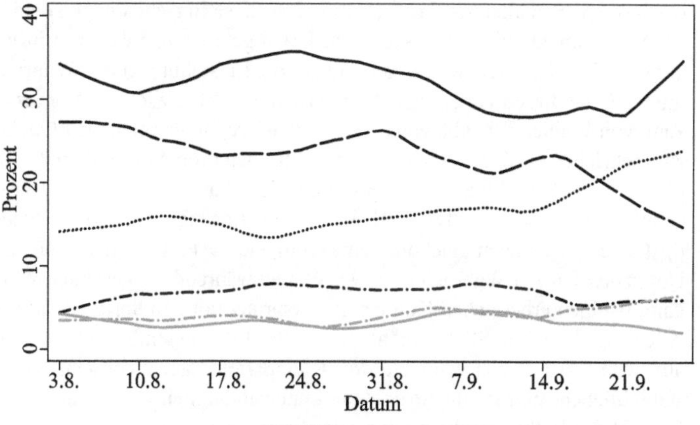

CDU/CSU SPD
FDP Die Grünen
Die Linke Keine Partei

Eine wichtige Voraussetzung, um entscheidungsfähig zu werden, besteht für die Wähler darin, dass es aus ihrer Sicht unter den konkurrierenden Parteien mindestens eine gibt, die befähigt ist, die anstehenden politischen Probleme zu lösen. Abbildung 3 zeigt, dass der Anteil derjenigen Wähler, die keiner Partei zutrauten, das aus ihrer Sicht dringlichste Problem Deutschlands zu lösen, im Laufe des Wahlkampfs kontinuierlich und deutlich abnahm. Waren Anfang August noch etwa 30 Prozent der Ansicht, keine Partei besäße die notwendige Problemlösungskompetenz, halbierte sich dieser Anteil bis kurz vor der Wahl. Auch dieser Prozess des Einstellungswandels scheint durch die drei Landtagswahlen und das TV-Duell intensiviert worden zu sein. Obwohl er von den Parteien in eher gemächlicher Gangart geführt wurde, scheint der Wahlkampf 2009 den Wählern somit Orientierungshilfen gegeben zu haben und zwar insbesondere in der letzten Phase vor dem Wahltag. Er trug dazu bei, dass sie mit etwas erhöhter Wahrscheinlichkeit die Wahl interessant und politisch bedeutsam fanden und zumindest bestimmten Parteien etwas zutrauten, dadurch entscheidungsfähig wurden und schließlich auch tatsächlich an der Wahl teilnahmen.

Aus Sicht der Protagonisten, also der Parteien und ihrer Kandidaten, geht es im Wahlkampf freilich um etwas Anderes: Wenn sie Geld, Zeit und Energie in ihre Wahlkampagnen investieren, besteht ihr primäres Ziel weniger darin, die Wähler interessierter und letztlich entscheidungsfähiger zu machen, sondern in allererster Linie darin, dass diese Entscheidungen dem eigenen Stimmenkonto zugutekommen. Ihnen geht es also darum, Einfluss auf die Wahlabsichten der Bürger und auf die Einstellungen und Wahrnehmungen, die diesen vorgelagert sind, auszuüben. Eine wichtige Voraussetzung von Wahlentscheidungen ist beispielsweise, ob Parteien die Fähigkeit zugeschrieben wird, die drängendsten politischen Probleme zu lösen (s. Kapitel 5.9). In Abbildung 3 ist dargestellt, welche Parteien diejenigen Bürger nannten, die sich in der Lage sahen, eine zur Lösung des ihnen am wichtigsten erscheinenden Sachproblems kompetente Partei anzugeben. Die Union besaß in der Wahrnehmung der Wähler während des gesamten Wahlkampfs einen erheblichen Kompetenzvorsprung vor den übrigen Parteien. Allerdings holte die SPD allmählich und ab Mitte September sehr deutlich auf, während die Werte für die drei Kleinparteien auf niedrigem Niveau stabil blieben. Wurden die Sozialdemokraten anfänglich von weniger als 15 Prozent der Wähler als kompetenteste Partei genannt, so steigerte sich ihr Anteil bis zum Wahltag um etwa zehn Prozentpunkte. Für die wahrgenommene Problemlösungskompetenz der Sozialdemokraten könnte ebenfalls das TV-Duell eine Rolle gespielt haben, da der Anteil derjenigen, die der SPD zutrauten, das wichtigste Problem in Deutschland zu lösen, zeitgleich mit Ausstrahlung dieser Sendung zu steigen begann. Der Rückstand zur CDU/CSU vergrößerte sich freilich in den letzten Tagen des Wahlkampfs gleichwohl, weil auch diese auf der Schlussgeraden noch einmal einen erheblichen Schub in den Kompetenzzuschreibungen der Wähler erfuhr.

Wie die Parteien insgesamt bewertet wurden, zeigt Abbildung 4 (auf Basis von Skalen mit einem Wertebereich von -5 bis +5). Eine Besonderheit des Wahlkampfs 2009 war die Zweiteilung des Parteiensystems in den Augen der Wählerschaft. Während CDU, CSU, SPD, FDP und Grüne allesamt im Schnitt positiv beurteilt wurden und sich diesbezüglich nicht dramatisch voneinander unterschieden, wurde die Linke in klarer Absetzung zu allen anderen Parteien außerordentlich negativ gesehen, auch wenn sich ihr Ansehen während des Wahlkampfs recht kontinuierlich um etwa einen halben Skalenpunkt verbesserte. Die CDU schnitt auch in den allgemeinen Bewertungen am günstigsten ab, aber die Beurteilungen der SPD verbesserten sich während des Wahlkampfs deutlich, so dass sie am Ende nur noch einen geringen Rückstand hatte. Die CSU wurde von den Wählern etwa einen Skalenpunkt ungünstiger eingestuft als ihre Schwesterpartei. FDP und Grüne wurden zumeist geringfügig vorteilhafter gesehen als die CSU. Abgesehen von einem Popularitätsschub in der Endphase des Wahlkampfs, der alle Parteien außer der Linken erfasste, ergaben sich für die bürgerlichen Parteien und die Grünen im Verlauf des Wahlkampfs nur geringe Fluktuationen.

Abbildung 4: Allgemeine Bewertungen der Parteien

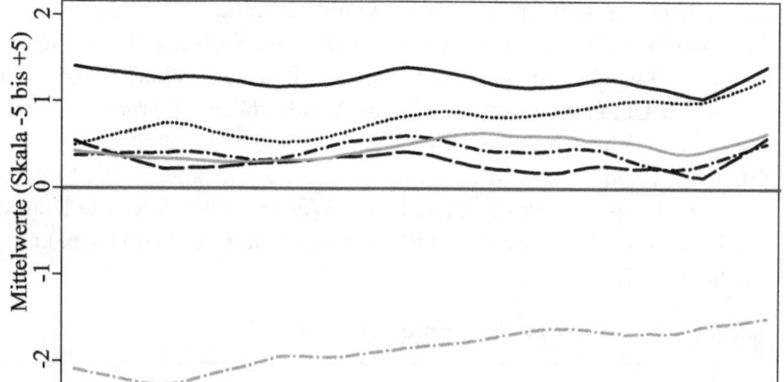

Wie wir gesehen haben, konzentrierten die meisten Parteien ihre Kampagnenkommunikation auf ihre Spitzenkandidaten. Da von den Kandidatenbewertungen Effekte auf die Parteipräferenzen der Wähler ausgehen und diese somit eine Rolle für ihr Stimmverhalten spielen können, ist von Bedeutung, wie die Wähler die Spitzenpolitiker der Parteien bewertet haben (s. Kapitel 5.11). Abbildung 5 zeigt analog zu Abbildung 4, wie das Führungspersonal von den Wählern eingeschätzt wurde (für Grüne und Linke konnte in der hier ausgewerteten Umfrage jeweils nur einer der beiden Spitzenkandidaten berücksichtigt werden). Auch hier fällt auf, dass lediglich eine Person klar negativ verortet wurde, nämlich Oskar Lafontaine (Die Linke). Er wurde zwar nicht so ungünstig gesehen wie seine Partei, aber seine Beurteilungen blieben während des gesamten Wahlkampfs recht stabil. Die amtierende Bundeskanzlerin und Spitzenkandidatin der CDU/CSU, Angela Merkel, wurde hingegen nicht nur klar positiv, sondern auch von allen Politikern am besten eingestuft. Bei ihr, wie auch bei den meisten anderen Spitzenkandidaten, und – wie eben gesehen – auch einigen der Parteien kam es im Endspurt des Wahlkampfs zu einem kleinen Popularitätsschub; davon abgesehen änderte sich ihr Ansehen jedoch während des Wahlkampfs nicht. Der Kanzlerkandidat der SPD, Frank-Walter Steinmeier, wurde zu Beginn des Wahlkampfs fast 1,5 Skalenpunkte schlechter als die Amtsinhaberin eingestuft, konnte jedoch in den letzten fünf Wochen vor der Bundestagswahl sein Ansehen im Elektorat verbessern und dadurch seinen Rückstand verringern. Bundeswirtschaftsminister Karl-Theodor zu Guttenberg (CSU) wurde anfänglich fast so positiv bewertet wie die Kanzlerkandidatin der Union. Sein Ansehen in der Wahlbevölkerung erodierte jedoch während des Wahlkampfs um etwa einen Skalenpunkt. Unmittelbar vor der Wahl war er nur noch geringfügig populärer als Steinmeier. Die Spitzenkandidaten von FDP und Grünen, Guido Westerwelle und Renate Künast, wurden von den Wählern eher indifferent beurteilt; ihre Werte lagen knapp oberhalb der Null-Linie.

Abbildung 5: Allgemeine Bewertungen der Spitzenpolitiker

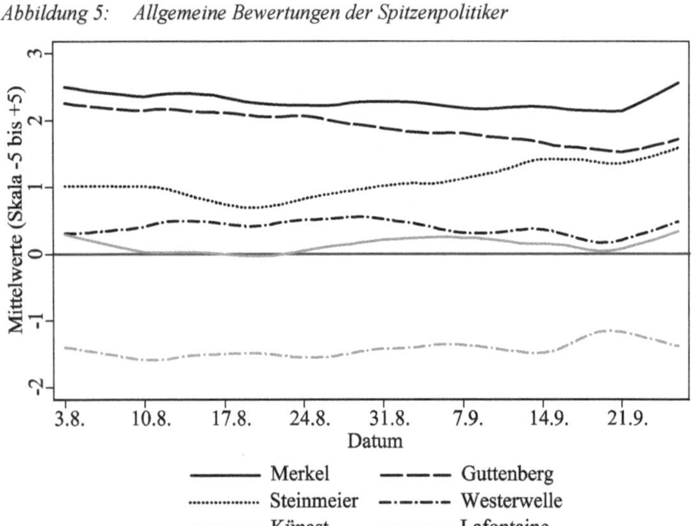

Unter den Spitzenkandidaten kommt den Kanzlerkandidaten der beiden großen Parteien stets eine besondere Rolle zu, denn es steht fest, dass einer von ihnen nach der Wahl das Amt des Regierungschefs bekleiden wird. Abbildung 6 zeigt, wem die Wähler im Wahlkampf 2009 als künftigem Kanzler den Vorzug gaben. Unfähig, eine Präferenz auszudrücken, zeigten sich nur wenige Befragte, auch wollten nur unter zehn Prozent der Wähler keinen der beiden Kandidaten an der Spitze der nächsten Bundesregierung sehen. Was die Konkurrenzsituation zwischen Merkel und Steinmeier angeht, so ist das Bild eindeutig. Während des gesamten Wahlkampfs favorisierten weit mehr Wähler die Amtsinhaberin als ihren Herausforderer, auch wenn die Präferenzen Ende August zu konvergieren begannen. Darüber hinaus scheint auch das TV-Duell am 13. September Steinmeier noch einmal einen zusätzlichen Schub gegeben zu haben. Unmittelbar vor dem Urnengang besaß Merkel aber immer noch die Unterstützung von knapp 55 Prozent der Wähler, während Steinmeier bei einem guten Drittel lag.

Abbildung 6: Kanzlerpräferenzen

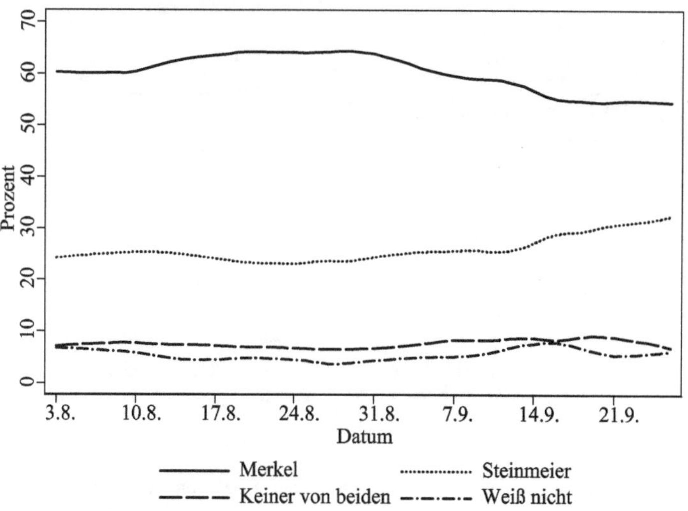

Da sich die demoskopischen Daten (Abbildung 1) nicht zu einem klaren Bild des voraussichtlichen Wahlergebnisses verdichteten, waren die koalitionspolitischen Optionen für die Regierungsbildung nach der Bundestagswahl eines der wichtigsten Themen im Wahlkampf. Unter den diskutierten Varianten befand sich nur eine echte „Vorwahl-Koalition“ im Sinne einer ausdrücklichen Wunschpartnerschaft der beteiligten Parteien (Gschwend/Pappi 2004) – die schwarz-gelbe Koalition aus CDU/CSU und FDP. Alle denkbaren Alternativen für den Fall, dass diese Parteien die erstrebte gemeinsame Mehrheit verfehlen würden, erschienen entweder angesichts der erwartbaren Mehrheitsverhältnisse als unrealistisch, wie z.B. eine Wiederbelebung der rot-grünen Koalition, oder besaßen nicht die Unterstützung aller Parteien, die sich daran hätten beteiligen müssen. Das galt für die Variante einer Fortführung der Großen Koalition ebenso wie für die verschiedenen 2009 erstmals im Kontext eines Bundestagswahlkampfs diskutierten Varianten unorthodoxer und auf Bundesebene nie erprobter Dreier-Konstellationen.

Abbildung 7: Wünschbarkeit von Koalitionen

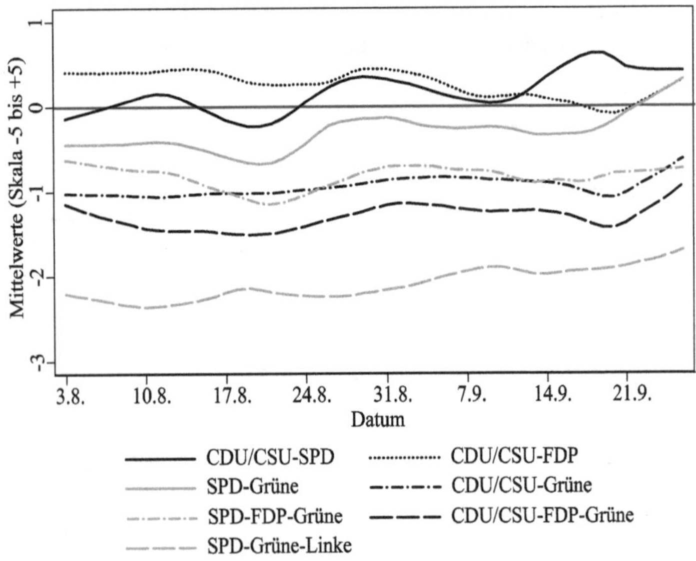

Wie schätzten die Wähler die verschiedenen Koalitionskonstellationen ein? Abbildung 7 zeigt (wiederum auf einer Skala von -5 bis +5), dass sie die meisten Koalitionsvarianten als wenig wünschenswert erachteten. Zumindest über lange Phasen des Wahlkampfs wurden nur zwei Parteienverbindungen im positiven Bereich verortet, nämlich die schwarz-gelbe Koalition und die Große Koalition. In der Anfangsphase des Wahlkampfs bewerteten die Wähler das von Union und FDP angestrebte Bündnis etwa einen halben Skalenpunkt besser als die Große Koalition. Bis Ende August näherten sich die Bewertungen jedoch an und verliefen einige Zeit auf demselben Niveau, bis schließlich gegen Ende des Wahlkampfs die Große Koalition etwas günstiger gesehen wurde. Die rot-grüne Option gewann ebenfalls an Ansehen; am Ende des Wahlkampfs zog diese Variante sogar fast mit der schwarz-gelben und der Großen Koalition gleich. Als am ehesten wünschenswert wurden somit diejenigen Modelle der Parteienkooperation eingestuft, welche den Wählern bereits aus praktischer Erfahrung bekannt waren. Alle auf Bundesebene nie realisierten Konstellationen, d.h. die Zusammenarbeit von CDU/CSU und Grünen ebenso wie alle Varianten von Dreier-Koalitionen, wurden mehr oder weniger stark abgelehnt, am deutlichsten, wenngleich bei positivem Trend, die rot-rot-grüne Koalition.

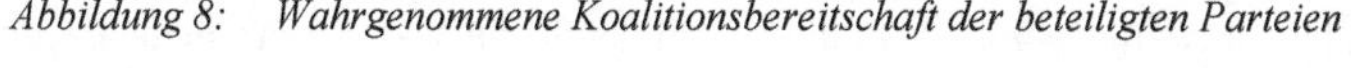

Abbildung 8: Wahrgenommene Koalitionsbereitschaft der beteiligten Parteien

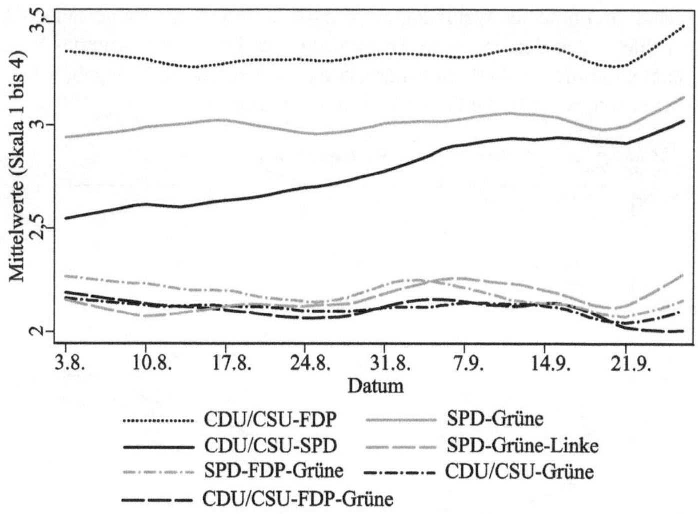

Angesichts der verwirrenden koalitionspolitischen Diskussion, von der teilweise widersprüchliche Signale ausgingen, erscheint auch bedeutsam, wie hoch die Wähler die Wahrscheinlichkeit einschätzten, dass die jeweils beteiligten Parteien im Falle entsprechender Mehrheitsverhältnisse tatsächlich bereit sein würden, gemeinsam eine Koalitionsregierung zu bilden. Die größte Bereitschaft, miteinander zusammenzuarbeiten, erwarteten die Wähler (auf einer Skala von eins für „überhaupt nicht wahrscheinlich" bis vier für „sehr wahrscheinlich") stets von Union und FDP, die ja auch nach beiderseitigem Verständnis Wunschpartner waren (Abbildung 8). Dass SPD und Grüne – sofern möglich – eine Koalition bilden und damit die schon von 1998 bis 2005 praktizierte Kooperation revitalisieren würden, hielten ebenfalls viele Wähler für wahrscheinlich, auch wenn diese Parteien selbst mit solchen Festlegungen zurückhaltend waren. Nach dem Eindruck der Wähler bevorzugten die Parteien offenkundig nach wie vor die tradierten Lagerbündnisse. Hingegen stellten sie nur geringe Bereitschaft auf Seiten der Parteien fest, sich auf eine der öffentlich diskutierten Dreier-Koalitionen einzulassen. Dies galt auch für die von der SPD offiziell angestrebte Ampel-Koalition mit FDP und Grünen. Dass SPD und Grüne mit der Linken eine rot-rot-grüne Zusammenarbeit eingehen würden, hielten die Wähler ebenfalls für wenig wahrscheinlich, wenngleich die wahrgenommene Bereitschaft im Laufe des Wahlkampfs geringfügig stieg. Dagegen gewannen die Wähler – den Beteuerungen der Parteien zum Trotz – während des Wahlkampfs immer stärker den Eindruck, dass Union und SPD gegebenenfalls bereit sein würden, die Große Koalition fortzusetzen.

Abbildung 9: Erwartete nächste Bundesregierung

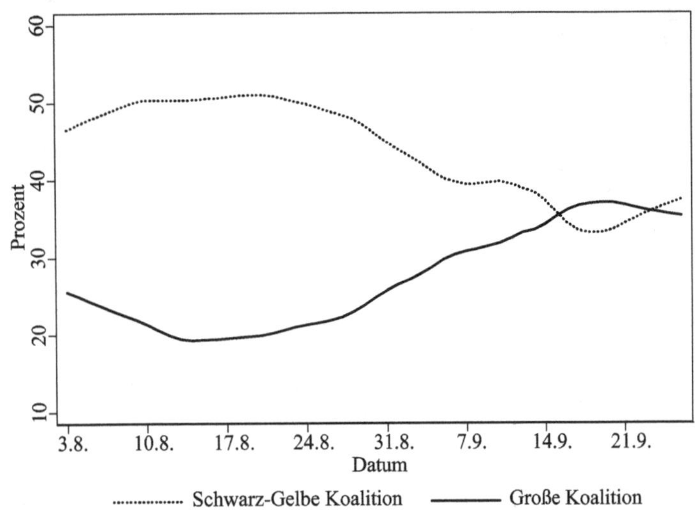

In ähnlicher Weise, jedoch etwas später, nämlich Mitte August einsetzend, veränderten sich die Erwartungen in der Wählerschaft im Hinblick auf die Frage, welche Parteien in Anbetracht des Wahlergebnisses die neue Bundesregierung bilden würden (Abbildung 9). Zu diesem Zeitpunkt ging rund die Hälfte der Wähler davon aus, dass Union und FDP am Ende gemeinsam regieren würden. Mit einer Fortführung der Großen Koalition rechneten nur 20 Prozent. In der Folgezeit verlagerten sich die Erwartungen jedoch dramatisch. Als dieser Prozess in den letzten Tagen vor der Wahl zum Stillstand kam, rechnete jeweils etwa ein Drittel der Wähler mit einem Wahlsieg von CDU/CSU und FDP bzw. einer Fortführung der Großen Koalition. Unmittelbar vor der Bundestagswahl nahm allerdings die Zahl jener, die eine schwarz-gelbe Koalition erwarteten, wieder leicht zu. Alle anderen Konstellationen spielten in den Einschätzungen der Wähler zu keinem Zeitpunkt eine Rolle.

Abbildung 10: Wahlabsichten Zweitstimme

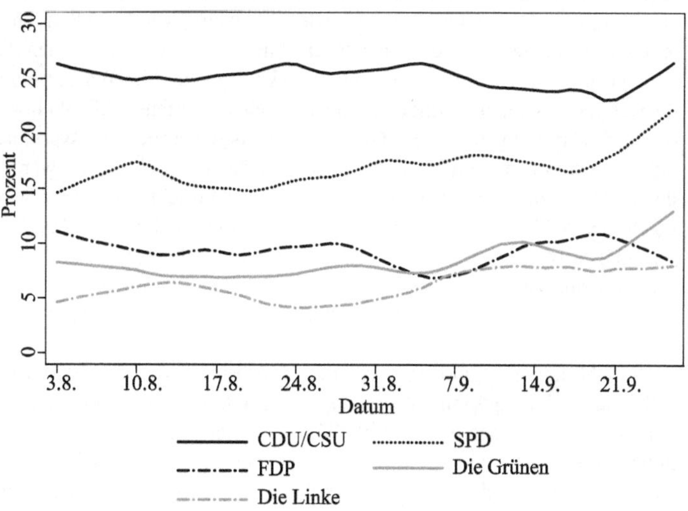

Während die Parteien um ihre Stimmen kämpfen, fällen die Wähler im Verlauf von Wahlkämpfen nach und nach ihre Entscheidungen und beschließen, welchen Parteien sie ihre Stimme geben wollen. Wahrnehmungen und Einstellungen wie die oben untersuchten, aber auch politische Vorprägungen und andere Faktoren beeinflussen diesen Kristallisationsprozess und sein

Ergebnis mehr oder weniger stark (s. Kapitel 5). Abbildung 10 zeigt, wie sich die Wahlabsichten für die Zweitstimmen während des Bundestagswahlkampfs 2009 entwickelt haben. Dargestellt sind dabei lediglich die Präferenzanteile der Bundestagsparteien; nicht im Schaubild ausgewiesen (aber in der Prozentuierungsbasis berücksichtigt) sind die Präferenzen für nicht im Bundestag vertretene Parteien und auch die Anteile derjenigen, die entweder erwogen, nicht zur Wahl zu gehen oder hinsichtlich der Partei noch unschlüssig waren (s. Abbildung 2). Abbildung 10 soll in erster Linie einen Eindruck von der zeitlichen Dynamik der Wahlabsichten während des Wahlkampfs vermitteln. Von den in Abbildung 1 wiedergegebenen Daten der Demoskopie weicht diese Analyse in mehrerlei Hinsicht ab. Erstens wurden die Wähler nach ihrem beabsichtigten Verhalten bei der kommenden Bundestagswahl am 27. September 2009 gefragt, nicht zu einer hypothetischen Bundestagswahl „am nächsten Sonntag". Zweitens ist die Prozentuierungsbasis so gewählt, dass der Prozess der Auskristallisation von Präferenzen eingefangen wird, der u.a. auch darin besteht, dass vorher unschlüssige Wähler sich irgendwann während des Wahlkampfs auf eine Partei festlegen. Entsprechend fällt das Niveau der Stimmenanteile der einzelnen Parteien geringer aus als in demoskopischen Umfragen und im Wahlergebnis, die sich jeweils nur auf gültige Stimmen beziehen. Drittens schließlich wurden die Verteilungen keinem Gewichtungs- und Umrechnungsverfahren unterzogen, wie sie von Meinungsforschungsinstituten eingesetzt werden, um die Daten zu erzeugen, die sie als sogenannte „Projektionen" oder Sonntagsfragen publizieren. Die Auswertung kann aufgrund der Datengrundlage – rund 100 Interviews pro Tag – nicht den Anspruch erheben, die Parteistärken exakt zu reproduzieren. So wird der Anteil der Grünen-Wähler im Vergleich zu FDP und Linken zumindest unmittelbar vor der Wahl überschätzt.

Die Abbildung zeigt einen deutlichen Vorsprung der CDU/CSU vor der SPD während der gesamten Vorwahlperiode. Die Sozialdemokraten konnten zwar im Laufe des Wahlkampfs Wähler auf ihre Seite ziehen, eine ähnliche Aufholjagd wie in den letzten drei Wochen des Wahlkampfs 2005, als sie einen ursprünglich ebenfalls sehr großen Rückstand gegenüber der Union fast vollständig gutmachte (Schmitt-Beck 2009), gelang der SPD dieses Mal jedoch nicht. Nur in den letzten Tagen vor der Wahl ist ein deutlicher Aufschwung erkennbar. Die Union konnte sich bis Anfang September auf ein weitgehend stabiles Wählerreservoir stützen, in der folgenden Zeit sank jedoch ihr Anteil um einige Prozentpunkte. Unmittelbar vor der Wahl machte sie diese Einbußen allerdings in einem rapiden Aufschwung wieder wett, der jenem der SPD glich. Ebenso wie Union und SPD profitierten auch die Grünen vermutlich von unentschlossenen Wählern, die sich erst im letzten Moment vor der Wahl festlegten. Eher langfristig steigern konnte sich dagegen die Linke, deren Anteil sich von fünf Prozent im August auf etwa acht Prozent kurz vor der Wahl verbesserte. Die FDP genoss dieser Analyse zufolge während des gesamten Wahlkampfs erheblichen Rückhalt in der Wählerschaft. Einen Umschwung zu ihren Gunsten in letzter Minute, wie er für die Bundestagswahl 2005 festgestellt wurde (Schmitt-Beck 2009), gab es 2009 nicht.

3.4 Fazit

Der Bundestagswahl 2009 ging ein eher undramatischer Wahlkampf voraus. Mehrere Gründe, darunter nicht zuletzt der Umstand, dass die Hauptkontrahenten CDU/CSU und SPD auch während des Wahlkampfs in der Großen Koalition gemeinsame Regierungsarbeit zu leisten hatten, verhinderten eine polarisierende Zuspitzung, wie sie für den Wahlkampf 2005 kennzeichnend gewesen war. Die Kampagnenstrategien setzten weniger auf politische Issues als auf Personen – die meisten Parteien konzentrierten ihren Wahlkampf auf ihre Spitzenkandidaten. Soweit politische Problemfelder angesprochen wurden, betrafen sie eher die wirtschafts-, finanz- und sozialpolitische als die gesellschaftspolitische Dimension der politischen Auseinandersetzung. Ein dominantes Thema des Wahlkampfs war die Frage, wie angesichts des unklaren Bildes, das die Demoskopie im Hinblick auf die Mehrheitsverhältnisse zeichnete, eine künftige Bundesregierung aussehen könnte. Es gab im Wahlkampf nur eine klare Vorwahl-Koalition: Sowohl CDU/CSU als auch FDP betonten ihre Absicht, die 1998 abgewählte schwarz-gelbe Koalition wieder aufzunehmen. Hingegen vermochten weder SPD noch Grüne ein überzeugendes Szenario für eine Regierungsbeteiligung anzubieten, das sowohl die nötige Mehrheit als auch die Unterstützung aller Beteiligten hätte finden können. Die Möglichkeit einer durch das Wahlergebnis erzwungenen Fortführung der Großen Koalition wurde daher zu einem wichtigen latenten Motiv des Wahlkampfs.

Obwohl sich die Bedingungen des Parteienwettbewerbs mit dem Ergebnis der letzten Bundestagswahl grundlegend geändert hatten, dachten die Wähler im Wahlkampf 2009 koalitionspolitisch nur in den Kategorien auf Bundesebene bereits erprobter Koalitionen. Die seit dem Wahlabend 2005 diskutierten Varianten von Dreier-Kooperationen besaßen im Stimmvolk allesamt keinen Rückhalt, auch nicht die von der SPD (einseitig) favorisierte

Ampel-Koalition. Solche Bündnisse erschienen den Wählern kaum wünschenswert, außerdem nahmen sie sehr wohl wahr, dass sie auch von den Parteien selbst mit Skepsis betrachtet wurden. Realistischerweise zu erwarten waren aus Wählersicht nur zwei Optionen – eine schwarz-gelbe oder eine erneute Große Koalition. Die anfänglich große Gewissheit, dass die Wahl auf eine gemeinsame Bundesregierung von Union und Liberalen hinauslaufen würde, löste sich allerdings mit näher rückendem Wahltermin auf. Im Wettbewerb der beiden Großparteien war die CDU/CSU auf vielen Dimensionen im Vorteil, woran auch Konvergenzprozesse im Verlauf des Wahlkampfs nichts Grundsätzliches änderten. Die Union war insgesamt angesehener als die SPD. Mehr Wähler trauten ihr zu, mit den wichtigsten Problemen des Landes fertig zu werden, und ihre Spitzenkandidaten waren beliebter. Festzuhalten ist überdies, dass der Bundestagswahlkampf 2009 trotz seiner geringen Intensität eine gewisse Involvierungs- und Mobilisierungswirkung auf die Bürger ausübte und zu ihrer Entscheidungsfindung beitrug.

Literatur

Brettschneider, Frank/Bachl, Marko 2009: Die Bundestagswahl 2009 und die Medien, in: Politische Studien 428, 46-55.

Debus, Marc 2009: Das letzte Wahlprogramm für die Bundestagswahl 2009: Die Union rutscht in die Mitte, in: Zeit-Online, Politik nach Zahlen vom 28. Juni 2009 [http://blog.zeit.de/politik-nach-zahlen/2009/06/28/das-letzte-wahlprogramm-fur-die-bundestagswahl-2009-die-union-rutscht-in-die-mitte_1359] <21.3.2010>.

Glaab, Manuela/Weigl, Michael 2009: Die Bundestagswahl 2009: Wahlkampf, Ergebnis und Regierungsbildung, Notes du Cerfa 70, Paris: IFRI.

Gschwend, Thomas/Pappi, Franz U. 2004: Stimmensplitting und Koalitionswahl, in: Brettschneider, Frank/van Deth, Jan/Roller, Edeltraud, Hg., Die Bundestagswahl 2002, Wiesbaden: VS Verlag für Sozialwissenschaften, 167-183.

Hilmer, Richard 2010a: Bundestagswahl 2009: Ein Wechsel auf Raten, in: Zeitschrift für Parlamentsfragen 41, 147-180.

Hilmer, Richard 2010b: Warum die SPD das Wahldebakel nicht abwenden konnte: Sechs Thesen zur Bundestagswahl 2009, in: Forschungsjournal NSB 23, 31-38.

Kaase, Max/Pfetsch, Barbara 2000: Umfrageforschung und Demokratie: Analysen zu einem schwierigen Verhältnis, in: Klingemann, Hans-Dieter/Neidhardt, Friedhelm, Hg., Zur Zukunft der Demokratie: Herausforderungen im Zeitalter der Globalisierung, Berlin: Edition Sigma, 153-182.

Krüger, Udo Michael/Zapf-Schramm, Thomas 2009: Wahlinformationen im öffentlich-rechtlichen und privaten Fernsehen 2009, in: Media Perspektiven 12, 622-635.

Lazarsfeld, Paul F./Berelson, Bernard/Gaudet, Hazel 1968: The People's Choice: How the Voter Makes up his Mind in a Presidential Campaign, 3. Auflage, New York, London: Columbia University Press.

Pappi, Franz U. 2009: Regierungsbildung im deutschen Fünf-Parteiensystem, in: Politische Vierteljahresschrift 50, 187-202.

Raschke, Joachim/Tils, Ralf 2010: Die Qual der Wahl: Das Debakel der SPD und strategische Optionen in der Lagerstruktur des deutschen Parteiensystems, in: Forschungsjournal NSB 23, 11-16.

Rinsum, Helmut van/Grill, Stefanie 2009: Valium-Wahlkampf der Kanzlerin, in: Werben & Verkaufen 40, 18-21.

Schmitt-Beck, Rüdiger 2003: Kampagnenwandel und Wählerwandel: „Fenster der Gelegenheit" für einflussreichere Wahlkämpfe, in: Sarcinelli, Ulrich/Tenscher, Jens, Hg., Machtdarstellung und Darstellungsmacht: Beiträge zu Theorie und Praxis moderner Politikvermittlung, Baden-Baden: Nomos, 199-218.

Schmitt-Beck, Rüdiger 2007: New Modes of Campaigning, in: Dalton, Russell J./ Klingemann, Hans-Dieter, Hg., Oxford Handbook on Political Behavior, Oxford: Oxford University Press, 744-764.

Schmitt-Beck, Rüdiger 2009: Kampagnendynamik im Bundestagswahlkampf 2005, in: Gabriel, Oscar W./Weßels, Bernhard/Falter, Jürgen W., Hg., Wahlen und Wähler: Analysen aus Anlass der Bundestagswahl 2005, Wiesbaden: VS Verlag für Sozialwissenschaften, 146-176.

Schmitt-Beck, Rüdiger/Farrell, David 2002: Studying political campaigns and their effects, in: Farrell, David/Schmitt-Beck, Rüdiger, Hg., Do Political Campaigns Matter? Campaign Effects in Elections and Referendums. London, New York: Routledge, 1-21.

Schmitt-Beck, Rüdiger/Faas, Thorsten 2006: The Campaign and its Dynamics at the 2005 German General Election, in: German Politics 15, 393-419.

Schmitt-Beck, Rüdiger/Faas, Thorsten 2009: Die hessische Landtagswahl vom 18. Januar 2009: Der ewige Koch, in: Zeitschrift für Parlamentsfragen 40, 358-370.

Spreng, Michael H. 2010: Der Wahlkampfvermeidungswahlkampf: Eine Analyse der CDU-Wahlstrategie 2009, in: Forschungsjournal NSB 23, 52-54.

Wlezien, Christopher 2010: Election Campaigns, in: LeDuc, Lawrence/Niemi, Richard G./Norris, Pippa, Hg., Comparing Democracies 3: Elections and Voting in the 21st Century, Los Angeles: Sage, 98-117.

4. Abstürze, Rekorde, Überhänge und andere Superlative: Das Ergebnis der Bundestagswahl 2009

Jan Eric Blumenstiel

4.1 Einleitung

In diesem Kapitel wird das Wahlergebnis der in vielerlei Hinsicht rekordverdächtigen Bundestagswahl 2009 ausführlich beschrieben, bevor dessen Hintergründe in Kapitel 5 aus verschiedenen Perspektiven analysiert werden. Die Darstellung beginnt mit einem Vergleich der Erst- und Zweitstimmenergebnisse der Bundestagswahlen 2005 und 2009. Anschließend werden mit dem Stimmensplitting und den Überhangmandaten zwei Besonderheiten des deutschen Wahlsystems thematisiert, denen bei der vergangenen Wahl eine besondere Bedeutung zukam. Es folgen eine kurze Beschreibung der langfristigen Entwicklung der Wahlbeteiligung und der Zweitstimmenergebnisse aller im Bundestag vertretenen Parteien sowie die Darstellung der Bundestagswahlergebnisse seit 1990 in absoluten Zahlen. Abschließend werden Kennziffern für die wichtigsten Eigenschaften des deutschen Parteiensystems betrachtet, aus denen neben den langfristigen Entwicklungen auch die Auswirkungen der Bundestagswahl 2009 auf die deutsche Parteienlandschaft hervorgehen.

4.2 Das Ergebnis der Bundestagswahl 2009

Während die Parteien naturgemäß bei jeder Wahl über die Bewertung des Ergebnisses geteilter Meinung sind, bestand nach der Bundestagswahl 2009 zumindest darin Einigkeit, dass die Wahlbeteiligung mit 70,8 Prozent enttäuschend gering war. Für CDU und CSU verlief die Wahl auf den ersten Blick sehr erfolgreich: Die Unionsparteien bilden im 17. Bundestag die mit Abstand stärkste Fraktion, Angela Merkel ist weiterhin Bundeskanzlerin, und die Große Koalition mit der SPD wurde zugunsten des im Wahlkampf beworbenen Bündnisses mit der FDP beendet. In der schwarz-gelben Koalition stellen CDU und CSU elf Ministerinnen und Minister, in der Großen Koalition waren es nur acht. Bei genauerer Betrachtung wird allerdings deutlich, dass zwar die politischen Folgen der Bundestagswahl 2009 erfreulich für die Union waren, nicht aber das in Zahlen gemessene Ergebnis (Tabelle 1). Die CDU verlor einen halben Prozentpunkt im Vergleich zu 2005 und erhielt 27,3 Prozent der *Zweitstimmen.* Ihre Schwesterpartei CSU musste in Bayern deutliche Einbußen hinnehmen und kam nur noch auf 42,5 Prozent der dortigen Zweitstimmen, was einem Rückgang um 6,7 Prozentpunkte entspricht. Auf den Bund umgerechnet entspricht das CSU-Ergebnis einem Stimmenanteil von 6,5 Prozent, 2005 hatte dieser Anteil noch bei 7,4 Prozent gelegen. Gemeinsam kamen die Unionsparteien auf 33,8 Prozent der Zweitstimmen und blieben damit sowohl hinter dem Vorwahlergebnis als auch hinter den eigenen Erwartungen zurück. Dessen ungeachtet vergrößerte sich die Unionsfraktion um 13 Sitze, CDU und CSU sind in der aktuellen Legislaturperiode mit 239 Abgeordneten im Bundestag vertreten.

Tabelle 1: Ergebnis der Bundestagswahl 2009

	Erststimmen		Zweitstimmen		Sitzverteilung im Bundestag	
	2009	+/-	2009	+/-	2009	+/-
CDU/CSU	39,4	-1,5	33,8	-1,4	239	+13
CDU	32,0	-0,6	27,3	-0,5	194	+14
CSU	7,4	-0,9	6,5	-0,9	45	-1
CSU (in Bayern)	48,2	-6,9	42,5	-6,7		
SPD	27,9	-10,5	23,0	-11,2	146	-76
FDP	9,4	+4,7	14,6	+4,8	93	+32
Bündnis 90/Die Grünen	9,2	+3,8	10,7	+2,6	68	+17
Die Linke	11,1	+3,1	11,9	+3,2	76	+22
Sonstige	3,0	+0,3	6,0	+2,0	-	-

Angaben in Prozent; +/-: Veränderung gegenüber der Bundestagswahl 2005 in Prozentpunkten.

Für die SPD war die Wahl 2009 in jeder Hinsicht eine Enttäuschung. Sie verzeichnete mit einem Rückgang um 11,2 Prozentpunkte die höchsten Verluste, die je eine Partei zwischen zwei Bundestagswahlen erfuhr, und kam auf einen Stimmenanteil von 23 Prozent. Zwar hatten sich für die Partei von Kanzlerkandidat Steinmeier im Vorfeld der Wahl Verluste abgezeichnet, in dieser Höhe aber waren sie überraschend. Ihr schwaches Abschneiden hatte für die SPD nicht nur zur Folge, dass sie nach elf Jahren in der Regierung wieder den Gang in die Opposition antreten musste. Zusätzlich verkleinerte sich die Fraktion der Sozialdemokraten um 76 Sitze und umfasst nun lediglich 146 Abgeordnete. Während die SPD-Fraktion vor der Wahl 2009 um vier Abgeordnete kleiner war als die Unionsfraktion, ist dieser Abstand nach der Wahl auf 93 angestiegen. War die SPD nach den Wahlen 2002 und 2005 noch auf Augenhöhe mit der Union, kann davon im aktuellen Bundestag keine Rede mehr sein.

Angesichts des schwachen Abschneidens der beiden großen Parteien waren die drei kleineren im Bundestag vertretenen Parteien die Gewinner der Wahl 2009. Drittstärkste Partei wurde wie 2005 die FDP, die sich noch einmal um 4,8 Prozentpunkte verbesserte und 14,6 Prozent der Zweitstimmen erhielt. Die Fraktion der Liberalen vergrößerte sich um etwa ein Drittel und zählt jetzt 93 Abgeordnete. Anders als 2005 war die Freude auf Seiten der Liberalen diesmal ungetrübt. Vier Jahre zuvor bestand trotz eines guten Wahlergebnisses aufgrund der Mehrheitsverhältnisse keine Aussicht auf eine Regierungsbeteiligung. Die Wahl 2009 beendete dagegen die elfjährige Oppositionszeit der FDP und ebnete den Weg zurück in die Regierungsverantwortung. Im Vergleich zur bis dahin letzten schwarz-gelben Koalition zwischen 1994 und 1998 haben sich die Kräfteverhältnisse im derzeitigen Bündnis deutlich zugunsten der FDP verschoben. Stammte damals jeder siebte Abgeordnete der Koalition von den Liberalen, ist es seit 2009 mehr als jeder vierte.

Die Linke erzielte ebenfalls ein aus ihrer Sicht gutes Ergebnis und behauptete sich mit 11,9 Prozent der Zweitstimmen (+3,2 Prozentpunkte) als viertstärkste Partei. Hatte die PDS 2002 noch den Einzug ins Parlament verfehlt, so konnte die aus PDS und WASG hervorgegangene Partei Die Linke ihren Stimmenanteil seither nahezu verdreifachen und scheint zudem auch im Westen der Republik angekommen zu sein: In den alten Bundesländern übertraf Die Linke mit einem Ergebnis von 8,3 Prozent erstmals die Fünf-Prozent-Marke. Dem 17. Bundestag gehören 76 Abgeordnete der Linken an, 22 mehr als in der vorangegangen Legislaturperiode. Jedoch bestand für die Partei keine Chance auf eine Regierungsbeteiligung; ein mögliches Bündnis mit der SPD und den Grünen hätte keine Mehrheit im Bundestag gehabt und war zudem im Vorfeld der Wahl wiederholt von der SPD ausgeschlossen worden.

Bündnis 90/Die Grünen erreichten mit 10,7 Prozent zum ersten Mal bei einer Bundestagswahl ein zweistelliges Ergebnis und gewannen 2,6 Prozentpunkte hinzu. Dennoch verfehlte die Partei ihre beiden wichtigsten Wahlziele, nämlich drittstärkste Partei zu werden und die schwarz-gelbe Koalition zu verhindern. Zwar vergrößerte sich die Grünen-Fraktion um 17 Sitze auf nun 68 Abgeordnete, wie schon in der vorherigen Legislaturperiode bilden die Grünen aber weiterhin die kleinste Bundestagsfraktion. Außerdem fielen die Zugewinne der Grünen geringer aus als die der Liberalen und der Linken, so dass ihr Resultat in der Summe nur mit Einschränkungen als gut bezeichnet werden kann.

Alle sonstigen Parteien erhielten zusammen 6,0 Prozent der gültigen Zweitstimmen, was einer Zunahme von zwei Prozentpunkten gegenüber 2005 entspricht. Abgesehen von 1998 war der Stimmenanteil der nicht im Bundestag vertretenen Parteien seit 1957 stets deutlich niedriger. Der bei vielen Wahlen der letzten Jahre zu beobachtende Trend hin zu wachsenden Stimmenanteilen der nicht im Parlament vertretenen Parteien fand 2009 also eine weitere Bestätigung. Zu einem beachtlichen Teil lag dies an der Piratenpartei, die sich im Wahlkampf gegen Internetzensur und für Lockerungen des Urheberrechts einsetzte. Bei ihrer ersten Teilnahme an einer Bundestagswahl bekamen die Piraten immerhin zwei Prozent der Zweitstimmen, zudem gewann die Partei im Verlauf des Wahlkampfes viele neue Mitglieder und konnte eine große mediale Aufmerksamkeit erzielen. Im Verlauf der nächsten Jahre wird sich zeigen, ob die Mobilisierung der eigenen Anhängerschaft auch außerhalb der Wahlkampf-Euphorie und ohne parlamentarische Mitbestimmungschancen in gleichem Maße gelingen wird.

Der Stimmenanteil der rechten Parteien blieb im Vergleich zur vorherigen Bundestagswahl nahezu konstant. NPD, Republikaner und DVU erhielten zusammen 2 Prozent der Stimmen, etwas weniger als vier Jahre zuvor. Auf die NPD entfiel mit 1,5 Prozent erneut der größte Anteil. Die von 2002 auf 2005 zu beobachtende Zunahme des Stimmenanteils der rechten Parteien fand demnach 2009 keine Fortsetzung, von einem Einzug ins Parlament sind diese derzeit weit entfernt.

Zwei Jahrzehnte nach der Wiedervereinigung zeigten sich auch bei der sechsten gesamtdeutschen Bundestagswahl deutliche Unterschiede zwischen den Ergebnissen in *Ost- und Westdeutschland.* In den alten Bundesländern (einschließlich West-Berlin) lagen 2009 alle im Bundestag vertretenen Parteien mit Ausnahme der Linken um etwa einen Prozentpunkt über ihrem Bundesergebnis. Verglichen mit ihren Ergebnissen in den neuen Bundesländern erzielten Union, FDP und Bündnis 90/Die Grünen in den westlichen Ländern jeweils um etwa fünf Prozentpunkte bessere Resultate, die SPD war sogar mehr als sechs Prozentpunkte besser. Für die Linke zeigte sich ein umgekehrtes Bild: Sie erhielt in Ostdeutschland 28,5 Prozent der Zweitstimmen, über 20 Prozentpunkte mehr als in Westdeutschland. In Richtung und Stärke ähneln diese Unterschiede den Werten der vorherigen Wahl. Lediglich für die Union verringerte sich die Ost-West-Differenz erheblich, da sie im Westen Stimmen verlor, sich aber im Osten steigerte.

Insgesamt entsprachen die beschriebenen Muster 2009 den Erwartungen: Die Linke und ihre Vorgängerparteien erzielten seit 1990 stets im Osten wesentlich bessere Ergebnisse, die Union schnitt im Westen immer um einige Prozentpunkte besser ab. Die FDP und Bündnis 90/Die Grünen genossen mit Ausnahme der Wahl 1990 ebenfalls Vorteile in Westdeutschland. Die SPD konnte in den 1990er Jahren ihre anfangs schwachen Ergebnisse in Ostdeutschland kontinuierlich steigern und 2002 dort sogar ein besseres Ergebnis erzielen als im Westen. Bei den vergangenen beiden Wahlen waren ihre Verluste im Osten allerdings noch ausgeprägter als im Westen.

Obwohl die Zweitstimmen maßgeblich über die Sitzverteilung im Bundestag entscheiden, sind die *Erststimmen* für die Parteien und vor allem für ihre Direktkandidaten nicht ohne Belang. Die Erststimmen entscheiden in erster Linie, welcher Kandidat einen Wahlkreis als direkt gewählter Abgeordneter im Bundestag vertritt, können aber in Form von Überhangmandaten auch die Sitzverteilung verändern. Bei der Bundestagswahl 2009 war Deutschland in 299 Wahlkreise eingeteilt, es wurden also 299 Direktmandate vergeben. Ein Vergleich der Verteilungen der Erstimmenmehrheit 2005 und 2009 (s. Abbildung 1) zeigt deutliche regionale Verschiebungen. Für die Wahl 2005 ist die Karte der Erststimmenmehrheiten mit einigen Ausnahmen zweigeteilt: in der Nordhälfte gewann die SPD die meisten Wahlkreise, in der Südhälfte und in Sachsen die Union. Dagegen ist für die Wahl 2009 in nahezu allen Landesteilen schwarz die dominierende Farbe der Wahlkreiskarte.

Die Kandidaten der CDU gewannen 173 Direktmandate, das sind 67 mehr als vier Jahre zuvor. Besonders erfolgreich waren die Christdemokraten in Sachsen, wo sie alle 16 Direktmandate gewinnen konnten und in Baden-Württemberg, wo sie in 37 von 38 Wahlkreisen erfolgreich waren. Direktmandate hinzugewinnen konnte die CDU vor allem in Nordrhein-Westfalen (37 gewonnene Wahlkreise statt vorher 24) und in Niedersachsen (16 statt 4). Der CSU gelang es zum ersten Mal seit 1987, in allen 45 bayerischen Wahlkreisen das Direktmandat zu gewinnen.

Abbildung 1: Gewonnene Wahlkreise nach Parteien 2005 und 2009

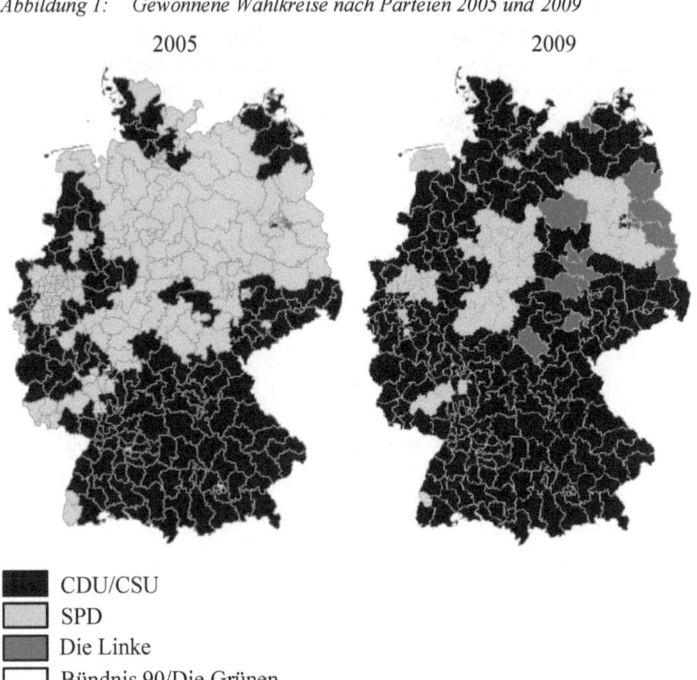

Die Linke gewann 13 Direktmandate hinzu und erreichte in insgesamt 16 ostdeutschen Wahlkreisen eine (relative) Mehrheit der Erststimmen. In Sachsen-Anhalt gewann die Linke mit fünf von neun Direktmandaten sogar mehr als die Hälfte der dortigen Wahlkreise. Mit der Linken gelang es erstmals seit 1953 einer Partei außer Union und SPD, mehr als vier Wahlkreise zu gewinnen. In etlichen ostdeutschen Wahlkreisen lieferten sich die Kandidaten von CDU, SPD und Die Linke ein knappes Rennen, am Ende entschieden oft nur wenige tausend Stimmen über die Mehrheit. Der einzige erfolgreiche Direktkandidat von Bündnis 90/Die Grünen war wie 2002 und 2005 Hans-Christian Ströbele im Wahlkreis „Berlin-Friedrichshain – Kreuzberg – Prenzlauer Berg Ost“. Die FDP konnte trotz ihres guten Zweitstimmenergebnisses kein Direktmandat gewinnen. Sie ist damit die einzige im Bundestag vertretene Partei ohne direkt gewählten Abgeordneten.

Sämtliche Zugewinne an Direktmandaten der anderen Parteien gingen zu Lasten der SPD, deren Kandidaten in nur noch 64 Wahlkreisen erfolgreich waren. In 81 Wahlkreisen verlor die SPD dagegen ihre Direktmandate. Lediglich in Bremen und Brandenburg konnte sie mehr Wahlkreise gewinnen als die CDU. Vier Jahre zuvor war ihr das noch in elf Bundesländern gelungen. In Nordhessen, im südlichen Niedersachsen, in Teilen Brandenburgs und im Ruhrgebiet konnte die SPD ihre Mehrheit in den meisten Wahlkreisen verteidigen. Besonders deutlich waren dagegen die Verluste in Ostdeutschland. Bei der Wahl 2005 hatte die SPD in Mecklenburg-Vorpommern, Sachsen, Sachsen-Anhalt und Thüringen zusammen noch 30 Wahlkreise gewonnen, von denen sie 2009 keinen einzigen verteidigen konnte.

Abbildung 2: Anteil gesplitteter Stimmzettel seit 1957

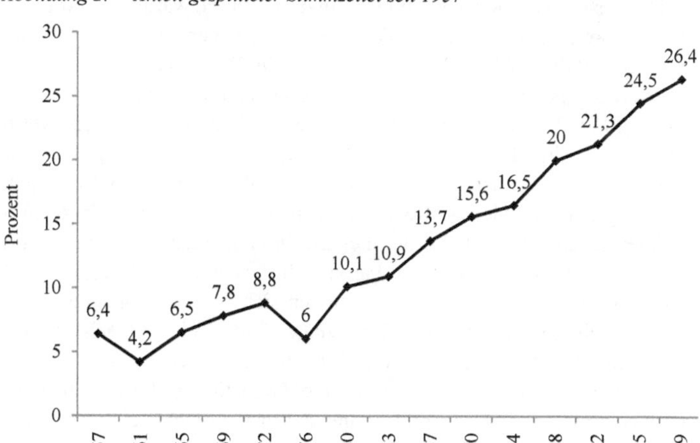

Quelle: 1957 bis 1990, 2002 bis 2009: Bundeswahlleiter. 1994, 1998: Hilmer/Schleyer 2000.

Das deutsche Wahlsystem erlaubt den Wählern, ihre Erst- und Zweitstimme zu splitten, das heißt mit der Erststimme kann ein Direktkandidat gewählt werden, der nicht der mit der Zweitstimme gewählten Partei angehört. Der Anteil von Wählern, die diese Möglichkeit des *Stimmensplittings* wahrnehmen, hat im Zeitverlauf deutlich zugenommen (Abbildung 2). Bei den Bundestagswahlen vor 1976 splitteten stets weniger als zehn Prozent der Wähler ihre Stimme, seitdem hat dieser Anteil aber bei jeder Wahl zugenommen:

1980 splitteten zehn Prozent der Wähler ihre Stimme, 1990 schon 16 Prozent, im Jahr 2000 waren es 20 Prozent und bei der Wahl 2005 fast ein Viertel der Wähler. Bei der Bundestagswahl 2009 erreichte der Anteil an Stimmzetteln mit unterschiedlicher Angabe bei Erst- und Zweitstimme mit 26,4 Prozent einen neuen Höchststand. Für den Anstieg des Stimmensplittings im Zeitverlauf gibt es verschiedene mögliche Erklärungen. In der Politikwissenschaft besteht Uneinigkeit darüber, ob vermehrtes Splitting als Ausdruck taktischer Überlegungen und damit als besonders wohlüberlegtes Wahlverhalten anzusehen ist oder im Gegenteil eher Ausdruck der Unkenntnis des Wahlsystems ist (Schoen 1998). Dass ein beachtlicher Teil der Wähler nicht über die Bedeutung der Erst- und Zeitstimme informiert ist, spricht eher für die zweite Sichtweise (Schmitt-Beck 1993).

Daneben lassen sich aber einige Gründe anführen, warum der Anteil der Stimmensplitter nicht nur aus Konfusion angestiegen sein könnte. Erstens hat sich seit den 1970er Jahren die Zahl der im Bundestag vertretenen Parteien erhöht. Bestand der Bundestag damals nur aus drei Fraktionen (Union, SPD und FDP) sind aktuell fünf Fraktionen im deutschen Parlament vertreten (Union, SPD, FDP, Bündnis 90/Die Grünen und Die Linke). Damit erhöhte sich rein rechnerisch die Anzahl der möglichen Stimmenkombinationen. Zweitens hat sich der Zweitstimmenanteil der kleineren Parteien im Zeitverlauf deutlich erhöht, die meisten Direktmandate gewinnen jedoch nach wie vor die beiden großen Parteien. Insbesondere Anhänger der FDP oder von Bündnis 90/Die Grünen müssen sich damit auseinander setzen, dass die Direktkandidaten ihrer bevorzugten Parteien in den meisten Fällen kaum eine Chance haben, den Wahlkreis für sich zu entscheiden. Es kann ihnen daher sinnvoll erscheinen, nur die Zweitstimme der FDP bzw. den Grünen zu geben, mit der Erststimme aber den aussichtsreicheren Kandidaten eines möglichen Koalitionspartners ihrer Partei zu wählen, vorzugsweise von der CDU/CSU bzw. der SPD. Für Anhänger der großen Parteien kann es im Gegenzug günstig erscheinen, nur die Erststimme dem Kandidaten ihrer Partei zu geben, die Zweitstimme dem bevorzugten Koalitionspartner. Erstens können solche „Leihstimmen" einem designierten Wunschpartner helfen, die Fünf-Prozent-Hürde zu überwinden. Zweitens kann damit versucht werden, bewusst Überhangmandate zu erzeugen, um so der gewünschten Koalition einen Vorteil zu verschaffen. Bei der Wahl 2009 haben beispielsweise CDU-Anhänger in Baden-Württemberg, die mit der Zweitstimme die FDP gewählt haben, dazu beigetragen, dass die CDU in diesem Bundesland zehn sogenannte Überhangmandate bekommen hat.

Überhangmandate sind eine mögliche Folge des deutschen Zweistimmen-Systems und wurden im Vorfeld der Wahl 2009 intensiv diskutiert. Von den insgesamt 598 Sitzen im Bundestag werden 299 an die Landeslisten der Parteien vergeben und 299 an die erfolgreichen Direktkandidaten. Die Verteilung der Sitze im Bundestag erfolgt in zwei Schritten: In der Oberverteilung wird anhand der Zweitstimmen berechnet, wie viele Sitze einer Partei bundesweit zustehen, in der Unterverteilung wird für jede Partei die Verteilung der im ersten Schritt vergebenen Sitze auf ihre einzelnen Landeslisten ermittelt (eine ausführliche Beschreibung des Wahlverfahrens findet sich im Anhang). Überhangmandate fallen immer dann an, wenn eine Partei in einem Bundesland mehr Direktmandate gewinnt als ihr Sitze nach der Unterverteilung zustehen. Beispielsweise wurden der CDU 2009 in Baden-Württemberg 27 Sitze zugeteilt, ihre Direktkandidaten gewannen in diesem Bundesland jedoch 37 Sitze. Weil jedem direkt gewählten Kandidaten ein Bundestagsmandat zusteht, verblieben die zehn zusätzlichen Sitze als Überhangmandate bei der CDU.

Bei keiner vorherigen Bundestagswahl fielen mehr Überhangmandate an als 2009. Von den insgesamt 24 zusätzlichen Mandaten gingen 21 an die CDU und drei an die CSU, die damit zum ersten Mal überhaupt Überhangmandate bekam. Die Zahl der CDU-Abgeordneten erhöhte sich aufgrund der Überhangmandate von 173 auf 194, die der CSU von 42 auf 45. Die Zahl der Bundestagsabgeordneten stieg von 598 auf 622. Die hohe Zahl an Überhangmandaten ist umso bemerkenswerter als 2002 eine Wahlkreisneueinteilung vorgenommen wurde, welche die Zahl von Überhangmandaten eigentlich verringern sollte (s. Behnke et al. 2003). Im Vorfeld der Wahl 2009 war vermutet worden, die Überhangmandate könnten die Mehrheitsverhältnisse entscheidend beeinflussen. Diese Vorhersage erfüllte sich letztendlich nicht, auch ohne die 24 Überhangmandate besäßen Union und FDP eine Stimmenmehrheit. Die zusätzlichen Sitze im Bundestag führten aber zu der paradoxen Situation, dass die Union trotz eines geringeren Stimmenanteils im Vergleich zu 2005 (33,8 Prozent statt 35,2 Prozent) 13 Sitze dazugewinnen konnte. Für die hohe Zahl an Überhangmandaten bei der Wahl 2009 gibt es eine einfache Erklärung. Die Union wurde mit einem relativ geringen Zweitstimmenanteil von 33,8 Prozent stärkste Partei, gleichsam mit großem Vorsprung vor der SPD als zweitstärkster Partei. Außerdem gewannen CDU und CSU fast drei Viertel aller Direktmandate. Nach einer Faustregel von Behnke (2007: 502) bekommt eine Partei immer dann Überhangmandate, wenn ihr Anteil gewonnener Wahlkreise in einem Bundesland mindestens doppelt so hoch ist wie ihr Zweitstimmenanteil in diesem Bundesland. Für die CDU beträgt dieses Verhältnis für die vergangene Bundestagswahl in Baden-Württemberg beispielsweise 2,83. Zwar muss das Wahlsystem nach einem Urteil des Bundesverfassungsgerichtes bis 2011 geändert werden, um das sogenannte negative Stimmgewicht zu beseitigen (s. Strohmeier 2009), es ist jedoch möglich, dass auch nach dieser Reform Überhangmandate entstehen können.

4.3 Die Wahl 2009 im langfristigen Vergleich

Die sinkende *Wahlbeteiligung* ist nicht nur in Deutschland ein bekanntes und seit längerer Zeit zu beobachtendes Phänomen (s. Steinbrecher et al. 2007). Zwischen 1953 und 1983 lag die Wahlbeteiligung bei Bundestagswahlen stets über 85 Prozent, teilweise sogar über 90 Prozent. Bei der Wahl 1987 deutete sich dann ein leichter Rückgang an, der sich bei der ersten gesamtdeutschen Wahl nach der Wiedervereinigung im Jahr 1990 fortsetzte. Seitdem lag die Wahlbeteiligung zumeist etwas unter 80 Prozent und erreichte 2005 mit 77,7 Prozent den bis dahin geringsten Wert. Doch selbst vor diesem Hintergrund war die Wahlbeteiligung 2009 mit 70,8 deutlich geringer als erwartet und erreichte einen neuen historischen Tiefstand. Gegenüber 2005 sank die Teilnahmequote noch einmal um 6,9 Prozentpunkte, was dem stärksten Rückgang zwischen zwei Bundestagswahlen entspricht. Die Gründe der niedrigen Wahlbeteiligung werden in Kapitel 5.1 analysiert.

Um das Ergebnis der Bundestagswahl 2009 richtig einordnen zu können, ist ein *langfristiger Vergleich* hilfreich (Abbildung 3). So zeigt sich das Ausmaß der Niederlage beider großer Parteien erst bei langfristiger Betrachtung in aller Deutlichkeit. Die SPD erreichte ihr mit Abstand schlechtestes Ergebnis seit Ende des Zweiten Weltkriegs und musste zum dritten Mal in Folge Verluste hinnehmen. Seit ihrem Wahlsieg im Jahr 1998 ist der Anteil für die SPD abgegebener Zweitstimmen innerhalb eines Jahrzehnts von 40,9 auf 23 Prozent gefallen. Zwar hatte die SPD bereits zwischen 1980 und 1990 bei drei aufeinanderfolgenden Bundestagswahlen Stimmen verloren, konnte sich aber von diesen Verlusten recht schnell wieder erholen. Der damalige Tiefpunkt lag mit 33,5 Prozent bei der Wahl 1990 jedoch deutlich höher als das Ergebnis 2009. Ein solcher Einbruch einer der beiden großen Parteien wie ihn die SPD 2009 erlebte, ist in der Geschichte der Bundesrepublik ohne Beispiel. Die langfristige Ergebnisübersicht kann demnach die Einmaligkeit dieses Ereignisses verdeutlichen, Schlüsse für die zukünftige Entwicklung können daraus aber kaum abgeleitet werden.

Abbildung 3: Zweitstimmenergebnisse bei Bundestagswahlen seit 1949

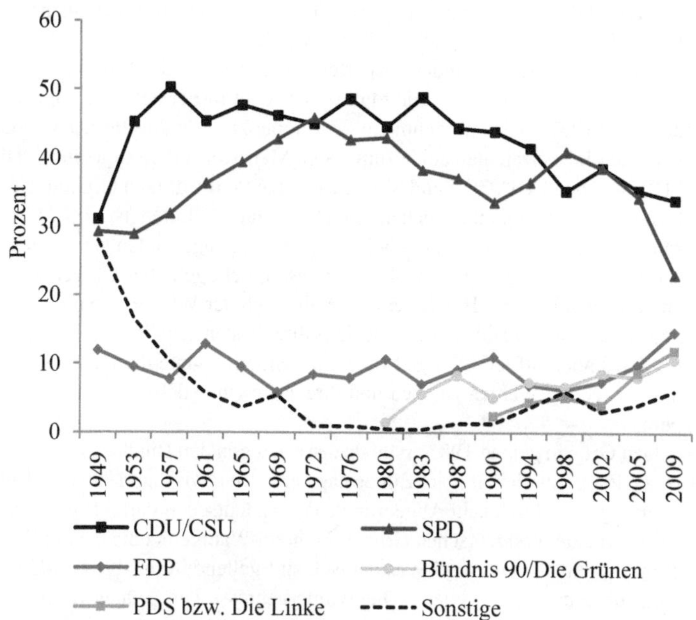

Bei der langfristigen Einordnung des Wahlergebnisses der Union muss die dominante Stellung berücksichtigt werden, welche CDU und CSU bei Bundestagswahlen lange Zeit innehatten:

- Zwischen 1953 und 1994 kam die Union bei jeder Wahl auf mehr als 40 Prozent der Stimmen, oft sogar auf mehr als 45 Prozent.
- Bei 14 der 17 Bundestagswahlen seit 1949 war die Union stärkste Partei, lediglich 1972 und 1998 war die SPD stärker, 2002 lagen beide gleichauf.
- Nur ein einziges Mal (bei der ersten Bundestagswahl 1949) kamen CDU und CSU zusammen auf einen geringeren Stimmenanteil als 2009.

Zwar gelang es der Union 2009 erneut, stärkste Partei zu werden. Allerdings hatte die Partei mit den meisten Stimmen bei einer Bundestagswahl noch nie einen geringeren Stimmenanteil als 33,8 Prozent. Das Ergebnis der Union ist zudem das schlechteste Wahlergebnis, das die Partei eines amtierenden Bundeskanzlers seit Bestehen der Bundesrepublik erzielte. Vor diesem Hintergrund wird klar, warum das Wahlergebnis von CDU und CSU bei der Wahl 2009 als enttäuschend bezeichnet werden muss.

Die drei kleineren Bundestagsparteien konnten bei der Wahl 2009 Rekordergebnisse verbuchen. Die FDP steigerte ihr bisher bestes Resultat aus dem Jahr 1961 noch einmal um 1,6 Prozentpunkte, Bündnis 90/Die Grünen und Die Linke erreichten beide zum ersten Mal zweistellige Ergebnisse. Die FDP ist neben CDU/CSU und SPD die einzige Partei, die seit Gründung der Bundesrepublik ununterbrochen im Bundestag vertreten ist. Im Durchschnitt erhielten die Liberalen bei den 17 Bundestagswahlen seit 1949 9,2 Prozent der Stimmen, ihre Wahlergebnisse unterlagen aber einigen zeitlichen Schwankungen. Bei der ersten Wahl nach der Wiedervereinigung erzielte die FDP 1990 mit 11 Prozent eines ihrer besten Ergebnisse, fiel danach bis 1998 aber auf lediglich 6,2 Prozent. Seitdem konnte die Partei bei den drei folgenden Wahlen zulegen und ihre Zugewinne dabei jeweils verdoppeln.

Den Grünen gelang 1983 erstmals der Einzug in den Bundestag. Seitdem ist die Partei durchgängig im Bundestag vertreten (zwischen 1990 und 1994 allerdings nur durch acht Abgeordnete der ostdeutschen Partei Bündnis 90/Grüne, da die westdeutschen Grünen in ihrem Wahlgebiet die bei der Wahl 1990 separat für Ost- und Westdeutschland geltende Fünf-Prozent-Hürde nicht überspringen konnten). Die Wahlergebnisse der Grünen unterlagen zwischen 1983 und 2005 nur relativ geringen Schwankungen, die Partei erhielt bei den sieben Bundestagswahlen in diesem Zeitraum zwischen 5,1 (1990) und 8,6 Prozent (2002) der Stimmen. Die 10,7 Prozent bei der Wahl 2009 stellen also einen Ausreißer nach oben dar. Allerdings waren die Grünen zwischen 1994 und 2002 drittstärkste Partei, 2009 dagegen reichte es nur für den fünften Rang. Überdies hatte man auf Seiten der Grünen angesichts der Schwäche der SPD auf ein deutlich besseres Wahlergebnis gehofft.

Die 1989 als Nachfolgerin der SED gegründete PDS war zwischen 1990 und 2002 im Bundestag vertreten, obwohl sie nur 1998 bundesweit über fünf Prozent der Stimmen erhielt. Bei der ersten gesamtdeutschen Bundestagswahl 1990 profitierte die Partei von der separat für Ost und West angewendeten Sperrklausel. Vier Jahre später verfehlte die Partei mit 4,4 Prozent die nun bundesweit geltende Fünf-Prozent-Hürde. Allerdings gelang es ihr, vier Direktmandate zu gewinnen, was ihr die Berücksichtigung bei der Sitzverteilung als Fraktion ermöglichte. Als die Partei 2002 mit vier Prozent der Zweitstimmen und nur zwei Direktmandaten den Einzug in den Bundestag (als Fraktion) verpasste, deutete einiges auf ein baldiges Verschwinden der PDS von der gesamtdeutschen Bühne hin, zumal sie bis zu diesem Zeitpunkt nie wesentlich über einen Stimmenanteil von einem Prozent in den alten Bundesländern hinausgekommen war. Nach der Umbenennung zunächst in Linkspartei.PDS und schließlich in Die Linke nach der Fusion mit der WASG gelang aber 2005 der Wiedereinzug in den Bundestag. Mit dem Ergebnis der Wahl 2009 und insbesondere dem Ergebnis in den alten Bundesländern scheint die Partei auf dem Weg, sich dauerhaft im Parlament zu halten.

Für die Sitzverteilung im Parlament und die Regierungsbildung sind lediglich die *relativen* Ergebnisse bedeutsam, d.h. die Stimmen*anteile*. Erst bei Betrachtung der in *absoluten Zahlen* ausgedrückten Wahlergebnisse werden aber die Auswirkungen der zunehmenden Wahlenthaltung und des veränderten Wählerverhaltens auf die Größe der Wählerschaften der Parteien sichtbar (Tabelle 2). Trotz leicht gestiegener Zahl an Wahlberechtigten gaben 2009 etwa drei Millionen weniger Bürger ihre Stimme ab als 1990, im Vergleich zu 1998 sogar fast sechs Millionen weniger. Die Wählerschaft der Union ist seit 1990 fast kontinuierlich kleiner geworden. Allein im Vergleich zu 2005 sank die Zahl der für CDU und CSU abgegebenen Stimmen um fast zwei Millionen Wähler. Gegenüber ihrer Wahlniederlage 1998 bekamen CDU und CSU bei ihrem Wahlsieg 2009 mehr als zweieinhalb Millionen Stimmen weniger.

Die SPD konnte ihre Wählerschaft zwischen 1990 bis 1998 erheblich vergrößern, verlor bei den drei folgenden Wahlen aber sehr viele Stimmen. Mit nur noch knapp zehn Millionen Wählern war die Wählerschaft der Sozialdemokraten 2009 weniger als halb so groß wie noch 1998. Gab damals etwa jeder dritte Wahlberechtige seine Stimme für die SPD ab, war es 2009 ungefähr jeder sechste. Allein im Vergleich zur Wahl 2005 verlor die SPD 2009 über sechs Millionen Stimmen. Die FDP konnte gegenüber der vorherigen Bundestagswahl 1,7 Millionen Wähler mehr von sich überzeugen und erreichte damit nicht nur prozentual, sondern auch in absoluten Zahlen einen neuen Bestwert. Gleiches gilt für die Linke, die etwas mehr als eine Million Stimmen hinzugewann und erstmals von über fünf Millionen Bürgern gewählt wurde. Auch Bündnis 90/Die Grünen bekamen mehr Stimmen als je zuvor, ihre Zugewinne fielen allerdings auch in absoluten Zahlen geringer aus als die der FDP und der Linken.

Tabelle 2: Wahlergebnisse bei Bundestagswahlen seit 1990

Jahr	Wahlberechtigte	Wähler	CDU/CSU	SPD	FDP	B90/Die Grünen	PDS/Die Linke
1990	60,4	46,5	20,4	15,5	5,1	1,8	1,1
1994	60,5	47,1	19,5	17,1	3,3	3,4	2,1
1998	60,8	49,3	17,3	20,2	3,1	3,3	2,5
2002	61,4	48,0	18,5	18,5	3,5	4,1	1,9
2005	61,9	47,3	16,6	16,2	4,6	3,8	4,1
2009	62,1	43,4	14,7	10,0	6,3	4,6	5,2

Angaben in Millionen Zweitstimmen.

Bemerkenswert ist, dass CDU, CSU und FDP 2009 zusammen 300.000 Wählerstimmen weniger auf sich vereinen konnten als bei der Wahl 2005, bei der sie keine gemeinsame Stimmenmehrheit erreichten. Dass es für die schwarz-gelbe Koalition 2009 dennoch für eine Mehrheit reichte, liegt also keineswegs an einem (absoluten) Zugewinn an Wählern. Außerdem sorgte die niedrige Teilnahmequote dafür, dass die in den Medien oft zitierte „Partei der Nichtwähler" bei der vergangenen Bundestagswahl mit 18,7 Millionen Wahlberechtigten zum ersten Mal stärkste „Partei" wurde.

4.4 Das Parteiensystem Deutschlands

Bisher wurden in diesem Kapitel die Ergebnisse und Entwicklungen auf der Ebene einzelner Parteien betrachtet. Im Folgenden soll dagegen der Fokus auf die höhere Ebene des Parteiensystems gerichtet werden, um Aufschlüsse darüber zu erhalten, wie sich der politische Wettbewerb in Deutschland im Zeitverlauf verändert hat. Ein Parteiensystem wird nicht allein durch die Anzahl der in einem politischen System relevanten Parteien bestimmt, sondern ebenso durch die zwischen den Parteien bestehenden Verhältnisse und Beziehungen. In der Politikwissenschaft gibt es zahlreiche Kennziffern, mit denen die Eigenschaften eines Parteiensystems charakterisiert werden können. Im Folgenden sollen vier relativ einfache Maße betrachtet werden, welche die wesentlichen Entwicklungen der deutschen Parteienlandschaft gut veranschaulichen können (Tabelle 3).

Die erste wichtige Eigenschaft eines Parteiensystems ist die *Fragmentierung*, also wie sehr das Parteiensystem in viele Parteien zersplittert ist oder sich auf wenige Parteien konzentriert. Ein anschauliches und häufig verwendetes Maß für diese Systemeigenschaft ist die effektive Parteienzahl (im englischen Original „effective number of parties“, s. Laakso/Taagepera 1979). Diese Maßzahl, die dem Kehrwert der Summe der quadrierten Stimmenanteile aller Parteien entspricht, wird von der Anzahl und den Größenverhältnissen sowohl der parlamentarisch vertretenen als auch der übrigen Parteien beeinflusst. Existieren in einem Parteiensystem beispielsweise fünf Parteien, die bei einer Wahl alle genau 20 Prozent der Stimmen erhalten, beträgt die effektive Parteienzahl ebenfalls fünf. Wenn aber eine dieser Parteien sehr dominant ist, nähert sich die Maßzahl dem Wert eins an. Für Parteiensysteme mit zwei dominierenden Großparteien bietet sich als zusätzliches Maß für die Fragmentierung der gemeinsame Stimmenanteil der beiden großen Parteien an, im deutschen Fall also von CDU/CSU und SPD.

Für die erste Bundestagswahl nach Ende des Zweiten Weltkriegs im Jahr 1949 nimmt die effektive Parteienzahl einen vergleichsweise hohen Wert von 4,8 an. Keine Partei konnte diese Wahl klar dominieren, die beiden großen Parteien vereinigten nur etwa 60 Prozent der Wählerstimmen auf sich und die Stimmen verteilten sich auf viele Parteien, da u.a. die bundesweite Fünf-Prozent-Hürde noch nicht existierte. Nach deren Einführung 1953 kam es bald zu der damit beabsichtigten Konzentration im deutschen Parteiensystem. Zwischen 1961 und 1983 bestand der Bundestag nur aus den drei Fraktionen der Union, der SPD und der FDP, wobei stets mindestens vier Fünftel der Stimmen für eine der beiden großen Parteien abgegeben wurden. Für die Zeit dieses Dreiparteiensystems nimmt die effektive Parteienzahl sehr konstante Werte im Bereich von 2,5 an und reflektiert damit auch die Dominanz der beiden großen Parteien. Der Einzug von Bündnis 90/Die Grünen in den Bundestag 1983 und der PDS 1990 resultieren zusammen mit der langsam abnehmenden Vorherrschaft von Union und SPD in – zunächst langsam – steigenden Werten für die effektive Parteienzahl. Die Etablierung des Fünfparteiensystems und der wachsende Stimmenanteil für die kleineren und „sonstigen“ Parteien finden 2009 einen vorläufigen Höhepunkt, sodass auch die effektive Parteienzahl für diese Wahl eine für deutsche Verhältnisse sehr hohen Wert von 4,7 annimmt. Mit 56,8 Prozent der Stimmen ging nur noch etwas mehr als jede zweite Stimme an CDU/CSU oder SPD. Die Dominanz der beiden Großparteien war seit Bestehen der Bundesrepublik nie geringer ausgeprägt, die Fragmentierung nur 1949 ähnlich hoch. Im internationalen Vergleich ist die Zersplitterung des deutschen Parteiensystems jedoch keineswegs außergewöhnlich hoch (s. Niedermayer 2008). So zeichnen sich etwa die Parteiensysteme Italiens, Belgiens oder der Niederlande durch eine deutlich höhere Fragmentierung aus.

Tabelle 3: Kennziffern des deutschen Parteiensystems seit 1949

Jahr	Effektive Parteienzahl	Stimmenanteil Union + SPD	Asymmetrie	Volatilität
1949	4,8	60,2	1,8	-
1953	3,3	74,0	16,4	8,5
1957	2,8	82,0	18,4	4,9
1961	2,8	81,5	9,1	7,2
1965	2,6	86,9	8,3	4,4
1969	2,5	88,8	3,4	4,3
1972	2,4	90,7	-0,9	3,5
1976	2,4	91,2	6,0	3,7
1980	2,5	87,4	1,6	3,6
1983	2,6	87,0	10,6	8,4
1987	2,9	81,3	7,3	5,3
1990	3,1	77,3	10,3	4,6
1994	3,2	77,8	5,0	6,8
1998	3,3	76,0	-5,8	6,4
2002	3,2	77,0	0,0	5,0
2005	3,8	69,4	1,0	7,6
2009	4,7	56,8	10,8	11,6

Eine weitere wichtige Eigenschaft eines Parteiensystems ist die sogenannte *Asymmetrie*. Diese gibt Aufschluss über das Stärkeverhältnis der beiden großen Parteien untereinander und wird für Deutschland berechnet, indem der Stimmenanteil der SPD vom Stimmenanteil der Unionsparteien abgezogen wird. Positive Werte bedeuten also einen Vorsprung von CDU/CSU, negative einen Vorsprung der SPD. Bei 14 von 17 Bundestagswahlen seit Ende des Zweiten Weltkriegs konnte die Union einen größeren Stimmenanteil erreichen als die SPD. Im Jahr 2002 lagen die beiden großen Parteien gleichauf, lediglich aus den Wahlen 1972 und 1998 ging die SPD als stärkste Partei hervor. Langfristig besteht demnach eine deutliche Asymmetrie zugunsten der CDU/CSU im deutschen Parteiensystem. Nach der Wiedervereinigung 1990 und dem Wahlsieg der SPD 1998 war vermutet worden, die Phase der Unions-Dominanz sei beendet (s. Niedermayer 2007: 128). Die beiden darauffolgenden Wahlen schienen dies zu bestätigen, konnte sich doch keine der beiden großen Parteien gegenüber der anderen einen nennenswerten Vorteil verschaffen. Aus dem Ergebnis der Bundestagswahl

2009 eine Rückkehr in das alte Muster zu schließen, liegt in Anbetracht des großen Vorsprungs der Union nahe, auf Grundlage einer einzigen Wahl sollten Aussagen über langfristige Entwicklungen aber nur mit äußerster Vorsicht getroffen werden.

Schließlich soll als letzte Eigenschaft die *Volatilität* des deutschen Parteiensystems betrachtet werden. Unter Volatilität versteht man in der Politikwissenschaft, wie stark sich die Anteile der Parteien zwischen zwei Wahlen verändern, ob also die Wahlergebnisse relativ konstant sind oder starken Schwankungen unterliegen. Die Volatilität wird meist mit dem sogenannten Pedersen-Index gemessen (Pedersen 1979). Dieser wird berechnet, indem die relativen Gewinne und Verluste aller im Parlament vertretener Parteien im Vergleich zur vorherigen Wahl summiert und durch zwei dividiert werden. Bei der Bundestagswahl 2009 hat die Union 1,4 Prozentpunkte verloren, die SPD 11,2. Die FDP gewann 4,8 Prozentpunkte hinzu, die Grünen 2,6 und die Linke 3,2. Die Summe dieser prozentualen Veränderungen beträgt folglich 23,2, durch zwei dividiert ergibt dies einen (vergleichsweise hohen) Wert von 11,6 für den Pedersen-Index. Zur Zeit des Drei-Parteien-Systems aus Union, SPD und FDP in den 1960er und 1970er Jahren war die Volatilität der Wahlergebnisse in Deutschland sehr gering. Dies änderte sich mit dem Einzug der Grünen in den Bundestag 1983 kurzzeitig, eine einheitliche Entwicklung zu größerer Volatilität lässt sich im Zeitverlauf aber nicht feststellen. Auffällig ist allerdings die vergleichsweise hohe Volatilität bei den letzten beiden Bundestagswahlen in den Jahren 2005 und 2009.

Insgesamt kann das derzeitige deutsche Parteiensystem in den Worten Niedermayers (2007: 131) als „fluides Fünfparteiensystem“ bezeichnet werden. Dieser Begriff verdeutlicht, dass sich dauerhaft fünf Parteien im Bundestag etabliert haben, die bei verringerter Dominanz der beiden großen Parteien in einem offenen Wettbewerb miteinander ohne langfristig stabile Asymmetrie und ohne eindeutige drittstärkste Partei stehen.

4.5 Fazit

Die Bundestagswahl 2009 war eine denkwürdige Wahl, bei der einige Rekorde zu verzeichnen waren. Noch nie war die Wahlbeteiligung geringer, noch nie gab es so viele Überhangmandate, noch nie splitteten so viele Wähler ihre beiden Stimmen, noch nie hatte eine Partei so starke Einbußen hinnehmen müssen wie die SPD, noch nie waren die „kleinen“ Parteien so stark. Auch bezüglich der Kennziffern des Parteiensystems war die Wahl 2009 bemerkenswert: Der gemeinsame Stimmenanteil der beiden großen

Parteien erreichte den tiefsten Stand seit Ende des Zweiten Weltkriegs, die Volatilität war höher denn je und auch die Asymmetrie zugunsten der Union war so hoch wie seit 1957 nicht mehr. Bezeichnend für diese außergewöhnliche Wahl ist das Kunststück, welches der Union aufgrund der niedrigen Wahlbeteiligung und der vielen Überhangmandate gelang: Sie bekam 1,9 Millionen Stimmen weniger als 2005, ihr Zweitstimmenanteil war um 1,4 Prozentpunkte geringer als vier Jahre zuvor – und doch wuchs die Unions-Fraktion im Bundestag um 13 Abgeordnete.

Literatur

Behnke, Joachim 2007: The Strange Phenomenon of Surplus Seats in the German Electoral System, in: German Politics, 496-517.

Behnke, Joachim/Kamm, Ruth/Sommerer, Thomas 2003: Der Effekt der Neueinteilung der Wahlkreise auf die Entstehung von Überhangmandaten, in: Zeitschrift für Parlamentsfragen, 122-145.

Hilmer, Richard/Schleyer, Nicolas 2000: Stimmensplitting bei der Bundestagswahl 1998: Strukturen, Trends, Motive, in: van Deth, Jan/Rattinger, Hans/Roller, Edeltraud, Hg., Die Republik auf dem Weg zur Normalität?, Opladen: Leske + Budrich, 173-197.

Laakso, Markku/Taagepera, Rein 1979: 'Effective' number of parties: A measure with application to West Europe, in: Comparative Political Studies, 3-27.

Niedermayer, Oskar 2007: Die Entwicklung des bundesdeutschen Parteiensystems, in: Decker, Frank/Neu, Viola, Hg., Handbuch der deutschen Parteien, Wiesbaden: VS Verlag für Sozialwissenschaften, 114-135.

Niedermayer, Oskar 2008: Parteiensysteme, in: Gabriel, Oscar W./Kropp, Sabine, Hg., Die EU Staaten im Vergleich. Strukturen, Prozesse, Politikinhalte. 3. Auflage, Wiesbaden: VS Verlag für Sozialwissenschaften, 351-388.

Pedersen, Mogens N. 1979: The Dynamics of European Party Systems: Changing Patterns of Electoral Volatility, in: European Journal of Political Research, 1-26.

Schmitt-Beck, Rüdiger 1993: Denn sie wissen nicht, was sie tun ... Zum Verständnis des Verfahrens der Bundestagswahl bei westdeutschen und ostdeutschen Wählern, in: Zeitschrift für Parlamentsfragen, 393-415.

Schoen, Harald 1998: Stimmensplitting bei Bundestagswahlen: eine Form taktischer Wahlentscheidung?, in: Zeitschrift für Parlamentsfragen, 223-244.

Steinbrecher, Markus/Huber, Sandra/Rattinger, Hans 2007: Turnout in Germany: Citizen Participation in State, Federal, and European Elections since 1979, Baden-Baden: Nomos.

Strohmeier, Gerd 2009: Vergangene und zukünftige Reformen des deutschen Wahlsystems, in: Strohmeier, Gerd, Hg., Wahlsystemreform, Sonderheft der Zeitschrift für Politikwissenschaft, 11-44.

5. Hintergründe des Wahlergebnisses

5.1 Die Wahlbeteiligung

Markus Steinbrecher und Hans Rattinger

5.1.1 Einleitung

Wahlen sind das zentrale Element in demokratischen politischen Systemen. Durch sie übertragen die Staatsbürger auf Zeit Macht auf politische Amtsträger, die dann für das gesamte Gemeinwesen verbindliche Entscheidungen treffen. Für viele Bürger ist die Teilnahme an Wahlen die einzige Form politischer Beteiligung (s. z.B. Steinbrecher 2009). An einem Wahlabend ist allerdings in erster Linie das Wahlergebnis von Interesse, also wie die einzelnen Parteien abgeschnitten haben, welche Regierungsbündnisse auf Basis des Wahlergebnisses möglich sind und welcher der Spitzenkandidaten der Parteien die zu bildende Regierung führen wird. Die Wahlbeteiligung spielt daher in der Berichterstattung der Medien und in der Wahrnehmung von Politikern und Bevölkerung keine große Rolle, es sei denn, sie sinkt deutlich von einer Wahl zur anderen.

Dies war bei der Bundestagswahl 2009 der Fall. Lediglich 70,8 Prozent der wahlberechtigten Bundesbürger gaben ihre Stimme ab. Im Vergleich zur Wahl 2005 ging die Beteiligung um 6,9 Prozentpunkte zurück. Mit dieser stärksten jemals gemessenen Abnahme zwischen zwei Bundestagswahlen sank die Wahlbeteiligung zugleich auf den niedrigsten Wert seit 1949 (damals 78,5 Prozent). Damit fällt die Wahl 2009 deutlich aus der Reihe der bisher 17 Bundestagswahlen heraus: Mit Ausnahme der ersten Bundestagswahl haben im Zeitraum zwischen der Gründung der Bundesrepublik und der Wiedervereinigung der beiden deutschen Staaten stets deutlich mehr als 80 Prozent der Westdeutschen an Bundestagswahlen teilgenommen (Abbildung 1). In den Jahren 1972 und 1976 kann man bei einer Wahlbeteiligung von über 90 Prozent sogar von einer nahezu vollständigen Beteiligung der Wahlberechtigten sprechen. Da aufgrund von Umzug, Urlaub und Krankheit trotz der immer beliebteren Briefwahl ein gewisser Prozentsatz der Wahlberechtigten gar nicht an Wahlen teilnehmen kann – eine weitere Ursache können Fehleinträge in den Wahlregistern sein – ist eine Wahlbeteiligung über 95 Prozent praktisch überhaupt nicht möglich. Dies zeigt sich besonders deutlich in Ländern mit Wahlpflicht wie Australien, Belgien oder Luxemburg, in denen diese Marke nicht überschritten wird.

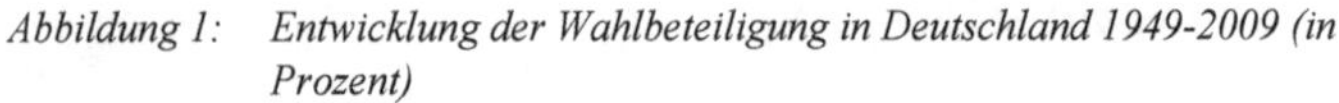

Abbildung 1: Entwicklung der Wahlbeteiligung in Deutschland 1949-2009 (in Prozent)

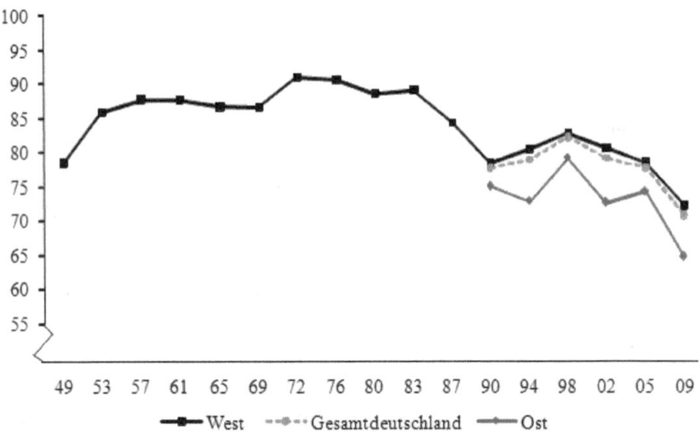

Um die Wahlbeteiligung bei der Bundestagswahl 2009 analysieren zu können, gliedert sich dieses Kapitel in mehrere Abschnitte: In Abschnitt 5.1.2 wird die Entwicklung der Wahlbeteiligung in Ost- und Westdeutschland seit 1990 beschrieben, während Abschnitt 5.1.3 die Unterschiede im Beteiligungsniveau zwischen Männern und Frauen unterschiedlichen Alters bei der Bundestagswahl 2009 verdeutlicht. In Abschnitt 5.1.4 erfolgt schließlich eine umfassende Analyse, die sowohl sozialstrukturelle Merkmale als auch zahlreiche Einstellungen als Erklärungsfaktoren der Wahlbeteiligung berücksichtigt.

5.1.2 Entwicklung der Wahlbeteiligung in Ost- und Westdeutschland seit 1990

Mit der Wiedervereinigung sank die Beteiligungsbereitschaft der Deutschen beträchtlich. So nahmen an der ersten gesamtdeutschen Wahl am 2. Dezember 1990 lediglich 77,7 Prozent der Wahlberechtigten teil. 1994 ergab sich ein kleiner Aufschwung (79,0 Prozent), und bei der Bundestagswahl 1998 zeigte sich mit 82,2 Prozent das höchste Beteiligungsniveau bei einer gesamtdeutschen Wahl: Besonders die von vielen erstrebte Abwahl Helmut

Kohls nach 16 Jahren Regierungszeit mobilisierte die Bürger. Vor allem in Ostdeutschland stieg die Wahlbeteiligung im Vergleich zu 1994 (um 6,4 Prozentpunkte). Bis 2005 sank die Wahlbeteiligung in Deutschland allerdings wieder auf das Niveau von 1990 ab, um dann 2009 deutlich darunter abzurutschen. Seit der Wiedervereinigung schwankt die Wahlbeteiligung bei Bundestagswahlen im Bereich zwischen 70 und 82 Prozent. Damit gehört Deutschland aber im internationalen Vergleich immer noch zu den Ländern mit einer vergleichsweise hohen Wahlbeteiligung (s. http://www.idea.int/).

Zu den Veränderungen der Wahlbeteiligung über die Zeit kommen deutliche Unterschiede in der Beteiligungsbereitschaft zwischen Ost- und Westdeutschen hinzu. Die Wahlbeteiligung in den östlichen Bundesländern liegt stets unter der in der alten Bundesrepublik. Besonders eindeutig sind diese Unterschiede für die Wahlen 1994, 2002 und 2009. Die Differenzen zwischen West- und Ostdeutschland bewegen sich für diese Jahre in einem Bereich von jeweils etwa acht Prozentpunkten. Während sich in Westdeutschland bei der Wahl 2009 immerhin noch 72,2 Prozent der Wahlberechtigten beteiligten, gaben nicht einmal mehr zwei Drittel (64,3 Prozent) der Ostdeutschen ihre Stimme ab. Wichtige Gründe für das unterschiedlich hohe Beteiligungsniveau sind Unterschiede in der politischen Sozialisation von Ost- und Westdeutschen. Diese Unterschiede zeigen sich vor allem an zwei wichtigen Faktoren, die zu höherer Wahlbeteiligung führen – wie im weiteren Verlauf dieses Kapitels noch gezeigt werden wird. So ist zum einen der Anteil derjenigen, die sich mit einer Partei identifizieren, in Ostdeutschland deutlich geringer als in Westdeutschland (s. Kapitel 5.4 und 5.7). Zum anderen findet die sogenannte Wahlnorm, nach der es sich für einen guten Staatsbürger gehört, an Wahlen teilzunehmen, unter den Ostdeutschen wesentlich weniger Zustimmung als unter den Westdeutschen (s. Steinbrecher et al. 2007).

5.1.3 Sozialstrukturelle Unterschiede der Wahlbeteiligung bei der Bundestagswahl 2009

Die Unterschiede zwischen Ost- und Westdeutschen zeigen sich noch deutlicher, wenn man die Ergebnisse der Repräsentativen Wahlstatistik für die Bundestagswahl 2009 betrachtet. Diese Statistik beruht auf einer Stichprobe von etwa 3000 Wahlbezirken, in denen die Wahlbeteiligung anhand der Wahlberechtigtenverzeichnisse nach Geschlecht und Zugehörigkeit zu einer von zehn Altersgruppen amtlich ermittelt wird (Der Bundeswahlleiter

2010). So kann auf der Basis einer Stichprobe, die etwa vier Prozent aller wahlberechtigten Bundesbürger umfasst, eine sehr präzise Schätzung der Wahlbeteiligung für Männer und Frauen verschiedenen Alters vorgenommen werden. Die so ermittelten Werte weichen lediglich geringfügig von der wirklichen Wahlbeteiligung ab. So beträgt die durch die Repräsentative Wahlstatistik geschätzte Wahlbeteiligung 71,4 Prozent und liegt damit lediglich 0,6 Prozentpunkte über der tatsächlichen Wahlbeteiligung bei der Bundestagswahl 2009.

Wegen der deutlichen Beteiligungsunterschiede zwischen Ost- und Westdeutschland differenziert Abbildung 2 nicht nur zwischen Männern und Frauen, sondern auch zwischen beiden Landesteilen. Sowohl bei den Ostdeutschen als auch bei den Westdeutschen sind Unterschiede zwischen Männern und Frauen deutlich erkennbar. In den Altersgruppen der 25- bis 60-jährigen beteiligen sich Frauen in stärkerem Maße an Wahlen als Männer. Der Abstand zwischen beiden Geschlechtern in diesen Altersgruppen ist bei den Ostdeutschen allerdings deutlich größer als bei den Westdeutschen. Während die Wahlbeteiligung in Ostdeutschland bei Frauen zwischen 25 und 60 Jahren um vier Prozentpunkte höher ist als bei Männern, ist die Differenz in Westdeutschland nie größer als 1,5 Prozentpunkte. Lediglich bei den beiden jüngsten und den ältesten Altersgruppen sind in beiden Landesteilen Männer politisch aktiver als Frauen. Besonders tritt dieser Unterschied bei den über 70-jährigen hervor. Die Wahlbeteiligung in dieser Altersgruppe ist bei Männern um fast 10 Prozentpunkte höher als bei Frauen. Ursachen dafür lassen sich in der geringeren Lebenserwartung der Männer und dem daraus resultierenden hohen Anteil alleinstehender Frauen in dieser Altersgruppe finden. Vielen Witwen dieses Alters fehlt nach dem Tod des Ehemanns der mobilisierende Faktor. Sie fühlen sich mehr und mehr isoliert und finden seltener den Weg ins Wahllokal.

Fasst man alle Altersgruppen zusammen, so liegt die Wahlbeteiligung der Männer (73,5 Prozent) gemäß der Repräsentativen Wahlstatistik zur Bundestagswahl 2009 im Westen um 1,1 Prozentpunkte über derjenigen der Frauen (72,4 Prozent). Im Osten dagegen sind die Frauen politisch etwas aktiver (65,4 Prozent Wahlbeteiligung gegenüber 64,9 Prozent bei den Männern). Damit haben sich die über lange Zeit festgestellten Unterschiede zwischen beiden Geschlechtern nahezu vollständig verflüchtigt, die durch die späte Einführung des Frauenwahlrechts in Deutschland (1919) und das über lange Zeit geringere politische Interesse von Frauen bedingt waren.

Abbildung 2: Wahlbeteiligung bei der Bundestagswahl 2009 nach Alter und Geschlecht in Ost- und Westdeutschland (in Prozent)

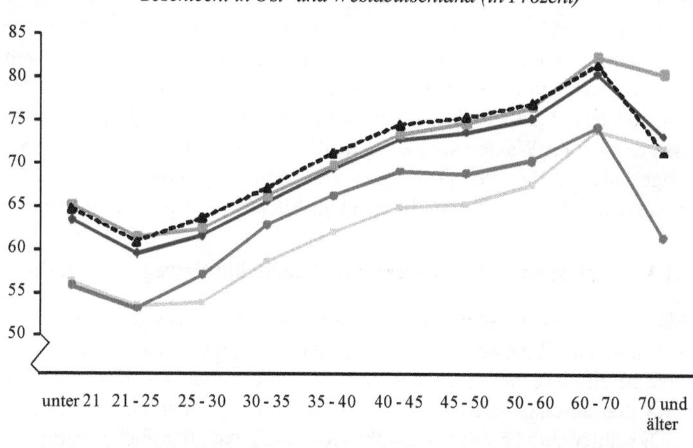

Während das Geschlecht für die Höhe der Wahlbeteiligung von geringer Bedeutung ist, lassen sich deutliche Unterschiede in der politischen Aktivität zwischen den einzelnen Altersgruppen feststellen. Die geringste Wahlbeteiligung weisen im gesamten Bundesgebiet mit 59,1 Prozent die 21- bis 25-jährigen auf, in Ostdeutschland geht sogar nur noch etwas mehr als jeder Zweite aus dieser Altersgruppe zur Bundestagswahl (52,9 Prozent). Gründe dafür liegen einerseits im verflogenen Reiz des Neuen, der zu einer höheren Wahlbeteiligung bei den 18- bis 21-jährigen Erstwählern führt, und andererseits in der durch Berufs- und Hochschulausbildung hervorgerufenen größeren Mobilität der 21- bis 25-jährigen. Bei den über 25-jährigen zeigt sich ein beständiger Anstieg der Partizipationsneigung von Altersgruppe zu Altersgruppe. Die Differenzen für die einzelnen Altersgruppen zwischen Ost und West variieren zwischen sechs und neun Prozentpunkten, so dass die Kurven nahezu parallel verlaufen. Dieser Kurvenverlauf belegt, dass es unabhängig vom Alter einen allgemeinen substantiellen Niveauunterschied zwischen der Wahlbeteiligung in West- und Ostdeutschland gibt.

Bei den 60- bis 70-jährigen erreichen alle Kurven ihren höchsten Wert. In dieser Altersgruppe sind, bezogen auf das gesamte Bundesgebiet, vier von fünf Wahlberechtigten zur Bundestagswahl gegangen. Aus den bereits erwähnten Gründen – Krankheit und Immobilität – ist die Wahlbeteiligung in der ältesten Gruppe, den über 70-jährigen, wieder geringer. Insgesamt ergibt sich also ein positiver Zusammenhang zwischen Alter und Wahlbeteiligung. Die Unterschiede zwischen der aktivsten (60- bis 70-jährige) und der inaktivsten Gruppe (21- bis 25-jährige) sind mit mehr als 20 Prozentpunkten beträchtlich. Da die Gruppe der 60- bis 70-jährigen mehr als dreimal so viele Wahlberechtigte umfasst als die der 21- bis 25-jährigen und erstere bei ihrer Wahlentscheidung deutlich stärker zu CDU/CSU und SPD neigen als die Jüngeren (s. Kapitel 5.3), begünstigen die starken Beteiligungsunterschiede zwischen Jungen und Alten eindeutig die Volksparteien.

5.1.4 Analysen zur Wahlbeteiligung bei der Bundestagswahl 2009

Bisher wurden in diesem Kapitel lediglich das Geschlecht, das Alter und die Herkunft aus West- oder Ostdeutschland als Erklärungsfaktoren für die Wahlbeteiligung herangezogen. Die Repräsentative Wahlstatistik bietet zwar den unschätzbaren Vorteil, dass sie Informationen über tatsächliche Nichtwähler enthält, die Nichtwählerforschung hat allerdings gezeigt, dass sozialstrukturelle Eigenschaften wie Alter und Geschlecht – aber auch Bildung – nur wenig dazu beitragen können, die Wahlbeteiligung einer Person zu erklären oder gar vorherzusagen (Kleinhenz 1995; Caballero 2005; Steinbrecher et al. 2007).

Dafür sind Werte, Normen und Einstellungen – wie das bereits angesprochene Wahlpflichtgefühl oder die Stärke der Parteiidentifikation – bedeutsamer. Diese beiden und fünf weitere wichtige Erklärungsfaktoren der Wahlbeteiligung, die alle unter dem Oberbegriff „staatsbürgerliche Orientierungen“ (im amerikanischen Original „Civic Orientations“) zusammengefasst werden, lassen sich aus dem sogenannten „Michigan-Modell“ ableiten (s. hierzu Campbell et al. 1960 und besonders Kapitel 5.6). Als erster Faktor ist das politische Interesse zu nennen, das als Indikator für die Aufmerksamkeit einer Person gegenüber Politik anzusehen ist: Je weniger ein Wahlberechtigter an Politik interessiert ist, desto unwahrscheinlicher ist es, dass er an einer Wahl teilnimmt.

Die vier weiteren Faktoren sind neben dem Michigan-Modell auch eng mit einem der zentralen Konzepte der politischen Soziologie verknüpft, der Unterstützung des politischen Systems (Easton 1965). Umgangssprachlich könnte man diese Indikatoren auch als Ausdruck von Politikverdrossenheit interpretieren. Hierzu gehört die generelle Zufriedenheit mit der Arbeit des demokratischen politischen Systems in Deutschland, die sogenannte Demokratiezufriedenheit: Zufriedene weisen eine deutlich höhere Wahrscheinlichkeit als Unzufriedene auf, an einer Wahl teilzunehmen. Hinzu kommt als spezifischer, auf die Parteien als politische Akteure bezogener Faktor die maximale Sympathie für eine der Parteien. Es ist davon auszugehen, dass Personen, die keiner der Parteien einen hohen (und damit positiven) Wert zuweisen, in geringerem Maße an einer Wahl teilnehmen. Sie haben nämlich im Gegensatz zu Personen, die mindestens eine Partei sehr positiv bewerten, keinen Anreiz, durch ihre Wahlteilnahme zum Erfolg einer Partei beizutragen.

Die beiden weiteren Faktoren kann man mit dem Begriff der individuellen politischen Wirksamkeit (englisch: „efficacy") zusammenfassen. Die sogenannte „interne Efficacy" steht für das eigene politische Kompetenzbewusstsein einer Person, also inwiefern sie selbst meint, Einfluss auf Politiker, Parteien und öffentliche Verwaltung nehmen zu können. Die „externe Efficacy" misst die wahrgenommene Responsivität des politischen Systems, also ob ein Bürger denkt, dass Parteien, Politiker und die Verwaltung auf Einflussversuche durch die Bürger reagieren. Es gilt, dass sowohl höhere Kompetenzbewertungen der eigenen Person als auch eine bessere Einschätzung der Reaktionsbereitschaft des politischen Systems auf die Aktivitäten der Bürger die Wahrscheinlichkeit der Wahlbeteiligung erhöhen.

Zusätzliche Faktoren, die im Rahmen der folgenden Analysen verwendet werden, lassen sich aus den besonderen Rahmenbedingungen der Bundestagswahl 2009 ableiten, nämlich der Wirtschaftskrise und der zweiten Großen Koalition auf Bundesebene (s. Kapitel 2 und 5.10). Berücksichtigt man die bereits erwähnten Einflüsse allgemeiner politischer Unzufriedenheit, erscheint es plausibel, dass sich durch die Wirtschaftskrise ausgelöste Unzufriedenheit auch an der Wahlurne niederschlagen sollte: Negative Wahrnehmungen der wirtschaftlichen Situation Deutschlands und der persönlichen wirtschaftlichen Lage sollten daher die Wahrscheinlichkeit verringern, an der Bundestagswahl teilzunehmen.

Bedingt durch die gemeinsame Große Koalition unterschieden sich die Wahlprogramme und die im Wahlkampf vermittelten politischen Ziele von CDU/CSU und SPD bei der Wahl 2009 weit weniger klar als bei früheren Bundestagswahlen. So war die große Uneinigkeit zwischen den beiden großen Parteien hinsichtlich der Ostpolitik und der Innenpolitik bei der Bundestagswahl 1972 einer der Gründe für die damals außergewöhnlich hohe Wahlbeteiligung. Ganz anders bei der Bundestagswahl 2009: Die Angebote der beiden Volksparteien waren hier nur wenig unterscheidbar (s. Kapitel 3). Die Wahrnehmung von Unterschieden zwischen CDU/CSU und SPD sollte sich auch bei einzelnen Wahlberechtigten auf ihre Bereitschaft auswirken, an der Wahl teilzunehmen: Je größer die wahrgenommenen Unterschiede, desto höher auch die Wahrscheinlichkeit der Wahlbeteiligung.

Tabelle 1: Für die Analysen verwendete Variablen

Variable	Mittelwert bzw. Prozent	Standard-abweichung
Wahlbeteiligung 2009	83 %	-
Wahlbeteiligung 2005	83 %	-
Stärke Parteiidentifikation	0,45	0,35
Politisches Interesse	0,45	0,26
Demokratiezufriedenheit	0,53	0,25
Externe Efficacy	0,33	0,26
Interne Efficacy	0,49	0,31
Akzeptanz der Wahlnorm	0,69	0,31
Differential große Parteien	0,29	0,23
Maximale Sympathie für eine Partei[1]	0,49	0,38
Eigene Wirtschaftslage, aktuell[1]	0,04	0,46
Allgemeine Wirtschaftslage, aktuell[1]	-0,29	0,37
Männer	48 %	-
Alter in Jahren	49,47	18,13
Schulabschluss[2]	1,80	0,81

Die Fallzahl für die einzelnen Variablen variiert zwischen 3916 und 4290.
Alle Skalen von 0 bis 1 außer: [1]: Skalen von -1 bis +1; [2]: Skala von 1 bis 3.

Ein Überblick über die Verteilung der angesprochenen Merkmale findet sich in Tabelle 1. In der Befragung der Deutschen Wahlstudie 2009 gaben 83 Prozent der Befragten an, dass sie an der Wahl teilgenommen haben (nach der Wahl) bzw. teilnehmen werden (vor der Wahl). Die tatsächliche Wahlbeteiligung wird also um etwa zwölf Prozentpunkte überschätzt. Dies ist ein Phänomen, das immer wieder in Umfragestudien auftritt. Dafür gibt es mehrere Gründe (Steiner 1965; Eilfort 1994: 87ff.). Wählen wird in einer Demokratie von vielen Bürgern als sozial erwünschtes Verhalten angesehen. Daher fühlen sich Nichtwähler in der Interviewsituation während einer Befragung verpflichtet, dieses Verhalten anzugeben. Ein zweiter Grund für die Überschätzung ist das generell geringere Niveau politischer und anderer Aktivitäten bei Nichtwählern. Dies betrifft auch die Teilnahme an Umfragen. Ein Teil der Nichtwähler nimmt also gar nicht erst an einer Befragung teil. Somit steigt der Anteil der Wähler in der Befragung automatisch an. Drittens ist es möglich, dass ein Teil der Befragten vor der Wahl angibt, an der Wahl teilnehmen zu wollen, aus unterschiedlichen Gründen aber an der Stimmabgabe gehindert wird. Die Verwendung von Umfragen vor der Wahl führt also auch zu einer Verzerrung des gemessenen Wähleranteils. Und viertens gibt es schließlich Befragte, die sich nach der Wahl nicht mehr an ihr Verhalten erinnern können und unbewusst nicht die Wahrheit sagen. Dies betrifft vor allem Personen, die ein geringes Interesse an Politik haben.

Die weiteren Merkmale in Tabelle 1 lassen sich in Einstellungen (im oberen Teil) und sozialstrukturelle Eigenschaften (im unteren Teil) aufteilen. Ein Großteil dieser Faktoren hat einen Wertebereich zwischen null und eins. Ausnahmen sind die Indikatoren für die Bewertung der wirtschaftlichen Lage, die maximale Sympathie für eine der Parteien (-1 bis +1), das Alter (in Jahren) und das Bildungsniveau (von 1 für niedrig bis 3 für hoch).

Tabelle 2: Veränderung der Wahrscheinlichkeit, an der Bundestagswahl 2009 teilzunehmen

Variable	Veränderung Wahrscheinlichkeit
Stärke Parteiidentifikation	+7[c]
Politisches Interesse	+21[c]
Demokratiezufriedenheit	+6[b]
Externe Efficacy	+8[c]
Interne Efficacy	+3[a]
Akzeptanz der Wahlnorm	+27[c]
Differential große Parteien	+1
Maximale Sympathie für eine Partei	+12[c]
Eigene Wirtschaftslage, aktuell	+4[a]
Allgemeine Wirtschaftslage, aktuell	+5[a]
Männer	-2[a]
Alter	0
Schulabschluss	0
Nagelkerkes R^2	0,55

a: p<0,05; b: p<0,01; c: p<0,001 (s. Anhang 4).

Tabelle 2 überprüft die weiter oben referierten Befunde aus der Wahlbeteiligungs- und Nichtwählerforschung und die formulierten Hypothesen zum speziellen Hintergrund der Bundestagswahl 2009. Wie in den anderen Analysen in Kapitel 5 dieses Buches wird auch hier eine logistische Regression berechnet (s. Kapitel 5.6), da die Wahlberechtigten hinsichtlich ihrer Wahlbeteiligung lediglich zwischen zwei Möglichkeiten wählen können: Entweder gehen sie zur Wahl oder sie tun dies eben nicht. In der Tabelle finden sich Prozentpunktdifferenzen, die angeben, um wie viele Prozentpunkte sich die Wahrscheinlichkeit, an der Bundestagswahl 2009 teilzunehmen, ändert, wenn ein Bürger beispielsweise statt keinem ein sehr großes Interesse an Politik hat und alle anderen Variablen konstant gehalten werden. Wie man erkennen kann, sind das politische Interesse und die Wahlnorm besonders wichtig für die Mobilisierung der Wahlberechtigten. So erhöht sich die Wahrscheinlichkeit der Wahlbeteiligung im Vergleich zwischen an Politik überhaupt nicht Interessierten und stark Interessierten um 21 Prozentpunkte. Für die Wahlnorm ergibt sich sogar eine Differenz von 27 Prozentpunkten. Lehnt also jemand ab, dass die Wahlbeteiligung zu den Pflichten eines guten Staatsbürgers gehört, bleibt er oder sie am Wahltag deutlich wahrscheinlicher zu Hause als jemand, der diese Norm bejaht.

Nichtwähler lassen sich aber nicht nur durch mangelndes politisches Interesse und die stärkere Ablehnung staatsbürgerlicher Tugenden charakterisieren. Vielmehr ist auch Unzufriedenheit eines der zentralen Motive für die Wahlverweigerung. Diese Unzufriedenheit hat unterschiedliche Facetten und bezieht sich sowohl auf den politischen Bereich als auch auf die wirtschaftliche Situation bei der Bundestagswahl 2009. Besonders die Unzufriedenheit mit den politischen Akteuren selbst ist von Bedeutung: Personen, die mindestens eine Partei sehr positiv bewerten, weisen eine um zwölf Prozentpunkte höhere Wahrscheinlichkeit auf, an der Bundestagswahl teilzunehmen, als Personen, die alle Parteien sehr negativ bewerten. Parteienverdrossenheit führt also zu weniger politischer Aktivität. Von Bedeutung für die Wahlbeteiligung ist auch die Stärke der Identifikation mit einer der Parteien. Bürger mit einer starken Identifikation weisen eine um sieben Prozentpunkte höhere Wahrscheinlichkeit auf, an der Bundestagswahl teilzunehmen, als Bürger ohne eine Identifikation mit einer Partei. Dies erscheint äußerst plausibel, haben doch diejenigen mit einer Identifikation einen größeren Anreiz zur Wahl zu gehen, da sie so „ihre" Partei unterstützen können.

Allgemeine Unzufriedenheit mit der Demokratie in Deutschland ist eine der weiteren Ursachen für Wahlenthaltung: Sehr zufriedene gehen eher zur Wahl als vollkommen unzufriedene Bürger (sechs Prozentpunkte Unterschied). Zweifel an den persönlichen Einflussmöglichkeiten auf den politischen Prozess (interne Efficacy) wie an der Reaktionsbereitschaft der Parteien und Politiker auf diese Aktivitäten (externe Efficacy) wirken sich ebenfalls negativ auf die Beteiligung an der Bundestagswahl 2009 aus. Allerdings ist die Wahrnehmung von Ignorierung durch die politischen Akteure gegenüber den Einflussversuchen der Bürger ein bedeutsamerer Faktor als die interne Efficacy (acht Prozentpunkte im Vergleich zu drei Prozentpunkten Unterschied).

Auch die Wirtschaftskrise und die damit einhergehenden negativen Bewertungen der wirtschaftlichen Lage wirken sich etwas auf die Wahlbeteiligung aus: Die Wahrscheinlichkeit, eine Stimme abzugeben, nimmt immerhin um vier bzw. fünf Prozentpunkte zu, wenn man diejenigen, die die eigene bzw. die allgemeine gegenwärtige Wirtschaftslage sehr gut bewerten, mit denjenigen vergleicht, die sehr schlechte Bewertungen abgeben.

Aus Tabelle 2 wird deutlich, dass sozialstrukturelle Eigenschaften wie Alter, Geschlecht und Bildung keinen oder nur einen schwachen Effekt auf die Wahrscheinlichkeit der Wahlbeteiligung haben. Lediglich für das Geschlecht lässt sich feststellen, dass Frauen eher zur Bundestagswahl 2009 gegangen sind als Männer (zwei Prozentpunkte Unterschied). Insgesamt sind also politische Einstellungen deutlich wichtiger für die Erklärung der Wahlbeteiligung, wenn man den Einfluss einer Vielzahl von Faktoren gleichzeitig untersucht.

Wie zu Beginn dieses Kapitels verdeutlicht, hat die Wahlbeteiligung zwischen den Bundestagswahlen 2005 und 2009 so stark abgenommen wie noch nie zuvor von einer Bundestagswahl zur nächsten. Es ist daher nicht nur von Interesse, zu untersuchen, welche Merkmale für die Teilnahme an der Bundestagswahl 2009 wichtig sind. Vielmehr ist es bei der Suche nach Antworten auf die Frage, warum die Beteiligung gesunken ist, sinnvoll, auch das Verhalten der Bürger von 2009 mit dem von 2005 zu vergleichen. Auf der Basis der Angaben der Befragten zu ihrer Wahlbeteiligung bei den Wahlen 2005 und 2009 wurden vier Typen gebildet. Der erste Typ sind die „Dauernichtwähler". Diese Personen haben nach ihren Angaben weder 2005 noch 2009 gewählt. Die Befragten, die zum zweiten Typ gehören, haben 2005 an der Wahl teilgenommen, 2009 aber nicht. Bei denjenigen, die dem dritten Typ zugeordnet werden, ist es genau umgekehrt: Sie haben 2005 nicht gewählt, wohl aber 2009. Und der vierte und bei weitem häufigste Typ, die „Dauerwähler", sind diejenigen, die 2005 und 2009 gewählt haben.

In Tabelle 3 zeigen sich für diese Typen einige bemerkenswerte Muster: Die Dauerwähler haben eine viel stärkere Bindung an eine der Parteien als alle anderen Gruppen. Hinzu kommen ein überdurchschnittliches Interesse an politischen Fragen und eine größere Zufriedenheit mit dem politischen System in Deutschland und den Einflussmöglichkeiten der Bürger auf den politischen Prozess. Auch die Wahlnorm wird von dieser Gruppe stärker akzeptiert als von den anderen drei Wählertypen. Bezüglich ihrer eigenen

Wirtschaftslage sowie der des Landes haben die Dauerwähler die positivsten Einschätzungen. Zudem haben sie die größte Sympathie für eine der Parteien und sehen den größten Unterschied zwischen SPD und CDU/CSU. Die Dauernichtwähler sind das genaue Gegenteil der Dauerwähler: Sie sind im Vergleich zu den drei anderen Gruppen in politischer und wirtschaftlicher Hinsicht am unzufriedensten und am stärksten enttäuscht. Dies zeigt sich auch an ihrer geringen Verbundenheit mit einer der Parteien. Sie sind zudem fast gar nicht an Politik interessiert und lehnen die Wahlnorm mehrheitlich ab. Auch was die sozialstrukturellen Eigenschaften betrifft, finden sich Auffälligkeiten: Frauen sind unter den Dauernichtwählern eher zu finden, ebenso Jüngere und niedrig Gebildete.

Tabelle 3: Eigenschaften von Wähler- und Nichtwählertypen nach Wahlbeteiligung bei den Bundestagswahlen 2005 und 2009

	Wahlbeteiligung					
Variable	05-/ 09-	05+/ 09-	05-/ 09+	05+/ 09+	Gesamt	Eta^2
Stärke Parteiidentifikation	0,10	0,24	0,34	0,55	0,45	0,19[c]
Politisches Interesse	0,17	0,30	0,40	0,52	0,45	0,20[c]
Demokratiezufriedenheit	0,36	0,40	0,51	0,57	0,53	0,08[c]
Externe Efficacy	0,10	0,19	0,29	0,38	0,33	0,13[c]
Interne Efficacy	0,30	0,41	0,43	0,55	0,49	0,07[c]
Akzeptanz der Wahlnorm	0,31	0,45	0,57	0,77	0,69	0,25[c]
Differential große Parteien	0,16	0,23	0,24	0,32	0,30	0,06[c]
Maximale Sympathie für eine Partei	0,07	0,24	0,48	0,58	0,50	0,18[c]
Eigene Wirtschaftslage, aktuell	-0,28	-0,20	-0,05	0,12	0,04	0,09[a]
Allgemeine Wirtschaftslage, aktuell	-0,46	-0,51	-0,28	-0,25	-0,29	0,05[a]
Männer	44 %	48 %	56 %	48 %	48 %	0,00[a]
Alter	44,93	53,96	44,20	52,62	49,47	0,03[c]
Schulabschluss	1,60	1,47	1,77	1,84	1,80	0,02[c]
N	386	203	248	2819	3657	

a: $p<0,05$; b: $p<0,01$; c: $p<0,001$ (s. Anhang 4).
-: keine Wahlbeteiligung; +: Wahlbeteiligung.

Diejenigen, die 2005 an der Wahl teilgenommen haben, 2009 aber nicht, sind in den meisten ihrer Eigenschaften den Dauernichtwählern sehr ähnlich, auch wenn sie bei allen Einstellungen höhere Werte aufweisen. Sie sind sehr unzufrieden mit Politik und wirtschaftlicher Lage, fühlen sich nur schwach mit einer Partei verbunden, finden keine der Parteien besonders sympathisch und sind relativ wenig an Politik interessiert. Bemerkenswerterweise weist diese Gruppe das niedrigste Bildungsniveau auf und hat das höchste Durchschnittsalter. Nur in Bezug auf das Alter lassen sich diejenigen, die bei der Wahl 2009 im Gegensatz zu 2005 zu Hause geblieben sind, klar von den Dauernichtwählern unterscheiden.

Anders ist es bei der Gruppe von Wahlberechtigten, die 2005 keine Kreuze auf ihrem Wahlzettel gemacht haben, 2009 aber schon. Diese Befragten sind in ihren Eigenschaften den Dauerwählern teilweise ähnlicher als den Dauernichtwählern. So etwa beim politischen Interesse, der Demokratiezufriedenheit oder bei den Einschätzungen zur wirtschaftlichen Lage. Allerdings weisen sie deutlich schwächere Bindungen an eine der Parteien auf und befürworten die Wahlnorm wesentlich weniger. Auffällig sind der hohe Männeranteil und das vergleichsweise geringe Durchschnittsalter unter diesen Personen.

5.1.5 Fazit

Diese Ergebnisse belegen, dass es vor allem Unzufriedenheit und Enttäuschung mit der Politik und der aktuellen wirtschaftlichen Situation sowie eine Entfremdung vom politischen Prozess in Deutschland gewesen sind, die etwa 30 Prozent der Wahlberechtigten von einer Stimmabgabe bei der Bundestagswahl 2009 abgehalten haben. Aus genau diesen Motiven sind auch Bürger nicht zur Bundestagswahl 2009 gegangen, die 2005 noch ihre Stimme abgegeben haben. Gerade die Stimmenthaltung aufgrund von Enttäuschung oder Unzufriedenheit birgt Gefahren für ein demokratisches politisches System, das für sein Funktionieren und Überleben dauerhaft auf die Unterstützung einer Mehrheit seiner Bürger angewiesen ist. Trotz einer Verringerung der Wahlbeteiligung um fast sieben Prozentpunkte hat das politische System in Deutschland allerdings bei weitem noch nicht den Punkt erreicht, an dem man sich um seinen Fortbestand Sorgen machen müsste.

Vielmehr könnte die geringe Wahlbeteiligung 2009 zum Teil auch durch den eher langweiligen und ereignisarmen Wahlkampf aller Parteien erklärt werden. Nicht umsonst wurde Angela Merkel schon Wochen vor der Wahl vorgeworfen, sie versuche „im Schlafwagen“ an die Macht zu kommen. Es ist daher nicht überraschend, wenn durch einen nichtssagenden Wahlkampf eher Personen von der Wahl ferngehalten als an die Wahlurne gelockt worden sind.

Literatur

Caballero, Claudio 2005: Nichtwahl, in: Falter, Jürgen W./Schoen, Harald, Hg., Handbuch Wahlforschung, Wiesbaden: VS Verlag für Sozialwissenschaften, 329-365.

Campbell, Angus/Converse, Philipp E./Miller, Warren E./Stokes, Donald E. 1960: The American Voter, New York, London: Wiley.

Der Bundeswahlleiter 2010: Wahl zum 17. Deutschen Bundestag am 27. September 2009. Heft 4: Wahlbeteiligung und Stimmabgabe der Männer und Frauen nach Altersgruppen, Wiesbaden: Der Bundeswahlleiter.

Easton, David 1965: A Systems Analysis of Political Life, New York: Wiley.

Eilfort, Michael 1994: Die Nichtwähler: Wahlenthaltung als Form des Wahlverhaltens, Paderborn: Schöningh.

Kleinhenz, Thomas 1995: Die Nichtwähler: Ursachen der sinkenden Wahlbeteiligung in Deutschland, Opladen: Westdeutscher Verlag.

Steinbrecher, Markus 2009: Politische Partizipation in Deutschland, Baden-Baden: Nomos.

Steinbrecher, Markus/Huber, Sandra/Rattinger, Hans 2007: Turnout in Germany: Citizen Participation in State, Federal, and European Elections since 1979, Baden-Baden: Nomos.

Steiner, Jürg 1969: Bürger und Politik: Empirisch-theoretische Befunde über die politische Partizipation der Bürger in Demokratien unter besonderer Berücksichtigung der Schweiz und der Bundesrepublik Deutschland, Meisenheim am Glan: Anton Hain.

5.2 Die Wechselwähler

Tatjana Rudi und Markus Steinbrecher

5.2.1 Einleitung

Bei der Bundestagswahl 2009 kam es zu einem Regierungswechsel. Die Große Koalition aus CDU/CSU und SPD wurde durch eine Koalition aus CDU/CSU und FDP abgelöst. Dieser Wechsel war nur möglich, weil es zwischen den Bundestagswahlen 2005 und 2009 zu deutlichen Stimmenverschiebungen gekommen ist (s. Kapitel 4). Für die Verschiebungen der Stimmenanteile der Parteien gibt es drei Ursachen (Rattinger 2007: 37; Schoen 2005: 367). Erstens ändert sich die Zusammensetzung der Wählerschaft zwischen zwei Wahlen durch demographische Verschiebungen (Ein- und Auswanderung bzw. Einbürgerung, bisherige Wähler sterben, junge Wähler sind erstmals wahlberechtigt). Zweitens kann sich durch eine Zu- oder Abnahme der Wahlbeteiligung (s. Kapitel 5.1) das Wahlergebnis verändern. So erzielte die SPD 2009 ein besonders schlechtes Resultat, weil viele ihrer ehemaligen Wähler der Wahl fernblieben. Drittens kann es zu direkten Wechseln zwischen den einzelnen Parteien kommen.

Wie wichtig diese einzelnen Ursachen sind, verändert sich von Wahl zu Wahl. Aus demokratietheoretischer Sicht am wichtigsten ist jedoch die dritte Ursache, gehen doch die Wähler, die eine Partei hinzugewinnt, einer anderen verloren. Die Wechselwähler wiegen also doppelt schwer und haben eine besondere Funktion, weil vor allem durch solche Verhaltensänderungen Regierungswechsel zustande kommen können.

Die Wechselwähler werden sehr unterschiedlich charakterisiert (Schoen 2003: 15ff.). Einerseits gelten sie als die wahre „rationale" Wählerelite, weil sie am intensivsten von allen Bürgern über ihre Wahlentscheidung nachdenken und über Wohl und Wehe von Regierungen entscheiden. Andererseits wurden sie, unter anderem vom ehemaligen Bundeskanzler Ludwig Erhard, als „Flugsand" charakterisiert, der sich bei seiner Wahlentscheidung opportunistisch und prinzipienlos verhält und durch den Wind von Stimmungen von einer zur anderen Partei getragen wird.

Im Rahmen dieses Kapitels sollen die Wechselwähler aus zwei Perspektiven untersucht werden. Im Abschnitt 5.2.2 wird zunächst das Wechselverhalten zwischen zwei Bundestagswahlen analysiert. Dafür werden die

Daten einer langfristigen Wiederholungsbefragung genutzt, die in den Jahren 2002, 2005 und 2009 jeweils zu den Bundestagswahlen durchgeführt worden ist. Die Bürger wurden also insgesamt dreimal befragt, so dass Wechsel im Wahlverhalten über drei Wahlen hinweg analysiert werden können.

Im Abschnitt 5.2.3 wird eine andere Definition von Wechselwählern angewendet. Hier geht es nicht um den Wechsel des Wahlverhaltens von einer Bundestagswahl zur nächsten, sondern um Veränderungen der Wahlabsicht im Laufe des Wahlkampfes vor einer Wahl. Für diese Analysen werden Daten einer kurzfristigen Wiederholungsbefragung verwendet. Im Rahmen des „Wahlkampfpanels" der GLES 2009 wurden die Befragten insgesamt siebenmal nach ihrem beabsichtigten Wahlverhalten gefragt. Mit diesen Daten kann insbesondere die kurzfristige Dynamik der Wechselwahl untersucht werden. Im letzten Abschnitt des Kapitels (5.2.4) erfolgt dann eine Zusammenfassung der vorher präsentierten Ergebnisse.

5.2.2 Die Veränderungen in den Stimmanteilen der einzelnen Parteien bei den Bundestagswahlen 2002, 2005 und 2009

Die skizzierten Veränderungen in den Stimmanteilen der einzelnen Parteien bei den Bundestagswahlen 2002, 2005 und 2009 deuten auf ein erhebliches Wechselwählerpotential hin. Ob dies tatsächlich der Fall ist, soll in diesem Abschnitt untersucht werden. Um das Ausmaß von Konstanz und Wandel im individuellen Wahlverhalten bestimmen zu können, sind die in vielen anderen Kapiteln in diesem Buch verwendeten Daten jedoch nicht ausreichend. Vielmehr muss auf Paneldaten zurückgegriffen werden, die es erlauben, die individuelle Wahlentscheidung einzelner Befragter über mehrere Bundestagswahlen zu vergleichen. Im Folgenden werden die Daten einer dreiwelligen Wiederholungsbefragung verwendet. Im Rahmen dieser Untersuchung wurden die Teilnehmer anlässlich der drei Bundestagswahlen 2002, 2005 und 2009 befragt. Bei der Interpretation der Ergebnisse ist zu berücksichtigen, dass Paneldaten mit spezifischen Problemen zu kämpfen haben. Insbesondere die Panelmortalität stellt ein ernsthaftes Problem von Wiederholungsbefragungen dar. Aufgrund des zunehmenden Ausfalls von Befragten reduziert sich die Fallzahl deutlich, was wiederum eine Verzerrung der Ergebnisse zur Konsequenz haben könnte. Dies sollte bei der Interpretation der Ergebnisse im Auge behalten werden. Um diesen Effekt etwas abzumildern, sind die Daten sozialstrukturell gewichtet (s. Anhang 3). Die Analysen basieren auf den Antworten derjenigen Befragten, die an allen drei Umfragen teilgenommen haben. Insgesamt handelt es sich hierbei um 411 Personen.

Bei der Auswertung der Daten werden nicht nur die Wechselwähler im engeren Sinne untersucht, also diejenigen, die ihre Zweitstimme bei zwei aufeinander folgenden Wahlen unterschiedlichen Parteien geben, sondern es wird auch der Wechsel von oder zur Nichtwahl als eine Form der Wechselwahl betrachtet. Dabei umfasst die Kategorie der Nichtwähler nicht nur diejenigen Befragten, die ausdrücklich angaben, nicht gewählt zu haben, sondern – in Anlehnung an Rattinger (2007) sowie Rattinger und Schoen (2009) – auch diejenigen, die hierzu mit „weiß nicht" geantwortet haben oder die Antwort verweigerten. Zudem wurden Parteien, die 2009 nicht den Einzug in den Bundestag geschafft haben, zu einer Kategorie „Sonstige" zusammengefasst, womit natürlich einige wenige Wechsel ausgeblendet werden.

Tabelle 1: Wechselwahl und Zahl der gewählten Parteien 2002-2009

Anzahl der Wechsel/ Parteien	Wechsel nur zwischen Parteien	Wechsel zwischen Parteien und NW, WN und KA	Verschiedene gewählte Parteien
0	42,6	30,1	0,8
1	42,3	42,2	41,8
2	15,1	27,7	47,3
3	-	-	10,0

Angaben in Prozent. NW: Nichtwahl; WN: weiß nicht; KA: Antwort verweigert.

Einen ersten Überblick über die Wechselwähler gibt Tabelle 1. Die zweite Spalte gibt zunächst Auskunft über die Wechselwähler im engeren Sinne, also diejenigen, die angaben, nur zwischen Parteien gewechselt zu haben. Bei drei Wahlen liegt das Maximum der Wechsel bei zwei. Dieses Maximum wird nur von einer Minderheit, nämlich von knapp 15 Prozent der Befragten angegeben. Die Mehrheit wählt entweder immer dieselbe Partei oder berichtet über einen einmaligen Wechsel. In der nächsten Spalte werden auch die Befragten, die nicht gewählt haben bzw. mit „weiß nicht" geantwortet bzw. die Antwort verweigert haben, in der Kategorisierung berücksichtigt. Wie man sieht, sinkt der Anteil derjenigen, die nie gewechselt haben, dadurch auf ca. 30 Prozent, während gleichzeitig der Anteil derjenigen, die zweimal gewechselt haben, auf rund 28 Prozent ansteigt. Insgesamt ist also eine höhere Wählermobilität zu erkennen. In der letzten Spalte der Tabelle ist schließlich angegeben, wie viele verschiedene Parteien insgesamt gewählt wurden. Lediglich ein Prozent der Befragten hat angegeben, bei keiner der drei Wahlen eine Stimme abgegeben zu haben. Auch das andere Extrem, nämlich bei jeder Bundestagswahl eine andere Partei gewählt zu haben, kommt vergleichsweise selten vor. Zehn Prozent der Befragten geben an, bei jeder der drei betrachteten Bundestagswahlen eine andere Partei gewählt zu haben. Nichtsdestoweniger gibt eine Mehrheit der Befragten an, zwei verschiedenen Parteien gewählt zu haben. Damit kommt dieser Fall häufiger vor als die Wahl einer einzigen Partei im Untersuchungszeitraum (47 gegenüber 42 Prozent).

Tabelle 2: Klassifikation nach Wechsel bzw. Konstanz des Wahlverhaltens 2002-2009

Typ		Anteil
1	immer NW, WN, KA	0,8
2	immer eine einzige Partei	29,3
3	Wechsel zwischen einer Partei und NW, WN, KA	12,5
4	Wechsel zwischen zwei oder mehr Parteien und NW, WN, KA	9,4
5	Wechsel zwischen nur zwei Parteien	37,9
6	Wechsel zwischen drei Parteien	10,0

Angaben in Prozent. NW, WN, KA: S. Tabelle 1.

Tabelle 2 fasst den Verlauf des gesamten Wahlverhaltens der Befragten von der Bundestagswahl 2002 bis zu derjenigen von 2009 in sechs Typen zusammen. Lediglich ein Prozent der Befragten gibt an, bei keiner Bundestagswahl gewählt zu haben (Typ 1). Deutlich häufiger kommt der Stammwähler im engeren Sinne vor. 30 Prozent der Befragten geben an, bei allen drei Bundestagswahlen immer dieselbe Partei gewählt zu haben (Typ 2). Auch der Typ 3 ist einer einzigen Partei treu. Es kommt allerdings vor, dass er mindestens einmal nicht gewählt, verweigert oder mit „weiß nicht“ geantwortet hat. 13 Prozent der Befragten gehören diesem Typ an. Die Typen 4 bis 6 beschreiben die Wechselwähler im engeren Sinne, weil sie mehr als eine Partei im Untersuchungszeitraum gewählt haben. Besonders häufig kommt hier Typ 5 vor, also Personen, die nur zwischen zwei Parteien wechseln. Mit knapp 38 Prozent ist das der am weitesten verbreitete Typ. Personen, die bei jeder Bundestagswahl eine andere Partei wählen (Typ 6) sind mit 10 Prozent eher selten - ebenso wie diejenigen, die zwischen zwei Parteien und Nichtwahl, „weiß nicht“ oder Verweigerung wechseln (Typ 4).

Tabelle 3: Übergangsmatrizen 2002-2005 und 2005-2009

	2002						
2005	CDU/ CSU	SPD	FDP	B90/ Grüne	PDS/ Die Linke	Sonstige	NW, WN, KA
CDU/CSU	69,8	6,7	30,8	0,0	100,0	4,0	26,4
SPD	7,0	68,1	26,9	41,5	0,0	12,0	18,9
FDP	12,4	0,7	38,5	2,4	0,0	0,0	3,8
B90/Grüne	0,8	8,9	0,0	51,2	0,0	16,0	17,0
Die Linke	3,1	8,1	0,0	2,4	0,0	40,0	5,7
Sonstige	0,8	0,0	3,8	0,0	0,0	8,0	0,0
NW, WN, KA	6,2	7,4	0,0	2,4	0,0	20,0	28,3
N	129	135	26	40	1	25	53
2009	2005						
CDU/CSU	68,5	9,4	21,9	6,4	3,3	25,0	20,5
SPD	2,4	45,7	3,1	14,9	36,7	25,0	20,5
FDP	19,4	10,9	65,6	2,1	0,0	25,0	2,6
B90/Grüne	1,6	14,5	0,0	59,6	0,0	0,0	23,1
Die Linke	0,8	7,2	0,0	8,5	50,0	0,0	12,8
Sonstige	1,6	4,3	3,1	4,3	3,3	25,0	2,6
NW, WN, KA	5,6	8,0	6,3	4,3	6,7	25,0	17,9
N	124	138	32	47	30	4	39

Angaben in Prozent. NW, WN, KA: S. Tabelle 1.

Nachdem bislang nur die Anteile der Wechsler betrachtet wurden, soll zum Abschluss dieses Abschnitts noch ein Blick auf die Richtung des Wechsels geworfen werden, indem der Wechsel zwischen je zwei aufeinander folgenden Bundestagswahlen betrachtet wird. Tabelle 3 enthält sogenannte Übergangsmatrizen, in denen die Wahlentscheidungen bei den Bundestagswahlen 2005 und 2009 mit der jeweils vorangegangen Wahl in Beziehung gesetzt werden. Die obere Hälfte der Tabelle 3 enthält die Übergänge von 2002 auf 2005, die untere Hälfte die von 2005 auf 2009. Im Falle der PDS-Wähler 2002 und der Wähler der sonstigen Parteien 2005 ist die Fallzahl für Schlussfolgerungen zu gering, so dass diese Spalten nicht weiter interpretiert werden. Zellen, die nicht auf der *Hauptdiagonalen* liegen, repräsentieren einen Wechsel. Nimmt man – in Anlehnung an Rattinger und Schoen (2009: 11) – als Maßstab für eine „starke" Wählerbewegung, wenn 15 Prozent oder mehr der Wähler ein anderes Wahlverhalten als bei der vorherigen Bundestagswahl berichten, so findet man 2005 die stärksten Wechsel bei der FDP und Bündnis 90/Die Grünen. Insbesondere die „Haltequote" der FDP ist sehr gering. Während nur 38,5 Prozent der FDP-Wähler von 2002 diese Partei auch 2005 wählen, wechseln knapp 31 Prozent zur Union und immerhin ca. 27 Prozent zur SPD. Bei den Grünen-Wählern von 2002 ist zwar der Anteil, der zur SPD wechselt, noch höher (41,5 Prozent), gleichzeitig fällt aber auch die Haltequote deutlich höher aus (51,2 Prozent). Von den Wählern der sonstigen Parteien wechseln 2005 gut 40 Prozent zur Linken, 20 Prozent enthalten sich der Stimme. Schließlich ist feststellbar, dass viele Befragte, die 2002 keine Partei gewählt haben, mit „weiß nicht" geantwortet oder die Antwort verweigert haben, dies auch 2005 tun. 26 Prozent der ehemaligen Nichtwähler wählen die Union, 19 Prozent die SPD und 17 Prozent Bündnis 90/Die Grünen.

Betrachtet man abschließend die Wechsel von 2005 auf 2009, also die untere Hälfte der Tabelle 3, so fällt insbesondere die geringe Haltequote der SPD auf. Nur knapp 46 Prozent derjenigen, die 2005 angaben, die SPD gewählt zu haben, wählen auch noch 2009 diese Partei. Wie die Tabelle weiterhin zeigt, sind die ehemaligen SPD-Wähler in alle Richtungen abgewandert, d.h. keine Partei hat außerordentlich viel von den Verlusten der SPD profitiert. Bei der CDU zeigen sich dagegen kaum Unterschiede zu 2005. Lediglich der Anteil der Wechsler zur FDP ist bei der Bundestagswahl 2009 etwas angestiegen. Dagegen konnte die FDP 2009 einen höheren Anteil von früheren FDP-Wählern halten: Knapp 65 Prozent der FDP-Wähler von 2005 wählten auch noch 2009 die FDP. 2005 betrug dieser Wert ja nur 38,5 Prozent. Auffallend ist auch, dass die FDP 2009 – im Unterschied zu 2005 – fast keine Wähler an die SPD verliert (3,1 Prozent). Auch der Anteil derjenigen, die 2009 von den Grünen zur SPD gewechselt sind, fällt deutlich geringer aus als 2005. Die SPD konnte lediglich von den Linken einige Wähler hinzugewinnen. Über ein Drittel derjenigen, die 2005 Die Linke gewählt haben, wählen 2009 die SPD. Von denjenigen, die 2005 nicht gewählt haben, entscheiden sich nun etwa 20 Prozent jeweils für die Union, die SPD sowie die Grünen.

5.2.3 Kurzfristige Wechsel in der Wahlabsicht vor der Bundestagswahl 2009

Dieser Abschnitt konzentriert sich auf kurzfristige Wechsel in der Wahlabsicht im Zeitraum vor der Bundestagswahl 2009. Hier geht es also nicht mehr um Veränderungen des Wahlverhaltens von einer Bundestagswahl zur nächsten, sondern um Veränderungen der Wahlabsicht während des Wahlkampfs. Für die folgenden Analysen wird daher eine andere Datengrundlage verwendet: Im Rahmen des „Wahlkampfpanels" der GLES 2009 wurden mehr als 4.000 Personen bis zu siebenmal befragt. Sechs Interviews fanden im Abstand von jeweils zwei Wochen vor der Bundestagswahl statt, einmal wurden die Befragten nach der Wahl interviewt.

Wegen der Dichte der Befragungszeitpunkte erfolgte die Erhebung der Daten online. Auch wenn sich der „digitale Graben" in Deutschland nach und nach schließt, sind Ältere, niedriger Gebildete und Frauen in geringerem Maße im Internet aktiv (Initiative D21 2010). Um dies auszugleichen, wurden die Befragten auf der Basis der sozialstrukturellen Merkmale Geschlecht, Alter und Bildung ausgewählt. Es liegt also keine Zufalls-, sondern eine Quotenstichprobe vor. Für die hier präsentierten Ergebnisse bedeutet das, dass sie nicht uneingeschränkt auf die Grundgesamtheit der Wahlberechtigten übertragbar sind.

Die Basis für die folgenden Ergebnisse sind die Angaben der Befragten zu ihrer Zweitstimme. Tabelle 4 stellt die genannte Wahlentscheidung (aus der Nachwahlbefragung) der Wahlabsicht aus der ersten Vorwahlbefragung in Form einer Übergangsmatrix gegenüber. So kann untersucht werden, wie stabil die Wahlabsichten der Anhänger der einzelnen Parteien über den Wahlkampf hinweg sind.

Tabelle 4: Übergangsmatrix 1. Welle zur 7. Welle des GLES-Wahlkampfpanels

	1. Welle					
7. Welle	CDU/ CSU	SPD	FDP	B90/ Grüne	Die Linke	NW, WN, KA
CDU/CSU	77,3	5,0	12,3	5,8	1,7	15,2
SPD	2,6	67,7	7,1	12,1	11,9	13,6
FDP	10,9	3,1	66,4	4,0	4,0	11,9
B90/Grüne	2,3	8,4	3,2	68,2	5,1	9,3
Die Linke	3,1	6,8	5,9	7,2	71,0	13,1
NW, WN, KA	3,6	9,0	5,1	2,7	6,3	37,0
N	384	322	253	223	176	605

NW, WN, KA: S. Tabelle 1.

CDU und CSU weisen die höchste Haltequote aller Parteien auf. Von denjenigen, die bereits zu Beginn des Wahlkampfes eine Wahlabsicht für diese Parteien hatten, haben letztendlich 77 Prozent die Union gewählt. Elf Prozent der CDU/CSU-Anhänger zu Beginn des Wahlkampfes sind bei der Wahl zur FDP gewechselt. Insgesamt wiesen also über 88 Prozent der Unions-Wähler vom Beginn des Wahlkampfs bereits eine Wahlabsicht für die Parteien des bürgerlichen Lagers auf. Dementsprechend sind nur relativ wenige Bürger von der Union ins linke Lager gewechselt (acht Prozent). Gleiches gilt für diejenigen, die am Ende der Wiederholungsbefragung keine Angabe gemacht oder nicht gewählt haben (knapp 4 Prozent). CDU und CSU hatten also eine sehr stabile Wählerschaft, die bereits zu Beginn des Wahlkampfs in überdurchschnittlichem Maße mobilisiert war.

Deutlich anders ist das Bild bei den Sozialdemokraten. Lediglich 68 Prozent ihrer Anhänger vom Beginn des Wahlkampfs machten ihr Kreuz letztendlich bei der SPD. Neun Prozent wanderten zu den Unentschlossenen ab. Das ist mit Abstand der höchste Wert aller Parteien. Dies zeigt, dass es der SPD nicht gut gelungen ist, ihre Anhänger im Laufe des Wahlkampfs bei der Stange zu halten – wohl ein Grund für die deutliche Wahlniederlage dieser Partei.

Die drei kleinen Parteien haben besonders unter Wechseln ihrer Anhänger innerhalb ihres jeweiligen politischen Lagers gelitten (Grüne 19 Prozent, Linke 17 Prozent). Die FDP musste zwölf Prozent ihrer Anhänger in der ersten Befragung bei der Wahl an CDU oder CSU abgeben. Vergleicht man die Wechsler zwischen den Parteien des bürgerlichen Lagers, lassen sich auf Basis dieser Analysen kaum Belege für ein strategisches Verhalten von Unions-Anhängern zugunsten der Liberalen finden, das die starken Zugewinne der FDP erklären könnte. Betrachtet man zuletzt die Befragten, die zu Beginn des Wahlkampfs unentschlossen waren, keine Antwort gaben oder nicht wählen wollten, so sind zur Bundestagswahl nur 37 Prozent in dieser Gruppe verblieben. Den größten Mobilisierungserfolg in dieser Gruppe konnten CDU und CSU erzielen (15 Prozent), gefolgt von der SPD und der Linken mit mehr als 13 Prozent. Am wenigsten konnten die Grünen während des Wahlkampfs Wähler aus dieser Gruppe hinzugewinnen (neun Prozent).

Die Analyse der Wechsel zwischen der ersten und der letzten Welle des Wahlkampfpanels liefert jedoch nur ein recht ungenaues Bild der Änderungen der Verhaltensabsichten während des Wahlkampfs. Daher sollen in einem zweiten Schritt jeweils die Wechsel zwischen zwei aufeinander folgenden Befragungen betrachtet werden. Tabelle 5 enthält insgesamt elf verschiedene Arten von Konstanz und Wechsel der Verhaltensabsichten. Um die Zahl der Zeilen zu minimieren, werden die fünf im Bundestag vertretenen Parteien zu politischen Lagern zusammengefasst. Das bürgerliche bzw. rechte Lager besteht aus CDU/CSU und FDP, das linke Lager aus SPD, Bündnis 90/Die Grünen und der Partei Die Linke. Die ersten drei Zeilen von Tabelle 5 enthalten die Befragten, deren Angabe sich nicht ändert. Danach folgen die Wechsler innerhalb der politischen Lager, dann die Wechsler zwischen den Lagern und am Ende schließlich die Wechsler von und zu der Gruppe der Antwortverweigerer, Nichtwähler und Unentschlossenen.

Tabelle 5: Wechsel und Konstanz des Wahlverhaltens im GLES-Wahlkampfpanel 2009

Typ	W1-W2	W2-W3	W3-W4	W4-W5	W5-W6	W6-W7	W1-W7
Rechtes Lager	25,7	26,9	28,4	27,1	27,9	30,0	23,7
Linkes Lager	28,6	30,1	31,2	32,5	34,4	37,1	25,2
NW, WN, KA	26,7	25,6	24,5	21,6	18,6	10,4	11,4
Wechsel im rechten Lager	1,9	1,8	1,9	1,7	1,9	2,1	3,7
Wechsel im linken Lager	2,6	2,7	2,3	3,0	3,1	2,7	6,2
Wechsel von rechtem zu linkem Lager	1,4	1,0	1,3	2,2	1,7	1,8	3,7
Wechsel von linkem zu rechtem Lager	1,2	1,4	1,2	1,5	1,7	1,6	3,0
Wechsel von WN zu linkem Lager	3,8	2,8	3,2	3,6	4,6	5,8	11,1
Wechsel von WN zu rechtem Lager	2,5	2,7	1,8	2,4	2,4	4,7	8,4
Wechsel von linkem Lager zu WN	3,4	3,2	2,3	2,4	2,0	2,3	2,3
Wechsel von rechtem Lager zu WN	2,1	1,8	1,8	2,0	1,7	1,3	1,4
N	2772	2942	2669	2498	2299	2060	1963

NW, WN, KA: S. Tabelle 1.

Die Ergebnisse in Tabelle 5 erlauben verschiedene Schlussfolgerungen: Der Anteil der Befragten mit Konstanz des Verhaltens nimmt im Laufe des Wahlkampfs zu. Haben zwischen der ersten und zweiten Befragung nur 54,3 Prozent der Befragten eine Wahlabsicht für dieselbe Partei, sind es zwischen der sechsten und siebten Befragung 67,1 Prozent. Mit näher heranrückender Wahl kristallisieren sich also die Wahlabsichten heraus. Dementsprechend nimmt auch der Anteil der Unentschlossenen und Nichtwähler deutlich von 26,7 Prozent auf etwas über zehn Prozent ab. Der Mobilisierungsprozess der eigenen Anhänger scheint im linken stärker zu sein als im rechten Lager – allerdings sollte nicht außer Betracht gelassen werden, dass es sich hierbei nur um Stichproben handelt und insofern Fehler auftreten können. Der Vorsprung des linken Lagers ist nämlich am Ende des Wahlkampfs mit sieben Prozentpunkten deutlich größer als zu Beginn (drei Prozentpunkte).

Für die Wechsel innerhalb der beiden politischen Lager gibt es keine erkennbare Dynamik während des Wahlkampfs. Der Anteil der Wechsler zwischen Union und Liberalen variiert um zwei Prozentpunkte herum. Innerhalb des linken Lagers wechseln zwei bis drei Prozent der Befragten ihre Präferenz.

Im Gegensatz dazu nehmen Wechsel zwischen Parteien aus verschiedenen Lagern mit näher rückender Bundestagswahl leicht zu. Wechsel von rechts nach links sind dabei für fast alle Vergleiche häufiger als solche in die umgekehrte Richtung. Mit Anteilen zwischen ein und zwei Prozent ist es aber lediglich eine kleine Minderheit der Bürger, die während des Wahlkampfs zwischen linken und rechten Parteien schwankt.

Eine klare zeitliche Dynamik lässt sich für Wechsel von und zu Nichtwählern und Unentschlossenen feststellen: Wechsel aus dieser Gruppe zu einer der Parteien werden im Laufe des Wahlkampfs häufiger: Mit näher rückender Wahl kommen die Bürger doch noch zu einer Entscheidung zugunsten einer der Parteien. Dementsprechend wird auch der Anteil der Wechsler von den Parteien zu Nichtwahl, „weiß nicht" oder „keine Angabe" immer geringer.

Wechsel der Wahlabsicht während des Wahlkampfs finden also nicht so sehr zwischen den Parteien statt, sondern werden vor allem aus der großen Gruppe der Unentschlossenen und potentiellen Nichtwähler gespeist. Der Wahlkampf der Parteien hat also eine mobilisierende Wirkung, indem potentielle Wähler durch die Maßnahmen der Parteien aktiviert werden. Die Überzeugung gegnerischer Anhänger ist – wie die Ergebnisse in Tabelle 5 zeigen – eher die Ausnahme.

5.2.4 Fazit

Da Regierungswechsel aufgrund von Wahlergebnissen voraussetzen, dass es einen Wandel der Wahlentscheidungen zwischen Wahlen und während des Wahlkampfs gibt, stand im Zentrum dieses Kapitels die Analyse der Konstanz und des Wandels von Wahlentscheidungen über die Zeit hinweg – und zwar in lang- und kurzfristiger Betrachtungsweise.

In einem ersten Schritt wurde das Wechselwählerverhalten zwischen aufeinander folgenden Bundestagswahlen analysiert. Hierzu wurde auf Daten einer dreiwelligen Wiederholungsbefragung zurückgegriffen, die es ermöglichte, das individuelle Wahlverhalten über die Legislaturperioden hinweg nachzuzeichnen. Die Ergebnisse zeigen, dass sowohl konstantes als auch wechselndes Wahlverhalten in Deutschland weit verbreitet ist. Knapp 43

Prozent der Befragten haben im untersuchten Zeitraum nie die Partei gewechselt. 42 Prozent haben zumindest einmal eine andere Partei gewählt. Dagegen stellt zweimaliges Wechseln der Partei oder permanentes Nichtwählen eher die Ausnahme in Deutschland dar.

In einem zweiten Schritt wurde das Augenmerk auf die Veränderung der Wahlabsicht während des Wahlkampfs gelegt. Hierzu wurde ein siebenwelliges Wahlkampfpanel analysiert. Im Einzelnen konnte eine mobilisierende Wirkung des Wahlkampfs der Parteien festgestellt werden, da potentielle Wähler durch die Maßnahmen der Parteien aktiviert wurden. Dagegen stellt die Überzeugung gegnerischer Anhänger eher die Ausnahme dar.

Literatur:

Initiative D21 2010: (N)Onliner Atlas 2010: Eine Topographie des digitalen Grabens durch Deutschland, Berlin, Bielefeld: TNS Infratest.

Lazarsfeld, Paul F./Berelson, Bernard/Gaudet, Hazel 1968: The People's Choice: How the Voter Makes up his Mind in a Presidential Campaign, New York: Columbia University Press.

Rattinger, Hans 2007: Wechselwähler 1990 bis 2002, in: Rattinger, Hans/Gabriel, Oscar W./Falter, Jürgen W., Hg., Der gesamtdeutsche Wähler: Stabilität und Wandel des Wählerverhaltens im wiedervereinigten Deutschland, Baden-Baden: Nomos, 37-65

Rattinger, Hans/Schoen, Harald, 2009: Ein Schritt vorwärts und zwei zurück? Stabiles und wechselndes Wahlverhalten bei den Bundestagswahlen 1994 bis 2005, in: Gabriel, Oscar W./Weßels, Bernhard/Falter, Jürgen W., Hg., Wahlen und Wähler. Analysen aus Anlass der Bundestagswahl 2005, Wiesbaden: Westdeutscher Verlag, 78-102.

Schoen, Harald 2003: Wählerwandel und Wechselwahl: Eine vergleichende Untersuchung, Wiesbaden: Westdeutscher Verlag.

Schoen, Harald 2005: Wechselwahl, in: Falter, Jürgen W./Schoen, Harald, Hg., Handbuch Wahlforschung, Wiesbaden: VS Verlag für Sozialwissenschaften, 367-387.

5.3 Das Wahlverhalten sozialer Gruppen

Bernhard Weßels

5.3.1 Einleitung

Die Analyse des Zusammenhangs zwischen Sozialstruktur und Wahlverhalten gehört zum grundlegenden Kanon der Wahlforschung. Die jeweilige Stellung in der sozialen und demographischen Struktur einer Gesellschaft wird als eine der zentralen Erklärungen angesehen, warum Bürger wählen wie sie wählen. Inzwischen werden jedoch seit gut drei Jahrzehnten Wandlungs- und Veränderungstendenzen beobachtet und diskutiert, die darauf verweisen, dass dieser vormals so zuverlässige Faktor an Bedeutung für das Wahlverhalten verliert. Sozialer Wandel, Auflösung traditioneller Sozialmilieus und Tendenzen der Individualisierung werden dafür verantwortlich gemacht. Dieses Unterkapitel geht der Frage nach, in welchem Ausmaß sich bei der Bundestagswahl 2009 überhaupt noch Unterschiede im Wahlverhalten zwischen sozialen und demographischen Gruppen ausmachen lassen.

Warum sollte dieser Zusammenhang überhaupt existieren? Die Schlüsselkategorie hierfür ist Interesse und die zentrale Grundannahme ist, dass unterschiedliche soziale Lagen unterschiedliche Interessen produzieren. Die soziale Differenzierung ist dieser Annahme gemäß mit einer Interessendifferenzierung der Gesellschaft verbunden. Der Zusammenhang zum Wahlverhalten ergibt sich dann daraus, dass die politischen Parteien sich für unterschiedliche Interessen einsetzen. Letzteres wird mit der historischen Genese von politischen Parteien erklärt. Lipset und Rokkan haben in ihrer Studie der Entstehung von Konfliktstrukturen und Parteiensystemen die theoretische Grundlage dafür gelegt, Interessendifferenzierung, die Entstehung von politischen Parteien und Wahlverhalten in einen Zusammenhang zu setzen (Lipset/Rokkan 1967).

Sie konnten zeigen, dass die in Westeuropa an wichtigen historischen Wegmarken wie der Nationenbildung, der Reformation und der industriellen Revolution entstandenen fundamentalen Konflikte zwischen den Interessen sozialer, religiöser oder kultureller Gruppen sich später im Zuge der Demokratisierung des 19. und 20. Jahrhunderts in der Struktur der Parteiensysteme widerspiegelten. Parteien bauten Loyalitäten jeweils zu den sozialen Gruppen auf, welche die Konfliktpole repräsentierten. Mehr noch, Lipset und Rokkan konnten zeigen, dass die historischen Konstellationen von Parteiensystemen, wie sie sich nach der Einführung des allgemeinen Wahlrechts in den 1920er Jahren entwickelten, noch in den 1960er Jahren existierten. Dieser Befund des „freezing" – die These von den „eingefrorenen" Parteiensystemen – verwies darauf, dass Parteien in der Lage waren, dauerhafte soziale Allianzen zu bestimmten sozialen Gruppen im Elektorat aufzubauen und zu reproduzieren.

Pappi (1979;1990) hat diesen Prozess die „Politisierung von Sozialstrukturen" genannt. Gemeint ist damit die aktive Rolle, welche die Parteien und ihr Personal dabei spielen, die Interessen bestimmter sozialer Gruppen zu politisieren, in den politischen Prozess einzubringen und durch Mobilisierung Gruppenloyalitäten zu erzeugen. Kaum eine Partei, die nicht an diese Konfliktlinien anschloss, hat langfristig Bestand gehabt. Die so entstandenen Beziehungen zwischen Sozialstruktur und politischen Parteien werden gemeinhin als politische Konfliktstrukturen bezeichnet (im Englischen „political cleavages").

Schon in den ersten bedeutenden Wahlstudien galten sozialstrukturelle Merkmale der Wähler als *der* zentrale Faktor für die Erklärung stabilen Wahlverhaltens. In dem Buch „The People's Choice: How The Voter Makes Up His Mind in a Presidential Campaign", das Lazarsfeld und seine Mitautoren 1944 veröffentlichten, wurde argumentiert, dass relativ homogene soziale Gruppen unter ähnlichen Bedingungen mit einem ähnlichen Erfahrungshintergrund ähnliche Interessen und Bedürfnisse ausbilden und sich das in der relativ stabilen Zuwendung zu bestimmten Parteien niederschlage (Lazarsfeld et al. 1944). In der 1954 folgenden Buchpublikation „Voting" der Gruppe um Lazarsfeld wurde die Perspektive auf sozialstrukturelle Gruppen um die Frage nach dem Gruppeneinfluss durch Gewerkschaften, andere Interessenorganisationen und politische Parteien erweitert (Berelson et al. 1954). Damit konnte über die durch bloße gemeinsame soziale Lage erzeugte Gleichförmigkeit der Interessen und des Verhaltens hinaus auch die Politisierung von Interessen durch Organisationen in den Blick genommen werden. Die Möglichkeit, die mikroanalytische Erklärungsperspektive mit den makrosoziologischen Überlegungen der Cleavage-Theorie von Lipset und Rokkan zu kombinieren, macht den sozialstrukturellen Erklärungsansatz nicht nur wissenschaftlich ausgesprochen attraktiv, sondern aufgrund der theoretischen Stärke zu einer Basiskomponente in Modellen des Wahlverhaltens.

Wie in den meisten westeuropäischen Gesellschaften sind in Deutschland zwei politische Konfliktlinien dominant, nämlich die sozioökonomische

Konfliktlinie, die als Kapital-Arbeit-Konflikt in der Phase der Industrialisierung entstanden ist, und die konfessionelle Konfliktlinie, die sich aus den Religionskonflikten der Reformation speist und sich inzwischen weitgehend zu einer religiös-laizistischen Konfliktlinie gewandelt hat. Bei diesen beiden dominanten Konfliktlinien ist es jedoch nicht geblieben. Mit den APO-Protesten der 1960er Jahre, den nachfolgend entstandenen sogenannten „neuen sozialen Bewegungen" und einem umgreifenden Wertewandel hat sich ein neuer Interessenpol der sogenannten „neuen Politik" gebildet. Vor allem Umweltschutz, Selbstbestimmung und politische Beteiligung kennzeichnen diese Interessen, denen es mit dem Einzug der Grünen in den Deutschen Bundestag 1983 gelang, sich im Parteiensystem als Konfliktlinie zu etablieren. Mit der Vereinigung kam eine weitere Interessendifferenzierung hinzu, nämlich die zwischen Ost und West, die dem deutschen Parteiensystem den Erfolg einer zunächst nur regionalen Partei, der PDS, bescherte und damit zwei regional verschiedene Parteiensysteme in Ost und West entstehen ließ (Pappi/Shikano 2001; Weßels 2004). Diese Konfliktlinien finden nicht nur ihre Entsprechung in den jeweiligen sozialen Allianzen zwischen bestimmten sozialen Gruppen der Wählerschaft und den politischen Parteien, sondern sind auch unterhalb des Parteiensystems durch Organisationen im Verbändesystem abgestützt (Tabelle 1). Insbesondere die sozioökonomische und die konfessionell-religiöse Konfliktlinie galten lange Zeit als die zentralen Faktoren der Stabilität des Parteiensystems und des Wahlverhaltens. Hinsichtlich der neuen Konfliktlinien bestand und besteht Uneinigkeit, ob sie im gleichen Maße als institutionalisiert angesehen werden können. Gleichwohl hat sich die Annahme, dass die sozialen Gruppen auf beiden Seiten einer Konfliktlinie überproportional diejenigen Parteien wählen, die für die jeweilige Interessenformation stehen, in der Vergangenheit immer wieder bestätigt.

Tabelle 1 stellt die allgemeinen Zusammenhänge zwischen sozialen Gruppen und politischen Parteien im Sinne des Ansatzes politischer Konfliktlinien dar. Aus dieser Zusammenstellung ergeben sich Erwartungen an das Wahlverhalten der bezeichneten sozialen Gruppen, die später überprüft werden. In einem ersten Schritt werden die sozialstrukturellen Variablen begründet und beschrieben, die in die Analyse einbezogen werden. Danach folgt ein Abschnitt, der das Wahlverhalten sozialer und demographischer Gruppen analysiert und mit multivariaten Modellen prüft, welchen Beitrag sozialstrukturelle und demographische Faktoren zur Erklärung des Wahlverhaltens leisten. Das Unterkapitel schließt mit einem kurzen Resümee. Die den Analysen zugrundeliegenden Daten sind die kumulierten Querschnittsbefragungen von vor und nach der Wahl 2009. Das Wahlverhalten wird in der Vorwahlstudie anhand der Wahlabsicht und in der Nachwahlstudie anhand des berichteten Wahlverhaltens bestimmt.

Tabelle 1: Struktur und Institutionalisierung politischer Konfliktlinien in der Bundesrepublik

	Sozioökonomische Dimension	
Genese	traditionell	
Verankerung	Arbeit	Kapital
Parteiensystem	SPD	FDP, CDU/CSU
Verbände und Gruppen	Gewerkschaften	Arbeitgeber-, Unternehmerverbände
Sozialstruktur	Arbeiter und Angestellte	Alter Mittelstand (Selbständige)
Wertstruktur	Gewerkschaftliche Wirtschaftsideologie	Wachstums- und Fortschrittskonsens, ökonomischer Individualismus

	Kulturelle Dimension		
	traditionell	neu	
Verankerung	Religion, Konfession	„Neue Politik“, Ökologie	Ost-West
Parteiensystem	CDU/CSU	Bündnis 90/ Grüne	PDS, Postkommunisten (jetzt: Die Linke)
Verbände und Gruppen	christliche Kirchen	Umweltorganisationen und -gruppen	Gewerkschaften (insbesondere im Westen)
Sozialstruktur	christliche Sozialmilieus	Postmaterialistische Bewegungsmilieus	ostdeutsche Herkunft
Wertstruktur	religiöser Traditionalismus	Postmaterialismus	sozialistische Demokratie

Modifiziert übernommen aus Weßels (1991).

5.3.2 Das sozialstrukturelle und demographische Profil der deutschen Wählerschaft

Entsprechend der angenommenen Struktur der Allianzen zwischen bestimmten sozialen Gruppen und politischen Parteien, wie sie in Tabelle 1 dargelegt sind, werden nicht alle denkbaren sozialen Faktoren berücksichtigt, sondern nur die, die im Rahmen dieser Hypothesen theoretische Bedeutung besitzen. Sozialstrukturell sind dementsprechend in der sozioökonomischen Konfliktlinie die Gruppe der Arbeiter und Angestellten als abhängig Beschäftigte von besonderer Bedeutung für die SPD und die Selbständigen von besonderer Bedeutung für FDP und – in geringerem Maße – CDU/CSU. Eine besondere Abstützung erfährt die soziale Allianz zwischen abhängig Beschäftigten und SPD durch die Zugehörigkeit zu Gewerkschaften. Da von der sozialen Lage ein dauerhafter Einfluss auf das Wahlverhalten erwartet wird, sind Rentner und Ruheständler nach ihrer früheren Tätigkeit eingestuft. Die entsprechenden Anteile an der Wählerschaft sind in Tabelle 2 wiedergegeben: Derzeitige und frühere Selbständige machen sieben, Angestellte 50 und Arbeiter 24 Prozent der Wählerschaft aus, etwa zehn Prozent sind Gewerkschaftsmitglied. Davon entfallen fünf Prozent auf die Angestellten, drei Prozent auf die Arbeiter.

Entsprechend den frühen Analysen der Gruppe um Lazarsfeld und der Studien von Pappi kann davon ausgegangen werden, dass die bloße Zugehörigkeit zu einer sozialen Kategorie zwar zur Gleichförmigkeit des Wahlverhaltens führt, aber noch nicht den Gruppencharakter des Wahlverhaltens ausmacht. Der Gruppencharakter wird erst durch Selbstzurechnung erreicht, wie sie sich in dem Eingehen von Mitgliedschaften – z. B. formal in einer Gewerkschaft – oder der Teilnahme an der Praxis einer Gruppe – z. B. Kirchgang – ausdrücken. Dementsprechend ist zu erwarten, dass von der Kombination aus sozialer Lage und Mitgliedschaft in der Gruppe besonders starke Einflüsse auf das Wahlverhalten ausgehen (Pappi 1986; 1990; Weßels 2000). In der traditionellen kulturellen Konfliktlinie um Konfession und Religiosität spielt zunächst die Konfessionszugehörigkeit eine Rolle, Gruppenbezug wird durch die regelmäßige religiöse Praxis hergestellt, also den Kirchgang. 32 Prozent der Wählerschaft sind Katholiken, 40 Prozent Protestanten und etwa zehn Prozent gehen mindestens einmal im Monat in die Kirche. Diese zehn Prozent verteilen sich im Verhältnis von sechs zu vier auf Katholiken und Protestanten. Die beiden traditionellen Konfliktlinien umfassen damit beachtliche Teile der Wählerschaft, wenngleich der Anteil, für den sich durch Mitgliedschaft und/oder entsprechende Praxis auch eine durch Organisation abgestützte Gruppenidentitäten ergibt, relativ klein ist.

Tabelle 2: Verteilung sozialstruktureller und demographischer Merkmale

Variable	Prozent	N
Selbständige[1]	7	253
Angestellte[1]	50	1747
Arbeiter[1]	24	844
Gewerkschaftsmitglied	10	363
Katholiken	32	1100
Protestanten	40	1403
Kirchgänger, mindestens 1 Mal im Monat	10	349
Abitur oder höher	22	751
Alter: bis unter 40 Jahre	30	1032
40 bis unter 65	44	1525
65 und älter	26	910
Ostdeutsche	18	639
Arbeitslose	6	201
Frauen	51	1780
Türkischer Migrationshintergrund	1	52
Gruppenrelevante Merkmalskombinationen		
Gewerkschaftlich organisierte Angestellte	5	189
Gewerkschaftlich organisierte Arbeiter	3	87
Katholische Kirchgänger	6	218
Protestantische Kirchgänger	3	108
Jünger als 40 Jahre und Abitur	10	353
N	-	3467

[1]Stellung im Beruf (Selbständige, Angestellte, Arbeiter): Jetzt oder früher.

Hinsichtlich der neuen Konfliktlinien ist eine engere soziale Eingrenzung relativ schwierig. So stellt sich die Frage, wie postmaterialistische Bewegungsmilieus zu erfassen sind und ob die Ost-West-Konfliktachse seit dem Erfolg der Partei „Die Linke" auch im Westen der Republik noch Bestand hat. Bewegungsmilieus existieren vorwiegend in Universitätsstädten und werden von der jüngeren Bevölkerung mit entsprechend höheren Bildungsabschlüssen getragen. Daher wird hier als Annäherung an die Charakterisierung dieser sozialen Gruppe Bildung und Alter kombiniert. Insgesamt 22 Prozent der wahlberechtigten Bevölkerung haben Bildungsabschlüsse, die dem Abitur oder höheren Abschlüssen entsprechen. Jüngere – bis unter 40-

jährige – mit diesen höheren Bildungsabschlüssen machen neun Prozent der Wahlberechtigten aus. Für die regionale Konfliktlinie wird einfach die Wohnregion als Merkmal verwendet. 18 Prozent der Wahlberechtigten leben in Ostdeutschland. Zusätzlich werden folgende soziale Gruppen wegen ihrer Relevanz unterschieden, ohne dass sie unmittelbar in Bezug zu politischen Konfliktstrukturen zu setzen sind: Derzeit Arbeitslose, Frauen und Bürger mit türkischem Migrationshintergrund. Ein türkischer Migrationshintergrund ist dann gegeben, wenn der Geburtsort der Eltern und/oder der eigene in der Türkei liegt.

5.3.3 Das Wahlverhalten sozialer Gruppen bei der Bundestagswahl 2009

Die Anteile für das beabsichtigte bzw. das berichtete Wahlverhalten sozialer Gruppen für die politischen Parteien sind in Tabelle 3 ausgewiesen. Um die Wahlprofile der sozialen Gruppen für die einzelnen Parteien deutlich zu machen, sollen jedoch die Anteile über- bzw. unterproportionalen Wählens der sozialen Gruppen für die politischen Parteien betrachtet werden. Den Erwartungen der Theorie politischer Spannungslinien und ihrer Anwendung auf Deutschland gemäß (Tabelle 1), sollten konfessionell gebundene Wählerinnen und Wähler und regelmäßige Kirchgänger überproportional stark der CDU/CSU die Stimme geben, weil die christdemokratischen Parteien die Repräsentanten der konfessionell-religiösen Konfliktlinie sind. In der Tat ist der Anteil der Unionswähler unter den katholischen Kirchgängern doppelt so hoch wie im Durchschnitt der Bevölkerung, gefolgt von den protestantischen Kirchgängern und den Katholiken insgesamt. Protestanten wählen eher leicht unterdurchschnittlich die Unionsparteien. Daneben wählen auch 65-jährige und ältere Personen zu zehn Prozentpunkten überproportional die CDU/CSU, sowie die Ostdeutschen (4,8 Prozentpunkte) und die Frauen (3,3 - Abbildung 1).

Der SPD sollten vor allem organisierte Arbeitnehmer und unter ihnen vor allem Arbeiter die Stimme geben, weil sie den Pol Arbeit in der sozioökonomischen Konfliktlinie repräsentiert. Das zeigt sich auch der Tendenz nach, allerdings weit weniger stark überproportional als es bei den konfessionell-religiösen Merkmalen für die Unionsparteien der Fall ist. Die SPD kann unter organisierten Arbeitern einen fünf Prozentpunkte größeren Anteil als im Durchschnitt verbuchen, bei gewerkschaftlich organisierten Angestellten sind es lediglich zwei Prozentpunkte. Arbeiter wählen zu etwas mehr als vier Prozentpunkte über dem Durchschnitt die SPD. Spiegelbildlich dazu wählen Selbständige zu etwa zehn Prozentpunkten weniger die SPD als der Durchschnitt. Einen besonders beachtlich überproportionalen Anteil an Stimmen kann die SPD bei den Bürgern mit türkischem Migrationshintergrund für sich verbuchen. Allerdings ist diese Gruppe sehr klein und trägt daher nur in geringem Maße zum Stimmenanteil der SPD insgesamt bei.

Die FDP sollte ihrer Platzierung in der politischen Konfliktstruktur der Bundesrepublik gemäß vor allem unter den Selbständigen überproportionale Anteile für sich verbuchen können und kann das in der Tat: Bei den Selbständigen erzielt die FDP einen bis zu zehn Prozentpunkte höheren Anteil als im Durchschnitt. Entsprechend unterproportional fallen ihre Anteile bei Arbeitern und gewerkschaftlich organisierten Arbeitern aus (Abbildung 2). Wie sieht es hinsichtlich der beiden Parteien aus, welche die beiden jüngsten im Parteiensystem etablierten Konfliktlinien repräsentieren? Bündnis90/Die Grünen können in der Tat bei den unter 40-jährigen mit Abitur stark überproportionale Anteile für sich gewinnen. Weit unterdurchschnittliche Anteile erzielen sie bei katholischen Kirchgängern und gewerkschaftlich organisierten Arbeitern. Ersteres ist dem in weiten Teilen der Grünen gepflegten Laizismus, letzteres wohl dem immer noch existierenden Widerspruch zwischen Wachstumsinteressen der Arbeiterschaft und Umweltinteressen der Grünen geschuldet.

Die Linke gewinnt erwartungsgemäß überproportional unter Ostdeutschen, aber sogar mehr noch unter Arbeitslosen und gewerkschaftlich organisierten Arbeitern. Aufgrund der atheistischen Ausrichtung der Partei sehen insbesondere Kirchgänger, gleich welcher Konfession, nur in stark unterproportionalem Maße Anlass, dieser Partei die Stimme zu geben (Abbildung 3). Insgesamt entsprechen die Muster des Wahlverhaltens sozialer Gruppen zwar weitestgehend den theoretischen Erwartungen, allerdings scheinen abgesehen von konfessionell-religiösen Faktoren soziale Merkmale insbesondere der sozioökonomischen Konfliktlinie nur zu einer relativ schwachen Differenzierung beizutragen, wenn nur auf die SPD geblickt wird. Allerdings muss inzwischen wohl die Partei Die Linke hier mit ins Kalkül einbezogen werden. Sie erzielt unter gewerkschaftlich organisierten Arbeitern einen höheren überproportionalen Anteil als die SPD. Insgesamt gesehen weist die CDU/CSU in der Summe die stärksten Anteile von Unter- und Überproportionalität auf, gefolgt von der Linken, dann SPD und Grüne. Am wenigsten in diesem Sinne „profiliert“ ist die FDP.

Abbildung 1: Über- und Unterproportionalität der Wahlentscheidung sozialer und demographischer Gruppen: CDU/CSU und SPD

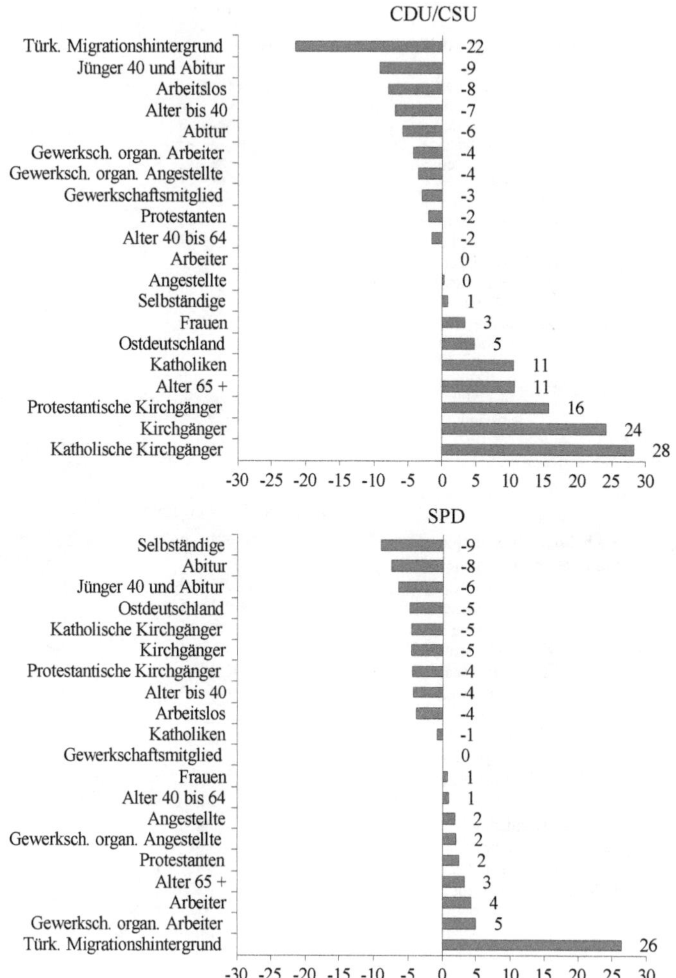

Abbildung 2: Über- und Unterproportionalität der Wahlentscheidung sozialer und demographischer Gruppen: FDP und Bündnis 90/Grüne

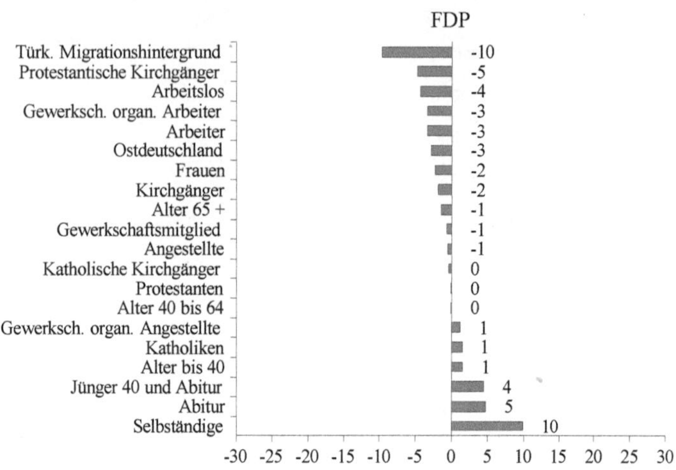

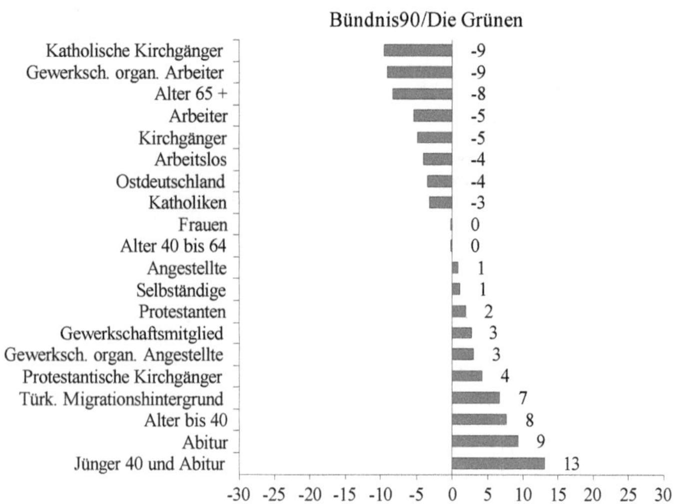

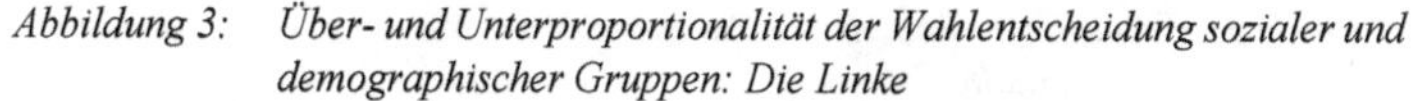

Abbildung 3: Über- und Unterproportionalität der Wahlentscheidung sozialer und demographischer Gruppen: Die Linke

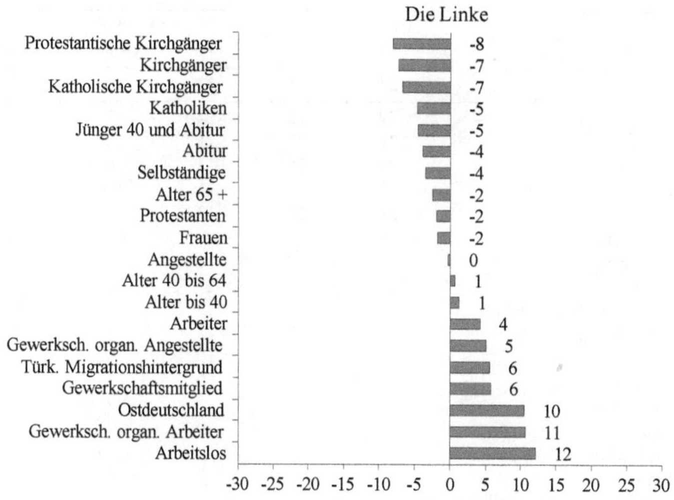

Um zu überprüfen, ob das für jedes für sich betrachtete soziale oder demographische Merkmal gefundene Ergebnis auch dann Bestand hat, wenn alle Merkmale zur gleichen Zeit in die Analyse einbezogen werden, wurden logistische Regressionen mit allen benannten Merkmalen für das Wahlverhalten zugunsten der einzelnen Parteien berechnet. Die Ergebnisse werden vergleichbar zu den Abbildungen 1 bis 3 präsentiert und beziehen sich auf den Grad der Über- bzw. Unterproportionalität der Wahrscheinlichkeit, dass eine bestimmte soziale oder demographische Gruppe der jeweiligen Partei ihre Stimme gibt (Tabelle 4).

Tabelle 3: Zweitstimmenanteile der Parteien nach Präferenz bzw. berichtetem Wahlverhalten

Variable	CDU/ CSU	SPD	FDP	B90/ Grüne	Die Linke
Mittelwert	28	21	12	12	11
Selbständige	29	12	22	13	8
Angestellte	28	23	11	12	11
Arbeiter	28	25	8	6	15
Gewerkschaftsmitglied	25	21	11	14	17
Katholiken	38	20	13	8	6
Protestanten	26	23	12	13	9
Kirchgänger	52	17	10	7	4
Abitur	22	14	17	21	7
Alter: bis unter 40 Jahre	21	17	13	19	12
40 bis unter 65	26	22	12	11	12
65 und älter	39	24	10	3	9
Ostdeutschland	33	16	9	8	22
Arbeitslose	20	17	7	8	23
Frauen	31	22	9	11	9
Türkischer Migrationshintergrund	6	47	2	18	17
Gruppenrelevante Merkmalskombinationen					
Kathol. Kirchgänger	56	16	11	2	4
Protestant. Kirchgänger	44	17	7	16	3
Gew. organ. Angestellte	24	23	13	15	16
Gew. organ. Arbeiter	24	26	8	3	22
Unter 40 mit Abitur	19	15	16	25	6

Die Summe der Zeilenprozente addiert sich nicht auf 100. Die zu 100 Prozent fehlenden Anteile enthalten Wählerinnen und Wähler sonstiger Parteien und Befragte, die keine Angaben machen.

Die Ergebnisse dieser multivariaten Analyse zeigen, dass die beschreibenden Ergebnisse zu jedem einzelnen sozialen Merkmal grundsätzlich auch dann im statistischen Sinne Gültigkeit beanspruchen können, wenn alle anderen Merkmale mit berücksichtigt werden. So ergibt sich eine hohe überproportionale Wahrscheinlichkeit der Wahl der Unionsparteien in den konfessionellen Gruppen und unter Kirchgängern. Die Ergebnisse für die SPD bestätigen sich ebenfalls: Arbeitnehmer wählen auch unter Berücksichtigung aller anderen sozialen und demographischen Merkmale überproportional diese Partei. Allerdings hat der Befund überproportionaler SPD-Wahl unter gewerkschaftlich organisierten Arbeitern keinen Bestand. Bei der FDP lässt sich die überproportionale Wahlwahrscheinlichkeit unter Selbständigen bestätigen, bei den Grünen unter jüngeren Bürgern mit höherer Bildung und bei der Linken unter Ostdeutschen, Arbeitslosen und auch unter gewerkschaftlich organisierten Arbeitnehmern. Auch in der gleichzeitigen Betrachtung aller Sozialmerkmale finden die auf Basis der Theorie politischer Spannungslinien formulierten Erwartungen ihre Widerspiegelung in der empirischen Realität der Bundesrepublik. Allerdings „erklären" Sozialmerkmale nur einen geringen Anteil der Variation des Wahlverhaltens. Das verweist darauf, dass es eine deterministische Übersetzung von der jeweiligen sozialen Lage in politische Interessen und letztlich in Wahlverhalten nicht gibt.

Tabelle 4: Unterschiede in der Wahlwahrscheinlichkeit zwischen sozialen Gruppen: Ergebnisse logistischer Regressionen

Variable	CDU/ CSU	SPD	FDP	B90/ Grüne	Die Linke
Selbständige	+2,1	-3,8	+7,1[b]	0,0	-2,8
Angestellte	-1,7	+8,3[c]	-0,2	+0,1	+2,0
Arbeiter	-2,3	+10,3[c]	-3,3	-3,1	+1,9
Gewerkschaftsmitgl.	-2,4	-0,8	+0,1	+1,6	+7,2[c]
Katholiken	+22,6[c]	+0,5	+2,9	-2,8	-6,8[c]
Protestanten	+11,0[c]	+4,3[a]	+0,5	+0,3	-5,1[c]
Kirchgänger	+16,2[c]	-6,3[a]	-2,0	-1,7	-5,2[a]
Abitur	-4,7[a]	-5,9[b]	+3,5[a]	+5,6[c]	-4,9[b]
Altersgruppen	+10,2[c]	+7,1	-1,5	-11,2[c]	-2,6
Ostdeutschland	+15,6[c]	-5,7[b]	-1,9	-3,3[b]	+7,4[c]
Arbeitslos	-5,7	-4,6	-2,8	-2,7	+7,2[b]
Frauen	+3,8	+1,2	-4,5[c]	-0,3	-3,8[b]
Türkischer Migrationshintergrund	-12,9	+31,4	-8,7	+0,8	+0,6
Nagelkerkes R^2	0,11	0,06	0,05	0,11	0,11
Gruppenrelevante Merkmalskombinationen					
Kath. Kirchgänger	+18,0[c]	-6,3	-2,4	-1,3[b]	-3,1[c]
Prot. Kirchgänger	+17,5[c]	-6,9[b]	-2,1	-1,8	-3,9[b]
Gew. org. Angest.	-2,4	-1,0[a]	+0,1	+1,6	+7,8[b]
Gew. org. Arbeiter	-2,3	-1,1[b]	+0,1	+1,2[b]	+8,0[a]
Unter 40 mit Abitur	-4,1[b]	-5,0[b]	+3,7	+9,2[c]	-5,5[a]

Die Werte der Tabelle geben die Differenz zwischen der Wahrscheinlichkeit an, mit der die jeweilige Gruppe eine Partei wählt, minus der Wahrscheinlichkeit, mit der die jeweilige Restgruppe diese Partei wählt. Ausnahme hiervon ist die Variable Altersgruppen, wo die Differenz zwischen der Wahrscheinlichkeit der ältesten Wählergruppe (65 Jahre und älter) minus derjenigen der jüngsten Wählergruppe (jünger als 40 Jahre) angegeben ist.
a: $p < 0{,}05$; b: $p < 0{,}01$; c: $p < 0{,}001$ (s. Anhang 4).

5.3.4 Fazit

Die mit der sozialen Differenzierung einhergehende Interessendifferenzierung der Gesellschaft drückt sich nach wie vor in typischen Mustern des Wahlverhaltens sozialer und demographischer Gruppen aus. Die sich aufgrund der Theorie politischer Spannungslinien ergebenden Erwartungen an relativ stabile Allianzen zwischen Bürgern in bestimmten sozialen Lagen und bestimmten politischen Parteien finden im Großen und Ganzen ihre Entsprechung in den Ergebnissen zum Wahlverhalten. Auch wenn hier keine Analyse vorgelegt worden ist, die sich über einen längeren Zeitraum erstreckt, lässt sich aus Kenntnis früherer Ergebnisse festhalten, dass bei der Bundestagswahl 2009 einige der sozialstrukturellen Effekte auf das Wahlverhalten nicht so stark ausgefallen sind wie bei vorangegangenen Wahlen. Insbesondere die Wahl der SPD war 2009 vergleichsweise wenig durch soziale Profile vorgegeben. Der für die SPD typische Befund, dass gewerkschaftlich organisierte Arbeitnehmer in stark überproportionalem Maß dieser Partei die Stimme geben, ist 2009 ausgefallen. Dafür ist dieser Befund nunmehr bei der Linken zu konstatieren. Die Linkskonkurrenz zur SPD hat mit ihren Erfolgen auch im Westen der Republik (und dort insbesondere unter enttäuschten Gewerkschaftern) vormals existierende Gewissheiten über das Wahlverhalten dieser Gruppe zunichte gemacht. Als immer noch stabile und starke Determinanten der Wahl der Unionsparteien lassen sich konfessionell-religiöse Faktoren ausmachen. Sie sind – auch vor dem Hintergrund früherer Ergebnisse – das wohl am stärksten und am dauerhaftesten das Wahlverhalten prägende Faktorenbündel. Allerdings schreiten der soziale Wandel und mit ihm Individualisierungs- und Säkularisierungsprozesse fort. Soziale Gruppen mit relativ stabilen Bindungen an politische Parteien, wie z.B. katholische Kirchgänger oder gewerkschaftlich organisierte Arbeiter, werden weiter schrumpfen. Es ist eine offene Frage, ob sich wiederum neue soziale Kristallisationspunkte für das Wahlverhalten wie bei den beiden Parteien der neueren Konfliktlinien, Bündnis 90/Die Grünen und Die Linke, ergeben werden oder ob die politisierten Sozialstrukturen traditioneller politischer Konfliktlinien sich auflösen.

Literatur

Berelson, Bernard R./Lazarsfeld, Paul F./McPhee, William N. 1954: Voting: A Study of Opinion Formation in a Presidential Campaign, Chicago: University Press of Chicago.

Lazarsfeld, Paul F./Berelson, Bernard/Gaudet, Hazel 1944: The People's Choice: How The Voter Makes Up His Mind in a Presidential Campaign, New York, London: Columbia University Press.

Lipset, Seymour Martin/Rokkan, Stein 1967: Cleavage Structures, Party Systems, and Voter Alignments. An Introduction, in: Lipset, Seymour Martin/Rokkan, Stein, Hg., Party Systems and Voter Alignments, New York: Free Press, 1-64.

Pappi, Franz U./Shikano, Susumu 2001: Personalisierung der Politik in Mehrparteiensystemen am Beispiel deutscher Bundestagswahlen seit 1980, in: Politische Vierteljahresschrift 42, 355-387.

Pappi, Franz U. 1979: Konstanz und Wandel der Hauptspannungslinien in der Bundesrepublik, in: Matthes, Joachim, Hg., Sozialer Wandel in Westeuropa, Frankfurt a.M.: Campus, 465-479.

Pappi, Franz U. 1986: Wahlverhalten sozialer Gruppen bei Bundestagswahlen im Zeitverlauf, in: Klingemann, Hans-Dieter/Kaase, Max, Hg., Wahlen und politischer Prozeß, Opladen: Westdeutscher Verlag, 369-384.

Pappi, Franz U. 1990: Sozialstruktur und Wahlverhalten im sozialen Wandel, in: Kaase, Max,/Klingemann, Hans-Dieter, Hg., Wahlen und Wähler: Analysen aus Anlaß der Bundestagswahl 1987, Opladen: Westdeutscher Verlag, 15-30.

Weßels, Bernhard 1991: Vielfalt oder strukturierte Komplexität? Zur Institutionalisierung politischer Spannungslinien im Verbände- und Parteiensystem in der Bundesrepublik, in: Kölner Zeitschrift für Soziologie und Sozialpsychologie 43, 454-475.

Weßels, Bernhard 2000: Gruppenbindung und Wahlverhalten: 50 Jahre Wahlen in der Bundesrepublik, in: Klein, Markus/Jagodzinski, Wolfgang/Mochmann, Ekkehard, Hg., 50 Jahre Empirische Wahlforschung in Deutschland, Opladen: Westdeutscher Verlag, 129-155.

Weßels, Bernhard 2004: The German Party System: Developments after Unification, in: Reutter, Werner, Hg., Germany on the Road to Normalcy: Policies and Politics of the Red-Green Federal Government (1998-2002), New York: Palgrave Macmillan, 47-65.

5.4 Regionale Differenzierung des Wahlverhaltens

Bernhard Weßels und Aiko Wagner

5.4.1 Einleitung

Das deutsche Parteiensystem ist in Bewegung. Mit der deutschen Vereinigung hat es sich nicht nur auf Bundesebene, sondern auch regional differenziert. So weisen die Stimmenanteile der Bundestagsparteien zwischen den Bundesländern seit der Vereinigung eine größere Variabilität auf. Auch die strukturellen Unterschiede zwischen den Parteiensystemen der Bundesländer sind mit der Bundestagswahl 1990 und nachfolgend angestiegen und haben bei der Bundestagswahl 2009 den höchsten Wert nach der Formierungsphase des deutschen Parteiensystems 1949-1957 erreicht (Niedermayer 2009: 409). Seit den Bundestagswahlen 1998 „gab es sogar kein einziges Paar von Bundesländern, in dem das Parteienangebot gleich war“ (Niedermayer 2009: 403).

Die Entwicklung von Parteiensystemen und Wahlergebnisse verhalten sich zueinander wie kommunizierende Röhren: Findet ein neues politisches Angebot eine Nachfrage, verändert sich das Parteiensystem; mit der Veränderung des Parteiensystems verändern sich die Parteistärken zueinander und es verändert sich der Parteienwettbewerb. Mit einer Analyse des Verhältnisses von Parteiensystem und Wahlergebnissen in den Bundesländern allein ist das Bild der Regionalisierung nicht komplett. Kleinere räumliche Einheiten wie die Wahlkreise und individuelles Wahlverhalten sind ebenfalls mit zu betrachten. Unterschiede in den Wahlergebnissen zwischen Bundesländern können das Resultat gleichartiger Wahlverhaltensmuster in den Wahlkreisen einer ganzen Region sein, die sich von den Wahlverhaltensmustern anderer Regionen abgrenzen lassen. So spricht einiges dafür, nicht nur von einem unterschiedlichen Parteiensystem in Ost- und Westdeutschland auszugehen, sondern auch von einer entsprechenden Struktur der Wahlergebnisse in den Wahlkreisen (Weßels 2004). Im Folgenden wird dieser Perspektive besondere Aufmerksamkeit geschenkt: Regionalisiert sich das Wahlverhalten und wenn ja, wie?

Dass das Wahlverhalten regional unterschiedlich ist und es Wahlkreise und Regionen gibt, die als Hochburgen bestimmter Parteien angesehen werden können, ist allgemein bekannt. Hier soll es aber nicht um die allgemeine regionale Differenzierung des Wahlverhaltens gehen, sondern um die Frage, ob sich Veränderungen ergeben, die als Regionalisierung, also als ein Prozess angesehen werden können, der neue regionale Differenzierungen hervorbringt. Regionalisierung als Prozess hat eine Zeitdimension. Aus dieser Perspektive ist es wünschenswert, Zerfallsprozesse regionaler Wählerstrukturen zu analysieren. Die Analyse der Stabilität regionaler Wählerstrukturen hat eine lange Tradition in der Wahlforschung (Converse 1969). Frühere Studien haben eine hohe Stabilität regionalen Wahlverhaltens in Deutschland feststellen können (Hoschka/Schunck 1977; Weßels 1998). Regionale Zerfallsprozesse können allerdings nur dann beobachtet werden, wenn die regionalen Einheiten über längere Zeit stabil bleiben. Der Zuschnitt der Wahlkreise hat sich bei den letzten Bundestagswahlen aber immer wieder verändert. Deshalb sind langfristige Analysen nicht möglich. Vergleiche aus der jüngsten Vergangenheit, zum einen zwischen den Bundestagswahlen 2002 und 2005, zum zweiten zwischen 2005 und 2009 zeigen, dass keine gravierenden Veränderungen regionaler Parteianteile zu konstatieren sind. Relativ verhalten sich die Wahlkreisergebnisse zueinander proportional. Der von Niedermayer konstatierten Regionalisierung des bundesdeutschen Parteiensystems müssen also noch andere Prozesse zugrunde liegen.

Eine zweite Dimension der Regionalisierung sind Unterschiede in den Wahlverhaltensmustern zwischen regionalen Einheiten. Drei Aspekten soll hier nachgegangen werden: Erstens der Regionalisierung der Stimmenanteile bei Bundestagswahlen, zweitens der Regionalisierung der Unterschiede im Wahlverhalten bei Bundestags- im Vergleich zu Landtagswahlen und drittens der Regionalisierung des Stimmensplitting bei Bundestagswahlen. Zwei Datengrundlagen werden, soweit möglich, herangezogen: amtliche Wahlergebnisse, also Aggregatdaten, und Individualdaten (Umfragedaten) der GLES.

5.4.2 Regionalisierung der Stimmenanteile

Pappi und Shikano haben argumentiert, dass es bei den Bundestagswahlen drei unterschiedliche Parteiensysteme in Deutschland gibt, nämlich das ostdeutsche, das bayrische und das westdeutsche ohne Bayern. Sie haben das auf der Grundlage von Individualdaten und der unterschiedlichen Rolle, welche die Kanzlerpräferenz für das Wahlverhalten spielt, gezeigt (Pappi/Shikano 2001). Ihre These bestätigt sich, wenn auf der Basis der Wahlkreisergebnisse die Unterschiede zwischen den drei Regionen untersucht werden. So lässt sich für die Bundestagswahlen 1994 bis 2002 auf Basis der

Wahlkreisergebnisse die klare Abgrenzbarkeit dieser drei Gebiete bezüglich der Struktur der Stimmenanteile nachweisen (Weßels 2004). Dieser Befund ist auch für die jüngeren Bundestagswahlen einschließlich der letzten im Jahre 2009 zutreffend. Wird nur die Zugehörigkeit eines Wahlkreises zu einer der drei Regionen – Ostdeutschland, Bayern und Westdeutschland ohne Bayern – als Erklärungsfaktor der Zweitstimmenparteianteile in den Wahlkreisen herangezogen, lassen sich insbesondere die Parteianteile von CDU/CSU, FPD und Die Linke recht gut vorhersagen (Tabelle 1).

Tabelle 1: Der Effekt von Region auf das Zweitstimmenergebnis der Bundestagsparteien in den Wahlkreisen

		Ostdeutschland	Bayern	R^2
	2002	-2,79[b]	-14,73[c]	0,35
SPD	2005	-6,65[c]	-11,95[c]	0,34
	2009	-7,72[c]	-9,12[c]	0,38
	Mittel	-5,72[c]	-11,93[c]	0,36
	2002	-8,59[c]	22,93[c]	0,62
CDU/CSU	2005	-9,30[c]	14,41[c]	0,56
	2009	-3,37[c]	9,79[c]	0,35
	Mittel	-7,09[c]	15,71[c]	0,51
	2002	-1,89[c]	-3,77[c]	0,49
FDP	2005	-2,19[c]	-1,02[c]	0,15
	2009	-4,60[c]	-1,08[a]	0,30
	Mittel	-2,89[c]	-1,96[b]	0,31
	2002	-3,71[c]	-1,96[c]	0,14
Bündnis 90/ Die Grünen	2005	-2,57[c]	-1,03	0,08
	2009	-3,38[c]	-0,84	0,10
	Mittel	-3,22[c]	-1,28	0,10
	2002	13,93[c]	-0,50	0,85
Die Linke	2005	18,24[c]	-1,68[c]	0,83
	2009	17,96[c]	-2,19[c]	0,80
	Mittel	16,71[c]	-1,46	0,83

Die Zahlen in den Spalten „Ostdeutschland“ und „Bayern“ sind Regressionskoeffizienten.
Vergleichsgruppe: Alte Bundesländer ohne Bayern.
a: $p < 0,05$; b: $p < 0,01$; c: $p < 0,001$ (s. Anhang 4).

Die Grundtendenzen lassen sich wie folgt beschreiben: Die Unterschiede in den Parteianteilen in den ostdeutschen Wahlkreisen gegenüber Westdeutschland ohne Bayern sind seit der Bundestagswahl 2002 für alle Parteien mit Ausnahme der CDU größer geworden, die Unterschiede Bayerns gegenüber den Ergebnissen Westdeutschlands ohne Bayern sind seit 2002 für alle Parteien mit Ausnahme der Linken kleiner geworden. Die Regionalisierung zwischen Ost und West hat also weiterhin zugenommen, innerhalb des Westens nimmt sie in der Tendenz ab. Gleichwohl sind die Unterschiede zwischen Bayern und dem Rest Westdeutschlands bei der Bundestagswahl 2009 für alle Parteien mit Ausnahme der Grünen statistisch signifikant. Die Regionalisierung zwischen West und Ost setzt sich also fort und die regionalen Unterschiede zwischen Bayern und dem restlichen Westdeutschland bleiben bestehen (Tabelle 1).

5.4.3 Regionalisierung des „föderativen" Stimmensplitting

Immer wieder ist vor und nach Landtagswahlen eine intensive Diskussion über die Bedeutung der Bundespolitik für das Landtagswahlverhalten oder die Bedeutung des Landtagswahlverhaltens für die Bundespolitik zu beobachten. Allerdings ist die einfache Annahme, Bürgerinnen und Bürger würden sich bei ihrem Wahlverhalten stark an Bundesentwicklungen ausrichten und auch Bundesentwicklungen mit ihrer Wahlentscheidung bei Landtagswahlen belohnen oder bestrafen, allenfalls mit großer Vorsicht zu machen. Ganz offensichtlich wählen Wählerinnen und Wähler auf den beiden Ebenen des bundesrepublikanischen Föderalismus nicht identisch. „Föderatives" Splitting, also eine unterschiedliche Wahlentscheidung für die Landes- und die Bundesebene, ist Ausdruck davon, dass die Bürger einen Unterschied in der Frage machen, wer sie im Land und wer sie im Bund regieren soll.

Mit den aus Vor- und Nachwahl kumulierten Daten der Querschnittsbefragungen der GLES 2009 kann dieser Frage nachgegangen werden, da sowohl die Frage nach der Wahlentscheidung bei der letzten Landtagswahl als auch die Wahlabsicht bzw. Wahlentscheidung bei der Bundestagswahl 2009 abgefragt wurde. Danach haben sich, aus der Perspektive der zeitlich vorangegangenen Landtagswahlen inklusive Brandenburgs, das am Tag der Bundestagswahl gewählt hat, 23,4 Prozent der Wählerinnen und Wähler bei der Bundestagswahl anders als bei der Landtagswahl entschieden. Allerdings ist dieser recht hohe Anteil an „föderativem" Splitting allein noch kein Kennzeichen regionaler Differenzierung. Diese wird erst deutlich, wenn die starken und signifikanten Unterschiede im „föderativen" Splitting zwischen den Bundesländern betrachtet werden.

Danach gibt es eine Gruppe mit den Bundesländern Rheinland-Pfalz, Thüringen, Hessen, Sachsen-Anhalt und Hamburg, in der lediglich bis zu 17 Prozent der Bürger bei der Bundestagswahl einer anderen Partei die Stimme gegeben haben als bei der Bundestagswahl. Auf der anderen Seite steht eine Gruppe mit den Ländern Sachsen, Bayern und Baden-Württemberg, in der das „föderative" Splitting mit 29 bis 36 Prozent am höchsten liegt. Diese beiden Ländergruppen unterscheiden sich statistisch signifikant voneinander. Auch in Mecklenburg-Vorpommern ist der Anteil recht niedrig, aber der Unterschied zur Ländergruppe mit hohen Splittinganteilen aufgrund geringer Fallzahlen statistisch nicht signifikant. Die Länder mit mittleren Anteilen zwischen 19 und 26 Prozent unterscheiden sich im statistischen Sinne weder signifikant von der Gruppe mit geringen noch der mit hohen Splittinganteilen (Abbildung 1).

Abbildung 1: „Föderatives" Stimmensplitting zwischen Landtagswahlen und Bundestagswahl 2009 nach Bundesländern

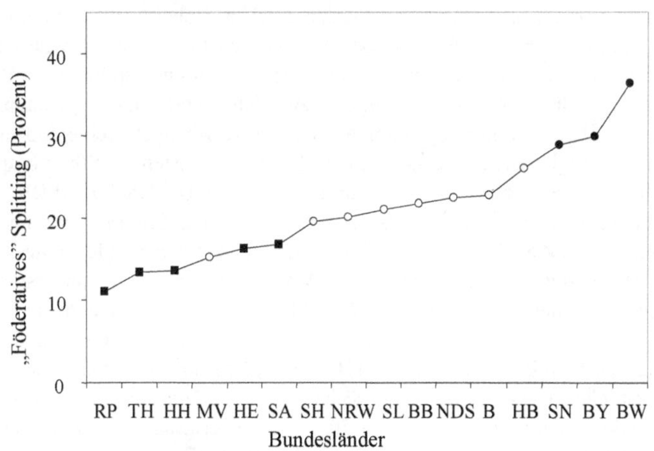

p < 0,05 für Unterschiede zwischen Bundesländern mit schwarz ausgefüllten Quadraten und Punkten.

Je nach Bundesland machen zwischen elf und 36 Prozent der Wählerinnen und Wähler ganz explizit einen Unterschied zwischen der Wahlentscheidung im Land und im Bund. Es ist wohl kaum unrealistisch anzunehmen, dass auch viele der Bürger, die derselben Partei die Stimme geben, damit bei der Landtagswahl nicht unbedingt die Bundesebene meinen. Die Ergebnisse verweisen also zum einen darauf, dass der Wert von Diskussionen über die Bedeutung der Landtagswahlen als Barometer für die Bundesebene nicht allzu hoch eingeschätzt werden sollte. Zum anderen verweisen sie auf so starke Unterschiede zwischen den Bundesländern, dass es nicht zu weit gegriffen ist, von einer Regionalisierung des Wahlverhaltens auszugehen.

5.4.4 Regionalisierung des Stimmensplitting bei Bundestagswahlen

Stärker als das „föderative Stimmensplitting" zwischen Landes- und Bundesebene steht das Stimmensplitting bei Bundestagswahlen unter Beobachtung. Ihm werden unterschiedliche Funktionen zugesprochen: Das Vermeiden „verschenkter" Stimmen für kleine Parteien, die allgemein kaum eine Chance haben, ein Direktmandat zu gewinnen, bringe viele Wählerinnen und Wähler dazu, die Zweitstimme, die proportional verrechnet wird, einer kleineren Partei zu geben und die Erststimme einer größeren Partei, welche die Chance hat, einen Wahlkreis zu gewinnen. Eine andere Funktion wird in dem sogenannten Koalitionswählen gesehen, wobei wiederum die Erststimme dem gewünschten größeren, die Zweitstimme dem gewünschten kleineren Koalitionspartner gegeben wird. Das Stimmensplitting bei Bundestagswahlen hat in den vergangenen zwei Jahrzehnten stark zugenommen. Es hat aber nicht nur zugenommen, sondern verzeichnet auch eine zunehmende Regionalisierung. Das zeigt sich am deutlichsten am Stimmensplitting zwischen Erst- und Zweitstimme zwischen CDU/CSU und FDP. Auf der Aggregatebene der Wahlkreisergebnisse ist das Stimmensplitting nur indirekt über die Differenz der Erst- und Zweitstimmenanteile zu messen.

Dabei zeigt sich ein interessantes Muster. Die Differenz von Erst- und Zweitstimmenanteilen für die CDU/CSU ist nach Bundesländern stark unterschiedlich. Bei der Bundestagswahl 2009 waren die Unterschiede im Durchschnitt in den ostdeutschen Bundesländern am geringsten, in den südwestlichen Bundesländern am höchsten. Die Unterschiede zwischen den Bundesländern sind nicht geringfügig: Am niedrigsten war die Differenz zwischen Erst- und Zweitstimmenanteilen bei der Bundestagswahl 2009 in den Wahlkreisen in Brandenburg mit einem Prozentpunkt Unterschied, am höchsten in Baden-Württemberg mit 8,1 Prozentpunkten. Diese Differenzierung hat sich aber erst im Laufe der vergangenen Bundestagswahlen entwickelt. 2002 lag der mittlere Unterschied über die Bundesländer hinweg bei 4,1 Prozentpunkten, 2005 bei 5,3, und bei der Bundestagswahl 2009 dann bei 7,1 Prozentpunkten. Das Splitting bei den CDU/CSU-Wählerinnen und -Wählern hat sich also erst im Verlauf der drei letzten Bundestagswahlen regionalisiert. Interessanterweise ist mit dieser Differenz zwischen Erst- und Zweitstimmenanteilen in den Wahlkreisen für die CDU/CSU ein höherer Zweitstimmenanteil für die FDP verbunden. Das lässt sich bereits 2002 beobachten. Der Zusammenhang zwischen der Differenz in den Erst- und Zweitstimmenanteilen der CDU/CSU und dem Zweitstimmenanteil zugunsten der FDP ist aber noch relativ schwach (R^2= 0,47), der Stimmenzuwachs für die FDP beträgt 0,8 Prozentpunkte pro Prozentpunkt Erst- und Zweitstimmendifferenz (Abbildung 2). 2005 ist der Zusammenhang schon deutlicher (R^2=0,88; 1,03 Prozentpunke, s. Abbildung 3), 2009 am stärksten (R^2=0,91; 1,33 Prozentpunkte, s. Abbildung 4).

Hinter diesem deutlichen Zusammenhang zwischen den Stimmensplitting-Anteilen bei der CDU/CSU und den FDP-Zweitstimmenanteilen auf Aggregatebene könnten sich trotz aller Plausibilität des Rückschlusses auf das Wahlverhalten von Individuen auch andere Wahlverhaltensmuster verbergen. Dann wäre ein Rückschluss von dem Zusammenhang auf der Aggregatebene auf die Individualebene ein ökologischer Fehlschluss. Für die Bundestagswahl 2009 mit den beiden großen Querschnittsbefragungen vor und nach der Wahl wurde daher geprüft, ob der Zusammenhang auf der Individualebene erstens besteht und zweitens die gleichen Regionalisierungsmuster aufweist.

Abbildung 2: Regionalisierung des Stimmensplitting bei CDU/CSU- und FDP-Wahl, Bundestagswahl 2002

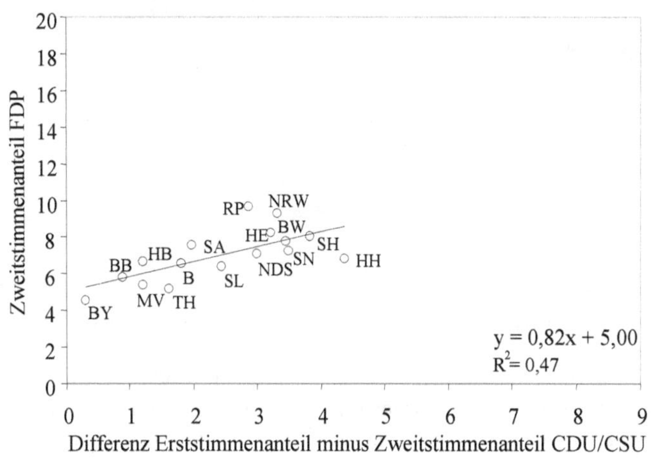

Abbildung 3: Regionalisierung des Stimmensplitting bei CDU/CSU- und FDP-Wahl, Bundestagswahl 2005

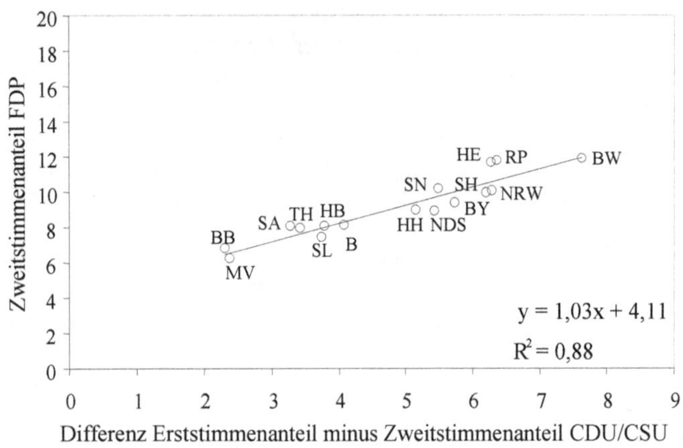

Abbildung 4: Regionalisierung des Stimmensplitting bei CDU/CSU- und FDP-Wahl, Bundestagswahl 2009

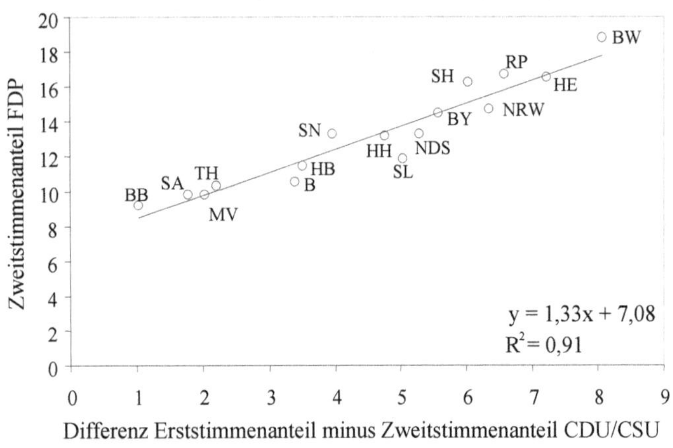

Hierzu wurde mithilfe der Regressionsanalyse ein Model berechnet, das die FDP-Zweitstimme, über Wahlabsicht bzw. berichtetes Wahlverhalten gemessen, durch das ebenso gemessene individuelle Splittingverhalten hinsichtlich CDU/CSU-Erst- und -Zweitstimme und die Differenz in der Einschätzung von CDU/CSU und FDP anhand der sogenannten Parteiskalometer zu erklären versucht. Parteiskalometer messen anhand einer Skala von -5 bis +5, was die Wählerinnen und Wähler von den Parteien halten (Sympathieskalen). Die Differenz in der Evaluierung der Parteien auf den Parteiskalometern wurde einbezogen, (Sympathieskalen von -5 bis +5) um einschätzen zu können, ob die Regionalisierung des Splittingverhaltens der CDU/CSU-Wähler mit einer entsprechenden Regionalisierung der Präferenz zugunsten der FDP einhergeht. Dieses einfache Modell mit nur zwei Variablen kann 47 Prozent des Wahlverhaltens zugunsten der FDP „erklären". Dabei trägt das Stimmensplitting etwa halb so viel zur Erklärung bei wie die Unterschiede in den Parteisympathien. Der Zusammenhang zwischen CDU/CSU-Splitting und FDP-Wahl existiert also auch auf der Individualebene. Ebenfalls wurde geprüft, ob sich auch dann, wenn individuelles Wahlverhalten gemessen wird, Unterschiede zwischen den Bundesländern ergeben, wie sie sich auf der Basis von Wahlkreisergebnissen zeigen lassen. Das Ergebnis der Individualdatenanalyse bestätigt den Befund der Aggregatdatenanalyse. Die Effekte des Splitting bei CDU/CSU zugunsten der FDP-Zweitstimme variieren systematisch und (zumindest in den Extremen) signifikant unterschiedlich zwischen den Bundesländern. Je größer der Splittinganteil, desto stärker der Effekt auf die FDP-Zweitstimmenwahl. Dabei zeigt sich auch, dass ein höheres Splittingverhalten zugunsten der FDP nichts mit einer gleichgerichteten Regionalisierung der Präferenz zugunsten der FDP zu tun hat. Es regionalisiert sich also nur das Splittingverhalten der Wähler, nicht die Präferenz zugunsten der FDP.

5.4.5 Fazit

Die Regionalisierung des Wahlverhaltens ist das Spiegelbild oder sogar die Determinante der Regionalisierung des Parteiensystems. Und es lässt sich zeigen, dass das Wahlverhalten sich stark regionalisiert hat. Auf der Aggregatebene verweist die Analyse auf der Basis von Wahlkreisergebnissen darauf, dass Ostdeutschland, Bayern und Westdeutschland ohne Bayern klar und signifikant voneinander verschieden wählen. Ein weiteres Muster regionaler Unterschiede lässt sich beim sogenannten „föderalen" Splitting beobachten, das darin besteht, dass bei der Bundestagswahl einer anderen Partei die Stimme gegeben wurde als bei der vorangegangenen Landtagswahl. Wähler unterschiedlicher Bundesländer weisen ein (im Vergleich der Länder mit niedrigem und hohem Splitting) signifikant unterschiedliches Verhalten bei der Differenzierung ihrer Stimmen zwischen Landtags- und Bundestagswahl 2009 auf, wie sich auf der Individualebene zeigen ließ. Das Ausmaß der Differenzierung und das Niveau des „föderalen" Splitting lassen es zweifelhaft erscheinen, dass Diskussionen darüber, ob in einer Landtagswahl mit dem Wahlergebnis eigentlich die Bundesebene gemeint ist, besonders sinnvoll sind. Die Bürger wissen zwischen politischen Ebenen zu differenzieren und machen davon auch in ihrem Wahlverhalten Gebrauch.

Aber nicht nur die Stimmabgabe bei Landtags- und Bundestagswahlen unterscheidet sich regional. Auch das Stimmensplitting bei Bundestagswahlen zwischen Erst- und Zweitstimme hat an Bedeutung zugenommen und sich im Verlauf der letzten drei Bundestagswahlen immer mehr nach Bundesländern differenziert, wie sich mithilfe von Aggregatdaten und Individualdaten zeigen ließ. Für die Bundestagswahl 2009, den bisherigen Höhepunkt der Regionalisierung des Stimmensplitting, hat sich ein Muster der Differenzierung des Splitting bei den CDU/CSU-Wählern mit geringen Anteilen in Ostdeutschland und hohen Anteilen in Südwestdeutschland herauskristallisiert, das einhergeht mit einem entsprechend höheren Anteil an FDP-Zweitstimmen. Die in den Bundesländern stark unterschiedlichen Wahlerfolge der FDP lassen sich dabei kaum durch Präferenzunterschiede zugunsten dieser Partei zwischen den Bundesländern erklären. Vielmehr geht die Variation über die Bundesländer hinweg maßgeblich auf das (signifikant) unterschiedliche Splittingverhalten zurück. Das hat durchaus interessante und überraschende Effekte. Bei den Bundestagswahlen 2009 ist die FDP die Partei mit dem höchsten Anteil an den Listenmandaten (28,8 Prozent) bei einem Gesamtanteil an den Mandaten von 15 Prozent (s. Tabelle 2).

Die Regionalisierung des Wahlverhaltens bleibt mithin nicht ohne Folgen. Die Folgen betreffen nicht nur die Parteiensysteme auf der Ebene der Bundesländer, sondern auch das Bundesergebnis. Inwieweit die Regionalisierung zu einer fortschreitenden Fragmentierung des deutschen Parteiensystems führen wird, ist eine offene Frage, die erst in der Zukunft wird beantwortet werden können.

Tabelle 2: Wahlkreis- und Listenmandate nach Parteien bei der Bundestagswahl 2009

Partei	Wahlkreismandate	Anteil Wahlkreismandate	Listenmandate	Anteil Listenmandate	Alle Mandate	Anteil alle Mandate
CDU/CSU	218	72,9	21	6,5	239	38,4
SPD	64	21,4	82	25,4	146	23,5
FDP	0	0,0	93	28,8	93	15,0
B90/Grüne	1	0,3	67	20,7	68	10,9
Die Linke	16	5,4	60	18,6	76	12,2
Summe	299	100	323	100	622	100

Die reguläre Mandatszahl des Bundestages ist 598. Durch Überhangmandate beträgt die Gesamtzahl nach der Bundestagswahl 2009 aber 622.

Literatur

Converse, Phillip E. 1969: Survey Research and the Decoding Patterns in Ecological Data, in: Dogan, Mattei/Rokkan, Stein, Hg., Quantitative Ecological Analysis in the Social Sciences, Cambridge: MIT Press, 459-485.

Hoschka, Peter/Schunck, Hermann 1977: Stabilität regionaler Wählerstrukturen in der Bundesrepublik. Oder: Wider die Suche nach dem kleinen Unterschied, in: Politische Vierteljahresschrift 18, 279-300.

Niedermayer, Oskar 2009: Regionalisierung des Wahlverhaltens und des Parteiensystems seit 1949, in: Gabriel, Oscar W./Weßels, Bernhard/Falter, Jürgen W., Hg., Wahlen und Wähler. Analysen aus Anlass der Bundestagswahl 2005, Wiesbaden: VS Verlag für Sozialwissenschaften, 399-420.

Pappi, Franz U./Shikano, Susumu 2001: Personalisierung der Politik in Mehrparteiensystemen am Beispiel deutscher Bundestagswahlen seit 1980, in: Politische Vierteljahresschrift 42, 355 - 387.

Weßels, Bernhard 1998: Wahlpräferenzen in den Regionen: Stabilität und Veränderung im Wahljahr 1994 - oder: Die "Heimkehr" der CDU/CSU-Wähler von 1990, in: Kaase, Max/Klingemann, Hans-Dieter, Hg., Wahlen und Wähler. Analysen aus Anlaß des Bundestagswahl 1994, Opladen, Wiesbaden: Westdeutscher Verlag, 259-284.

Weßels, Bernhard 2004: The German Party System: Developments after Unification, in: Reutter, Werner, Hg., Germany on the Road to "Normalcy": Policies and Politics of the Red-Green Federal Government (1998-2002), New York: Palgrave Macmillan, 47-65.

5.5 Ideologie und Wertorientierungen

Sigrid Roßteutscher und Philipp Scherer

5.5.1 Einleitung

Während im öffentlichen Diskurs seit dem Fall des Eisernen Vorhangs und dem Untergang des Kommunismus sowjetischer Prägung den großen Ideologien des 20. Jahrhunderts – Sozialismus, Nationalismus um nur zwei Beispiele zu nennen – das Ende vorhergesagt wird, erfreut sich der Ideologiebegriff in weiten Teilen der sozialwissenschaftlichen Forschung bis zum heutigen Tag fortwährender Beliebtheit. Der Terminus wird unter Wissenschaftlern kontrovers diskutiert und über seine spezifischen Inhalte herrschen ganz unterschiedliche Auffassungen (s. Thompson 2001: 7170). Ideologie wird dabei nicht ausschließlich in einem weltanschaulichen Sinn als philosophisch fundiertes Gesellschaftssystem verstanden, sondern gleichsam als ein am einzelnen Subjekt ausgerichtetes Konzept zur Erklärung politischen Verhaltens. Ideologien werden häufig in Verbindung mit der Analyse von zentralen politischen und gesellschaftlichen Werten betrachtet. Unter der Annahme, dass ideologische Einstellungen von Menschen unter anderem auf deren Wertorientierungen zurückgehen, nehmen sie die Position eines Scharniers zwischen Werten und Einstellungen zu spezifischen politischen Fragen ein (s. Arzheimer 2009: 89). Im Folgenden werden daher die grundlegenden Konzepte von Ideologie und Werten gemeinsam betrachtet. Dabei soll zunächst ein kurzer Überblick gegeben werden, was unter den beiden Konstrukten aus Perspektive der Wahlforschung zu verstehen ist, bevor sie dann zur Erklärung des Wahlverhaltens der Bürgerinnen und Bürger bei der Bundestagswahl 2009 herangezogen werden.

5.5.2 Zur Konzeption von Ideologie

In der politischen Verhaltens- und Einstellungsforschung werden Ideologien als handlungsleitende, mehr oder minder bewusste, wenig reflektierte politische Überzeugungen eines Menschen definiert, die dieser während seines Lebens erwirbt. Solche Ideologien sind Gebilde mit einer gewissen Stabilität, die jedoch nicht frei von Widersprüchlichkeiten sind und einen geringen inneren Zusammenhang zeigen (s. Thompsen 2001: 7170; Arzheimer 2009: 91).

Diese wertfreie Konzeptionalisierung des Ideologiebegriffs hat auch in die Wahlforschung Eingang gefunden. Bei der Erfassung ideologischer Einstellungen von Bürgerinnen und Bürgern kommt dabei der Links-Rechts-Dichotomie eine zentrale Stellung zu. Im Sinn der Arbeiten von Anthony Downs (1968) übernimmt die Links-Rechts-Achse die Funktion eines „superissues“: Darunter ist eine politische Grundsatzfrage zu verstehen, die es den Wählerinnen und Wählern ermöglicht, eine Vorstrukturierung ihrer Einstellungen gegenüber weiteren politischen Streitfragen vorzunehmen. Dies bedeutet, dass im Idealfall die ideologische Position einer Partei auf die der Grundsatzfrage nachgeordneten politischen Streitfragen übertragen werden kann (s. Arzheimer/Schmidt 2005: 257f.; Arzheimer 2009: 97). In diesem Sinne bildet die Links-Rechts-Dimension eine Metakategorie politischer Orientierungen, die es ermöglicht, Akteurspositionen hinsichtlich einer zentralen Fragestellung räumlich anzuordnen und abzubilden. Demzufolge hilft die Links-Rechts-Achse den Wählerinnen und Wählern, sich politisch zu orientieren und ihre Präferenzen zu ordnen. Ein rational agierender Wähler, der sich über die eigene und die Position der einzelnen Parteien auf der Links-Rechts-Skala bewusst ist, wird daher einer Partei seine Stimme geben, die seiner eigenen ideologischen Anschauung nahe kommt. Doch nicht nur die Wahlberechtigten sondern auch die Parteien profitieren von den komplexitätsreduzierenden Eigenschaften des Links-Rechts-Schemas. So können sie sich mit Hilfe der beiden Richtungsbegriffe vergleichsweise einfach von Konkurrenten abgrenzen, ohne in aller Einzelheit auf die eigenen Haltungen zu bestimmten Themen(komplexen) eingehen zu müssen (s. Gibowski 1977: 601). Diese Überlegungen setzen allerdings voraus, dass innerhalb einer Gesellschaft ein Mindestmaß an Konsens darüber herrscht, was unter „links“ und „rechts“ zu verstehen ist. Wie Fuchs und Klingemann zeigen, ist eine solche Übereinkunft in Deutschland, ebenso wie in den Niederlanden und Großbritannien, gegeben, während in den Vereinigten Staaten das Links-Rechts-Schema nicht ausreichend stark in der Gesellschaft verankert ist, um diese Aufgabe zu erfüllen. In den USA wird die entsprechende Funktion im politischen System vom Liberal-Konservativ-Schema übernommen (s. Fuchs/Klingemann 1989: 484).

5.5.3 Zur Konzeption von Werten

Wie einleitend schon angedeutet, ist die Analyse von ideologischen Orientierungen in der Einstellungsforschung oftmals mit der Betrachtung individueller Wertestrukturen verknüpft. Den miteinander verwandten Konstrukten ist dabei gemeinsam, dass sie deutlich stabiler als spezifische Orientierungen von Menschen gegenüber politischen Sachfragen sind. Werte sind vielmehr als grundlegende Standards zur Strukturierung gesellschaftlicher Realitäten zu begreifen. Im Überzeugungssystem des Individuums spielen Werte eine so große Rolle, da sie gerade im Konfliktfall zwischen unterschiedlichen Handlungsoptionen, dem Menschen eine klare Prioritätensetzung erlauben (s. Parsons/Shils 1962: 78). Werte werden so zur Lösung von Handlungsdilemmata, da sie Handlungsoptionen mit unterschiedlichen Präferenzen oder Wertigkeiten versehen (s. Kluckhohn 1962: 396; Roßteutscher 2004a: 409).

Strittig war in der wissenschaftlichen Debatte um die Rolle von Wertorientierungen zunächst lange die Frage, ob der Werteraum eindimensional sei, sich also die Vielfalt moderner Werte grundsätzlich entlang der Struktur der Links-Rechts-Achse bewege. Das Aufkommen und der Erfolg grüner Parteien in Deutschland und anderen Ländern Europas wird von der wohl einflussreichsten Wertetheorie – Ingleharts (1990) Theorie zu Wertwandel und Postmaterialismus – mit den durch steigenden Wohlstand und anhaltenden Frieden entstandenen „neuen“ Werten erklärt, die quer zur Achse der „älteren“ Werte lägen und daher vom traditionellen Parteiensystem nicht repräsentiert würden. Diese neuen, von Inglehart post-materialistisch genannten Werte der Selbstverwirklichung und Selbstbestimmung, der partizipativen Teilhabe, der Freiheit des Individuums von gesellschaftlichen Zwängen und Ansprüchen stünden so in einem Spannungsverhältnis zu materialistischen Wertvorstellungen, die materiellen Wohlstand, ökonomische und soziale Sicherheit sowie Fragen traditioneller Lebensweisen betonen. In die Wahl- und Parteienforschung ist die Debatte um den Wertewandel durch eine Bestimmung des Raumes der Politik durch zwei strukturierende Konfliktlinien eingegangen – einer ökonomischen und einer gesellschaftspolitischen. Damit wird die inhaltliche Füllung der Begriffe „rechts“ und „links“ mehrdeutig. „Links“ können Vorstellungen sein, die der ökonomischen Dimension entstammen und Fragen sozialer Gerechtigkeit, der Umverteilung materiellen Wohlstands und Zustimmung zu Wohlfahrtsstaatlichkeit beinhalten, aber eben auch emanzipative Fragen, Betonungen von Selbstverwirklichung, politischer Teilhabe und ökologische Konzepte. „Rechts“ bedeutet nun einerseits die Idealisierung von Leistungsgerechtigkeit, Prinzipien ökonomischer Prosperität und die Ablehnung staatlicher Eingriffe in eine freie Wirtschaft, andererseits aber auch eine Betonung religiöser oder traditioneller Ordnungs- und Pflichtvorstellungen sowie die Präferenz für gemeinschaftliche über individualistische Lebensentwürfe. So lässt sich verstehen, warum die FDP in der Geschichte der Bundesrepublik relativ unproblematisch sowohl Koalitionspartner der SPD war, als auch Bündnisse mit der CDU eingegangenen ist: Mit der SPD teilt sie eine gewisse Nähe auf der gesellschaftspolitischen, mit der CDU auf der ökonomischen Dimension. Erklärbar wird so aber auch der Konkurrenzkampf zwischen Liberalen und Grünen, da beide Parteien bezüglich der gesellschaftspolitischen Dimension um die Stimmen eines spezifischen Wählersegmentes buhlen.

Während sich die politischen Parteien relativ eindeutig im zweidimensionalen Werteraum verorten lassen und sich aus diesen Positionen Koalitionsoptionen und Präferenzen ableiten lassen (siehe dazu auch Kapitel 6 in diesem Band), ist die Frage, wie Wertorientierungen Individuen prägen und das Verhalten der Wählerschaft bestimmen, schwieriger zu beantworten. Grundsätzlich handelt es sich bei Werten um Vorstellungen des „gesellschaftlich Wünschenswerten" (Kluckhohn 1962), somit muss davon ausgegangen werden, dass alle Werte im Prinzip für das Individuum erstrebenswert sind. Menschen wollen Wohlstand (für sich und ihre Umwelt), sie erwarten ein Leben in Sicherheit, sie wünschen sich aber auch eine Gesellschaft, die ihnen größtmögliche Selbstverwirklichung und Freiheit garantiert. Die Wertetheorie hat das Dilemma der grundsätzlichen Wünschbarkeit aller modernen Werte seit ihren Anfängen so gelöst, dass sie darauf besteht, dass Menschen in der Lage sein müssen, einzelne Werte in eine hierarchische Struktur – eine Art Wichtigkeitsranking – zu ordnen. Individuen sollten fähig sein, zu entscheiden, ob ihnen der Wert ökonomischen Wohlstands wichtiger oder unwichtiger ist als nachhaltiges, ökologisches Wirtschaften. Sie sollten auch in der Lage sein, zu beurteilen, ob das Bedürfnis nach Sicherheit dem Bedürfnis nach Selbstbestimmung unter- oder überzuordnen sei und ob das Prinzip der Leistungsgerechtigkeit dem der sozialen Gleichheit prinzipiell vorzuziehen sei – bei grundsätzlicher Befürwortung aller Werte. Nur wenn eine solche Hierarchisierung gelingt, können Werte Handlungen strukturieren und Hilfe in konkreten Entscheidungssituationen liefern (s. Parsons/Shils 1962; Kluckhohn 1962; Roßteutscher 2004a). Der einzige Ansatz, der eine Synthese der Werte, die gleichrangige Unterstützung auch potentiell konfliktträchtiger Werte postuliert (s. Klages 1993), konnte sich gerade auch in der internationalen Diskussion nie durchsetzen.

In der Tat zeigt sich auch empirisch, dass Menschen ohne hierarchische Wertstrukturen ihre Wertorientierungen kaum in eindeutige politische Einstellungen übertragen können. Dies gilt natürlich auch für die Frage nach der Entscheidung für oder gegen bestimmte politische Parteien (s. Roßteutscher 2004b). Je eindeutiger politische Parteien im Werteraum positioniert sind um so eher sollten Individuen mit ähnlichen Wertpräferenzen dazu neigen, diesen Parteien ihre Stimme zu geben. Damit stellt sich die Frage nach der Ähnlichkeit bzw. Differenz zwischen (wahrgenommenen) Parteipositionen einerseits und individuellen Wertorientierungen auf der anderen Seite.

In der folgenden empirischen Analyse zur Bedeutung von Ideologie und Werten bei der Wahlentscheidung 2009 wird somit untersucht, ob und inwieweit ideologische Selbstpositionierung mit der wahrgenommen Position der Parteien übereinstimmt und ob unterschiedliche Wertpräferenzen tatsächlich für Wähler unterschiedlicher Parteien charakteristisch sind.

5.5.4 Empirische Analyse

Abbildung 1 zeigt zunächst die Selbstpositionierung der deutschen Wählerschaft auf der Links-Rechts-Achse. Deutschland ist kein Land der politischen Polarisierung der öffentlichen Meinung. Die Mehrheit der Bevölkerung platziert sich in der Mitte des politischen Spektrums (ca. 56 Prozent wählen die Werte 5, 6 oder 7 auf einer Skala, deren Extrempositionen bei 1 für „links" und 11 für „rechts" liegen). Allerdings zeigt sich auch, dass die Wähler insgesamt eine Neigung zur politischen Linken besitzen – der Mittelwert liegt bei 5,5. Auch die Extremposition ist im Linksbereich stärker besetzt als am rechten Pol der Achse. Knapp 16 Prozent der Wähler positionieren sich eindeutig links (Werte 1-3 auf der Skala), aber nur etwas über fünf Prozent am rechten Rand (Werte 9, 10 oder 11). Auch insgesamt erweist sich, dass Präferenzen links des Skalenmittelpunkts „6" häufiger zu finden sind, als Werte rechts der Skalenmitte (48 im Vergleich zu 26 Prozent). Dies war nicht immer so. Die stärkere Linksneigung der Bundesbürger ist auch ein Resultat der deutschen Vereinigung, als mit den neuen Bundesländern ein eindeutig stärker links orientierter Bevölkerungsteil hinzukam (s. Arzheimer/Rudi 2005: 175). Dieses Erbe unterschiedlicher Regimesozialisation ist bis heute sichtbar. So ist der Mittelwert auf der Links-Rechts-Achse in Ostdeutschland mit 4,9 deutlich nach links verschoben (im Vergleich zu einem Mittelwert von 5,6 in Westdeutschland).

Abbildung 1: Ideologische Selbsteinstufung der Befragten (N=3724)

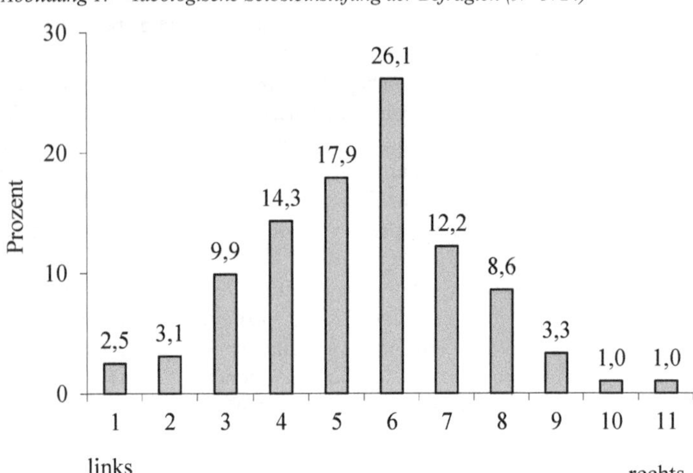

Die Bedeutung der Links-Rechts-Achse für die Orientierung der Bürgerinnen und Bürger im politischen Raum wird deutlich, wenn die ideologische Einschätzung der Parteienlandschaft seitens der deutschen Wählerschaft betrachtet wird (s. Abbildung 2). Das Ergebnis der ideologischen Reihung entspricht fast perfekt der Positionierung, die sich aus wissenschaftlichen Analysen der entsprechenden Partei- und Wahlkampfprogramme ergeben (s. Abbildung 1 in Kapitel 6). Auch die Wähler sehen die Linkspartei am äußeren linken Rand des Spektrums, gefolgt von Grünen, SPD, FDP, CDU und der CSU als Partei mit der am eindeutigsten rechten Ideologieposition. Die deutschen Wähler erkennen dabei eine große Kluft zwischen der Linkspartei einerseits und den beiden anderen links von der Mitte verorteten Parteien, den Grünen und der SPD. Zudem sehen die Wähler zwischen SPD und FDP, die bereits deutlich rechts der Mitte eingeordnet wird, eine ähnlich große Distanz wie zwischen Linkspartei und Grünen. Aus der Perspektive der Wählerschaft ergibt sich so erstens eine eindeutige Reihung der politischen Parteien entlang der Links-Rechts-Achse. Zweitens sind klare Kristallisationspunkte ähnlich verorteter Parteien (FDP und CDU/CSU einerseits, SPD und Grüne andererseits) sowie, drittens, unübersehbare Bruchstellen (zwischen SPD und FDP sowie zwischen Linkspartei und Grünen) auszumachen. Diese Bruchstellen sollten Koalitionsbildungen über die Kristallisationspunkte hinaus erschweren, da in den Augen der Wähler hierzu große ideologische Distanzen zu überbrücken wären.

Abbildung 2: Ideologische Positionierung der Parteien durch Befragte

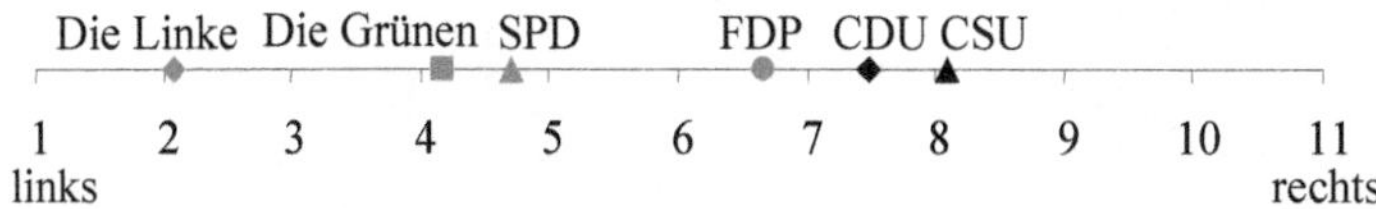

Unter der Annahme, dass Wähler ihre eigenen ideologischen Präferenzen zum Ausgangspunkt einer Wahlentscheidung machen, ist nun zu erwarten, dass die Links-Rechts-Positionierung einer Wählergruppe relativ klar mit der Positionierung der bevorzugten Partei übereinstimmt. Abbildung 3 zeigt die entsprechenden Analyseergebnisse. Die schwarzen Pfeile in der Abbildung zeigen an, wo sich die Wähler einer bestimmten Partei selbst verorten, die unterschiedlichen Symbole stehen jeweils für eine politische Partei und deren ideologische Positionierung durch die Wähler der jeweiligen Partei. Auffällig ist auf den ersten Blick das hohe Maß an Übereinstimmung. Die Reihung der Parteien entlang der ideologischen Dimension wird von allen Parteigängern identisch wahrgenommen. Während Wähler der FDP, aber auch der SPD und der Grünen, fast eine Punktlandung hinlegen, sich also im ideologischen Spektrum genau dort positionieren, wo sie auch die Position ihrer Partei vermuten, geben sich die Anhänger der CDU/CSU aber insbesondere der Linkspartei deutlich gemäßigter als die von ihnen bevorzugten Parteien. Die Wähler der christlichen Parteien ordnen sich dort ein, wo sie beinahe die FDP positionieren und sehen sich selbst somit als deutlich mittiger als ihre Parteien CDU oder CSU. Die deutlichste Differenz zeigt sich aber bei der Linkspartei. So fühlt sich der Durchschnittswähler der Linken ideologisch den Grünen näher als der von ihm tatsächlich gewählten Partei. Interessant ist auch die Selbst- und Parteienpositionierung der Nichtwähler. Sie präsentieren ein Bild der deutschen Parteienlandschaft, das dem der Wähler von CDU/CSU, FDP und SPD fast aufs Haar gleicht. Dabei positionieren sie sich selbst in der Bruchstelle zwischen SPD und FDP mit eindeutiger Neigung zur Sozialdemokratie. Basierend auf ideologischer Selbstbestimmung ließe sich somit auch argumentieren, dass das schlechte Abschneiden der SPD bei der Bundestagswahl 2009 nicht zuletzt der ausgebliebenen Mobilisierung ideologisch nahestehender Bevölkerungsgruppen geschuldet ist.

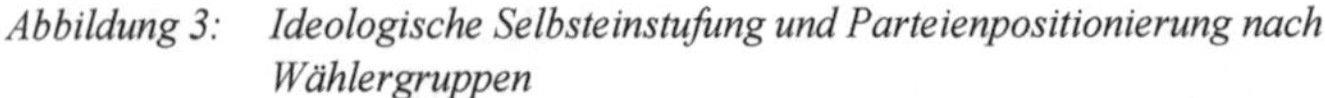

Abbildung 3: Ideologische Selbsteinstufung und Parteienpositionierung nach Wählergruppen

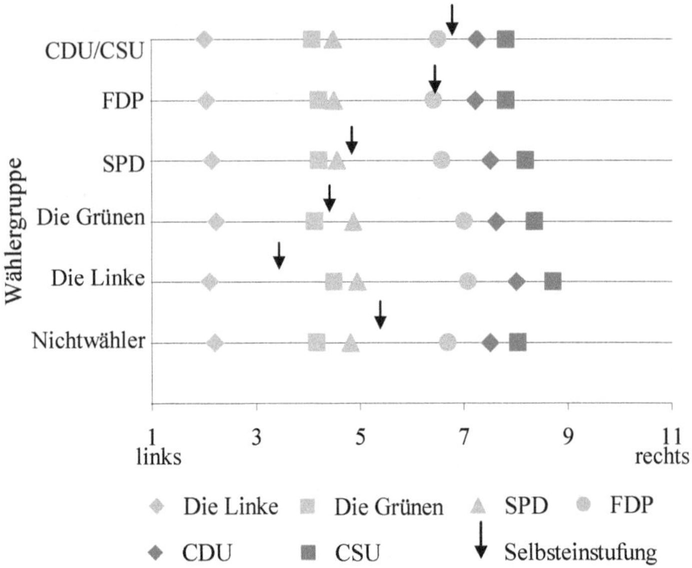

Abbildung 3 offenbart zudem auch ein Bild der Wahrnehmung des gesamten Parteienspektrums durch die Wähler unterschiedlicher Parteien. Wähler von CDU/CSU und FDP haben dabei eine beinahe deckungsgleiche Wahrnehmung des ideologischen Spektrums des deutschen Parteiensystems. Dies trifft im Prinzip auch auf die Wähler von SPD, Grünen und Linkspartei zu, gilt hier allerdings nur für das linke Parteienspektrum. In anderen Worten, über die ideologische Position von Linkspartei, Grünen und SPD herrscht Konsens in der deutschen Wählerschaft unabhängig von der jeweiligen Parteipräferenz. Im Gegensatz dazu werden FDP und vor allem CDU und CSU desto weiter an den rechten Rand des Spektrums verschoben je „linker" die Partei ist, denen die Wähler zuneigen. Diese Abweichung ist bei SPD-Wählern noch sehr schwach, schon deutlicher erkennbar bei den Grünen und am stärksten ausgeprägt bei den Anhängern der Linkspartei. Dadurch erhält der ideologische Parteienraum, so wie er von den Wählern wahrgenommen wird, ein gewisses Ungleichgewicht. Wähler „rechter" Parteien (also FDP, CDU und CSU) weisen den „linken" Parteien eine Position zu, die diese auch von ihrer eigenen Anhängerschaft zugewiesen bekommen. Ganz anders im Parteienspektrum rechts der Mitte. FDP, CDU und CSU werden von ihren eigenen Wählern als eindeutig gemäßigter wahrgenommen als von Anhängern der SPD, der Grünen und insbesondere den Wählern der Linkspartei. Kurzum: Der ideologische Abgrenzungsbedarf ist im linken Parteienspektrum deutlich ausgeprägter als im Milieu rechts der Mitte.

Im Folgenden soll nun untersucht werden, ob unterschiedliche Wertpräferenzen und vor allem die Hierarchisierung zwischen Wertdimensionen ähnlich eindeutig mit Wahlentscheidungen für bestimmte Parteien verknüpft ist. Tabelle 1 zeigt zunächst die Präferenzen der Wähler bestimmter Parteien über das gesamte Wertespektrum hinweg. Die zu beurteilenden Werte sollen einerseits das Konfliktpotential moderner Gesellschaften so gut wie möglich erfassen und andererseits den politischen Raum mit seinen zwei strukturierenden Metadimensionen – der ökonomischen und der gesellschaftspolitischen Spaltungslinie – abbilden (für mehr Details zur theoretischen und empirischen Begründung der Werteskala s. Roßteutscher 2004a, 2004b). Dazu wurde den Befragten eine Liste von Werten vorgelegt und sie sollten angeben, „wie gerne" sie in einer Gesellschaft leben würden, in der solche Werte verwirklicht sind. Die Antwortmöglichkeiten variierten von 1 (überhaupt nicht gerne) bis 7 (sehr gerne).

Tabelle 1: Wertepräferenzen nach Wählergruppen und Nichtwählern

	Wähler von					
Werte (Mittelwerte)	CDU/ CSU	FDP	SPD	B90/Die Grünen	Die Linke	Nichtwähler
Leistung	6,08	5,97	5,98	5,55	5,90	5,73
Solidarität	6,07	5,92	6,16	6,15	6,06	5,88
Regelgehorsam	6,02	5,87	6,04	5,70	5,89	5,81
Autonomie	5,54	5,52	5,76	5,91	5,78	5,56
Hedonismus	2,94	2,94	2,94	3,24	2,98	3,59
Wohlstand	6,17	6,03	6,12	5,86	6,11	6,13
Partizipation	4,89	4,99	4,90	5,31	5,18	4,20

Ganz offensichtlich wird der Kanon moderner Werte in der deutschen Wählerschaft fast im Konsens geteilt. Die Zustimmung ist – wie theoretisch zu erwarten – in der Regel sehr hoch und die Abweichungen zwischen Wählergruppen eher gering. Dennoch lassen sich gewisse Muster nicht übersehen. Zum einen ist eine Wertvorstellung aus dem Reigen universal geteilter

Vorstellungen ausgeschlossen: die Idee des extremen Individualismus oder Hedonismus, also die Vorstellung, dass man tun und lassen könne, was man wolle, halten die Deutschen im Schnitt für wenig erstrebenswert. Interessanterweise ist die am stärksten hedonistisch geprägte Gruppe die der Nichtwähler. Hierzu passt, dass es ebenfalls die Nichtwähler sind, die der Vorstellung gesellschaftlicher Solidarität, der Idee, dass Menschen für einander Verantwortung übernehmen sollten, am skeptischsten gegenüberstehen. Auch politische Partizipation – und hier weichen sie sehr stark von allen anderen Gruppen ab – erscheint ihnen kaum als ein gesellschaftlich erstrebenswertes Ziel. Auf der Basis dieser ersten beschreibenden Analysen ließe sich somit der Schluss ziehen, dass die Entscheidung, nicht zur Wahl zu gehen, mit einem spezifischen Werteprofil einhergeht, welches Normen der Beteiligung und Solidarität eher gering schätzt, dafür aber einen stärkeren Individualismus einfordert. Die Unterschiede zwischen Wählern unterschiedlicher Parteien sind insgesamt geringer als die Unterschiede zwischen Wählern und Nicht-Wählern. Dennoch sind einige Besonderheiten zu registrieren. Typisch für die Wähler der Grünen ist die sehr deutliche Betonung eines (selbst)kritischen Individualismus (Autonomie) sowie partizipativer Normen, des Ideals der politisch aktiven Gesellschaft; gleichzeitig sind sie – im Vergleich zu allen anderen Gruppen – eher weniger an Wohlstands-, Ordnungs- und Leistungswerten orientiert. Die Wähler der Linkspartei teilen mit den Grünen zwar die Vorstellung der gesellschaftlichen Wichtigkeit politischer Beteiligung, liegen aber hinsichtlich aller anderen Werte sehr viel näher an CDU/CSU, SPD oder FDP als an den Grünen. Die stärkste Betonung von Leistungswerten erfolgt bei der Anhängerschaft von CDU/CSU (und nicht in der Wählerschaft der FDP), Werte der Solidarität erfahren die größte Anerkennung im Milieu der SPD (und der Grünen). Die Vorstellung, dass sich Menschen an Regeln halten müssten, ist unter CDU/CSU- und SPD-Wählern am stärksten ausgeprägt, materielle Sicherheit und Wohlstand erfahren die höchste Wertigkeit bei allen Wählern einschließlich der Nicht-Wähler, hier fallen allein die Grünen aus dem Rahmen.

Tabelle 2 schließlich knüpft an die Frage der Bedeutung von Werthierarchien bzw. Wertsynthesen für die Wahlentscheidung für oder gegen eine bestimmte Partei an. Hierzu werden aus theoretischen Gründen vier Typen gebildet, welche die Debatte um die Rolle von hierarchisch gestuften Wertmustern zugespitzt zusammenfassen. Zwei Wertvorstellungen wurden an dieser Stelle von der Typenbildung ausgeschlossen, weil sie – wie der Wert des extremen Hedonismus – nicht dem Kanon allgemein erstrebenswerter Vorstellung angehören (s. Tabelle 1) bzw. sich wie im Fall der Solidarität nicht eindeutig den beiden Polen zuordnen lassen (s. Roßteutscher 2004b). Einen ersten Typ bilden nun Wähler, die allen Werten – auch solchen mit potentiellem Konfliktgehalt – eine mehr oder weniger gleichmäßige und überdurchschnittliche Wertschätzung entgegenbringen. Dieser Typ entspricht somit der Wertsynthese im Sinne der Arbeiten von Klages (s. Klages 1993). Ein zweiter Typ, der den direkten Gegenpol zur wertbejahenden Synthese bildet, setzt sich aus Wählern zusammen, die dem gesamten Kanon moderner Werte entfremdet gegenüberstehen und diese mit großer Skepsis, wenn nicht sogar direkter Ablehnung begegnen. Zwei weitere Typen befleißigen sich der Hierarchisierung der Werte entlang der beiden Hauptachsen. Ein erster Typ gibt Werten, die den gesellschaftspolitischen Pol markieren (Selbstverwirklichung und politische Partizipation) den Vorzug gegenüber solchen, die der ökonomischen Dimension angehören (Leistung, Wohlstand, Regelgehorsam). Ein zweiter werthierarchisierender Typ reiht entgegengesetzt und bevorzugt ökonomische Werte gegenüber solchen der gesellschaftspolitischen Dimension. In Anlehnung an Inglehart würde man den ersten Typ als „Postmaterialisten" und den zweiten als „Materialisten" bezeichnen, Klages würde eher von „Modernisten" und „Traditionalisten" sprechen.

Tabelle 2: Zweitstimmen- und Nichtwähleranteile differenziert nach Wertetypen

	Zweitstimmenanteile (Prozent)					Nichtwähleranteil
	CDU/ CSU	SPD	FDP	B90/Die Grünen	Die Linke	
Wertsynthese	32,3	24,6	13,2	12,5	13,8	12,8
Wertdistanz	34,4	18,3	18,6	14,4	12,9	22,4
Modernist	16,0	20,7	12,4	30,0	15,7	10,2
Traditionalist	37,9	25,9	14,4	8,1	11,1	19,5
Wähler insgesamt	32,3	24,4	13,6	13,4	12,9	17,1

Die Zweitstimmenanteile sind auf Basis aller Befragten, die eine Parteinennung (inkl. der nicht im Bundestag vertretenen Parteien) abgegeben haben, ausgewiesen.

Im Jahr 2009 sind circa 40 Prozent der deutschen Wählerschaft dem Muster der Wertsynthese zuzuordnen, sieben Prozent sind dem Gesamtkanon der Werte eher entfremdet und lassen sich als Wertdistanzler charakterisieren. Eindeutige Präferenzen für moderne oder postmaterialistische Werte besitzen 13 Prozent der Wähler, 38 Prozent bekennen sich einseitig zu traditionellen bzw. materialistischen Werten. Damit ist die deutsche Wählerschaft in zwei relativ gleich große Gruppen geteilt: Eine Hälfte besitzt ein eindeutig hierarchisch geordnetes Wertesystem, da gewisse Werte anderen Werten übergeordnet werden (Traditionalisten und Modernisten), die zweite Hälfte gewichtet alle Werte gleich stark (Wertsynthese) oder gleich gering (Wertdistanz). Tabelle 2 zeigt, wie sich solche unterschiedlich differenzierenden Wertmuster auf die Wählerschaft der politischen Parteien verteilen.

Hier bestätigt sich, dass – wie vermutet – Parteien mit einer eindeutigen Positionierung im ideologischen Spektrum stärker von Wertepräferenzen profitieren als eher in der Mitte positionierte Parteien. Besonders auffällig ist der mit 30 Prozent sehr hohe Anteil der Modernisten, also von Menschen, die Werten der Selbstverwirklichung und Partizipation höhere Bedeutung zuweisen als Werten des Regelgehorsams, des Wohlstands oder der Leistungsbereitschaft, in der Wählerschaft der Grünen. Überhaupt sind die Grünen die deutsche Partei, deren Wählerschaft das prägnanteste Wertprofil besitzt: Zur Bevorzugung durch Wähler mit modernistischem Wertprofil gesellt sich die klare Ablehnung seitens der Bürger, die traditionelle, auf materialistischen Vorstellungen beruhende Werte präferieren. Modernisten zeigen ganz grundsätzlich ein sehr spezifisches und von der Wählerschaft insgesamt stark abweichendes Wahlverhalten. Stimmen für die CDU/CSU sind extrem selten und sie sind – vermutlich bedingt durch die diesem Wertmuster eigene Betonung partizipativer Normen – in der Gruppe der Nichtwähler deutlich unterrepräsentiert. Das zweite hierarchisierende Wertmuster, die Traditionalisten, zeigen im direkten Vergleich mit den Modernisten weniger signifikante Präferenzabweichungen. Unübersehbar ist eine leichte Tendenz hin zu christdemokratischen Parteien sowie eine relativ ausgeprägte Ablehnung der Grünen (und in deutlich geringerem Maße auch der Linkspartei).

Allerdings ist – ganz entgegen der Erwartung, dass hierarchische Wertmuster eindeutige Entscheidungen erleichtern – der Anteil der Traditionalisten unter den Nichtwählern überraschend hoch. Über Gründe kann an dieser Stelle nur spekuliert werden. Für diesen Wertetyp mit seiner einseitigen Bevorzugung von Leistungs- und Ordnungswerten bietet das deutsche Parteiensystem offenbar nur ein beschränktes Angebot, das von der modernen „Volkspartei“ CDU/CSU nur teilweise befriedigt wird, so dass ein Teil der Traditionalisten mit Wahlabstinenz reagiert. Das Reservoir der Nichtwähler speist sich – und hier treffen unsere Erwartungen in Gänze zu – in nicht unerheblichem Maße aus der Gruppe der Bürger, die den Kanon gesellschaftlicher Wertvorstellungen insgesamt mit Skepsis betrachtet. Der

Anteil der Wertdistanzler an den Nichtwählern ist deutlich höher als in der Wählerschaft insgesamt. Ansonsten trifft auf die Wertdistanz zu, was für die Wertsynthese in besonderem Maße gilt: ihre ungewichteten Wertorientierungen geben wenig Hilfe zur Entscheidungsfindung. Eine Ausnahme verdient allerdings Erwähnung. Der Anteil der Wertdistanzler unter den FDP-Wählern ist erheblich erhöht. Daraus ließe sich schließen, dass der große Erfolg der Liberalen bei der Bundestagswahl 2009 auch darauf gründet, dass es ihnen gelang, Wählergruppen zu mobilisieren, die eigentlich eine Tendenz zur Nichtwahl besitzen.

Mit der Wertsynthese sind wir schließlich endgültig beim Profil des „Durchschnittswählers" gelandet. Das Wahlverhalten der Wertsynthetiker entspricht dem Verhalten der deutschen Wählerschaft nahezu perfekt. Mit anderen Worten: Aus dem Wertprofil der Wertsynthese, die allen – auch potentiell konfliktträchtigen – Werten eine ähnlich hohe Priorität einräumt, lassen sich keine spezifischen Präferenzen für bestimmte politische Parteien ablesen. Dieses Ergebnis entspricht früheren Untersuchungen, die nachweisen konnten, dass die Wertsynthese auf einer Vielzahl politischer Einstellungs- und Verhaltensindikatoren ausschließlich „durchschnittliche" Präferenzen generiert (s. Roßteutscher 2004a). Dies bedeutet natürlich nicht, dass Wertsynthetiker keine spezifischen Gründe für ihre jeweilige Wahlentscheidung besäßen. Diese Gründe müssen aber außerhalb der Welt gesellschaftlicher Wertorientierungen gesucht werden; aus der undifferenzierten Achtung aller Werte ergeben sich keine klaren Parteipräferenzen.

5.5.5 Fazit

Auch im Jahr 2009 und allen Beschwörungen zum Trotz, die mit dem Untergang der Sowjetunion und dem Fall des Eisernen Vorhangs das Ende der Ideologien ausgerufen haben, ist Ideologie in einem wissenschaftlich neutraleren Sinne noch immer ein zentrales Ordnungskriterium des politischen Raums. Die deutsche Wählerschaft ist nicht nur problemlos in der Lage, die politischen Parteien entlang einer Links-Rechts-Achse zu positionieren, die wahrgenommene ideologische Position der Parteien stimmt – wie in Kapitel 6 zu sehen ist – zudem fast perfekt mit einer Ordnung überein, die sich aus einer wissenschaftlichen Analyse der verschiedenen Parteiprogramme ergibt. Dass diese Wahrnehmung der Parteipositionen eine gewisse Verhaltensrelevanz besitzt, zeigt die extrem hohe Übereinstimmung zwischen Parteipositionierung einerseits und der ideologischen Selbstverortung der Wähler andererseits: Die Deutschen wählen Parteien, die ihrer ideologischen Ausrichtung am nächsten sind.

Die Links-Rechts-Achse ist im Zuge des Wertewandels, den nicht nur Deutschland sondern alle entwickelten Industrienationen seit den 1970er Jahren erlebten, mit zwei grundlegenden Wertdimensionen verknüpft. Zunächst ist das eine „ältere“ ökonomische Dimension, die Werte materiellen Wohlstands, der physischen Sicherheit, aber auch Leistungswerte und Konzeptionen sozialer Gerechtigkeit und Solidarität umschließt sowie andererseits eine „jüngere“ gesellschaftspolitische Dimension, auf der Werte des Individualismus und der aktiven, partizipativen Gesellschaft einem Gegenpol aus traditionalen und Gemeinschaft betonenden Ordnungsvorstellungen gegenüber stehen. In der deutschen Wählerschaft werden alle diese unterschiedlichen Werte mit der Ausnahme des extremen Laissez-faire-Hedonismus in hohem Maße geteilt. Wirklich aus dem Rahmen fällt nur die Gruppe der Nichtwähler, deren Wertprofil durch die Ablehnung partizipativer Normen, eine Geringschätzung sozialer Verantwortung sowie eine relativ deutliche Befürwortung des hedonistischen Prinzips charakterisiert werden kann. Präferenzen für einzelne Parteien dagegen lassen sich sehr viel eher verstehen, wenn die Ebene spezifischer Werte verlassen wird und man die Handlungsoptionen betrachtet, die sich aus unterschiedlichen Wertmustern ergeben. Hier wurden zwei Grundtypen unterschieden: Menschen, die in der Lage sind, generell erstrebenswerte Vorstellungen in einer Reihenfolge persönlicher Wichtigkeit anzuordnen und solche Bürger, denen dies nicht gelingt und die entweder alle Werte für sich als gleich wichtig erachten (Wertsynthese) oder als gleichermaßen irrelevant betrachten (Wertdistanz). Diese ausbleibende Prioritätensetzung führt im Fall der Wertsynthese zu einem völlig „durchschnittlichen“ Verhalten – Parteipräferenzen lassen sich aus dieser Wertekonstellation also nicht ablesen. Im Fall der Wertdistanz ist eine Neigung zur Abstinenz bei Wahlen unübersehbar. Als besonders prägnant erweist sich das Wertmuster der Modernisten, die eine ausgesprochene Neigung zu den Grünen zeigen und den christdemokratischen Parteien eher ablehnend gegenüber stehen. Zudem stellt nur für wenige Modernisten die Stimmenthaltung eine Option dar.

Die politische Ideologie und grundlegende Wertorientierungen gelten als ein Hauptgrund für die Ausbildung relativ stabiler Parteibindungen, die dazu führen, dass Individuen und soziale Gruppen sich dauerhaft für eine Partei entscheiden. Und eben diese Identifikation mit spezifischen Parteien ist ein zentrales Analysekonzept der empirischen Wahlforschung. Die folgenden

Kapitel widmen sich daher der Bedeutung der Parteiidentifikation für eine Erklärung des Wahlverhaltens bei der Bundestagswahl 2009.

Literatur

Arzheimer, Kai 2009: Ideologien, in: Kaina, Viktoria/Römmele, Andrea, Hg., Politische Soziologie. Ein Studienbuch, Wiesbaden: VS Verlag für Sozialwissenschaften, 83-108.

Arzheimer, Kai/Rudi, Tatjana 2005: Werteorientierungen und ideologische Einstellungen, in: Rattinger, Hans/Gabriel, Oscar W./Falter, Jürgen W., Hg., Der gesamtdeutsche Wähler. Stabilität und Wandel des Wählerverhaltens im wiedervereinigten Deutschland, Baden-Baden: Nomos, 167-187.

Arzheimer, Kai/Schmidt, Anette 2005: Der ökonomische Ansatz, in: Falter, Jürgen W./Schoen, Harald, Hg., Handbuch Wahlforschung, Wiesbaden: VS Verlag für Sozialwissenschaften, 243-303.

Downs, Anthony 1968: Ökonomische Theorie der Demokratie, Tübingen: J. C. B. Mohr (Paul Siebeck).

Eckstein, Harry 1988: A Cultural Theory of Political Change, in: American Political Science Review 83, 789-804.

Feldmann, Stanley 2003: Values, Ideology, and the Structure of Political Attitudes, in: Sears, David O./Huddy, Leonie/Jervis, Robert, Hg., Oxford Handbook of Political Psychology, New York: Oxford University Press, 477-508.

Fuchs, Dieter/Klingemann, Hans D. 1989: Das Links-Rechts-Schema als politischer Code. Ein interkultureller Vergleich auf inhaltsanalytischer Grundlage, in: Haller, Max/Hoffmann-Nowotny, Hans Joachim/Zapf, Wolfgang, Hg., Kultur und Gesellschaft. Verhandlungen des 24. Deutschen Soziologentages, des 11. Österreichischen Soziologentages und des 8. Kongresses der Schweizerischen Gesellschaft für Soziologie in Zürich 1988, Frankfurt/NewYork: Campus, 484-498.

Gibowski, Wolfgang G. 1977: Die Bedeutung der Links-Rechts-Dimension als Bezugsrahmen für politische Präferenzen, in: Politische Vierteljahreszeitschrift 18, 600-626.

Inglehart, Ronald 1971: The Silent Revolution in Europe: Intergenerational Change in Six Countries, in: American Political Science Review 79, 97-116.

Inglehart, Ronald 1990: Culture Shift in Advanced Industrial Society, Princeton, NJ: Princeton University Press.

Klages, Helmut 1993: Traditionsbruch als Herausforderung: Perspektiven der Wertewandelsgesellschaft, Frankfurt/New York: Campus.

Klages, Helmut 2002: Der blockierte Mensch. Zukunftsaufgaben gesellschaftlicher und organisatorischer Gestaltung, Frankfurt/New York: Campus.

Klages, Helmut/Gensicke, Thomas 2006: Wertesynthese – funktional oder dysfunktional? in: Kölner Zeitschrift für Soziologie und Sozialpsychologie 58/2, 332-351.

Kluckhohn, Clyde 1962: Values and Value Orientations in the Theory of Action: An Exploration in Definition and Classification, in: Parsons, Talcott/Shils, Edward A., Hg., Towards a General Theory of Action. Theoretical Foundations for the Social sciences, New York: Harper & Row, 388-433.

Nullmeier, Frank 2006: Links-Rechts, in: Lessenich, Stephan/Nullmeier, Frank, Hg., Deutschland. Eine gespaltene Gesellschaft, Bonn: Bundeszentrale für politische Bildung, 313-335.

Parsons, Talcott/Shils, Edward A. 1962: Values, Motives, and Systems of action, in: Parsons, Talcott/Shils, Edward A., Hg., Towards a General Theory of Action. Theoretical Foundations for the Social sciences, New York: Harper & Row, 47-243.

Rokeach, Milton 1973: The Nature of Human Values, New York: Free Press.

Roßteutscher, Sigrid 2004a: Von Realisten und Konformisten – Wider die Theorie der Wertsynthese, in: Kölner Zeitschrift für Soziologie und Sozialpsychologie 56, 407-432.

Roßteutscher, Sigrid 2004b: Explaining Politics: An empirical test of competing value measures, in: European Journal of Political Research 43, 769-795.

Thompson, J. B. 2001: Ideology: History of the Concept, in: Smelser, Neil J./Baltes, Paul B., Hg., International Encyclopedia of the Social & Behavioural Sciences, Amsterdam/Paris/New York/Oxford/Shannon/Singapore/Tokyo: Elsevier, 7170-7174.

5.6 Ein Modell der Wählerentscheidung

Jan Eric Blumenstiel und Hans Rattinger

Die folgenden fünf Kapitel sind weitgehend einheitlich aufgebaut. In ihnen wird nämlich eines der bekanntesten und wichtigsten Analysemodelle der Wahlforschung auf die Bundestagswahl 2009 angewendet. Dieses Modell wurde von Angus Campbell, Philip Converse, Warren Miller und Donald Stokes an der University of Michigan in Ann Arbor entwickelt und in dem Buch „The American Voter" beschrieben (Campbell et al. 1960). Nach dem Ort seiner Entstehung wird das Modell auch als Michigan- oder Ann Arbor-Modell bezeichnet (für eine ausführlichere Beschreibung s. z.B. Schoen/ Weins 2005).

Bis zur Veröffentlichung des „American Voter" war in der Wahlforschung ein Modell des Wahlverhaltens vorherrschend, welches von Paul Lazarsfeld, Bernard Berelson und Hazel Gaudet an der Columbia University in New York entwickelt wurde. Lazarsfeld und seine Kollegen führten im Vorfeld der amerikanischen Präsidentschaftswahl 1940 eine Wiederholungsbefragung mit 3000 Personen durch. Sie wollten untersuchen, wie sich bei den Wählern im Laufe eines Wahlkampfs die spätere Wahlentscheidung herausbildet.

In den Analysen erwies sich das Wahlverhalten jedoch als erstaunlich und unerwartet stabil. Viele Wähler waren von Anfang an sicher, welchen Kandidaten sie wählen würden, ohne dass sie lange überlegen oder abwägen mussten. Lazarsfeld und seine Mitautoren (1944) erklärten diese Stabilität des Stimmverhaltens mit sozialstrukturellen Merkmalen der Wähler. Die Mitglieder von sozialen Gruppen, so die Argumentation, lebten unter ähnlichen Bedingungen, sammelten gleiche Erfahrungen und entwickelten dadurch ähnliche Interessen und Bedürfnisse. Dies drücke sich unter anderem in einem relativ einheitlichen Wahlverhalten dieser Gruppen aus. In den USA wählten beispielsweise Protestanten mehrheitlich den republikanischen Kandidaten, Arbeiter entschieden sich eher für den demokratischen.

Die Autoren des „American Voter" widerlegten diese Argumentation nicht, ergänzten sie aber um eine entscheidende und damals völlig neue Sichtweise. Nicht mehr die Zugehörigkeit des Wählers zu sozialen Gruppen, sondern seine politischen Einstellungen stehen im Mittelpunkt des Michigan-Modells. Aus einer soziologischen wird damit eine sozialpsychologische Erklärung. Den Kern dieses Modells bildet ein sogenannter Kausalitätstrichter (im englischen Original „funnel of causality“, s. Campbell et al. 1960: 24ff.), der vereinfacht in Abbildung 1 dargestellt ist.

Abbildung 1: Kausalitätstrichter der Wahlentscheidung nach „The American Voter“ (vereinfachte Darstellung)

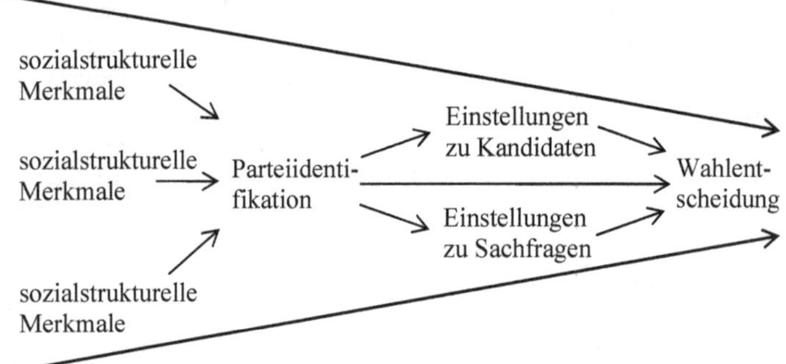

Das Bild eines Trichters ist vor allem aus zwei Gründen hilfreich. Erstens verdeutlicht es, dass zwischen den Elementen innerhalb des Trichters von links nach rechts eine zeitliche und ursächliche Abfolge besteht. Zweitens wird aus der Struktur des Trichters klar, dass eine Kombination vieler verschiedener Faktoren die Wahlentscheidung beeinflusst, diese sich aber letztlich nur in einer einzigen Handlung zu einem ganz bestimmten Zeitpunkt ausdrückt, nämlich dem Ankreuzen einer Partei oder eines Kandidaten auf dem Stimmzettel am Wahltag.

Zwischen sozialstrukturellen Merkmalen und der Wahlentscheidung besteht im Michigan-Modell nur noch eine indirekte Verbindung. Entscheidend für das Wahlverhalten sind die intervenierenden politischen Einstellungen eines Wählers. Diese Einstellungen werden im „American Voter“ in kurzfristig und langfristig stabile Faktoren unterteilt, die zusammen die Wahlentscheidung beeinflussen.

Die wichtigste langfristige Einstellung ist die Parteiidentifikation, eine relativ stabile psychologische Bindung an eine politische Partei. Die Parteiidentifikation ist unabhängig von der formalen Parteimitgliedschaft; auch Nicht-Parteimitglieder können sich mit einer Partei identifizieren. Erworben werden Parteibindungen in den meisten Fällen schon im Jugendalter, wenn sich eine Person für Politik zu interessieren beginnt und, etwa durch das

Elternhaus, wertende Aussagen über die Parteien aufnimmt. Gemessen werden Parteiidentifikationen mit einer Selbsteinschätzung, d.h. es werden nur Bindungen erfasst, denen sich der Befragte bewusst ist. Außerdem wird davon ausgegangen, dass sich jede Person nur mit einer Partei identifizieren kann und dass Parteiidentifikationen relativ selten geändert werden oder gänzlich verschwinden (s. Rattinger 2002).

Die Parteiidentifikation kann als der zentrale Bestandteil des Michigan-Modells verstanden werden, da von ihr ein doppelter Einfluss auf das Wahlverhalten angenommen wird. Zum einen beeinflusst sie die Wahlentscheidung direkt. Wer sich mit einer Partei A identifiziert, der wird diese Partei in vielen Fällen auch wählen. Ein Wähler kann zwar ab und zu Partei B oder C wählen, ohne seine langfristige Bindung an Partei A aufzugeben, die Parteiidentifikation sollte aber insgesamt stabiler sein als das Wahlverhalten. Zum anderen geht von der Parteiidentifikation eine indirekte Wirkung auf die Wahlentscheidung aus, indem sie sich auf die kurzfristigen Einstellungen auswirkt, die wiederum einen direkten Einfluss auf die Wahlentscheidung haben.

Bei den kurzfristigen Einstellungen werden im „American Voter“ sechs Dimensionen unterschieden: Einstellungen zum republikanischen Kandidaten, zum demokratischen Kandidaten, zu innenpolitischen Sachfragen, zu außenpolitischen Sachfragen, zur Regierungsfähigkeit der Parteien sowie gruppenbezogene Einstellungen. Meistens werden diese Kurzfristfaktoren in der Darstellung des Michigan-Modells vereinfachend in Einstellungen zu Kandidaten und zu Sachfragen zusammengefasst.

Auch die kurzfristigen Einstellungen beeinflussen die Wahlentscheidung eines Wählers. Wer beispielsweise einen Kandidaten besonders sympathisch oder kompetent findet, der wird diesen Kandidaten bzw. dessen Partei mit einer höheren Wahrscheinlichkeit wählen. Gleichzeitig wird die Wahrnehmung von Politikern oder Sachfragen aber von der Parteiidentifikation beeinflusst. Wer sich langfristig an eine Partei gebunden fühlt, wird in aller Regel den Politikern dieser Partei positiver gegenüberstehen und sie besser bewerten als die Politiker anderer Parteien. Bei wichtigen Sachfragen unterstützen Parteianhänger oft ohne größeres Nachdenken die Positionen „ihrer“ Partei. Die langfristige Parteibindung färbt also die kurzfristigen Einstellungen in Richtung der Identifikationspartei.

Der wesentliche Vorzug des Michigan-Modells ist darin zu sehen, dass Wahlverhalten nicht mehr über nahezu unveränderliche soziale Eigenschaften erklärt wird, sondern durch eine Kombination kurzfristig und langfristig stabiler politischer Einstellungen. Deshalb ist das Modell in der Lage, sowohl stabiles als auch wechselndes Wahlverhalten zu erklären und kurzfristige von langfristigen Einflüssen zu trennen. Wenn die kurzfristigen Einflüsse bei einer Wahl gering sind, sollte das Wahlverhalten vor allem von den langfristigen Parteiidentifikationen bestimmt werden. Wenn aber Kandidaten oder bestimmte Sachfragen eine wichtige Rolle spielen, werden tendenziell mehr Wähler eine von ihrer Parteibindung abweichende Entscheidung treffen.

Für die Anwendung des Modells auf die Stimmabgabe bei Bundestagswahlen ist zu berücksichtigen, dass dieses ursprünglich in den USA entwickelt wurde. Mit den Republikanern und den Demokraten gibt es dort traditionell nur zwei relevante Parteien. Zudem geben die Wähler bei Präsidentschaftswahlen in den USA ihre Stimme für einen Kandidaten ab, während mit der Zweitstimme bei Bundestagswahlen eine Partei gewählt wird. Trotz dieser unterschiedlichen Voraussetzungen ist das Michigan-Modell auch auf Deutschland anwendbar. Fraglich war dies vor allem für das in den USA entwickelte Konzept der Parteiidentifikation. Trotz einiger Argumente gegen die Übertragbarkeit auf Deutschland konnte gezeigt werden, dass auch in Deutschland bei einer Mehrheit der Bevölkerung langfristige Bindungen an eine politische Partei bestehen, welche die im „American Voter" beschriebenen Eigenschaften aufweisen (Gluchowski 1983). Ebenfalls konnte eine einheitliche Frageformulierung gefunden werden, mit der Parteiidentifikationen recht gut gemessen werden können: „In Deutschland neigen viele Leute über längere Zeit einer bestimmten politischen Partei zu, obwohl sie auch ab und zu eine andere Partei wählen. Wie ist das bei Ihnen: Neigen Sie – ganz allgemein gesprochen – einer bestimmten Partei zu? Wenn ja welcher?"

Nach der Wiedervereinigung wurde noch einmal die Frage aufgeworfen, ob das Konzept der Parteiidentifikation auch auf Ostdeutschland übertragbar sei. Zwar konnten die Bürger der neuen Bundesländer die bis dahin westdeutschen Parteien vor der Wende nicht wählen, völlig unvertraut waren diese ihnen aber nicht. Bereits nach wenigen Jahren hatten sich deshalb bei den ostdeutschen Bürgern Parteibindungen herausgebildet, die denen der westdeutschen Bevölkerung sehr ähnlich sind (Rattinger 1994).

In den folgenden Kapiteln werden zunächst einzelne Bestandteile des Michigan-Modells genauer untersucht, bevor in Kapitel 5.13 ein Gesamtmodell betrachtet wird, in welches diese Bestandteile zusammen eingehen. Kapitel 5.7 beginnt mit den langfristigen Parteibindungen, die im Zentrum des Michigan-Modells stehen. Bei den nachfolgenden Kapiteln stehen dann kurzfristige Einstellungen im Vordergrund, die Parteiidentifikation wird aufgrund ihrer Wichtigkeit im Michigan-Modell aber immer berücksichtigt. In den Kapiteln 5.8 bis 5.10 werden Einstellungen zu verschiedenen Sachfragen thematisiert. Kapitel 5.8 beginnt mit der Einschätzung der Regierungsleistung, in Kapitel 5.9 geht es u.a. um die aus Sicht der Wähler wichtigsten Themen im Vorfeld der Wahl. Da die wirtschaftliche Lage angesichts der globalen Wirtschaftskrise für die Bundestagswahl 2009 besonders wichtig war, ist diesem Problembereich das Kapitel 5.10 gewidmet. In Kapitel 5.11 steht mit den Spitzenkandidaten der Parteien die zweite große Kategorie kurzfristiger Einstellungen im Mittelpunkt. Dem TV-Duell zwischen Bundeskanzlerin Merkel und ihrem Herausforderer Steinmeier als wichtigstes kandidatenbezogenes Ereignis des Wahlkampfs ist Kapitel 5.12 gewidmet. Schließlich werden die einzelnen Elemente in Kapitel 5.13 zusammengetragen und ein Gesamtmodell analysiert.

Um das beschriebene Michigan-Modell auf die Bundestagswahl 2009 anwenden zu können, ist auch eine Übersetzung des inhaltlichen Konzepts in eine statistische Analyse notwendig. Erklärt werden soll in den folgenden Kapiteln die Entscheidung für eine Partei. Dieses Merkmal kann als Ereignis aufgefasst werden, das entweder eintreten kann oder nicht und damit numerisch nur zwei Werte annehmen kann: 0, wenn ein Wähler eine Partei nicht wählt, und 1, wenn er sie wählt.

Für eine solche zweistufige abhängige Variable bietet sich das Verfahren der logistischen Regression an (für eine ausführliche Beschreibung s. Backhaus et al. 2006: 425ff.). Wie aus Abbildung 2 hervorgeht, bildet die logistische Funktion ein zweistufiges 0/1-Merkmal gut ab und nähert sich, abgesehen von einem schmalen Zwischenbereich, immer einem der beiden wahren Werte null oder eins an. Mit einer Gerade, wie sie etwa bei einer linearen Regression berechnet würde, kann die Zweistufigkeit der Wahlentscheidung nicht so gut dargestellt werden. Auch bei sehr kleinen oder sehr großen Werten der erklärenden Variablen nimmt die logistische Funktion nie Werte kleiner als null oder größer als eins an. Eine Regressionsgerade könnte dagegen auch Werte im negativen Bereich oder größer als eins annehmen, die im Falle der Wahlentscheidung jedoch keinen Sinn ergäben. Der Verlauf der logistischen Funktion kann als Wahrscheinlichkeit für das Eintreten des interessierenden Ereignisses interpretiert werden. Nehmen wir an, dass in Abbildung 2 die horizontale X-Achse der Sympathie-Einstufung Angela Merkels auf einer Skala von -5 bis +5 und die vertikale Y-Achse der Wahlentscheidung zugunsten der CDU/CSU (1=ja, 0=nein) entspricht. Für negative Sympathie-Werte wäre die Wahrscheinlichkeit Union zu wählen sehr gering und das Ereignis „Wahl der CDU/CSU“ würde nicht vorhergesagt. Für positive Werte wäre die Wahrscheinlichkeit dieses Ereignisses dagegen sehr groß; hier würde eine Stimmabgabe für die Union vorhergesagt. Lediglich bei einer völlig neutralen Bewertung bestünde Unsicherheit.

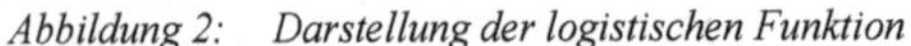

Abbildung 2: Darstellung der logistischen Funktion

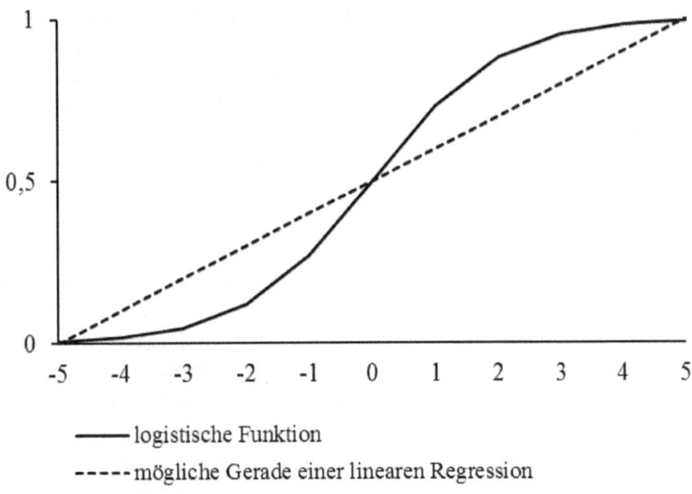

Ziel der logistischen Regression ist aber nicht nur, die Wahrscheinlichkeit zu schätzen, mit der das interessierende Ereignis eintritt. Zusätzlich soll ermittelt werden, wie stark die erklärenden Merkmale (z.B. die Einstellungen zu den Kandidaten) diese Wahrscheinlichkeit beeinflussen. Dazu könnten verschiedene Maße verwendet werden. In den nachfolgenden Kapiteln ist für jede einzelne Erklärungsgröße angegeben, wie stark sie die Wahrscheinlichkeit für die Wahlentscheidung zugunsten einer bestimmten Partei verändert, wenn alle anderen erklärenden Merkmale konstant gehalten werden (s. Long/Freese 2006). Ein detailliertes Beispiel zur Darstellung dieser Wahrscheinlichkeiten befindet sich im Anhang.

Literatur

Backhaus, Klaus/Erichson, Bernd/Plinke, Wulff/Weber, Rolf 2006: Multivariate Analysemethoden: Eine anwendungsorientierte Einführung, 11. Auflage, Berlin, Heidelberg: Springer.

Campbell, Angus/Converse, Philipp E./Miller, Warren E./Stokes, Donald E. 1960: The American Voter, New York, London: John Wiley.

Gluchowski, Peter 1983: Wahlerfahrung und Parteiidentifikation: Zur Einbindung von Wählern in das Parteiensystem der Bundesrepublik, in: Kaase, Max/Klingemann, Hans-Dieter, Hg., Wahlen und Politisches System: Analysen aus Anlaß der Bundestagswahl 1980, Opladen: Westdeutscher Verlag, 442-477.

Lazarsfeld, Paul F./Berelson, Bernard/Gaudet, Hazel 1944: The People's Choice: How The Voter Makes Up His Mind in a Presidential Campaign, New York, London: Columbia University Press.

Long, J. Scott/Freese, Jeremy 2006: Regression Models for Categorical Dependent Variables using Stata, 2. Auflage, College Station: Stata Press.

Rattinger, Hans 1994: Parteiidentifikationen in Ost- und Westdeutschland nach der Vereinigung, in: Niedermayer, Oskar/von Beyme, Klaus, Hg., Politische Kultur in Ost- und Westdeutschland, Berlin: Akademie Verlag 1994, 77-104.

Rattinger, Hans 2002: Parteiidentifikation, in: Greiffhagen, Martin/Greiffhagen, Sylvia, Hg., Handwörterbuch zur politischen Kultur der Bundesrepublik Deutschland, 2. Auflage, Wiesbaden: Westdeutscher Verlag, 316-324.

Schoen, Harald/Weins, Cornelia 2005: Der sozialpsychologische Ansatz zur Erklärung von Wahlverhalten, in: Falter, Jürgen W./Schoen, Harald, Hg., Handbuch Wahlforschung, Wiesbaden: VS Verlag für Sozialwissenschaften, 187-242.

5.7 Parteibindungen

Rüdiger Schmitt-Beck

5.7.1 Einleitung

Wenige Politikwissenschaftler werden in Zweifel ziehen, dass das Konzept der Parteiidentifikation zu den wichtigsten Konstrukten der modernen Wahlforschung gehört – einige halten es sogar für ihre bedeutsamste theoretische Entwicklung überhaupt (Dalton 2000: 20). Die Urheber dieses Konzeptes haben es definiert als eine Art psychologische Parteimitgliedschaft: Eine stabile, tief in der Persönlichkeit verankerte, gefühlsmäßige Bindung von Individuen an eine bestimmte politische Partei. Ausgehend von Bezugsgruppentheorie und Kleingruppenforschung wurde angenommen, dass solche Parteibindungen bereits in frühen Lebensphasen durch die familiäre Sozialisation erworben werden und im späteren Leben in ganz ähnlicher Weise wie beispielsweise die religiöse Identität einen dauerhaften Kernbestandteil der Selbstdefinition von Individuen ausmachen (Campbell et al. 1960; Schoen/Weins 2005: 206-225).

Die Parteiidentifikation eines Wählers stellt eine der wichtigsten Prägekräfte für sein Entscheidungsverhalten an der Urne dar. Sie motiviert ihn, zur Wahl zu gehen, und legt überdies wie eine Art „Markentreue" (Dennis 1991: 59) seine Entscheidung in Richtung derjenigen Partei fest, der er sich verbunden fühlt; dies umso prägnanter, je stärker sie ausgeprägt ist. Zwar ist keineswegs ausgeschlossen, dass Individuen unter bestimmten Umständen auch einmal gegen ihre Parteiidentifikation abstimmen. Es verbindet sich mit der Parteibindung also nicht die Erwartung bedingungsloser Parteitreue im Wählerverhalten. Doch wird davon ausgegangen, dass gelegentliche, sich aus den konkreten Umständen bestimmter Wahlen herleitende Entscheidungen zuungunsten der eigenen Partei ohne Rückwirkungen auf die Identifikation mit dieser bleiben. Die bestehende Bindung wird trotz punktueller „Untreue" unverändert beibehalten. Immer jedoch wird die Parteiidentifikation wie eine getönte Brille die Wahrnehmung politischer Informationen filtern. Parteigebundene Wähler verarbeiten die Eindrücke, die sie vom politischen Geschehen erhalten, nicht unvoreingenommen und neutral; vielmehr färbt ihre Parteibindung ihre Eindrücke in einer Weise, die für die betreffende Partei vorteilhaft ist. So neigen parteigebundene Wähler typischerweise dazu, ihre Partei für kompetenter im Hinblick auf die Lösung politischer Probleme zu halten. Außerdem gefällt ihnen ihr Führungspersonal in der Regel besser (Bartels 2002). Die Parteiidentifikation vereinfacht die Verarbeitung des komplexen politischen Geschehens, mit dem sich die Wähler konfrontiert sehen, indem sie hilft, die erhaltenen politischen Informationen zu interpretieren. Sie fungiert dadurch als ein politischer Kompass im unübersichtlichen Gelände der Politik. Dies versetzt den Wähler in die Lage, seine Entscheidung für die Partei, der er verbunden ist, nicht nur rein gefühlsmäßig, sondern auch anhand subjektiv guter Gründe zu treffen.

Allerdings ist das Konzept der Parteiidentifikation in verschiedener Hinsicht nicht unumstritten (Holmberg 2007). Die wichtigste Kontroverse betrifft seinen theoretischen Status. Manche Autoren haben in Frage gestellt, dass es sich bei Parteibindungen um rein gefühlsmäßige Gruppenbindungen und damit letztlich vorpolitische Orientierungen handelt (Schoen/Weins 2005). Sie halten eine stärker politisch akzentuierte Alternativinterpretation für angemessener, die in der Parteibindung eine Art Gesamtbilanz der politischen Erfahrungen einer Person sieht, die permanent im Lichte neuer Eindrücke aktualisiert wird. Wenngleich in diesen Vorgang ein Trägheitsmoment eingebaut ist, weil die neuen Erfahrungen im Lichte der bestehenden Voreinstellung interpretiert werden, begreift dieses kognitive Verständnis Parteibindungen nicht wie die traditionelle Sichtweise als „unbewegliche Beweger" (Johnston 2006), sondern schließt ausdrücklich die Möglichkeit ein, dass sie sich unter dem Eindruck politischer Entwicklungen verändern können.

Verschiedentlich wurde auch die kritische Frage aufgeworfen, inwieweit es sinnvoll ist, das in den USA entwickelte Konzept der Parteiidentifikation überhaupt auf die Parteiendemokratien Westeuropas zu übertragen. Dem gegenüber kann geltend gemacht werden, dass es gerade in solchen historisch durch tiefe soziopolitische Spaltungen gekennzeichneten Kontexten besonders wahrscheinlich ist, dass viele Wähler dauerhafte Bindungen an die Parteien entwickeln, die diese Struktur- und Wertekonflikte politisch artikulieren (Richardson 1991). Sorgfältige Validierungen haben auch zweifelsfrei bestätigt, dass von der Existenz von Parteiidentifikationen in Deutschland ausgegangen werden kann. Selbst in den neuen Bundesländern haben sich bereits erstaunlich feste Bindungen an die politischen Parteien herauskristallisiert (Falter et al. 2000).

Wenngleich die Parteiidentifikation eine bedeutsame Prägekraft des Wählerverhaltens ist, kann doch nicht übersehen werden, dass ihre Bedeutung im Rahmen eines als „Dealignment" bezeichneten Prozesses in den letzten

Jahrzehnten zurückgegangen ist. Diagnosen einer universellen Erosion der Parteibindungen sind zwar nicht haltbar – weder ist ihr Rückgang in allen Ländern feststellbar, noch verläuft er linear. Aber in Deutschland ist der Anteil parteigebundener Wähler zweifelsohne geschrumpft, und die Stärke der verbliebenen Bindungen ist im Schnitt geringer als früher. Die Prägekraft der Parteiidentifikation für die Wahlentscheidungen ist zwar immer noch erheblich, aber es gibt Anzeichen, dass auch sie in den letzten Jahren schwächer geworden ist (Dalton 2000; Falter et al. 2000; Berglund et al. 2005; Arzheimer 2006).

Tabelle 1: Stärke von Parteibindungen

	CDU/ CSU	SPD	FDP	B90/ Grüne	Die Linke
Ziemlich/sehr schwach	6,3	7,5	13,0	6,3	9,0
Mäßig	32,5	41,1	27,7	32,0	30,9
Ziemlich stark	43,9	40,0	50,4	52,0	46,8
Stark	17,3	11,4	9,0	9,9	13,3
Mittelwerte	3,7	3,6	3,5	3,6	3,6
N	1044	729	190	255	321

Der obere Teil der Tabelle enthält Spaltenprozent.
Die Skala für die Mittelwerte läuft von 1 (sehr schwach) bis 5 (sehr stark).

Dass der Anteil der parteigebundenen Wähler in Deutschland seit den 1970er Jahren deutlich zurückgegangen ist (Arzheimer 2006), darf nicht darüber hinweg täuschen, dass auch heute noch die Mehrzahl der Bürger eine parteipolitische Bindung besitzt. Die Vorstellung eines in parteipolitischer Hinsicht weitgehend bindungslosen Elektorates entbehrt jeder Grundlage. Auch bei der Bundestagswahl 2009 stellte nur ein knappes Drittel der Wähler in Abrede, sich an eine Partei gebunden zu fühlen. 27 Prozent fühlten sich der CDU/CSU verbunden, knapp 20 Prozent brachten eine Identifikation mit der SPD zum Ausdruck. Sehr gering waren allerdings die Anteile derjenigen, die sich einer der drei Kleinparteien nahe fühlten: 5,6 Prozent bei der FDP; 7,7 Prozent bei den Grünen und 6,8 Prozent bei der Linken (sonstige Parteien: 1,8 Prozent). Auch variierte die Stärke der Parteibindungen zwischen den Parteien (Tabelle 1). Unter den Anhängern der FDP und der Linken gab es besonders viele Personen, die sich selbst nur als schwach gebunden sahen. Bei der Linken war gleichzeitig aber auch ein besonders hoher Anteil nach eigenem Bekunden sehr stark Gebundener zu verzeichnen. Noch übertroffen wurde dieser aber von der CDU/CSU. Sowohl hinsichtlich des Umfangs der Bindungen als auch ihrer Stärke hatten die Unionsparteien somit einen beachtlichen Vorsprung vor der SPD und gingen daher unter günstigeren Voraussetzungen in die Wahl.

5.7.2 Parteibindungen und Wählerverhalten

Die Identifikation einer Person mit einer politischen Partei bedeutet nicht, dass sie diese auch stets wählt. Gerade aus ihrer Unterscheidbarkeit von der Wahlabsicht und dem Akt der Stimmabgabe selbst, für den die Parteibindung lediglich eine Disposition erzeugt, ergibt sich der theoretische Nutzen dieses Konzeptes bei der Erklärung des Wählerverhaltens. Allerdings ist diese Disposition sehr stark. Der Zusammenhang zwischen Parteibindungen und Wählerverhalten ist gerade in parlamentarischen Demokratien, in denen die Wähler für Parteilisten und nicht für Einzelkandidaten stimmen, stets sehr eng. Aber er ist eben nicht perfekt. Parteigebundene Wähler folgen ihrer Partei nicht selbstverständlich und unter allen Umständen. Vielmehr sind auch sie „wählerisch“, wenngleich bei Weitem nicht im selben Maße wie parteipolitisch Ungebundene.

Daraus folgt, dass es durchaus Unterschiede zwischen den Parteien im Hinblick auf das Ausmaß geben kann, in dem ihnen die Wähler, die sich ihnen verbunden fühlen, an der Urne Gefolgschaft leisten. So hat eine Analyse der Bundestagswahl 2005 gezeigt, dass die SPD zunächst erhebliche Schwierigkeiten hatte, ihre Anhänger zur Stimmabgabe zu mobilisieren (Schmitt-Beck 2009). Ein beachtlicher Teil dieser Wählergruppe entschloss sich erst während der „heißen“ Wahlkampfphase in den letzten drei Wochen vor der Wahl dazu, für die eigene Partei zu stimmen. Zuvor spielten viele mit dem Gedanken, eine andere Partei zu wählen oder gar der Abstimmung fernzubleiben. Viele blieben aber auch lange Zeit unentschlossen. Aber auch der Aktivierungsschub in letzter Minute konnte den Mobilisierungsrückstand der SPD gegenüber der Union nicht zur Gänze wettmachen. Deren Anhänger zeigten während des gesamten Wahlkampfes eine hochgradige Bereitschaft, der eigenen Partei am Wahltag zur Seite zu stehen.

Abbildung 1: Wahlabsichten nach Parteiidentifikation – CDU/CSU

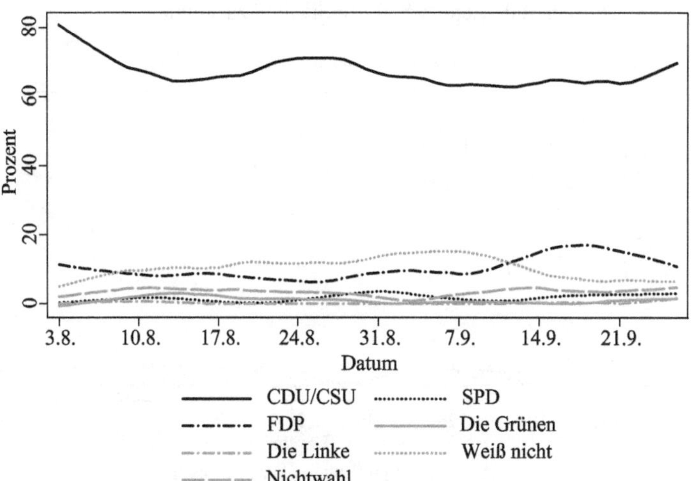

Die Abbildungen 1 und 2 belegen, dass es vor der Bundestagswahl 2009 keinen vergleichbaren Schlussspurt gab. Es entsteht eher der Eindruck eines mühsamen Bergaufrennens, das den Sozialdemokraten gegen Ende des Wahlkampfes nur wenige Prozentpunkte an Aktivierungsgewinnen in der eigenen Anhängerschaft brachte. Die Wähler, die sich mit der CDU/CSU identifizierten, zeigten anfänglich eine deutlich größere Bereitschaft, für ihre Partei zu stimmen. Bei ihnen erwies es sich offenbar eher als schwierig, das anfänglich sehr hohe Mobilisierungsniveau bis zur Wahl zu halten. Viele derjenigen SPD-Anhänger, die keine Bereitschaft bekundeten, ihre Partei an der Urne zu unterstützen, waren lange unentschlossen. Etliche legten sich erst wenige Tage vor der Wahl fest – manche zugunsten ihrer eigenen Partei, viele aber auch zugunsten der Grünen, die infolgedessen von einem kräftigen Zuwanderungsschub aus den Reihen der Sozialdemokratie profitieren konnten. Die Analyse der an die Grünen gebundenen Wähler legt jedoch den Schluss nahe, dass es gleichzeitig Abwanderungen in die Gegenrichtung gab, welche die Einbußen der SPD zum Teil ausglichen (Detailbefunde hier nicht ausgewiesen). Einige der an die SPD Gebundenen entschlossen sich aber auch kurzfristig, der Wahl ganz fernzubleiben. Unter den Unionsanhängern gab es deutlich weniger Unentschlossene; bei ihnen bestand hingegen schon frühzeitig eine erhebliche, sich am Ende des Wahlkampfes sogar noch steigernde Bereitschaft, für die FDP zu stimmen.

Abbildung 2: Wahlabsichten nach Parteiidentifikation – SPD

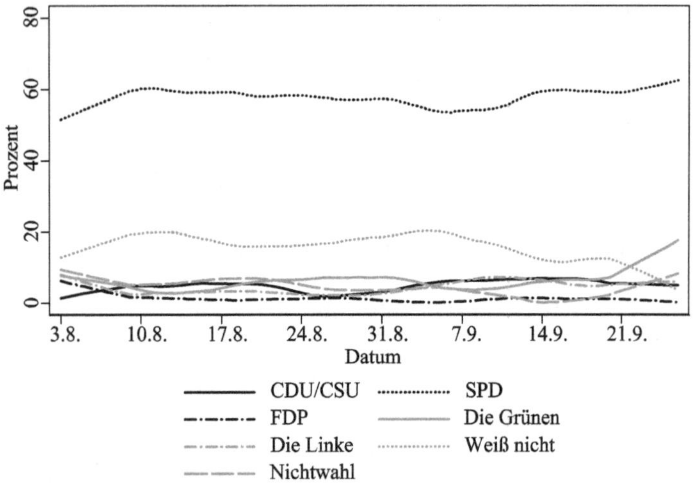

Abbildung 3: Wahlabsichten nach Parteiidentifikation – keine

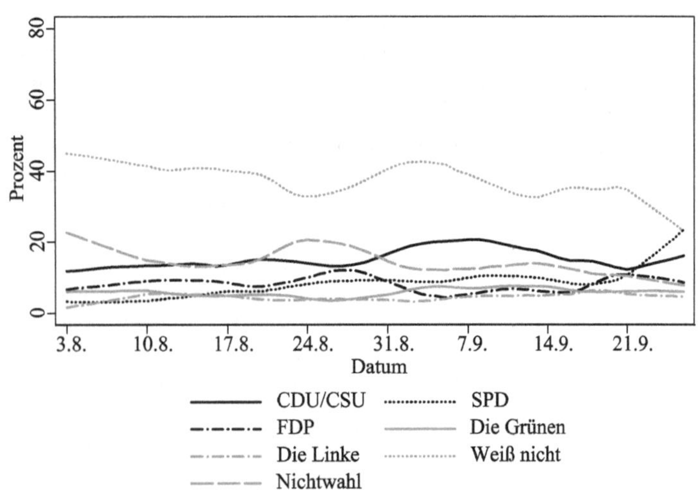

Während parteigebundene Wähler stets dazu tendieren, ihren Parteien mehrheitlich die Treue zu halten, sind die parteipolitisch ungebundenen Wähler typischerweise sehr viel beweglicher. Abbildung 3 zeigt, dass bei ihnen vor der Bundestagswahl 2009 lange Unentschlossenheit vorherrschte, die erst in den letzten Tagen des Wahlkampfes deutlich abnahm. Auch die Neigung zur Nichtwahl war in dieser Gruppe sehr viel ausgeprägter als bei den Parteigebundenen. Von den Parteien genoss die CDU/CSU in dieser Wählergruppe während des Wahlkampfes den größten Zuspruch. Aber kurz vor der Wahl holte die SPD deutlich auf. Die Abbildung vermittelt den Eindruck, dass die Sozialdemokraten die Union am Ende in der Gunst der Ungebundenen sogar überflügelten, doch sind diese Daten aufgrund der relativ geringen täglichen Befragtenzahlen mit Zurückhaltung zu interpretieren.

Tabelle 2 zeigt das Ergebnis einer formalen Modellierung des Einflusses der Parteibindungen auf Wahlabsichten und Wahlentscheidungen bei der Bundestagswahl 2009. In der Tabelle sind Schätzwerte für jede der fünf im Bundestag vertretenen Parteien ausgewiesen. Sie geben an, um wie viel sich die Wahrscheinlichkeit einer Präferenz für die jeweilige Partei zwischen Personen, die sich mit einer der Parteien identifizierten, und Personen ohne Bindung an eine der Bundestagsparteien unterschied. So war die Wahrscheinlichkeit, sich für die CDU/CSU zu entscheiden, bei Personen, die sich einer Unionspartei nahe fühlten, um 49 Prozentpunkte höher als bei Wählern, die sich mit keiner Partei oder einer nicht im Bundestag vertretenen Partei identifizierten. Der große Einfluss von Parteibindungen auf die Parteiwahl wird in dieser simultanen Schätzung sehr deutlich. Auffällig ist dabei, dass sich Parteibindungen bei den Kleinparteien, insbesondere den Grünen, noch stärker in entsprechende Wahlentscheidungen übersetzten als bei CDU/CSU und SPD. Gleichzeitig verringerten Identifikationen mit politischen Parteien häufig die Neigung, für andere Parteien zu stimmen. Bei ideologisch auf derselben Seite des Spektrums verorteten Parteien – also CDU/CSU und FDP einerseits, SPD, Grünen und Linken andererseits (s. Kapitel 5.5) – war dieser negative Effekt allerdings geringer als bei Parteien aus verschiedenen „Lagern“. Bindungen an die beiden Großparteien waren als Abwanderungsbremsen in Richtung FDP bzw. Grüne sogar vernachlässigbar. Ob sich Wähler mit der CDU/CSU identifizierten, hatte keinen statistisch bedeutsamen Effekt auf die Wahl der FDP; dasselbe galt für die Identifikation mit der SPD und die Wahl der Grünen. Die Zahl der Wähler, die sich mit einer Kleinpartei identifizierten, war zwar gering, aber diese Personen waren ihren Parteien an der Urne sehr viel treuer als die Anhänger von CDU/CSU und SPD.

Tabelle 2: Einflüsse von Parteibindungen auf Wahlverhalten

	CDU/ CSU	SPD	FDP	B90/ Grüne	Die Linke
PID CDU/CSU	+49[c]	-16[c]	-1	-8[c]	-14[c]
PID SPD	-22[c]	+49[c]	-8[c]	-1	-3[c]
PID FDP	-13[c]	-13[c]	+58[c]	-3	-3[a]
PID B90/Grüne	-18[c]	-11[c]	-8[c]	+70[c]	-3[b]
PID Die Linke	-21[c]	-9[c]	-9[b]	-4[a]	+56[c]
Nagelkerkes R^2	0,63	0,58	0,36	0,51	0,51
N	3100	3100	3100	3100	3100

a: p<0,05; b: p<0,01; c: p<0,001 (s. Anhang 4).

5.7.3 Fazit

Die Bedeutung von Parteibindungen hat zwar in Deutschland in den letzten Jahrzehnten nachgelassen, doch liegt sie immer noch auf hohem Niveau. Bei der Bundestagswahl 2009 ließen zwei von drei Wählern Identifikationen mit einer politischen Partei erkennen. Sowohl hinsichtlich des Umfangs der Bindungen als auch ihrer Stärke hatten die Unionsparteien einen erheblichen Vorsprung vor der SPD und gingen damit unter günstigeren Voraussetzungen in die Wahl. Auf die Parteiwahl übten die Parteibindungen einen großen Einfluss aus, wobei sich Identifikationen mit einer der Kleinparteien noch prägnanter in entsprechendes Stimmverhalten übersetzten als solche mit einer Großpartei. Zwar fühlten sich nur sehr wenige Wähler an FDP, Grüne oder Linke gebunden; diejenigen, die das taten, tendierten aber mit besonders hoher Wahrscheinlichkeit dazu, diese Parteien auch zu wählen. Auch verhinderten Bindungen an CDU/CSU und SPD keine Abwanderungen zur FDP bzw. den Grünen.

Anhänger von CDU/CSU und SPD stimmten bei der Bundestagswahl mit etwa derselben Wahrscheinlichkeit für die eigenen Parteien. Die SPD erreichte diesen Aktivierungsgrad durch ein mühsames Bergaufrennen, das in den letzten Wochen des Wahlkampfes einige wenige Prozentpunkte Zugewinn unter den eigenen Anhängern brachte. Zu deutlicheren Stimmenzugewinnen für die Sozialdemokraten scheint es in letzter Minute in den Reihen der parteipolitisch Ungebundenen gekommen zu sein. Die Wähler, die sich mit der CDU/CSU identifizierten, wiesen anfänglich eine höhere Bereitschaft zur Unterstützung der eigenen Partei auf als die Anhänger der Sozialdemokratie, doch konnte dieses beachtliche Aktivierungsniveau nicht bis zum Wahltag durchgehalten werden. Unter den Unionsanhängern gab es schon frühzeitig eine erhebliche, sich gegen Ende des Wahlkampfes noch steigernde Bereitschaft, für die von der Parteiführung als Koalitionspartner favorisierte FDP zu votieren. Etliche SPD-Anhänger entschieden sich hingegen im letzten Moment trotz des Fehlens klarer Koalitionsaussagen für die Grünen.

Literatur

Arzheimer, Kai 2006: 'Dead Men Walking?' Party Identification in Germany, 1977-2002, in: Electoral Studies 25, 791-807.

Bartels, Larry 2002: Beyond the Running Tally: Partisan Bias in Political Perceptions, in: Political Behavior 24, 117-150.

Berglund, Frode/Holmberg, Sören/Schmitt, Hermann/Thomassen, Jacques 2005: Party Identification and Party Choice, in: Thomassen, Jacques, Hg., The European Voter: A Comparative Study of Modern Democracies, Oxford: Oxford University Press, 106-124.

Campbell, Angus/Converse, Philip E./Miller, Warren E./Stokes, Donald E. 1960: The American Voter, New York: Wiley.

Dalton, Russell J. 2000: The Decline of Party Identifications, in: Dalton, Russell J./ Wattenberg, Martin P., Hg., Parties without Partisans: Political Change in Advanced Industrial Democracies, Oxford: Oxford University Press, 19-36.

Dennis, Jack 1991: The Study of Electoral Behavior, in: Crotty, William, Hg., Political Science: Looking to the Future, Vol. 3: Political Behavior, Evanston: Northwestern University Press, 51-89.

Falter, Jürgen W./Schoen, Harald/Caballero, Claudio 2000: Dreißig Jahre danach: Zur Validierung des Konzepts ‚Parteiidentifikation' in der Bundesrepublik, in: Klein, Markus/Jagodzinski, Wolfgang/Mochmann, Ekkehard/Ohr, Dieter, Hg., 50 Jahre Empirische Wahlforschung in Deutschland, Wiesbaden: Westdeutscher Verlag, 235-271.

Gluchchowski, Peter 1983: Wahlerfahrung und Parteiidentifikation. Zur Einbindung von Wählern in das Parteiensystem der Bundesrepublik, in: Kaase, Max/Klingemann, Hans-Dieter, Hg., Wahlen und politisches System: Analysen aus Anlaß der Bundestagswahl 1980, Opladen: Westdeutscher Verlag, 442-477.

Holmberg, Sören 2007: Partisanship Reconsidered, in: Dalton, Russell J./Klingemann, Hans-Dieter, Hg., Oxford Handbook of Political Behavior, Oxford: Oxford University Press, 557-570.

Johnston, Richard 2006: Party Identification: Unmoved Mover or Sum of Preferences? in: Annual Review of Political Science 9, 329-351.

Mößner, Alexandra 2007: Wie wahl- und wechselfreudig sind Parteianhänger? Parteiidentifikation, Nichtwahl und Wechselwahl, in: Rattinger, Hans/Gabriel, Oscar W./Falter, Jürgen W., Hg., Der gesamtdeutsche Wähler, Baden-Baden: Nomos, 253-275.

Richardson, Bradley M. 1991: European Party Loyalties Revisited, in: American Political Science Review 85, 751-775.

Schmitt-Beck, Rüdiger 2009: Kampagnendynamik im Bundestagswahlkampf 2005, in: Gabriel, Oscar W./Weßels, Bernhard/Falter, Jürgen W., Hg., Wahlen und Wähler: Analysen aus Anlass der Bundestagswahl 2005, Wiesbaden: VS Verlag für Sozialwissenschaften, 146-176.

Schoen, Harald/Weins, Cornelia 2005: Der sozialpsychologische Ansatz zur Erklärung von Wählerverhalten, in: Falter, Jürgen W./Schoen, Harald, Hg., Handbuch Wahlforschung, Wiesbaden: VS Verlag für Sozialwissenschaften, 187-242.

5.8 Regierungsleistung im Urteil der Wähler

Aiko Wagner und Bernhard Weßels

5.8.1 Einleitung

Ein wesentlicher Bestandteil repräsentativer Demokratien ist die Abwählbarkeit der Regierung, wenn die Bevölkerung mehrheitlich mit ihr unzufrieden ist. Tatsächlich sah der Philosoph Karl Popper (1980: 174) das entscheidende Charakteristikum einer Demokratie darin, sich einer Regierung „ohne Blutvergießen, zum Beispiel auf dem Wege über allgemeine Wahlen" entledigen zu können. In der Forschung hat sich hinsichtlich repräsentativer Demokratien der dazugehörige Begriff der „Verantwortlichkeit" („accountability") etabliert (Manin et al. 1999). Um dieses Verantwortlich-Halten anhand der Leistungsbeurteilung wird es im vorliegenden Kapitel gehen. Dazu wird kurz dargestellt, zu welchen Ergebnissen die Politikwissenschaft bislang gekommen ist. Daraufhin wird die Bewertung der bisherigen Leistungen analysiert – und zwar sowohl für die einzelnen Parteien als auch für die Regierung und die Opposition jeweils als Block. Die Betrachtung von Regierung und Opposition jeweils als Block ist nötig, da für die geleistete Politik die Regierungskoalition gemeinsam verantwortlich zeichnet. Dabei steht die Frage im Mittelpunkt, welchen Einfluss die Bewertungen der Arbeit während der vergangenen vier Jahre auf die Wahlentscheidungen 2009 hatten. Nachdem der Einfluss dieser retrospektiven Bewertungen untersucht wurde, rückt die Evaluation der Lösungsfähigkeit der einzelnen Parteien bezüglich der wichtigsten anstehenden Probleme in den Blickpunkt. Abschließend werden beide Bewertungsperspektiven – auf die Vergangenheit und auf die Zukunft gerichtet – zusammen auf ihren Einfluss auf die Wahlentscheidung getestet.

Der Einfluss von Leistungs- und Kompetenzbeurteilungen auf das Wahlverhalten auch in der Bundesrepublik wurde in zahlreiche Analysen mit unterschiedlichen Indikatoren bestätigt. So zum Beispiel mit Fragen nach den guten und schlechten Seiten der Parteien (Shahla 2001), Indikatoren zur retro- und prospektiven Leistungsbewertung (Thurner/Pappi 1998), sachfragenspezifischen Evaluierungen (Roller 1998) und genereller Beurteilung der Sachfragenkompetenz (Kellermann/Rattinger 2005; Weßels 2004). An der diesen Analysen gemeinsamen Grundannahme, dass sowohl die auf die

Vergangenheit bezogene Bewertung als auch die in die Zukunft gerichteten Erwartungen an die Leistungsfähigkeit der politischen Akteure die Wahlentscheidung beeinflussen, wird hier angeknüpft. Wenn eine Regierung beispielsweise in der Wahrnehmung der Bürgerinnen und Bürger gute Arbeit geleistet hat, spräche von Wählerseite nichts dagegen, sie im Amt zu bestätigen. Andernfalls würde sie abgestraft und auf die Oppositionsbank verwiesen. Die Abwahl oder Bestätigung der Regierung erfolgt in diesem Falle aufgrund retrospektiver, also auf die Vergangenheit bezogener Leistungsbeurteilung.

Die Wahlentscheidung bestimmt jedoch über die zukünftige Politik eines Landes. Daher, so ist anzunehmen, sind auch prospektive Bewertungen der Parteien von Belang. Tatsächlich sollten retrospektive Evaluationen lediglich als Entscheidungshilfen für die Beurteilungen wahrscheinlicher zukünftiger Kompetenzen fungieren (Fiorina 1981). Der Entscheidungsfindungsprozess der Wähler wird also gemeinsam durch (retrospektive) Leistungs- und (prospektive) Kompetenzbewertungen bestimmt. Dieser Argumentationslinie folgend werden sowohl die Einflüsse der Bewertungen der Regierungsleistung der Vergangenheit sowie der erwarteten Leistung in der Zukunft untersucht. Weil Wahlverhalten sich auf die Zukunft richtet und einen Vertrauensvorschuss gewährt, lautet die erste Hypothese, dass prospektive Evaluationen einen stärkeren Einfluss auf die Wahlentscheidung ausüben als die Bewertung vergangener Leistungen. Welche konkreten Inhalte evaluiert werden, ist nicht Gegenstand dieses Kapitels (s. Kap. 5.9). Vielmehr geht es hier darum, wie stark die Effekte retrospektiver und prospektiver Beurteilungen für die Wahlentscheidung sind.

5.8.2 Retrospektive Beurteilung der Regierungsleistung

Im Rahmen der Vor- und Nachwahlbefragung des Querschnittsmoduls der GLES wurden zu diesem Thema Fragen gestellt, die direkt auf eine Bewertung sowohl der Leistung der Regierung als auch der einzelnen Regierungs- sowie der Oppositionsparteien zielen. Die Verteilungen der Zufriedenheit mit der Leistung der Bundesregierung und der einzelnen Regierungsparteien sind in Tabelle 1 zu finden.

Tabelle 1: Leistungsbewertungen der Regierung und Regierungsparteien

Partei	Positive Leistungs-bewertung	Neutrale Leistungs-bewertung	Negative Leistungs-bewertung	Mittelwert
Große Koalition	33,1	15,6	51,3	-0,7
CDU	38,3	12,9	48,9	-0,4
CSU	29,8	15,2	55,0	-0,9
SPD	31,9	19,0	49,1	-0,6
Union (CDU/CSU)	36,0	10,4	53,6	-0,7
FDP	28,8	23,2	48,0	-0,6
Die Linke	26,7	19,2	54,1	-1,3
B90/Die Grünen	32,9	23,7	43,4	-0,5

Leistungsbewertung auf einer Skala von -5 (vollständig unzufrieden) bis +5 (vollständig zufrieden); positive Bewertungen entsprechen +1 bis +5; negative Bewertungen entsprechen -5 bis -1; neutrale Bewertungen entsprechen 0. Die drei Spalten für die Leistungsbewertungen enthalten Zeilenprozent und addieren sich auf 100.

Im Durchschnitt waren die Wähler mit der Regierungsleistung eher unzufrieden. Die Mittelwerte sowohl für die Regierungskoalition insgesamt als auch für die einzelnen Parteien sind leicht negativ. Ungefähr ein Drittel der Wählerschaft war zufrieden, etwa ein Siebtel stand der Leistung der Regierung und der sie bildenden Parteien neutral gegenüber, und durchschnittlich die Hälfte der Wählerinnen und Wähler war mit den Leistungen unzufrieden. Aufgeschlüsselt nach Parteien zeigt sich, dass die Leistung der CDU in der Regierung die Wählerschaft vergleichsweise am stärksten zufrieden stellen konnte, die der CSU dagegen am wenigsten. Die SPD erlangte mehr neutrale Bewertungen als die anderen Parteien und polarisierte somit von den Regierungsparteien am geringsten: Fast doppelt so viele Befragte haben eine neutrale Meinung bezüglich der SPD (19 Prozent) im Vergleich zur Union geäußert (zehn Prozent). Mit den politischen Leistungen der Union waren im Vergleich zur SPD sowohl mehr Bürger zufrieden als auch unzufrieden. Die Bewertungen der Leistungen der drei kleineren Parteien sind nicht fundamental verschieden – mit zwei Ausnahmen. Zum einen polarisieren die FPD und die Grünen offenbar deutlich weniger, was sich in erhöhten Anteilen der neutralen Leistungsbewertung niederschlägt – fast ein Viertel der Befragten schätzen die Leistungen der Grünen und der FDP weder positiv noch negativ ein. Die Bewertung der Linken ist dagegen deutlich anders: Zwar ist der Anteil derjenigen, welche die Linke negativ beurteilen mit ca. 54 Prozent dem Anteil der Negativbeurteilungen der CSU ähnlich, aber für die Linken ergibt sich im Mittel mit -1,3 die schlechteste Bewertung aller Bundestagsparteien.

Es ist anzunehmen, dass bei schlechter Beurteilung der Regierungsleistung die Regierungskoalition an Stimmen verliert, eine potentielle Regierung im Wartestand an Stimmen gewinnt. Auf der Ebene der einzelnen Befragten sollte sich zeigen, dass die Wahlwahrscheinlichkeit für die Regierungspartei(en) sinkt, wenn die bisherige Regierungsleistung negativ bewertet wird. Die Bundestagwahl 2009 stellt aufgrund der Großen Koalition in dieser Hinsicht eine Besonderheit dar. War eine Wählerin mit der Arbeit der Regierung unzufrieden, konnte sie zwar eine Oppositionspartei mit ihrer Stimme unterstützen. Allerdings stand außer Frage, dass eine der beiden großen Parteien wieder an der Regierung beteiligt sein würde. Wenn also keine realistische Chance besteht, die Regierung bei Unzufriedenheit komplett abzuwählen, wäre zu erwarten, dass die Bewertung der Regierungsleistung per se keinen signifikanten Einfluss auf die Wahlwahrscheinlichkeit ausübt. Wir überprüfen diese Hypothese mit Hilfe einer logistischen Regression. Dafür wird berechnet, ob die Wahrscheinlichkeit, die Zweitstimme einer der Regierungsparteien CDU, CSU oder SPD zu geben, von der Bewertung der Regierungsleistung abhängig ist. Dabei wird für die Parteiidentifikation für die jeweilige Partei kontrolliert, da davon ausgegangen werden kann, dass Wähler, die sich mit einer Partei identifizieren, anders agieren als Wähler ohne eine Parteiidentifikation.

Tabelle 2: Einflüsse der Bewertung der Regierungsleistung auf das Wahlverhalten

	Wahlentscheidung für			
	Regierung	Opposition	CDU/CSU	SPD
Leistung Bundesregierung	+34,9^c	-26,9^c	+22,3^c	+3,5
Parteiidentifikation	+56,8^c	+67,9^c	+66,7^c	+69,1^c
Nagelkerkes R^2	0,43	0,43	0,57	0,53

Fallzahl für alle Spalten: 3222.
Regierung: CDU/CSU, SPD, Opposition: FDP, Die Linke, Bündnis 90/Die Grünen.
a: p<0,05; b: p<0,01; c: p<0,001 (s. Anhang 4).

Tabelle 2 zeigt, dass der geschätzte Einfluss in die erwartete Richtung weist. Je zufriedener die Bürger mit der Performanz der Regierung waren, desto eher wählten sie eine der beiden Volksparteien (die Berechnung der Effekte in den Tabellen 2, 3, 5 und 6 folgt den Methoden, die in Anhang 4.2. dargestellt sind). Das bedeutet, dass die Wähler eine als positiv wahrgenommene Leistung der Bundesregierung auch mit einer erhöhten Bereitschaft honorierten, die Unionsparteien oder die SPD zu wählen und dass umgekehrt eine negative Beurteilung zu einer verringerten Wahlwahrscheinlichkeit für die großen Parteien führte. Der Einfluss der retrospektiven Leistungsevaluation ist von nicht vernachlässigbarer Größe: Vergleicht man die schlechteste mit der bestmöglichen Bewertung, steigt die Wahrscheinlichkeit, eine Regierungspartei zu wählen, um fast 35 Prozentpunkte (s. Tabelle 3). Die Abstoßungseffekte, also die Effekte auf die drei kleineren Parteien des Bundestages, liegen etwas darunter. Es findet sich jedoch auch hier die erwartete Einflussrichtung. Je positiver die Leistung der Regierung wahrgenommen wurde, desto geringer war die Wahrscheinlichkeit, dass die Wählerinnen und Wähler ihre Stimme einer der Oppositionsparteien gaben. Von der schlechtesten zur besten Bewertung der Regierung sinkt die Wahrscheinlichkeit, die Zweitstimme der FDP, den Linken oder den Grünen zu geben, um 27 Prozentpunkte. Die Gesamterklärungskraft dieser sparsamen Modelle liegt mit einem R^2 von etwas über 0,4 im mittleren Bereich.

Die bislang gefundenen eher moderaten Effekte von Leistungsbewertungen sollten nicht überraschen, da Einschätzungen der Regierung als einer Einheit, der eine mehrheitsfähige Opposition gegenübersteht, aufgrund des bereits angesprochenen Sondercharakters der Bundestagswahl 2009 – die Regierung konnte realiter nicht komplett abgewählt werden – als Entscheidungsmaßstab schwierig anzuwenden sind. Es ist daher angezeigt, im nächsten Schritt den Einfluss der Leistungsbewertungen parteispezifisch aufzuschlüsseln. Im öffentlichen Diskurs dominierte die Auffassung, dass die SPD es nicht hinreichend verstanden hätte, sich als treibende Kraft der positiven Politikergebnisse darzustellen, zumal sie auch nicht die Regierungsführerin war. Daher sollte der Einfluss der Leistung der Bundesregierung auf die Chance einer SPD-Wahl geringer sein als auf die Chance einer Stimmabgabe zugunsten der Unionsparteien. Die dazugehörige zweite Hypothese lautet daher: Die retrospektive Leistungsevaluation der Bundesregierung insgesamt hat für die Wahlwahrscheinlichkeit der CDU/CSU einen nachweisbaren Einfluss, für die SPD dagegen nicht. Wie die Modelle in Tabelle 2 belegen, finden sich in den Daten auch für diese Annahme augenfällige Belege. Die Wahlentscheidung zugunsten der Unionsparteien war eindeutig durch die Bewertung der Leistung der von ihnen geführten Bundesregierung mit beeinflusst. Das Modell zur Erklärung der Stimmabgabe zugunsten der CDU/CSU liefert die bislang beste Gesamterklärung (R^2 beträgt 0,57), die Wahlwahrscheinlichkeit liegt bei positivster Leistungsbewertung über 22 Prozentpunkte höher als bei negativster Leistungsevaluation. Komplett anders hingegen stellt sich die Situation für die Sozialdemokraten dar. In Einklang mit unserer zweiten Hypothese ist die Leistungsevaluation der Bundesregierung keine verlässliche Einflussgröße für die Wahl zu(un)gunsten der SPD. Offenbar assoziierten die Wählerinnen und Wähler die Leistung der Bundesregierung stärker mit den Unionsparteien. Zwar werden somit frühere Befunde bestätigt, dass der kleinere Koalitionspartner in der Bundesrepublik weniger für die Regierungspolitik belohnt bzw. bestraft wird (s. Weßels 2004). Die hier vorgelegten Befunde überraschen in ihrer Deutlichkeit allerdings, da die Große Koalition keinen Juniorpartner kennt.

Wie oben dargestellt, unterscheidet sich die Zufriedenheit der Bürgerinnen und Bürger mit den einzelnen Regierungsparteien durchaus. Zwar unterscheiden sich die Unionsparteien zusammen im Mittelwert der Zufriedenheitsbeurteilungen wenig von der der SPD. Jedoch haben die Leistungen der Sozialdemokraten weniger polarisiert. Die parteienspezifische Leistungsbewertung sollte einen direkteren Einfluss auf die Wahlentscheidung ausüben. Gerade in einer Großen Koalition mit teilweise deutlich divergierenden Politikvorschlägen und annähernd gleichem Einfluss auf Politikinhalte ist es naheliegend, dass der Einzelbewertung der beiden großen Parteien ein stärkerer Einfluss zukommt, was unsere dritte Hypothese ist.

Tabelle 3: Einflüsse der Bewertung der Leistung der Parteien auf das Wahlverhalten

	Wahlentscheidung für				
	CDU/ CSU	SPD	FDP	B90/Die Grünen	Die Linke
Leistung der jeweiligen Partei	+49,0[c]	+40,5[c]	+75,4[c]	+49,7[c]	+70,3[c]
Parteiidentifikation	+57,4[c]	+60,4[c]	+44,6[c]	+49,4[c]	+41,2[c]
Nagelkerkes R^2	0,60	0,58	0,48	0,54	0,60
N	2997	2997	1430	1457	1409

Regierung: CDU/CSU, SPD; Opposition: FDP, Die Linke, Bündnis 90/Die Grünen.
a: p<0,05; b: p<0,01; c: p<0,001 (s. Anhang 4).

Die Modelle der Tabelle 3 bestätigen diese Vermutung. Die Wahlwahrscheinlichkeiten hängen deutlich von den Leistungsbewertungen der Parteien ab. Je höher die Zufriedenheit mit den Leistungen einer Partei ausfiel, desto eher stimmten die Bürgerinnen und Bürger für sie. Die Zusammenhänge sind für die SPD und die CDU/CSU nahezu identisch. Entsprechend den Erwartungen ist die Gesamterklärungskraft sowohl für die CDU/CSU als auch für die SPD etwas höher als für die entsprechenden Modelle aus Tabelle 2, in denen die Evaluation der Regierung als Ganzes zur Vorhersage der Wahlwahrscheinlichkeiten Verwendung fand.

Die Veränderungen der Wahlwahrscheinlichkeiten, die auf die parteispezifischen Bewertungen der vergangenen Leistungen zurückgehen, sind höher als durch die Beurteilung der Regierungsleistung insgesamt. Die Wahrscheinlichkeit, für die Sozialdemokraten zu stimmen, steigt um 40 Prozentpunkte, wenn sich die Einschätzung der Regierungsleistung der SPD in der Großen Koalition von „vollständig unzufrieden" auf „voll und ganz zufrieden" ändert. Für die Unionsparteien liegt diese Wahrscheinlichkeitsveränderung bei fast 50 Prozentpunkten und ist damit mehr als doppelt so hoch wie der Vergleichswert der Gesamtregierungsevaluation. Der wichtigste Befund jedoch ist, dass für die Bewertungen der Regierung insgesamt zwar kein Effekt auf die Stimmabgabe zugunsten der SPD festgestellt werden konnte, die Zufriedenheit konkret mit der Arbeit der SPD in der Regierung aber einen deutlichen Einfluss auf das Wahlverhalten ausübt; dass dies insgesamt nicht zugunsten der Sozialdemokraten ausschlug, zeigt das Wahlergebnis. Aus diesen Ergebnissen wird in der Summe deutlich, dass die parteispezifischen Evaluationen einen eindeutig höheren Erklärungswert für das Wahlverhalten haben als die Zufriedenheit mit der Großen Koalition insgesamt. Die Wähler haben somit durchaus nach ihrer Wahrnehmung der Regierungsleistung differenziert.

Tabelle 3 gibt darüber hinaus auch Auskunft über den Einfluss der Leistungsbeurteilung der Oppositionsparteien auf die Wahlentscheidungen zu ihren Gunsten. Hier zeigt sich deutlich, dass die Parteiidentifikation bei den kleineren Parteien zwar ebenfalls einen deutlichen und statistisch verlässlichen aber doch geringeren Einfluss auf die Wahlwahrscheinlichkeiten ausübt. Dagegen sind die Leistungsbewertungen für diese relevanter, sowohl im Vergleich mit den beiden großen Parteien als auch im Vergleich zum Einfluss der Parteiidentifikation, wobei die Grünen hier eine Ausnahme sind. Sind für die beiden großen Parteien also die affektiven Parteiidentifikationen wahlrelevanter, müssen die kleineren Parteien stärker durch Leistung überzeugen, wenn sie Wählerstimmen gewinnen wollen. Dementsprechend ist ihr (Miss-) Erfolg auch stärker von Leistungsbeurteilungen abhängig.

5.8.3 Kompetenzevaluationen der Parteien

Bislang wurde die Betrachtung der bisherigen Leistung der Bundesregierung und der Parteien als Einflussgröße für das Wahlverhalten untersucht. Mit einer Wahl wird jedoch nicht nur eine bestehende Regierung belohnt oder abgestraft, sondern vor allem auch die Richtung der Politik für die nächsten Jahre bestimmt. Von entscheidender Relevanz sind dafür die in den Augen der Wählerinnen und Wähler wichtigsten anstehenden Probleme. Die Lösungsfähigkeit hinsichtlich der für die Bürgerinnen und Bürger wichtigsten Probleme sollte, bei entsprechender Kompetenzzuschreibung, einen starken Einfluss auf die Wahlentscheidung haben. Um diese Argumentation prospektiven Wählens zu prüfen, wurden im Rahmen der GLES die Fragen nach den wichtigsten Problemen in Deutschland gestellt. Jede(r) Befragte(r) hatte die Möglichkeit, bis zu drei Probleme zu nennen und wurde anschließend nach der Partei befragt, die er bzw. sie für am fähigsten hält, diese Probleme zu lösen.

Ungefähr neun Prozent der Befragten nannten kein wichtigstes Problem, knapp zehn Prozent nannten nur eines. Knapp 13 Prozent konnten ein zweitwichtigstes Problem benennen und fast 70 Prozent der Befragten nannten drei. Unter den wichtigsten Problemen rangiert die Frage von Arbeitsplätzen und der Arbeitsmarktsituation mit knapp 40 Prozent der Nennungen an erster Stelle des wichtigsten Problems, gefolgt von der wirtschaftlichen Lage mit einem Viertel der Nennungen. Unter den zweit- und drittwichtigsten Problemen rangieren diese beiden Felder ebenfalls unter den meistgenannten, hier werden allerdings zusätzlich die Bildungs- und die Gesundheitspolitik häufig genannt.

Danach befragt, welche Partei sie am ehesten für fähig halten, die jeweiligen Probleme zu lösen, zeigt sich ein interessanter Befund. Bei nur einem genannten Problem meint eine starke Minderheit (44 Prozent) der Befragten, dass keine Partei des Bundestags besonders geeignet ist, dieses zu lösen. Bei Nennung von zwei Problemen reduziert sich dieser Anteil auf etwa ein Drittel, bei drei genannten Problemen liegt er unter einem Fünftel. Der Anteil derer, die zu jedem der genannten Probleme eine Partei nennen, die zu dessen Lösung am besten geeignet sei, beläuft sich unabhängig von der Anzahl der genannten Probleme auf rund 55 Prozent.

Tabelle 4: Anzahl genannter wichtiger Probleme und Lösungskompetenzen der Parteien

	Anzahl der Parteinennungen zur Lösungskompetenz				
Anzahl der Probleme	0	1	2	3	Gesamt
0	386 (100)	-	-	-	386 (100)
1	189 (44,2)	239 (55,8)	-	-	428 (100)
2	191 (34,7)	65 (11,8)	294 (53,5)	-	550 (100)
3	528 (18,0)	261 (8,9)	455 (15,6)	1680 (57,5)	2924 (100)
Gesamt	1294 (30,2)	565 (13,2)	749 (17,5)	1680 (39,2)	4288 (100)

Die Tabelle enthält Absolutzahlen und darunter (in Klammern) die jeweiligen Zeilenprozente.

Aus den Antworten auf die Frage, *welcher* Partei jeweils die Lösungskompetenz zu den jeweiligen Problemen zugeschrieben wird, lässt sich ein Index der Beurteilung der erwarteten Problemlösungsfähigkeit der Parteien bilden. Hält eine Wählerin beispielsweise die CDU für am besten geeignet, zwei der drei genannten Probleme zu lösen und traut der SPD zu, ein drittes erfolgreich anzugehen und sieht die FDP hinsichtlich keines der Probleme als kompetent an, ergäbe sich ein Saldo CDU-SPD von eins (zwei minus eins), ein Saldo CDU-FDP von zwei (zwei minus null) und ein Saldo von Regierung-Opposition von drei (zwei plus eins minus null). Mit diesem Index wurde in einem ersten Schritt geprüft, wie die Regierungsparteien der Großen Koalition gegenüber den Oppositionsparteien abschnitten. Ein Drittel der Befragten hält weder eine der Regierungsparteien der Großen Koalition noch eine der drei Oppositionsparteien FDP, Linke oder Bündnis 90/Die Grünen für besser oder überhaupt geeignet, die jeweils subjektiv wahrgenommenen anstehenden Probleme in Deutschland zu lösen. 23 Prozent der Befragten erachten die Oppositionsparteien für fähiger, die Probleme zu lösen, ca. 44 Prozent trauen einer oder beiden Volksparteien die Lösung zu. Dieser Befund deckt sich mit früheren Studien, welche die „Leistungsvermutung" eher bei den großen Parteien fanden (Pappi/Shikano 2001). Im Folgenden soll gefragt werden, wie diese Einschätzungen der Problemlösungskompetenz die Wahlabsichten beeinflussten. Zuerst wird untersucht, ob sich die durchschnittlich bessere Kompetenzzuschreibung an die Regierungsparteien für die Lösung der subjektiv wahrgenommenen Probleme der

Befragten auch in erhöhte Wahlchancen umsetzen. Die eingängige vierte Generalhypothese lautet, dass die Bürgerinnen und Bürger für diejenigen Parteien stimmen, die ihrer Meinung nach die höchste Problemlösungskompetenz aufweisen. Demnach sollte sich erstens das positive Saldo der Lösungsfähigkeit für die Regierungs- gegenüber den Oppositionsparteien positiv auf die Wahlwahrscheinlichkeit zugunsten der Regierungsparteien auswirken. Ebenso sollte zweitens die bloße Anzahl an Problemen, für deren Lösung eine Partei als am besten geeignet angesehen wird, die Wahlwahrscheinlichkeit zu ihren Gunsten erhöhen. In diesen Modellen wird wiederum die affektive Komponente der Parteiidentifikation kontrolliert, um die Vergleichbarkeit der Ergebnisse zu gewährleisten.

Unsere Hypothesen bezüglich des Einflusses der wahrgenommenen Problemlösungskompetenz bestätigen sich. Der Saldo der prospektiven Leistungsevaluation zwischen Regierungs- und Oppositionsparteien kann im Zusammenspiel mit der Parteineigung einen Großteil des Wahlverhaltens zugunsten von Regierung und Opposition erklären. Vergleicht man wiederum den Einfluss der Extreme auf die Wahlwahrscheinlichkeiten, ergibt sich ein sehr klares Bild: Wenn eine oder alle Parteien der Großen Koalition als lösungsfähig bezüglich aller drei Probleme wahrgenommen werden, ist die Wahrscheinlichkeit, einer dieser Parteien in der Bundestagswahl 2009 die Stimme zu geben, um fast 77 Prozentpunkte höher als wenn die Oppositionsparteien als lösungsfähig bezüglich aller drei Probleme wahrgenommen werden.

Tabelle 5: Einflüsse der Bewertung der Lösungskompetenz auf das Wahlverhalten

	Wahlentscheidung für		
	Regierung	CDU/CSU	SPD
Problemlösungskompetenz-Saldo Regierung-Opposition	+76,8[c]	-	-
Problemlösungskompetenz	-	+57,7[c]	+58,8[c]
Parteiidentifikation	+42,0[c]	+52,2[c]	+47,2[c]
Nagelkerkes R^2	0,57	0,64	0,61

Die Fallzahl beträgt für alle drei Spalten 3240.
a: p<0,05; b: p<0,01; c: p<0,001 (s. Anhang 4).

Ein ähnliches Bild ergibt sich, wenn statt der Salden der Lösungskompetenz die Anzahl der Probleme, für welche die Lösungskompetenz den Unionsparteien bzw. der SPD zugeschrieben wird, betrachtet wird (Tabelle 5). Vergleicht man wiederum die niedrigsten und höchsten Werte dieser erklärenden Variablen – lösungsfähig für kein Problem gegenüber lösungskompetent hinsichtlich aller drei wahrgenommener Probleme – steigt die Wahlwahrscheinlichkeit zwischen Minimum und Maximum um 60 Prozentpunkte. Dies gilt sowohl für die SPD als auch für die Unionsparteien. Da diese Werte die in Tabelle 3 dargestellten Wahrscheinlichkeitsänderungen auf der Grundlage retrospektiver Bewertungen deutlich übertreffen, geben diese Ergebnisse erste positive Hinweise zur Beantwortung unserer ersten Hypothese, dass prospektive Kompetenzerwartung wichtiger ist als retrospektive Leistungsbeurteilung. Für einen genauen Test müssen im letzten Schritt sowohl die vergangenheitsbezogenen als auch die auf die Zukunft gerichteten evaluativen Faktoren der Entscheidungsfindung in einem gemeinsamen Modell geschätzt werden. Tabelle 6 gibt Auskunft über die Ergebnisse.

Tabelle 6: Einflüsse der Bewertung der Regierungsleistung und der Lösungskompetenz auf Wahlverhalten

	Wahlentscheidung für		
	Regierung	CDU/CSU	SPD
Leistung jeweilige Partei(en)	+14,5[b]	+31,6[c]	+28,6[c]
Problemlösungskompetenz-Saldo Regierung-Opposition	+75,2[c]	-	-
Problemlösungskompetenz	-	+48,6[c]	+51,4[c]
Parteiidentifikation	+41,8[c]	+44,0[c]	+40,5[c]
Nagelkerkes R^2	0,58	0,66	0,64

Die Fallzahl beträgt für alle drei Spalten 2993.
a: $p<0{,}05$; b: $p<0{,}01$; c: $p<0{,}001$ (s. Anhang 4).

Zuerst sollte festgehalten werden, dass, auch wenn die Parteineigung kontrolliert wird, beide Evaluationen – retrospektive wie prospektive – einen Einfluss auf die Wahlwahrscheinlichkeit ausüben. Selbst wenn angenommen wird, dass die retrospektiven Bewertungen als Grundlage der Einschätzung über die zu erwartende Leistung herangezogen werden, bleibt es bei einem eigenständigen und statistisch abgesicherten Einfluss, auch wenn die prospektive Evaluation einbezogen wird. Somit wäre die erste Schlussfolgerung, dass sowohl die vergangenen Leistungen im Sinne der angesprochenen „accountability“ von Belang sind als auch die Kompetenzzuschreibung bezüglich der bevorstehenden Aufgaben. Die Erklärungskraft dieser noch immer sehr sparsamen Modelle ist mit R^2-Werten von ca. 0,6 als recht gut zu bewerten. Der Vergleich des Einflusses von prospektiven und retrospektiven Bewertungen auf die Wahlentscheidung spricht eine deutliche

Sprache: In jedem der drei Fälle – für die gesamte Bundesregierung der Großen Koalition, für die Unionsparteien und für die SPD – übersteigt der Effekt der auf die Zukunft gerichteten Bewertung der Parteienkompetenz den Effekt der Zufriedenheit mit bisherigen Leistungen. Die Erwartung, dass prospektive Evaluationen einen stärkeren Einfluss auf das Wahlverhalten haben als retrospektive – unsere erste Hypothese – kann somit als bestätigt angesehen werden.

5.8.4 Fazit

Die Wählerinnen und Wähler waren aufgrund der Großen Koalition vor eine besondere Aufgabe gestellt, wollten sie die Regierung für schlechte Performanz durch Stimmenentzug abstrafen bzw. eine gute Leistung durch ihre Stimmabgabe honorieren. Denn auch bei einer negativen Einschätzung der Regierungsleistung konnte die Regierung nicht insgesamt abgewählt werden, da eine der beiden Parteien in jedem Fall Teil der Nachfolgeregierung geworden wäre. Vor diesem Hintergrund ist es nicht überraschend, dass parteispezifische Bewertungen einflussreicher für die Wahlentscheidung waren als die Gesamtbewertung der Regierungsleistung. Dementsprechend wirkte sich die Gesamtbewertung nur auf die Unionsparteien als Kanzlerpartei aus, für die SPD als ‚kleinem' Koalitionspartner konnte kaum ein Einfluss festgestellt werden. Der Einfluss der parteispezifischen Bewertungen war dagegen für SPD und Union etwa gleich groß.

Damit ist ein Hinweis darauf gegeben, dass die Wählerinnen und Wähler durchaus in der Lage sind, sich in einer solchen Situation differenzierterer Maßstäbe zu bedienen: Beide große Parteien wurden als Regierungsalternativen angesehen und diesbezüglich bewertet. Entsprechend schlugen sich die positiven bzw. negativen Evaluationen der Parteien auf die jeweiligen Wahlwahrscheinlichkeiten nieder. Ihr Kalkül passten die Wähler der faktischen Situation der Großen Koalition – es existierte keine Regierung im Wartestand – dadurch an, dass sie die beiden Partner der Großen Koalition als zukünftige Alternativen der Regierungsführung beurteilten. Besonders deutlich wird dies in dem Umstand, dass prospektive Faktoren, die Kompetenzzuschreibung hinsichtlich anstehender Probleme, für die Wahlentscheidung von größerer Wichtigkeit waren als die Bewertungen vergangener Leistungen.

Literatur

Fiorina, Morris P. 1981: Retrospective voting in American National Elections. New Haven, London: Yale University Press.

Kellermann, Charlotte/Rattinger, Hans 2005: Round up the usual suspects: Die Bedeutung klassischer Bestimmungsfaktoren der Wahlentscheidung bei den Bundestagswahlen 1994 bis 2002, in: Falter, JürgenW./Gabriel, Oscar W./Weßels, Bernhard, Hg., Wahlen und Wähler: Analysen aus Anlass der Bundestagswahl 2002, Wiesbaden: VS Verlag für Sozialwissenschaften, 189-212.

Manin, Bernand/Przeworski,Adam/Stokes, Susan C., Hg. 1999: Democracy, Accountability, and Representation. Cambridge: Cambridge University Press.

Pappi, Franz U./Shikano, Susumu 2001: Sachpolitik und Kompetenz als Beurteilungskriterien von großen und kleinen Wettbewerbern in deutschen Bundestagswahlkämpfen, in: Kaase, Max, Klingemann, Hans-Dieter, Hg., Wahlen und Wähler. Analysen aus Anlass der Bundestagswahl 1998, Wiesbaden: Westdeutscher Verlag, 309-350.

Popper, Karl 1980: Die offene Gesellschaft und ihre Feinde, Band I., 6. Auflage, München: A. Francke Verlag.

Roller, Edeltraud 1998: Positions- und performanzbasierte Sachfragenorientierungen und Wahlentscheidung: Eine theoretische und empirische Analyse aus Anlass der Bundestagswahl 1994, in: Kaase, Max/Klingemann, Hans-Dieter, Hg., Wahlen und Wähler: Analysen aus Anlaß der Bundestagswahl 1994, Wiesbaden: Westdeutscher Verlag, 259-284.

Shahla, Hossein 2001: Der sachlich abwägende Wähler: Zum Stellenwert sachlich-rationaler Motive der Wahlentscheidung im Rahmen des Rational-Choice-Ansatzes, in: Kaase, Max/Klingemann, Hans-Dieter, Hg., Wahlen und Wähler: Analysen aus Anlaß der Bundestagswahl 1998, Wiesbaden: Westdeutscher Verlag, 647-694.

Thurner, Paul W./Pappi, Franz U. 1998: Retrospektives und prospektives Wählen in Mehrparteiensystemen mit Koalitionsregierungen, in: Kaase, Max/Klingemann, Hans-Dieter, Hg., Wahlen und Wähler: Analysen aus Anlass der Bundestagswahl 1998, Wiesbaden: Westdeutscher Verlag, 113-144.

Weßels, Bernhard 2004: Sachfragen, generalisierte politische Positionen und Leistungsbewertungen: Zur Konditionierung präferenzorientierten Wählens, in Brettschneider, Frank/Deth, Jan W.v./Roller, Edeltraut, Hg., Die Bundestagswahl 2002: Analysen der Wahlergebnisse und des Wahlkampfes, Wiesbaden: VS Verlag für Sozialwissenschaften, 143-165.

5.9 Sachthemen und politische Streitfragen

Tatjana Rudi

5.9.1 Einleitung

Themen und politische Sachfragen als Einflussfaktoren auf das Wahlverhalten besitzen aus demokratietheoretischer Perspektive eine hervorgehobene Position. Idealtypisch sollte die gewählte Regierung einerseits die Interessen der Bürger vertreten und andererseits sollte die Regierung in Wahlen für ihr politisches Handeln verantwortlich gemacht werden. Beides setzt aber voraus, dass sich die Wähler bei ihrer Wahlentscheidung auch an Themen bzw. politischen Sachfragen orientieren. Dies ist keine Selbstverständlichkeit, bedenkt man, dass Wählen auf der Basis von Sachfragen aufwendig ist und dass politische Fragen für die meisten Bürger eher von untergeordneter Bedeutung sind (Campbell et al. 1960). In der Tat haben viele wissenschaftliche Studien gezeigt, dass bei der Erklärung von Wahlentscheidungen Sachfragen häufig von geringerer Relevanz sind als beispielsweise die Parteiidentifikation oder die Beurteilung des politischen Personals (Gehring/Winkler 1997; Kellermann 2007). 2009 könnte die Situation jedoch anders gewesen sein. Die Bundestagswahl 2009 stand ganz im Zeichen der Finanz- und Wirtschaftskrise und fand somit unter außergewöhnlichen Umständen statt. Zudem wurden die beiden Spitzenkandidaten als vergleichsweise unspektakulär, langweilig und wenig unterscheidbar empfunden, was den Spielraum für Effekte von Sachfragenorientierungen auf die Wahlentscheidung vergrößert haben könnte.

Um die Frage nach dem Einfluss von Themen auf die Wahlentscheidung beantworten zu können, werden im nächsten Abschnitt zunächst die konzeptionellen und theoretischen Grundlagen gelegt. Ausgehend von einer Begriffsklärung werden die Voraussetzungen für Sachfrageneffekte geklärt sowie die Wirkungsmechanismen diskutiert. Anschließend erfolgt eine Beschreibung der Sachfragen, die im Wahlkampf thematisiert wurden und für die in der GLES 2009 Daten verfügbar sind. Abschließend wird dann untersucht, welchen Einfluss Einstellungen zu politischen Sachfragen bei der Bundestagswahl 2009 hatten.

5.9.2 Konzeptionelle und theoretische Überlegungen: Sachfragen und ihr Einfluss auf die Wahlentscheidung

Bevor die Rolle von politischen Sachfragen bei der Wahlentscheidung untersucht werden kann, ist jedoch erst zu klären, was überhaupt unter einer politischen Sachfrage zu verstehen ist. In der Forschung hat sich ein enges Verständnis des Begriffs durchgesetzt. Danach werden unter politischen Sachfragen alle Fragen verstanden, die sich auf die Inhalte staatlicher Politik beziehen (Campbell et al. 1960: 168-169). Damit ist der Begriff der politischen Sachfrage von dem Begriff der politischen Streitfrage abzugrenzen, worunter alle Fragen verstanden werden, die in der politischen Auseinandersetzung auftreten können (Roller 1998: 176-177; Schoen/Weins 2005: 226). (Politische) Sachfrage ist jedoch nicht gleich (politische) Sachfrage. Sachfragen können nach den verschiedensten Kriterien differenziert werden (Roller 1998: 179-180). Beispielsweise werden Sachfragen nach ihrem Zeitbezug unterschieden. Je nachdem, ob sich die Sachfrageneinstellungen auf die Vergangenheit oder die Zukunft beziehen, spricht man von retrospektiver oder prospektiver Wahlentscheidung. Weiterhin werden Sachfragen nach Politikfeldern (z.B. Wirtschaftspolitik, Verteidigungspolitik) unterschieden. Die für die folgenden Analysen wichtigste Differenzierung ist jedoch die zwischen Positionssachfragen und Performanzsachfragen bzw. Valenzsachfragen. Während es sich bei positionsbasierten Sachfragen um solche Sachfragen handelt, deren Ziele und Mittel in der Gesellschaft umstritten sind, wie z.B. der Ausstieg aus dem Ausstieg aus der Kernenergie, handelt es sich bei Performanzsachfragen um Themen, bei denen Einigkeit hinsichtlich des Ziels herrscht (z.B. Vollbeschäftigung). Allerdings bestehen Differenzen dahingehend, wie dieses Ziel erreicht werden kann bzw. welche Partei am ehesten in der Lage ist, dieses Ziel zu erreichen (Stokes 1963: 373; Roller 1998).

Die Unterscheidung zwischen Positions- und Performanzsachfragen ist nicht nur von rein theoretischem Interesse. Vielmehr spielt der Typus der Sachfrage auch eine Rolle für den Wirkungsmechanismus. Hierunter wird der Weg verstanden, auf welchem eine Sachfrage Bedeutung für das Wahlverhalten erlangt. Generell kann eine Sachfrage nur dann für das Wahlverhalten relevant sein, wenn das Thema wahrgenommen, als wichtig erachtet und mit Parteien (bzw. Kandidaten) in Verbindung gebracht wird sowie schließlich Unterschiede zwischen Parteien (bzw. Kandidaten) wahrgenommen werden (Campbell et al. 1960). Sind diese Bedingungen gegeben, dann entscheidet sich der Bürger bei performanzbasierten Sachfragen für diejenige Partei, die seines Erachtens am besten mit den von ihm als wichtig erachteten Problemen umgegangen ist bzw. sie seines Erachtens am besten wird lösen können. Bei Positionssachfragen ist die Sache etwas komplizierter, weil in der Forschung verschiedene Entscheidungsmodelle entwickelt wurden (Downs 1957; Matthews 1979; Rabinowitz/MacDonald 1989). Ein einfaches, weitverbreitetes und relativ erfolgreiches Modell ist das Distanzmodell (Downs 1957; Krämer/Rattinger 1997). Das Distanzmodell besagt im Grunde, dass der Wähler sich für diejenige Partei entscheidet, deren Position bei einer bestimmten Sachfrage die geringste Entfernung zur eigenen Position aufweist. Berücksichtigt ein Bürger nicht nur eine Sachfrage, sondern mehrere, so werden diese Sachfragen bei der Bildung der Gesamtdistanz nach der persönlichen Wichtigkeit gewichtet.

5.9.3 Einstellungen zu Sachfragen in der deutschen Bevölkerung

Bevor die Zusammenhänge zwischen politischen Sachfragen und der Wahlentscheidung betrachtet werden, soll zunächst ein Blick auf die Einstellungen der Bürger zu Sachfragen geworfen werden. Bei Performanzsachfragen stellt sich die Frage, ob und welche Themen von den Bürgern als wichtig erachtet werden und wen sie für kompetent halten, das Problem zu lösen. Tabelle 1 gibt einen Überblick über das aus Sicht der Befragten wichtigste, zweitwichtigste und drittwichtigste politische Problem in Deutschland. Aufgeführt sind nur Themen, die von mindestens fünf Prozent der Befragten, die mindestens ein Thema als wichtig erachten, genannt wurden. Wie Tabelle 1 zu entnehmen ist, gelten nur wenige Politikbereiche überhaupt als wichtig. Als besonders wichtig erweisen sich die Arbeitsmarktpolitik, die Wirtschaftspolitik sowie die Sozialpolitik. Beispielsweise halten 37 Prozent der Befragten, die mindestens ein Thema als wichtig erachten, die Probleme im Bereich der Arbeitsmarktpolitik als die wichtigsten. Auch beim zweitwichtigsten Problem erfährt die Arbeitsmarktpolitik die häufigste Nennung. Neben diesen drei Bereichen gibt es mit der Kritik an der Gesellschaft, an politischen Institutionen und Machtinhabern, der Finanzpolitik, der Bildungspolitik, der Inneren Sicherheit und der Umweltpolitik noch weitere Themen, die von einigen Befragten als wichtig eingestuft werden. Quantitativ gesehen sind diese jedoch von untergeordneter Bedeutung. Da sich insbesondere beim wichtigsten Problem eine Dominanz der Bereiche Arbeitsmarkt und Wirtschaft findet, wird sich das gesamte nächste Kapitel 5.10 mit dem Einfluss der ökonomischen Lage auf das Wahlverhalten befassen.

Tabelle 1: Die wichtigsten Probleme in Deutschland

	Wichtigstes Problem	Zweitwichtigstes Problem	Drittwichtigstes Problem
Arbeitsmarktpolitik	37	27	13
Wirtschaftspolitik	25	16	12
Sozialpolitik	14	24	32
Normative Ordnung	6	5	5
Finanzpolitik	6	6	18
Bildungspolitik	-	7	8
Innere Sicherheit	-	-	6
Umweltpolitik	-	-	5
Sonstiges	12	15	1

Angaben in Prozent. Angegeben wurden nur Probleme, die von mindestens fünf Prozent der Befragten, die mindestens ein Thema als wichtig erachtet haben, genannt wurden.

Welche Partei ist nun am ehesten in der Lage, die Probleme in diesen Bereichen zu lösen? Wie aus Tabelle 2 ersichtlich ist, erhält die Union – unabhängig davon, ob es sich um das wichtigste, zweitwichtigste oder das drittwichtigste Problem handelt – die höchsten Kompetenzwerte, gefolgt von der SPD, den Linken, der FDP und Bündnis 90/Die Grünen. Lediglich beim drittwichtigsten Problem werden Bündnis 90/Die Grünen häufiger genannt. Dies mag mit der Tatsache zusammenhängen, dass Umweltpolitik häufiger als drittwichtigstes Problem genannt wurde und den Grünen Kompetenz in diesem Bereich zugeschrieben wird. Neben diesen Kompetenzzuweisungen an die Parteien existiert aber auch ein beachtlicher Anteil von Bürgern, der keiner Partei die Lösung der Probleme zutraut. Beim wichtigsten Problem beträgt dieser Anteil knapp 18 Prozent. Dieser Wert ist immerhin fast so hoch wie der Wert für die SPD. Man könnte nun glauben, dass diese allgemeinen Kompetenzwerte nur bedingt aussagekräftig sind, weil keine Differenzierung nach den Problemen erfolgt und die Zuweisung der Problemlösungskompetenz bekanntlich in Abhängigkeit von den Themen variiert. So wird nach dem Konzept des „issue ownership" den Parteien in unterschiedlichen Bereichen die Lösungskompetenz zugeschrieben (Petrocik 1996).

Wie Tabelle 3 für die häufigsten Nennungen beim wichtigsten Problem zeigt, ist dies natürlich richtig. Allerdings ändert sich an der generellen Aussage nichts: Mit einer einzigen Ausnahme erhält die Union in allen Themengebieten die höchste Problemlösungskompetenz zugeschrieben. Im Einzelnen zeigt Tabelle 3 die Zuweisung der Problemlösungskompetenz für die drei häufigsten Nennungen beim wichtigsten Problem auf. In allen drei Bereichen erhält die Union die größte Problemlösungskompetenz zugeschrieben. Wenig überraschend ist die Tatsache, dass der Anteil der Befragten, der der Union die Problemlösungskompetenz zuschreibt, im Bereich der Wirtschaftspolitik am höchsten ist. Dagegen weisen nur knapp 20 Prozent der Befragten, die einen der drei Politikbereiche als am wichtigsten erachtet haben, der SPD die höchste Kompetenz zu und das unabhängig davon, ob es sich um die Arbeitsmarkt-, die Wirtschafts- oder die Sozialpolitik handelt. Betrachtet man die drei übrigen Parteien, so stellt man fest, dass sie alle die höchste Kompetenzzuweisung im Bereich der Sozialpolitik enthalten. Hier ist besonders der Wert der Partei Die Linke auffallend: 14 Prozent der Befragte, die Themen im Bereich der Sozialpolitik als die wichtigsten erachten, weisen der Linken die Lösungskompetenz hierfür zu.

Tabelle 2: Zuweisung der Problemlösungskompetenz

	Wichtigstes Problem	Zweitwichtigstes Problem	Drittwichtigstes Problem
CDU/CSU	31	30	26
SPD	20	21	20
FDP	7	9	9
B90/Die Grünen	6	8	11
Die Linke	10	11	12
Keine Partei	18	12	12
Sonstige	8	9	10

Angaben in Prozent.

Tabelle 3: Zuweisung der Problemlösungskompetenz in den drei wichtigsten Bereichen

	Arbeitsmarktpolitik	Wirtschaftspolitik	Sozialpolitik
CDU/CSU	31	38	29
SPD	22	21	22
FDP	7	6	7
B90/Die Grünen	4	4	7
Die Linke	9	6	14
Keine Partei	19	18	11
Sonstige	8	7	10

Angaben in Prozent.

Im Unterschied zu den bislang behandelten performanzbasierten Sachfragen herrscht bei den positionsbasierten Sachfragen, die nun betrachtet werden, keine Einigkeit in der Bevölkerung hinsichtlich der Ziele. In der GLES 2009 wurden drei wichtige Positionssachfragen abgefragt. Für jede dieser drei Positionssachfragen wurde dabei zum einen die Position der Befragten erhoben, zum anderen wurden die Befragten gebeten, auch die Haltung der einzelnen Parteien zu diesen Themen einzuschätzen. Die Ergebnisse sind aus den Abbildungen 1 bis 3 ersichtlich. Diese Abbildungen enthalten jeweils den Mittelwert der Positionen der Befragten sowie die Mittelwerte der durch die Befragten wahrgenommenen Positionen der Parteien. Abbildung 1 bezieht sich auf die sozioökonomische Dimension und stellt die Position „mehr sozialstaatliche Leistungen, auch wenn das mehr Steuern und Abgaben bedeutet" der Position „weniger Steuern und Abgaben, auch wenn das weniger sozialstaatliche Leistungen bedeutet" gegenüber. Die Wahrnehmung der Positionen der Parteien entspricht weitgehend den Erwartungen, wie ihre Anordnung auf der Skala zeigt: Die Linke wird am weitesten links eingestuft, gefolgt von Bündnis 90/Die Grünen und der SPD. Diese Parteien sprechen sich also – gemäß den Wahrnehmungen der Befragten – tendenziell für mehr sozialstaatliche Leistungen aus, auch wenn dies mit höheren Abgaben und Steuern verbunden ist. Weiter rechts befinden sich die Union und die FDP. Die Befragten selbst stufen sich im Durchschnitt minimal rechts vom Nullpunkt ein. Diese Position wird von keiner Partei vertreten, die CDU ist jedoch diejenige Partei, welche die geringste Distanz zu dieser Position aufweist.

Abbildung 1: Wahrgenommene durchschnittliche Position der Befragten und der Parteien auf der sozioökonomischen Dimension

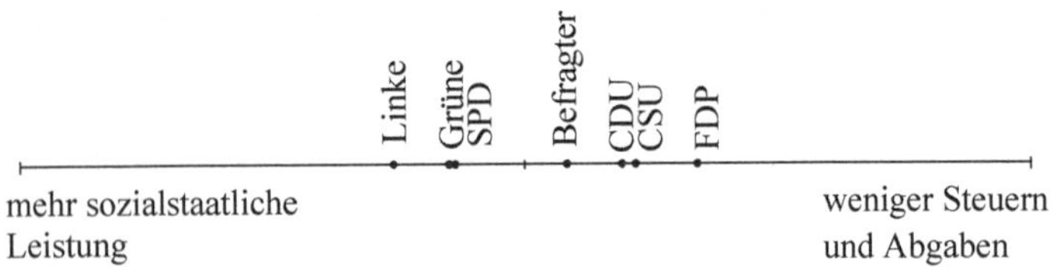

Frage: „Manche wollen weniger Steuern und Abgaben, auch wenn das weniger sozialstaatliche Leistungen bedeutet, andere wollen mehr sozialstaatliche Leistungen, auch wenn das mehr Steuern und Abgaben bedeutet."

Abbildung 2: Wahrgenommene durchschnittliche Position der Befragten und der Parteien auf der libertär-autoritären Dimension

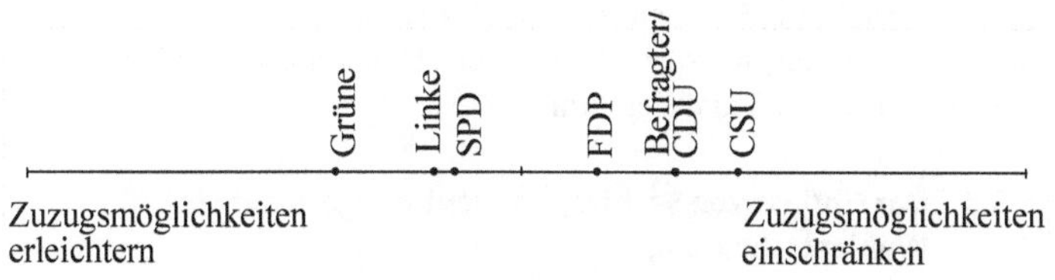

Frage: „Sollten die Zuzugsmöglichkeiten für Ausländer erleichtert oder eingeschränkt werden?"

Abbildung 3: Wahrgenommene durchschnittliche Position der Befragten und der Parteien zur Kernenergie

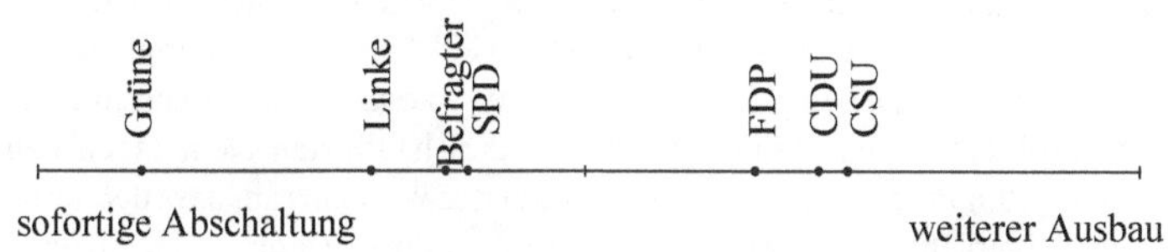

Frage: „Sollte die Kernenergie weiter ausgebaut werden oder sollten alle Kernkraftwerke sofort abgeschaltet werden?"

Abbildung 2 enthält die Positionen auf der libertär-autoritären Dimension, die durch eine Frage abgebildet wird, ob die Zuzugsmöglichkeiten für Ausländer erleichtert oder eingeschränkt werden sollten. Auch hier ist die die Anordnung der Parteien entlang der Skala keine Überraschung. Am weitesten links befinden sich Bündnis90/Die Grünen, gefolgt von der Linken, der SPD, der FDP, der CDU und der CSU. Die mittlere Position der Befragten entspricht ziemlich genau der Position der CDU und besagt inhaltlich, dass eine gewisse Beschränkung der Zuzugsmöglichkeiten von Ausländern erwünscht ist. Schließlich enthält Abbildung 3 noch die Einstellungen zur Kernenergie, also zu einem Thema, das auch kontrovers im Wahlkampf diskutiert wurde. Die Einstufung der Parteien ist erneut im Einklang mit den Erwartungen. Auffallend ist – im Unterschied zu den beiden vorherigen Positionssachfragen – die große Streuung der Parteien entlang dieser Skala. Die Position der Befragten weist die geringste Distanz zu derjenigen Position der SPD auf. Demnach spricht sich die Bevölkerung im Mittel für eine Abschaltung von Kernkraftwerken aus. Diese drei Positionssachfragen können jedoch nur dann Wirkung auf die Wahlentscheidung entfalten, wenn sie von der Bevölkerung als wichtig eingestuft werden. Dies ist in der Tat der Fall. Die Mittelwerte für die Wichtigkeit der einzelnen Themen betragen (gemessen auf einer Skala von null bis eins, wobei höhere Werte eine höhere Wichtigkeit anzeigen): Sozioökonomische Dimension 0,76, libertär-autoritäre Dimension 0,65 und Kernkraftwerke 0,67.

5.9.4 Der Einfluss von Sachfragenorientierungen auf die Wahlentscheidung

Im Folgenden soll nun der Einfluss von Sachfragenorientierungen auf die Wahlentscheidung untersucht werden. Wie in den anderen Kapiteln werden auch in diesem Kapitel binäre logistische Regressionen für jede der fünf Bundestagsparteien berechnet (s. Kapitel 5.6). Die Modelle für die einzelnen Parteien sind dabei nach einem einheitlichen Schema aufgebaut. Jedes Modell enthält die Parteiidentifikation zur jeweils betrachteten Partei als Kontrollvariable. Daneben werden drei Dummy-Variablen für die Zuschreibung der Problemlösungskompetenz bei den drei häufigsten Nennungen beim wichtigsten Problem gebildet. Dabei zeigt der Wert eins an, dass der jeweils gerade betrachteten Partei die höchste Problemlösungskompetenz im jeweiligen Bereich (Arbeitsmarktpolitik, Wirtschaftspolitik oder Sozialpolitik) zugeschrieben wird. Der Wert null bedeutet, dass es sich entweder bei dem Problem nicht um das wichtigste Problem handelt oder dass der gerade betrachteten Partei hierfür nicht die höchste Problemlösungskompetenz zugeschrieben wird. Neben diesen drei Variablen, die performanzbasierte Sachfragen abbilden, werden jeweils drei weitere Variablen für die drei in der Befragung erhobenen Positionssachfragen berücksichtigt. Um das Modell einfach zu halten, wird dabei für jede der drei positionsbasierten Sachfragen ein separates Distanzmaß berechnet, indem der Abstand zwischen der Position der jeweils betrachteten Partei und der Position des Befragten bestimmt wird. Geringere Werte stehen dabei für eine geringere Distanz zwischen der eigenen Position und der Position einer Partei, so dass für eine Bestätigung des Distanzmodells – im Unterschied zu den anderen Variablen – negative Vorzeichen in Tabelle 4 erwartet werden.

Die Ergebnisse für die einzelnen Parteien sind in Tabelle 4 enthalten. Wie ihr entnommen werden kann, ist die Erklärungskraft der Modelle insgesamt mehr als nur zufrieden stellend. Nagelkerkes R^2 variiert von 0,45 für die FDP bis 0,66 für die Union. Auffallend ist, dass das Modell die Wahl der beiden Volksparteien offensichtlich besser erklären kann als die Wahl der „kleineren“ Parteien. Was den Einfluss der Kontrollvariable angeht, so kann man feststellen, dass – mit einer Ausnahme – die Parteiidentifikation der wichtigste Erklärungsfaktor der Wahlentscheidung ist. Lediglich bei der Erklärung der Wahlentscheidung zugunsten der FDP sind Kompetenzzuweisungen wichtiger bzw. der Parteiidentifikation ebenbürtig.

Tabelle 4: Der Einfluss von Sachfragenorientierungen auf die Wahlentscheidung

	CDU/ CSU	SPD	FDP	B90/ Grüne	Die Linke
Kompetenz Arbeitsmarktpolitik	+32[c]	+28[c]	+51[c]	+10	+52[c]
Kompetenz Wirtschaftspolitik	+41[c]	+54[c]	+55[c]	+52[c]	+66[c]
Kompetenz Sozialpolitik	+45[c]	+33[c]	+49[c]	+16	+39[c]
Distanz sozioökonomische Dimension	-12[b]	-9	-12[c]	-5	-10[b]
Distanz libertär-autoritäre Dimension	-5	+6	-5[b]	-6[b]	-5
Distanz Kernkraft	-19[c]	-19[c]	-15[c]	-13[c]	-6[a]
Parteiidentifikation	+58[c]	+58[c]	+50[c]	+67[c]	+4[c]
Nagelkerkes R^2	0,66	0,62	0,45	0,54	0,57
N	2440	2442	2276	2301	2061

a: p <0,05; b: p <0,01; c: p <0,001 (s. Anhang 4).

Betrachtet man nun die Ergebnisse für die einzelnen Parteien genauer, so stellt man im Falle der Union fest, dass die Problemlösungskompetenz bei den drei wichtigsten Problemen ein sehr wichtiger Erklärungsfaktor ist. Am erklärungskräftigsten erweist sich die Kompetenz im Bereich der Sozialpolitik, gefolgt von der Wirtschafts- und Arbeitsmarktpolitik. Weist jemand beispielsweise der Union die höchste Kompetenz in der Sozialpolitik zu, dann ist die Wahrscheinlichkeit, dass diese Person die Union wählt, um 45 Prozentpunkte höher als bei denjenigen Personen, die nicht der Union die Problemlösungskompetenz zuschreiben bzw. das Thema nicht als das wichtigste ansehen. Im Unterschied zu diesen performanzbasierten Sachfragen sind die drei Positionssachfragen von deutlich geringerer Relevanz für die Wahl der Union. Nur die Einstellungen zu Kernkraftwerken und zur sozioökonomischen Dimension sind von substanzieller Bedeutung. Beispielsweise senkt eine Vergrößerung der Distanz zwischen der eigenen Position und der Position der Union von null (minimaler Wert) auf zwei (maximaler Wert) die Wahrscheinlichkeit der Wahl der Union um 19 Prozentpunkte. Ähnliche Ergebnisse findet man im Erklärungsmodell für die Wahl der SPD.

Die Kompetenzzuweisungen sind neben der Parteiidentifikation sehr wichtige Erklärungsgrößen. Insbesondere die Wirtschaftspolitik ist von enormer Bedeutung. Weist jemand der SPD die Kompetenz im Bereich der Wirtschaftspolitik zu, dann steigt die Wahrscheinlichkeit, dass diese Person die SPD wählt, um 54 Prozentpunkte. Zudem besitzen wieder die Einstellungen zu Kernkraftwerken einen Effekt.

Das Bild ändert sich etwas, wenn man das Erklärungsmodell für die Wahl der FDP betrachtet. Auch hier sind wieder alle drei Kompetenzzuweisungen bedeutsam. Allerdings sind die Kompetenzzuweisungen im Falle der FDP für die Wahlentscheidung zum Teil sogar wichtiger als die Parteiidentifikation. Besonders hervorstechend hinsichtlich ihrer Erklärungskraft ist die Kompetenzzuweisung im Bereich der Wirtschaftspolitik: Eine Kompetenzzuweisung in diesem Bereich steigert die Wahlchancen der FDP um 55 Prozentpunkte. Von den Positionssachfragen sind jetzt neben den Einstellungen zur Kernenergie auch die Haltungen zu Sozialleistungen bzw. Steuern von Relevanz. Vor dem Hintergrund der Tatsache, dass die FDP das Thema Steuern im Wahlkampf thematisiert hat, ist letzteres wenig überraschend. Dieser Effekt beträgt immerhin 12 Prozentpunkte. In der Tat sind die FDP-Wähler sehr für Steuersenkungen wie der Mittelwert von 0,30 zeigt. Im Falle von Bündnis 90/Die Grünen erweist sich von den Kompetenzzuweisungen nur die Einschätzung zur Wirtschaftspolitik als einflussreich. Wie bei der FDP sind auch bei Bündnis 90/Die Grünen wieder zwei Positionssachfragen für die Wahlentscheidung relevant - und zwar die Einstellungen zu Kernkraftwerken sowie die libertär-autoritäre Dimension. Allerdings ist die Erklärungskraft dieser beiden Variablen gegenüber der Kompetenzzuweisung in der Wirtschaftspolitik von untergeordneter Bedeutung. Schließlich sind bei der Erklärung der Wahl der Linken wieder alle drei Kompetenzzuweisungen von enormer Relevanz für das Wahlverhalten. Erneut erweist sich die Kompetenzzuweisung in der Wirtschaftspolitik als die wichtigste Performanzsachfrage. Von den positionsbasierten Sachfragen ist nur die sozioökonomische Dimension von Relevanz. Substanziell ist sie jedoch von marginaler Bedeutung. Im Unterschied zur FDP befürworten die Wähler der Linken eine Erhöhung von Steuern und Abgaben, wenn dadurch die Sozialausgaben gesteigert werden (Mittelwert -0,12).

Insgesamt lässt sich festhalten, dass Einstellungen zu Sachfragen einen sehr wichtigen Erklärungsfaktor für die Wahlentscheidung darstellen. Allerdings gilt dies nicht für alle Typen von Sachfragen gleichermaßen. Die hier gezeigten empirischen Analysen bestätigen frühere Ergebnisse, wonach Performanzeinschätzungen für die Wahlentscheidung wichtiger sind als Positionen zu umstrittenen Sachfragen (s. z.B. Roller 1998; Schmitt 1998). Die Kompetenzeinschätzungen zu den drei am häufigsten genannten Problemen erwiesen sich für alle Bundestagsfraktionen als sehr erklärungskräftig. Mit Ausnahme der Wahlentscheidung zugunsten der Union stellte sich dabei die Kompetenz im Bereich der Wirtschaftspolitik als die bedeutsamste Erklärungsgröße heraus. Demgegenüber erwies sich die Erklärungskraft der drei Positionsissues als vergleichsweise bescheiden. Die Haltung zur Kernenergie erwies sich noch als die erklärungskräftigste Variable aus dieser Gruppe. Gegenüber den performanzbasierten Sachfragen waren sie substanziell jedoch von untergeordneter Bedeutung. Vor dem Hintergrund, dass das Thema der Zuwanderung von Ausländern politisch überhaupt keine Rolle im Wahlkampf spielte, ist dieses Ergebnis für die libertär-autoritäre Dimension nicht wirklich überraschend.

5.9.5 Fazit

Im Zentrum dieses Kapitels stand die Frage, welchen Einfluss politische Sachfragen auf die Wahlentscheidung bei der Bundestagswahl 2009 hatten. Vor dem Hintergrund der spezifischen Situation bei der Bundestagswahl 2009 – eine schwere Finanz- und Wirtschaftskrise sowie vergleichsweise langweilige und schwer unterscheidbare Kandidaten – wurde ein eher starker Effekt von Sachfragenorientierungen auf die Wahlentscheidung für möglich gehalten. Die Ergebnisse der multivariaten Analysen sprechen in der Tat für beachtliche Effekte von Einstellungen zu politischen Themen. Insbesondere die Kompetenzeinschätzungen bei den drei häufigsten Nennungen zum wichtigsten Problem (Arbeitsmarkt-, Wirtschafts- und Sozialpolitik) erwiesen sich als wirkungsstark – und das praktisch unabhängig davon, welche Partei betrachtet wird. Im Unterschied zu diesen Performanzeinschätzungen zeigte sich das Erklärungspotenzial von Positionssachfragen als relativ gering. Nur die Position zur Kernenergie zeigte systematische Effekte, doch auch diese waren gegenüber den Kompetenzeinschätzungen vergleichsweise bescheiden. Damit erwies sich einmal mehr, dass bei Bundestagswahlen Performanzeinschätzungen bedeutsamer sind als Positionssachfragen. Bei der Interpretation dieses Ergebnisses sollte allerdings berücksichtigt werden, dass die in den Erklärungsmodellen berücksichtigten Positionssachfragen im Unterschied zu den Performanzeinschätzungen vorgegeben waren. Es ist nicht auszuschließen, dass andere Positionssachfragen eine höhere Bedeutung für die Wahlentscheidung gehabt haben. Vor dem Hintergrund, dass Wirtschafts- und Arbeitsmarktthemen die höchste Priorität für die Befragten aufweisen, ist es denkbar, dass Positionssachfragen, die sich beispielsweise auf die Art der Bekämpfung der Wirtschaftskrise beziehen, von größerer Bedeutung für die Wahlentscheidung sein könnten.

Literatur

Campbell, Angus/Converse, Philipp E./Miller, Warren E./Stokes, Donald E. 1960: The American Voter, New York, London: Wiley.

Downs, Anthony 1957: An Economic Theory of Democracy, New York: Harper.

Gehring, Uwe/Winkler, Jürgen R. 1997: Parteiidentifikation, Kandidaten- und Issueorientierungen als Determinanten des Wahlverhaltens in Ost- und Westdeutschland, in: Gabriel, Oscar W., Hg., Politische Orientierungen und Verhaltensweisen im vereinigten Deutschland, Opladen: Leske + Budrich, 473-506.

Kellermann, Charlotte 2007: Trends and Constellations: Klassische Bestimmungsfaktoren des Wahlverhaltens bei den Bundestagswahlen 1990-2005, Baden-Baden: Nomos.

Krämer, Jürgen/Rattinger, Hans 1997: The Proximity and Directional Theories of Issue Voting: Comparative Results for the USA and Germany, in: European Journal of Political Research 32, 1-29.

Matthews, Steven A. 1979: A Simple Direction Model of Electoral Competition, in: Public Choice 34, 141-156.

Petrocik, John R. 1996: Issue Ownership in Presidential Elections, with a 1980 Case Study, in: American Journal of Political Science 40, 825-850.

Rabinowitz, George/MacDonald, Stuart Elaine 1989: A Directional Theory of Issue Voting, in: American Political Science Review 83, 787-804.

Roller, Edeltraud 1998: Positions- und performanzbasierte Sachfragenorientierungen und Wahlentscheidung: Eine theoretische und empirische Analyse aus Anlaß der Bundestagswahl 1994, in: Kaase, Max/Klingemann, Hans-Dieter, Hg., Wahlen und Wähler. Analysen aus Anlaß der Bundestagswahl 1994, Opladen, Wiesbaden: Westdeutscher Verlag, 176-177.

Schmitt, Herrmann 1998: Issue-Kompetenz oder Policy-Distanz? Zwei Modelle des Einflusses politischer Streitfragen auf das Wahlverhalten und die empirische Evidenz aus drei Nachwahlumfragen zur Bundestagswahl 1994, in: Kaase, Max/Klingemann, Hans-Dieter, Hg., Wahlen und Wähler. Analysen aus Anlaß der Bundestagswahl 1994, Wiesbaden: Westdeutscher Verlag, 145-172.

Schoen, Harald/Weins, Cornelia 2005: Der sozialpsychologische Ansatz zur Erklärung von Wahlverhalten, in: Falter, Jürgen W./Schoen, Harald, Hg., Handbuch Wahlforschung, Wiesbaden: VS Verlag für Sozialwissenschaften: 187-242.

Stokes, Donald E. 1963: Spatial Models of Party Competition, in: American Political Science Review 57, 368-377.

5.10 Wirtschaftliche Krise

Markus Steinbrecher und Hans Rattinger

5.10.1 Einleitung

„Es ist die Wirtschaft, Dummkopf!" („It's the economy, stupid!"). Mit dieser Empfehlung einer seiner Wahlkampfmanager gewann Bill Clinton 1992 die US-amerikanische Präsidentschaftswahl. Diese Aussage lässt sich ohne weiteres auch auf deutsche Bundestagswahlen übertragen. Betrachtet man die Wahlergebnisse und deren entscheidende Bestimmungsfaktoren nach der Wiedervereinigung, so haben wirtschaftliche Themen bei jeder Wahl den Wahlkampf der Parteien und die Wahlentscheidung der Bürger mitbestimmt (Kellermann/Rattinger 2006, 2007).

Welche Bedeutung haben ökonomische Fragen nun bei der Bundestagswahl 2009? Vor dem Hintergrund der „schlimmsten Wirtschaftskrise seit 1945" – so Angela Merkel am 11. März 2009 – sollten wirtschaftliche Probleme und Lösungskompetenzen für die Wahlberechtigten bei ihrer Stimmabgabe eine wichtige Rolle gespielt haben. Bevor Analyseergebnisse präsentiert werden können, müssen zunächst alle in diesem Kapitel verwendeten wirtschaftlichen Variablen vorgestellt werden (Abschnitt 5.10.2). Um die Einmaligkeit der wirtschaftlichen Situation Deutschlands vor der Bundestagswahl 2009 zu verdeutlichen, ist es sinnvoll, einen Blick zurück zu werfen und die Entwicklung einiger Einschätzungen der wirtschaftlichen Lage in Deutschland seit 1990 zu betrachten (5.10.3). Die Wirkung wirtschaftlicher Einschätzungen auf die Wahlentscheidung zugunsten einzelner Parteien ist Gegenstand von Abschnitt 5.10.4. Zusätzlich wird dort noch untersucht, ob einige weitere Faktoren einen besonderen Einfluss auf die Bedeutung wirtschaftsbezogener Einstellungen haben. Dies sind Angst vor der Wirtschaftskrise und die Zuordnung von Verantwortung für die nationale wirtschaftliche Lage an die Bundesregierung. Im Abschnitt 5.10.5 wird noch einmal explizit untersucht, ob ein Wechsel der Wahlabsicht zugunsten oder zuungunsten der Parteien der neuen schwarz-gelben Bundesregierung zwischen den Wahlen 2005 und 2009 durch wirtschaftliche Einschätzungen beeinflusst worden ist oder nicht. Zum Abschluss werden in Abschnitt 5.10.6 die wichtigsten Ergebnisse noch einmal zusammengefasst.

5.10.2 Verwendete wirtschaftliche Indikatoren

Tabelle 1 bietet einen Überblick über die in diesem Kapitel verwendeten wirtschaftlichen Einschätzungen der Bürger. In der GLES 2009 wurden die Wahlberechtigten sowohl nach der Bewertung ihrer persönlichen wirtschaftlichen Lage als auch nach ihrer Einschätzung hinsichtlich der allgemeinen wirtschaftlichen Situation des Landes gefragt. Dabei sollten die Befragten die aktuelle Lage sowie deren Entwicklung in den vergangenen ein bis zwei Jahren (retrospektiv) bewerten. Außerdem wurden sie nach ihren Erwartungen für das kommende Jahr gefragt (prospektiv). Diese insgesamt sechs Indikatoren haben einen Wertebereich zwischen -1 und +1. Neben stark und schwach optimistischen und pessimistischen Bewertungen der wirtschaftlichen Lage konnten die Befragten auch neutrale Antworten (0) abgeben. Betrachtet man die Mittelwerte in Tabelle 1, so liegen fast alle Einschätzungen der Befragten im negativen Bereich. Einzige Ausnahme ist die eigene aktuelle wirtschaftliche Lage, die von den Befragten mit einem Wert von 0,04 ganz leicht positiv wahrgenommen wird. Deutlich wird, dass – unabhängig von der zeitlichen Dimension – die eigene Lage besser bewertet wird als die Lage des Landes. Besonders groß ist der Unterschied bei den aktuellen und retrospektiven Bewertungen mit jeweils etwa 0,3 Skalenpunkten Unterschied. Vergleicht man die drei zeitlichen Dimensionen, so sind die auf die Vergangenheit gerichteten Bewertungen mit Abstand am schlechtesten. Angesichts des drastischen Abschwungs der deutschen Wirtschaft seit dem Herbst 2008 ist dies wenig überraschend.

Tabelle 1: Übersicht der verwendeten wirtschaftlichen Variablen

Variable	Mittelwert	Standardabweichung
Eigene Lage, aktuell	0,04	0,46
Eigene Lage, retrospektiv	-0,19	0,40
Eigene Lage, prospektiv	-0,05	0,37
Verantwortlichkeit eigene Lage, retrospektiv[1]	0,56	0,28
Allgemeine Lage, aktuell	-0,29	0,37
Allgemeine Lage, retrospektiv	-0,47	0,41
Allgemeine Lage, prospektiv	-0,08	0,46
Verantwortlichkeit allgemeine Lage, retrospektiv[1]	0,63	0,23
Angst vor Wirtschaftskrise[1]	0,55	0,27

Die Fallzahl für die einzelnen Variablen variiert zwischen 4067 und 4290.
[1]: Skalen von 0 bis 1, sonst -1 bis +1.

Zusätzlich zur retrospektiven Bewertung der Entwicklung der allgemeinen und eigenen wirtschaftlichen Lage wurden die Teilnehmer der Deutschen Wahlstudie danach gefragt, inwiefern sie die Bundesregierung für diese Entwicklung verantwortlich machen. Diese Zuweisung von Verantwortlichkeit ist von großer Bedeutung, da man davon ausgehen kann, dass wirtschaftliche Einschätzungen für das Wahlverhalten wichtiger sind, wenn ein zentraler politischer Akteur für die eigene oder allgemeine wirtschaftliche Situation verantwortlich gemacht wird. Der Wertebereich der beiden Verantwortlichkeits-Variablen liegt zwischen 0 und 1. Deutlich wird, dass die Bürger die Bundesregierung in stärkerem Maße in der Verantwortung für die allgemeine wirtschaftliche Entwicklung sehen (0,63 im Vergleich zu 0,56). Einen Wertebereich zwischen 0 und 1 hat auch ein weiterer Indikator, der einen spezifischen Aspekt der aktuellen wirtschaftlichen Situation in Deutschland vor der Bundestagswahl 2009 abdeckt, nämlich Angst vor der Wirtschaftskrise. Etwas Angst ist bei einem Mittelwert von 0,55 vorhanden, aber nicht besonders ausgeprägt.

5.10.3 Entwicklung der Bewertung der wirtschaftlichen Situation in Deutschland seit 1990

Wie die Einschätzung der wirtschaftlichen Situation in Deutschland im Umfeld der Bundestagswahl 2009 zu bewerten ist, zeigt ein Vergleich mit den zurückliegenden Wahljahren. Im Rahmen verschiedener empirischer Untersuchungen zu den vergangenen Bundestagswahlen wurden die Bürger genauso wie in der GLES 2009 nach ihren Einschätzungen zur allgemeinen und persönlichen wirtschaftlichen Lage gefragt. Abbildung 1 zeigt die Entwicklung der Bewertung der aktuellen allgemeinen und eigenen wirtschaftlichen Lage in den Bundestagswahljahren von 1990 bis 2009 getrennt für Ost- und Westdeutschland. Positive Werte zwischen 0 und +1 stehen für im Mittel gute Bewertungen über alle Befragten hinweg, während negative Werte zwischen 0 und -1 negative bzw. pessimistische Einschätzungen wiedergeben.

Aus Abbildung 1 lassen sich drei Schlüsse ziehen: Mit Ausnahme von 1990 bewerten, erstens, die Deutschen in Ost und West die eigene immer deutlich besser als die allgemeine wirtschaftliche Lage. Dieser Unterschied hat auch etwas damit zu tun, dass die Bürger für die Entwicklung von Einschätzungen der allgemeinen wirtschaftlichen Situation auf Informationen aus den Massenmedien angewiesen sind. Aufgrund der Dominanz negativer Berichterstattung (Schulz 2008: 69ff.) wird die allgemeine wirtschaftliche

Lage daher immer pessimistischer wahrgenommen als die eigene, die einem viel eher persönlich vertraut ist. Während sich die Kurven für die eigene wirtschaftliche Lage in allen Wahljahren im positiven Bereich bewegen, sind die Bewertungen der allgemeinen wirtschaftlichen Lage seit 2002 in West- und Ostdeutschland im Mittel aller Befragten negativ.

Abbildung 1: Entwicklung der Bewertung der allgemeinen und eigenen aktuellen wirtschaftlichen Lage zwischen 1990 und 2009

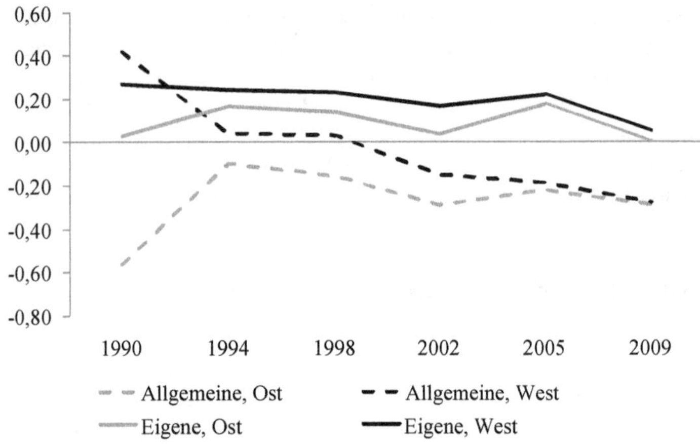

Quellen:
1990: DFG-Projekt „Modelle des Wählerverhaltens".
1994-2002: DFG-Projekt „Politische Einstellungen, politische Partizipation und Wählerverhalten im vereinigten Deutschland".
2005: DFG-Projekt „Kampagnendynamik: Eine Rolling-Cross-Section/Panel-Studie zu den Wirkungen des Wahlkampfes bei der vorgezogenen Bundestagswahl 2005".
2009: GLES-Querschnitt.

Die Bewertungen der allgemeinen wirtschaftlichen Lage werden, zweitens, von Bundestagswahl zu Bundestagswahl schlechter. Allerdings ist die Abnahme von 2005 auf 2009 wesentlich geringer als man es aufgrund der oben zitierten drastischen Einschätzung der Bundeskanzlerin hätte erwarten können. Daraus kann man eine gewisse Wirksamkeit der Maßnahmen der Bundesregierung ableiten, die dafür gesorgt haben, die Folgen der Krise für die Bürger abzumildern (s. Kapitel 2).

Die Bewertungen von Ost- und Westdeutschen nähern sich, drittens, für beide Indikatoren immer stärker an. 2009 gibt es nur noch für die Wahrnehmung der eigenen wirtschaftlichen Lage geringfügige Unterschiede. Dies spricht für einen Erfolg der umfangreichen Maßnahmen zur Förderung der Wirtschaft in den östlichen Bundesländern nach 1990. Auch wenn es immer noch nicht gelungen ist, die Wirtschaft in Ostdeutschland vollständig auf das Niveau Westdeutschlands zu bringen (Bundesministerium für Verkehr, Bau und Stadtentwicklung 2009), haben sich die Wahrnehmungen der wirtschaftlichen Situation weitgehend angeglichen. Daher wird in den folgenden Analysen auch nicht mehr zwischen Ost- und Westdeutschen unterschieden.

5.10.4 Der Einfluss wirtschaftlicher Bewertungen auf das Wahlverhalten bei der Bundestagswahl 2009

Wie lassen sich die vorgestellten Bewertungen der wirtschaftlichen Situation mit dem Wahlverhalten der Bürger verknüpfen? Die Wahlforschung hat sich in vielfältiger Weise mit dem Einfluss wirtschaftlicher Bewertungen auf die Wahlentscheidung auseinandergesetzt und vier Erklärungsansätze entwickelt, die kurz vorgestellt werden sollen: Die Anti-Regierungshypothese besagt, dass Bewertungen der wirtschaftlichen Lage eines Landes einen Einfluss auf die Bewertung der Regierung haben sollten. Geht es einem Land wirtschaftlich gut, wird die Regierung positiv bewertet. Ist die allgemeine wirtschaftliche Lage schlecht, wird die Regierung dafür bestraft (Kramer 1971). Dabei spielen vor allem in die unmittelbare Vergangenheit gerichtete Bewertungen eine Rolle. Berücksichtigt man die sehr schlechte wirtschaftliche Situation Deutschlands vor der Bundestagswahl 2009, wären auf Basis dieser Hypothese deutliche Verluste für beide Regierungsparteien zu erwarten gewesen.

Folgt man der Klientelhypothese (Hibbs 1977, 1982), so lassen sich die Wähler nicht so sehr von der Leistung der Regierung beeinflussen. Vielmehr ordnen sie die Lösung spezifischer wirtschaftlicher Probleme einzelnen Parteien zu und begünstigen oder bestrafen die für das Problem „zuständige“ Partei je nach der aktuellen Entwicklung. So gilt die Arbeitslosigkeit als sozialdemokratisches Thema, während die Bekämpfung von Inflation oder von Wachstumsschwächen eher der FDP oder der CDU/CSU zugetraut wird. Betrachtet man die Bedingungen, unter denen die Bundestagswahl 2009 stattfand, so war die Inflation bei null Prozent, und ein großer Anstieg der Arbeitslosigkeit konnte durch eine starke Ausweitung der Kurzarbeit verhindert werden. Insofern scheinen die Bedingungen, je nach Betrachtungsweise, sowohl für die SPD aber auch für die bürgerlichen Parteien günstig gewesen zu sein.

Die dritte Hypothese besagt, dass persönliche Erfahrungen und die wirtschaftliche Situation eines Bürgers für sein politisches Verhalten von besonderer Bedeutung sind (Kinder/Kiewiet 1979, 1981). So wirken sich zum Beispiel individuelle Arbeitslosigkeit oder finanzielle Probleme eines Bürgers unmittelbar auf dessen Wahlentscheidung aus. Die Bedeutung eigener wirtschaftlicher Probleme lässt sich sowohl mit der Anti-Regierungs- als auch der Klientelhypothese verknüpfen. Folgt man der Anti-Regierungshypothese, so werden Bürger, denen es wirtschaftlich schlecht geht, die amtierende Regierung bestrafen. Umgekehrt werden Bürger, die den Eindruck haben, von der Arbeit und den Wohltaten der Regierung zu profitieren, dieser eher ihre Stimme geben. Die zahlreichen Maßnahmen zur Bekämpfung der Wirtschaftskrise, wie die „Abwrackprämie“ und der massive Ausbau von Kurzarbeit, könnten dazu geführt haben, dass CDU/CSU und SPD bei der Bundestagswahl 2009 von einer Verknüpfung dieser beiden Wirkungsmechanismen profitierten. Andererseits könnten sich Bürger, die arbeitslos geworden oder in Kurzarbeit sind, den Parteien zuwenden, denen für die Verringerung der Arbeitslosigkeit eine besondere Kompetenz zugesprochen wird. Dies wären gemäß der Klientelhypothese die SPD und Die Linke.

Zahlreiche Wahlforscher haben dieser hohen Bedeutung individueller wirtschaftlicher Probleme für das Wahlverhalten widersprochen (u.a. Rattinger 1986; Sniderman/Brody 1977). Viel wichtiger sei für das Wahlverhalten der Eindruck, den ein Bürger von der wirtschaftlichen Lage des ganzen Landes hat. Hintergrund dieser Argumentation ist, dass die Bundesregierung zwar für die wirtschaftliche Situation Deutschlands, nicht aber für das wirtschaftliche Wohlergehen jedes Einzelnen verantwortlich gemacht werden kann. Diese Hypothese lässt sich ebenfalls mit der Anti-Regierungs- und der Klientelhypothese kombinieren. Die Bewertung der allgemeinen wirtschaftlichen Lage sollte sich direkt auf die Bewertung der amtierenden Regierung auswirken. Die Wirtschafts- und Finanzkrise sollte also zu Verlusten für CDU/CSU und SPD führen, wenn man die Nationale Bewertungs- und die Anti-Regierungshypothese kombiniert. Führt die schlechte Bewertung der allgemeinen wirtschaftlichen Situation zu Präferenzen für bestimmte Politikbereiche, sollten in Verbindung mit der Klientelhypothese bei der Wahl die Parteien profitieren, die am besten für die Lösung dieser Probleme geeignet erscheinen. Ist die Arbeitslosigkeit für einen Befragten ein besonders wichtiges Problem, sollten die SPD und Die Linke eher von der aktuell schwierigen ökonomischen Lage profitieren. Ist die Lösung aller mit der Finanz- und Wirtschaftskrise verbundenen Probleme für einen Bürger wichtiger, sollten CDU/CSU und FDP mehr Stimmen bekommen, da ihnen eher die Lösung dieser Probleme zugetraut wird.

Tabelle 2: Der Beitrag von wirtschaftlichen Variablen und der Parteiidentifikation zur Erklärung der Wahlentscheidung

Erklärungsvariable	CDU/ CSU	SPD	FDP	B90/ Grüne	Die Linke
Eigene Lage, aktuell	+8	-1	+10[b]	+3	-8[b]
Eigene Lage, retrospektiv	+8	+1	-1	-1	-4
Eigene Lage, prospektiv	+11	-3	+1	+3	+2
Allgemeine Lage, aktuell	+0	-6	+5	+4	-6[a]
Allgemeine Lage, retrospektiv	+15[a]	-2	+2	-1	-2
Allgemeine Lage, prospektiv	-3	-6	+10[b]	-1	-16[c]
Parteiidentifikation	+79[c]	+79[c]	+78[c]	+86[c]	87[c]
Nagelkerkes R^2	0,59	0,56	0,32	0,48	0,51

a: p<0,05; b: p<0,01; c: p<0,001 (s. Anhang 4).

Die in Tabelle 2 dargestellten Analyseergebnisse erlauben eine Untersuchung der erwähnten Hypothesen. Wie in den anderen Analysen in Kapitel 5, so wird auch hier eine logistische Regression berechnet und für jede Variable werden erwartete Prozentpunktdifferenzen angegeben (s. Anhang 4). Diese zeigen, um wie viele Prozentpunkte sich die Wahrscheinlichkeit ändert, eine bestimmte Partei zu wählen, wenn ein Wähler beispielsweise statt einer sehr negativen eine sehr positive Bewertung der aktuellen eigenen wirtschaftlichen Lage aufweist.

Die Ergebnisse in Tabelle 2 belegen eindeutig, dass die Identifikation mit einer Partei der entscheidende Faktor ist, wenn es darum geht, sich für eine der fünf untersuchten Parteien zu entscheiden. Die Wahrscheinlichkeit, eine der Parteien zu wählen, erhöht sich für Bürger, die sich mit der jeweiligen Partei identifizieren, um zwischen 78 und 87 Prozentpunkte. Wirtschaftliche Bewertungen sind dennoch von Bedeutung, allerdings nur für die Wahl von CDU/CSU, FDP und Die Linke.

Sehr positive retrospektive Bewertungen wirken sich günstig auf die Wahl der Unionsparteien aus (15 Prozentpunkte Zunahme). Die CDU/CSU wird also im Gegensatz zur SPD für das gute Management der Wirtschaftskrise durch die Bundesregierung der Großen Koalition belohnt. Damit wird die Klientelhypothese in Verbindung mit der Nationalen Bewertungs-Hypothese für die Union bestätigt.

Auf die Wahl der FDP wirken sich zwei ökonomische Faktoren positiv aus: Für Bürger, die ihre aktuelle eigene wirtschaftliche Situation und die allgemeine zukünftige Lage sehr positiv bewerten, erhöht sich die Wahrscheinlichkeit, die Liberalen zu wählen, um jeweils zehn Prozentpunkte. Zum einen ist die FDP also die Partei derjenigen, die durch die Wirtschaftskrise nicht zu Schaden gekommen sind. Zum anderen scheinen sich mit einer voraussichtlichen Regierungsbeteiligung der FDP verbundene positive Erwartungen günstig auf den Wahlerfolg dieser Partei ausgewirkt zu haben.

Die Linke hingegen kann von Unzufriedenheit mit der eigenen wie der allgemeinen wirtschaftlichen Situation profitieren. Es bestätigt sich also für diese Partei sowohl die Anti-Regierungshypothese als auch die Persönliche Erfahrungs-Hypothese. Unter den wirtschaftlichen Faktoren wirken sich düstere Erwartungen für die Entwicklung der ökonomischen Lage in Deutschland am stärksten auf die Wahl der Linken aus (plus 16 Prozentpunkte).

Tabelle 3: Der Beitrag von wirtschaftlichen Variablen und der Parteiidentifikation für die Erklärung der Wahlentscheidung nach Verantwortungszuweisung für die Bundesregierung für die allgemeine wirtschaftliche Lage

Erklärungs-variable	CDU/CSU		SPD		FDP		B90/Grüne		Die Linke	
	0	1	0	1	0	1	0	1	0	1
Eigene Lage aktuell	+7	+6	-8	+5	+15[c]	+8	+5	-1	-7[a]	-5
Eigene Lage retrospektiv	-3	+22	+23[a]	-14[a]	-6	-3	-4	+4	-2	-6
Eigene Lage prospektiv	+25	-8	-9	-3	-10[a]	+14[a]	+6	-1	+5	-2
Allg. Lage aktuell	+4	-8	-14[a]	-2	+2	+9	+5	+2	-4	-5
Allg. Lage retrospektiv	+7	+17[a]	-2	-1	+3	+3	-2	-1	-5	-5
Allg. Lage prospektiv	-13	+8	-14[a]	0	+20[c]	-1	+0	+1	-4	-22[c]
Parteiidentifikation	+81[c]	+78[c]	+82[c]	+78[c]	+79[c]	+78[c]	+89[c]	+83[c]	+93[c]	+85[c]
Nagelkerkes R^2	0,56	0,59	0,54	0,59	0,33	0,35	0,54	0,45	0,59	0,46

0: Befragte, die die Bundesregierung nicht verantwortlich für die allgemeine wirtschaftliche Lage in Deutschland machen; 1: Befragte, die die Bundesregierung verantwortlich machen. a: p<0,05; b: p<0,01; c: p<0,001 (s. Anhang 4).

Bei der Erläuterung der Forschungsergebnisse der Wahlforschung zu Beginn dieses Abschnitts konnte gezeigt werden, dass es von großer Bedeutung ist, ob ein Bürger die Regierung für die Entwicklung der wirtschaftlichen Lage verantwortlich macht oder nicht. Daher wurden in Tabelle 3 getrennte Analysen für diejenigen berechnet, welche die Bundesregierung für die allgemeine wirtschaftliche Lage verantwortlich machen und diejenigen, die das nicht tun. Während wirtschaftsbezogene Orientierungen für die Wahl der Grünen keine Rolle spielen und bei der Linken keine starken Abweichungen von den bisherigen Ergebnissen auftreten, zeigen sich für die übrigen drei Parteien unterschiedliche Befunde für die beiden Gruppen. Auf die Wahl der Unionsparteien wirkt sich eine gute Bewertung der Veränderung der allgemeinen wirtschaftlichen Lage nur positiv aus, wenn ein Wähler die Bundesregierung in der Verantwortung für die wirtschaftliche Entwicklung in Deutschland sieht.

Durch die Aufteilung der Befragten in diese beiden Gruppen kann jetzt auch ein Einfluss wirtschaftlicher Variablen auf die Wahl der SPD festgestellt werden. Unter denjenigen, welche die Bundesregierung nicht verantwortlich für die Entwicklung der wirtschaftlichen Lage in den letzten ein bis zwei Jahren machen, verringern positive Bewertungen der aktuellen und zukünftigen allgemeinen Lage die Wahrscheinlichkeit, die Sozialdemokraten zu wählen jeweils um 14 Prozentpunkte. Diese Ergebnisse sprechen sowohl für die Klientel- als auch die Nationale Bewertungshypothese. Sehr interessant ist die Wechselwirkung der Verantwortungszuweisung mit der retrospektiven Bewertung der eigenen Lage. Hier zeigt sich deutlich, dass die Arbeit der SPD in der Großen Koalition zur Bekämpfung der Krise nicht honoriert wird. Die Wahrscheinlichkeit, die SPD zu wählen, verringert sich für diejenigen, welche die Regierung für die zurückliegende Entwicklung verantwortlich machen (um 14 Prozentpunkte), während sie sich für die andere Gruppe deutlich erhöht (um 23 Prozentpunkte). Dies ist ein Beleg für die Gültigkeit der Persönliche Erfahrungs- in Verbindung mit der Anti-Regierungs-Hypothese.

Dass die FDP von den erhofften positiven Effekten einer zukünftigen Beteiligung an der Bundesregierung profitieren kann, zeigt sich bei der Wahrnehmung der eigenen zukünftigen Situation: Eine positive Bewertung erhöht nämlich die Wahrscheinlichkeit, eine Stimme für die FDP abzugeben nur, wenn man die Bundesregierung in der Verantwortung für die wirtschaftliche Situation in Deutschland sieht. Wird die Regierung nicht verantwortlich gemacht, dann senken positive Bewertungen die Wahrscheinlichkeit einer Wahl für die FDP sogar um zehn Prozentpunkte.

Tabelle 4: Der Beitrag von wirtschaftlichen Variablen und der Parteiidentifikation für die Erklärung der Wahlentscheidung nach Angst vor der Wirtschaftskrise

Erklärungs-variable	CDU/CSU 0	CDU/CSU 1	SPD 0	SPD 1	FDP 0	FDP 1	B90/Grüne 0	B90/Grüne 1	Die Linke 0	Die Linke 1
Eigene Lage aktuell	+12	+7	-7	+11	+17[c]	+4	+1	+2	-10[a]	-8[a]
Eigene Lage retrospektiv	-5	+33	+2	0	+1	-4	-3	+3	+1	-6
Eigene Lage prospektiv	+8	+19	+6	-13	+2	0	+3	0	-6	+8
Allg. Lage aktuell	+3	+1	0	-7	+2	+10	+2	+14	-7	-8
Allg. Lage retrospektiv	+8	+29[b]	-1	-3	+1	+1	-4	+4	-3	-1
Allg. Lage prospektiv	+0	-5	+4	-10	+5	+18[c]	-1	-2	-18[c]	-16[c]
Parteiidentifikation	+78[c]	+83[c]	+78[c]	+79[c]	+16[c]	+75[c]	+85[c]	+89[c]	+91[c]	+82[c]
Nagelkerkes R^2	0,62	0,55	0,60	0,53	0,49	0,49	0,35	0,28	0,50	0,51

0: Befragte, die keine Angst vor der Wirtschaftskrise haben; 1: Befragte, die Angst vor der Wirtschaftskrise haben.
a: $p<0,05$; b: $p<0,01$; c: $p<0,001$ (s. Anhang 4).

Die Ergebnisse in Tabelle 4 sind auf die gleiche Weise errechnet worden wie diejenigen in Tabelle 3. Einziger Unterschied ist, dass das Merkmal, nach dem die Befragten der GLES in zwei Gruppen aufgeteilt werden, nun Angst vor der Wirtschaftskrise ist. Eine Gruppe hat Angst vor der Krise, während die andere keine oder geringe Angst hat. Tabelle 4 zeigt, dass die sechs Indikatoren zur eigenen und allgemeinen wirtschaftlichen Lage auf die Wahl von SPD und Grünen keinen Einfluss haben, wenn man die Befragten in diese beiden Gruppen aufteilt.

CDU/CSU und FDP, die beiden Parteien der neuen Bundesregierung, sind die einzigen, die von der Wirtschaftskrise profitieren können: Für diejenigen, die Angst vor der Krise haben, erhöht sich die Wahrscheinlichkeit, CDU/CSU auf dem Wahlzettel anzukreuzen, um 29 Prozentpunkte, wenn man die zurückliegende allgemeine wirtschaftliche Entwicklung sehr positiv anstatt sehr negativ bewertet. Die CDU wird also von diesen Wählern für ihr gelungenes Krisenmanagement belohnt. Auch die FDP kann etwas von der Krise profitieren. Allerdings zeigt sich der stimmenbefördernde Effekt bei dieser Partei für die Befragten mit Angst vor der Krise für die allgemeine zukünftige wirtschaftliche Bewertung.

Die Linke kann nicht von der Angst vor der Wirtschaftskrise profitieren: Unabhängig von der jeweiligen Gruppenzugehörigkeit verringert sich die Wahrscheinlichkeit, diese Partei zu wählen, in fast identischer Weise, wenn man Personen mit positiven Bewertungen der eigenen gegenwärtigen und der allgemeinen zukünftigen Lage mit Personen mit negativen Bewertungen vergleicht.

5.10.5 Einfluss wirtschaftlicher Bewertungen auf den Wechsel zu Schwarz-Gelb bei den Bundestagswahlen 2005 und 2009

Die Ergebnisse der Analysen im vorangehenden Abschnitt haben gezeigt, dass insbesondere CDU/CSU und FDP von der wirtschaftlichen Situation vor der Bundestagswahl 2009 profitieren konnten. Daher ist es von Interesse, die Wähler der schwarz-gelben Bundesregierung mit den Wählern der anderen Parteien hinsichtlich ihrer wirtschaftlichen Bewertungen zu vergleichen. Besonders wichtig ist dabei, ob CDU/CSU und FDP wegen der wirtschaftlichen Lage Wähler für sich gewinnen konnten.

Um dies zu untersuchen, wurden die Befragten in der GLES anhand ihres Wahlverhaltens bei den Bundestagswahlen 2005 und 2009 in vier Gruppen eingeteilt. Die zahlenmäßig größte Gruppe sind diejenigen, die weder 2005 noch 2009 für CDU/CSU und FDP gestimmt haben. Als zweite Gruppe gibt es die Befragten, die bei beiden Wahlen für eine der Parteien des bürgerlichen Lagers gestimmt haben. Und es gibt die Befragten, die ihr Wahlverhalten zwischen 2005 und 2009 geändert haben. Dies sind zum einen diejenigen, die CDU/CSU und FDP von 2005 auf 2009 verlorengegangen sind. Zum anderen gibt es auch noch die Befragten, die CDU/CSU und FDP für sich gewinnen konnten.

Tabelle 5 enthält die Mittelwerte der sechs wirtschaftlichen Bewertungen und der Verantwortlichkeitszuweisungen für diese vier Wählertypen. Deutlich wird, dass die Bürger, die Schwarz-Gelb sowohl 2005 als auch 2009 gewählt haben, bei fünf der sechs Einschätzungen der wirtschaftlichen Lage die optimistischsten Bewertungen abgegeben haben. Einzige Ausnahme ist die eigene zukünftige wirtschaftliche Lage. Hier ist die Bewertung der Wähler, die CDU/CSU und FDP hinzugewinnen konnten, ein wenig besser. Für diese Wählergruppe fällt auf, dass ihre Bewertungen denjenigen der „Stammwähler" von Schwarz-Gelb in den meisten Fällen ähnlicher sind als den anderen beiden Wählergruppen. Dies gilt auch für die beiden Verantwortlichkeitszuweisungen. Hier sehen die CDU/CSU- und FDP-Wähler bei der Wahl 2009 die Regierung in geringerem Maße in der Verantwortung als die beiden anderen Gruppen.

Tabelle 5: Wirtschaftliche Bewertungen nach Wahlabsicht für Schwarz-Gelb bei den Bundestagswahlen 2005 und 2009

	Wahl von Schwarz-Gelb bei den Bundestagswahlen 2005 und 2009					
Variable	05+/ 09+	05-/ 09+	05+/ 09-	05-/ 09-	Gesamt	Eta^2
Eigene Lage, aktuell	0,23	0,14	0,08	0,06	0,13	0,04[c]
Eigene Lage, prospektiv	0,03	0,05	-0,01	-0,06	-0,01	0,02[c]
Verantwortlichkeit eigene Lage, retrospektiv	0,52	0,50	0,62	0,57	0,55	0,01[c]
Allgemeine Lage, aktuell	-0,16	-0,26	-0,29	-0,30	-0,24	0,04[c]
Allgemeine Lage, retrospektiv	-0,37	-0,45	-0,56	-0,51	-0,45	0,03[c]
Allgemeine Lage, prospektiv	0,08	0,00	-0,17	-0,12	-0,03	0,05[c]
Verantwortlichkeit allgemeine Lage, retrospektiv	0,56	0,62	0,71	0,66	0,62	0,05[c]
N	1067	118	102	1245	2533	-

+: Wahl von CDU/CSU oder FDP (Schwarz-Gelb).
-: Keine Wahl von CDU/CSU oder FDP.
a: p<0,05; b: p<0,01; c: p<0,001 (s. Anhang 4).

Die Bewertungen dieser beiden anderen Gruppen, „Nichtwähler" von Schwarz-Gelb bei beiden Wahlen und diejenigen, die 2005 noch, aber 2009 keine bürgerliche Partei mehr gewählt haben, unterscheiden sich – wenn überhaupt – nur geringfügig. Grundsätzlich kommen die negativsten Bewertungen der eigenen wirtschaftlichen Situation wie der des Landes von einer dieser beiden Gruppen. CDU/CSU und insbesondere die FDP konnten also Wähler von sich überzeugen, welche die wirtschaftliche Lage vergleichsweise gut bewerten. Damit ist gleichzeitig ein Vertrauensvorschuss verbunden, die weiteren Herausforderungen durch die Krise erfolgreich zu meistern.

5.10.6 Fazit

Die Ergebnisse dieses Kapitels belegen, dass wirtschaftliche Wahrnehmungen der Bürger auch bei der Bundestagswahl 2009 von Bedeutung für die

Wahlentscheidung waren. CDU/CSU und FDP konnten besonders diejenigen von sich überzeugen, welche die wirtschaftliche Situation Deutschlands wie ihre eigene wirtschaftliche Lage vergleichsweise positiv sehen und die Fähigkeiten der sich vor der Wahl bereits andeutenden neuen bürgerlichen Bundesregierung zur Lösung der ökonomischen Lage des Landes optimistisch bewerten. Die Linke hingegen konnte Unzufriedenheit mit dem wirtschaftlichen Zustand des Landes in Stimmen umsetzen. Dies gelang der SPD nur ansatzweise. Im Gegensatz zur Union wurden die Sozialdemokraten für ihre Maßnahmen gegen die Wirtschaftskrise sogar bestraft – ein Grund für die massiven Stimmenverluste der SPD.

Trotz der „schlimmsten Wirtschaftskrise seit 1945" haben wirtschaftliche Aspekte allerdings keinen dominierenden Einfluss auf die Wahlentscheidung der Bürger bei der Bundestagswahl 2009 gehabt. Dies ist ein Ergebnis der weitgehend erfolgreichen Maßnahmen der Großen Koalition zur Beseitigung bzw. Abmilderung der Folgen der Wirtschafts- und Finanzkrise. Von besonderer Bedeutung war die massive Ausweitung der Kurzarbeit, die dafür gesorgt hat, dass die Krise in den meisten deutschen Haushalten nahezu nicht spürbar wurde. Sollte sich der sich abzeichnende Wirtschaftsaufschwung aufgrund von Euro-Krise oder noch nicht absehbarer Folgen der Finanzkrise wieder abschwächen, droht allerdings ein massiver Anstieg der Arbeitslosigkeit. Wenn es wirklich dazu kommen sollte, werden wirtschaftliche Bewertungen auch bei kommenden Wahlen eine wichtige Rolle bei der Entscheidung über Sieg oder Niederlage von Parteien und Koalitionen spielen.

Literatur

Bundesministerium für Verkehr, Bau und Stadtentwicklung 2009: Jahresbericht der Bundesregierung zum Stand der Deutschen Einheit 2009, Berlin.

Hibbs, Douglas A. 1977: Political Parties and Macroeconomic Policy, in: American Political Science Review 71, 1467-1487.

Hibbs, Douglas A. 1982: On the Demand for Economic Outcomes. Macroeconomic Performance and Mass Political Support in the United States, Great Britain, and Germany, in: Journal of Politics 44, 426-462.

Kellermann, Charlotte/Rattinger, Hans 2006: Economic Conditions, Unemployment and Perceived Government Accountability, in: German Politics 15, 460-480.

Kellermann, Charlotte/Rattinger, Hans 2007: Wahrnehmungen der Wirtschaftslage und Wahlverhalten, in: Rattinger, Hans/Gabriel, Oscar W./Falter, Jürgen W., Hg., Der gesamtdeutsche Wähler: Stabilität und Wandel des Wählerverhaltens im wiedervereinigten Deutschland, Baden-Baden: Nomos, 329-356.

Kinder, Donald R./Kiewiet, D. Roderick 1979: Economic Discontent and Political Behavior: The Role of Personal Grievances and Collective Economic Judgments in Congressional Voting, in: American Journal of Political Science 23, 495-527.

Kinder, Donald R./Kiewiet, D. Roderick 1981: Sociotropic Politics: The American Case, in: British Journal of Political Science 11, 129-161.

Kramer, Gerald 1971: Short-Term Fluctuations in U.S. Voting Behavior, 1896-1964, in: American Political Science Review 65, 131-143.

Rattinger, Hans 1986: Collective and Individual Economic Judgements and Voting in West Germany, 1961-1984, in: European Journal of Political Research 14, 393-419.

Schulz, Winfried 2008: Politische Kommunikation: Theoretische Ansätze und Ergebnisse empirischer Forschung. 2., vollständig überarbeitete und erweiterte Auflage, Wiesbaden: VS Verlag für Sozialwissenschaften.

Sniderman, Paul M./Brody, Richard A. 1977: Coping: The Ethic of Self-Reliance, in: American Journal of Political Science 21, 501-522.

5.11 Spitzenkandidaten

Rüdiger Schmitt-Beck

5.11.1 Einleitung

In Kapitel 3 haben wir gesehen, dass die Parteien bei der Bundestagswahl 2009 ihrem Führungspersonal große kampagnenstrategische Bedeutung beigemessen haben. Als Zugpferde des Wahlkampfes sollten die Spitzenkandidaten dafür sorgen, dass am 27. September möglichst viele Wählerstimmen auf das Konto ihrer Parteien fließen. Damit entspricht dieser Wahlkampf einem Muster „modernisierter" Kampagnenführung, das sich in den vergangenen Jahrzehnten auf breiter Front durchgesetzt hat. Nicht nur in Deutschland, sondern auch in anderen Demokratien stellen Parteien zunehmend ihr Spitzenpersonal ins Zentrum ihrer Kommunikationsstrategie, während Sachthemen und ideologische Appelle eher in den Hintergrund treten (Mancini/Swanson 1996). Die Rolle des Kanzlerkandidaten versinnbildlicht diesen Prozess. Es handelt sich dabei um eine in Verfassungsordnung und Wahlrecht nicht vorgesehene „politische Kunstfigur", die vor der Bundestagswahl 1961 von der SPD erfunden wurde und seither zum kommunikativen Standardinventar von Bundestagswahlkämpfen gehört. Die kleinen Parteien fokussieren ihre Kampagnenkommunikation zwar weniger ausgeprägt auf ihr Führungspersonal, aber auch in ihren Wahlkampagnen wächst der Stellenwert der Spitzenpolitiker.

Ein ähnlicher Prozess der Personalisierung ist auch für die Wahlberichterstattung der Massenmedien belegt (McAllister 2007). Inhaltsanalysen von Tageszeitungen zeigen einen seit Jahrzehnten hohen Stellenwert des politischen Spitzenpersonals, wobei die Kanzlerkandidaten klar dominieren. Bei den meisten Bundestagswahlen genoss dabei der amtierende Regierungschef einen „Kanzlerbonus" in Form besonders intensiver Beachtung, der als Konsequenz des höheren Nachrichtenwertes von Exekutivhandeln gegenüber den zwangsläufig nur rhetorischen Aktivitäten des Oppositionsführers verstanden werden kann. Die Einführung der TV-Duelle zwischen den Konkurrenten um das Kanzleramt bei der Bundestagswahl 2002 (s. Kapitel 5.12) zog eine weitere Intensivierung dieses Trends nach sich. Noch prägnanter zeigt sich eine wachsende Konzentration auf die Kanzlerkandidaten in den Nachrichtensendungen des Fernsehens. In der Entwicklung des Fernsehens zum zentralen Trägermedium der politischen Kommunikation sehen viele Beobachter auch den wichtigsten Hintergrund dieser Entwicklungen. Der Eigenlogik dieses Mediums, die seit der Ausbreitung privatwirtschaftlich veranstalteter und kommerziell orientierter, in erster Linie an Publikumsattraktivität interessierter Programme seit den 1980er Jahren noch ausgeprägter zum Tragen kommt, entspricht ein Kommunikationsstil, der auf bewegte Bilder und Personen als handelnde Akteure setzt. Abstrakte Sachfragen und komplexe politische Prozesse verlieren demgegenüber in der Politikvermittlung an Bedeutung, da sie durch das audiovisuelle Medium schwer darstellbar sind.

In der zunehmenden Konzentration der politischen Kommunikation auf das Führungspersonal der Parteien sehen manche Autoren die Hauptursache für einen von ihnen vermuteten weiteren Trend der Personalisierung – eine wachsende Bedeutung der Spitzenkandidaten für das Wählerverhalten. Angenommen wird dabei, dass die Wähler ihre Entscheidungen verstärkt auf Wahrnehmungen und Bewertungen der Spitzenpolitiker stützen. Eine spezifische Variante dieser These behauptet überdies, dass dabei politikferne Persönlichkeitsmerkmale, die den Kandidaten zugeschrieben werden, gegenüber im engeren Sinne politischen Eigenschaften die Oberhand gewinnen (Brettschneider 2002; Klein/Ohr 2001). Auch der langfristige Rückgang der Parteibindungen (s. Kapitel 5.7) wird als Hintergrund dieser Entwicklung angeführt. Aufgrund dieses Prozesses nimmt die Zahl der Wähler zu, die bei ihrer Urteilsbildung nicht der Leitlinie langfristiger Parteibindungen folgen können, sondern ihre Wahlentscheidungen aus Kurzfristfaktoren wie Issue- oder Kandidatenorientierungen ableiten müssen. Wahlentscheidungen unter Bezug auf aktuelle politische Sachfragen setzen sowohl die Motivation voraus, sich gedanklich mit Politik zu beschäftigen, als auch nicht unerheblichen politischen Sachverstand. Kandidatenorientiertes Wählen erscheint hingegen vergleichsweise einfach, denn Wähler können Einschätzungen der Spitzenpolitiker auf dieselbe Weise bilden wie sie zu Eindrücken von den Personen kommen, denen sie in ihrem Alltag begegnen (Klein/Ohr 2001). Die Orientierung an Kandidatenurteilen bietet somit gerade eher politikfernen Wählern, denen auch die Orientierungsschnur parteipolitischer Grundloyalitäten fehlt, die Möglichkeit, Wahlentscheide zu treffen, ohne sich mit immer schwerer verständlichen politischen Sachfragen auseinandersetzen zu müssen.

So plausibel die These der zunehmenden Personalisierung des Wählerverhaltens klingt, so schwer hat sich die Forschung bisher allerdings damit getan, sie zu belegen. Alles in allem vermitteln langfristige Analysen der

Bedeutung des politischen Führungspersonals für das Wählerverhalten eher den Eindruck trendloser Fluktuation (Curtice/Holmberg 2005: 248). Zwar konnte Lass (1995: 95-139) zeigen, dass die Vorstellungen der Wähler über die Spitzenkandidaten der großen Parteien zwischen den Bundestagswahlen 1969 und 1987 an Umfang und Differenziertheit gewonnen haben. Doch die Vermutung, dass solche Kandidatenorientierungen langfristig an prägendem Gewicht gewonnen hätten, hat sich bislang nicht bestätigt. Die Effekte der Kandidatenbewertungen auf die Parteipräferenzen der Wähler variieren vielmehr stark von Wahl zu Wahl und stellen sich zudem auch nicht für alle Parteien gleich dar (Vetter/Gabriel 1998; Ohr 2000; Brettschneider 2002; Pappi/Shikano 2001; Curtice/Holmberg 2005; Gabriel/Neller 2005; Gabriel et al. 2009). Die nachfolgenden Analysen untersuchen die Bedeutung der Spitzenkandidaten für das Wählerverhalten bei der Bundestagswahl 2009. Zunächst wird geprüft, wie populär diese in der Wählerschaft waren und welche Änderungen sich diesbezüglich im Verlauf des Wahlkampfes ergeben haben. Eine Untersuchung der Hintergründe der Kanzlerpräferenzen der Wähler schließt sich an. Im letzten Abschnitt wird schließlich ermittelt, welchen Niederschlag Kanzlerpräferenzen und Kandidatenbeurteilungen in den Wahlentscheidungen gefunden haben.

5.11.2 Bewertungen der Spitzenpolitiker vor der Bundestagswahl 2009

Welche Bedeutung hatte das politische Führungspersonal für das Stimmverhalten der Wähler bei der Bundestagswahl 2009? Beginnen wir unsere Betrachtung mit einem Blick auf die Beliebtheit der Spitzenpolitiker der Parteien. Wie in Kapitel 3 dargestellt, gab es eine klare Popularitätsrangfolge: Angela Merkel (CDU), die Bundeskanzlerin der Großen Koalition und Kanzlerkandidatin der CDU/CSU, hatte mit durchgängig vorzüglichen Bewertungen im Bereich von rund +2,5 auf einer von -5 bis +5 reichenden Beurteilungsskala stets klar die Nase vorn. Kaum weniger angesehen war zunächst Bundeswirtschaftsminister Karl-Theodor zu Guttenberg von der CSU. Doch verlor er während des Wahlkampfes deutlich an Beliebtheit und lag unmittelbar vor dem Wahltag nur noch wenig vor Frank-Walter Steinmeier, dem Kanzlerkandidaten der SPD. Dieser kam zwar über den dritten Rang in der Beliebtheit bei den Wählern nicht hinaus, aber ab Mitte August gewann er deutlich – um fast einen vollen Skalenpunkt – an Wertschätzung. Die Spitzenkandidaten von FDP und Grünen, Guido Westerwelle und Renate Künast, erreichten recht ähnliche Beurteilungen knapp oberhalb der Null-Linie. Eindeutig und mit großem Abstand zu allen anderen Politikern stets klar im negativen Bereich verortet waren und blieben für die gesamte Dauer des Wahlkampfes die Einschätzungen des Spitzenkandidaten der Linken, Oskar Lafontaine (bei ca. -1,5).

Da affektive Parteibindungen im Hinblick auf Kandidatenorientierungen als Wahrnehmungsfilter wirken (s. Kapitel 5.7), ist davon auszugehen, dass diese Urteile in erheblichem Umfang von den parteipolitischen Loyalitäten der Wähler gefärbt waren. Parteigebundene Wähler tendieren normalerweise dazu, Politikern ihrer eigenen Partei bessere Noten zu geben als den Gegenkandidaten konkurrierender Parteien. Je ausgeprägter Kandidatenbewertungen die Parteibindungen der Wähler reflektieren, desto weniger können von ihnen eigenständige, über die Einflüsse der Identifikation mit Parteien hinaus gehende Wirkungen auf das Wählerverhalten erwartet werden. Von Interesse ist vor diesem Hintergrund neben den absoluten Werten der Kandidatenbewertungen auch, inwieweit sich die Urteile über die Spitzenkandidaten bei der Bundestagswahl 2009 von den Bewertungen ihrer jeweiligen Parteien in positiver oder negativer Richtung abhoben. Zu einem echten Kapital an der Wahlurne können sich Kandidaten für ihre Parteien vor allem dann entwickeln, wenn sie von der Wählerschaft deutlich besser beurteilt werden als diese Parteien selbst. Erhalten sie hingegen schlechtere Noten als ihre Parteien, werden sie für diese eher zu einer Belastung. Abbildung 1 zeigt, in welchem Ausmaß sich die Bewertungen der Kandidaten während des Wahlkampfes 2009 von den Beurteilungen ihrer jeweiligen Parteien unterschieden. Hierbei fällt zunächst auf, dass Angela Merkel recht konstant um etwa einen Skalenpunkt günstiger eingeschätzt wurde als die CDU. Anfänglich im Vergleich zu seiner Partei noch sehr viel vorteilhafter bewertet wurde Karl-Theodor zu Guttenberg. Dieser konnte jedoch den großen Vorsprung vor seiner Partei nicht halten. Bis zum Ende des Wahlkampfes verringerte sich sein Beliebtheitsüberschuss bis zur selben Größenordnung, die auch die Kanzlerin erreichte. Klar ist gleichwohl, dass beide Unionsparteien mit Spitzenpolitikern zur Wahl antraten, die in der Bevölkerung deutlich angesehener waren als sie selbst.

Die Situation der SPD stellte sich ungünstiger dar. Frank-Walter Steinmeier wurde zwar ebenfalls positiver bewertet als seine Partei, aber sein Popularitätsüberschuss war vergleichsweise mager. Er lag gegenüber der SPD um weniger als einen halben Skalenpunkt im Plus, und zwar recht konstant über die gesamte Dauer des Wahlkampfes. Der einzige Spitzenkandidat, der ebenfalls günstigere Urteile erhielt als seine Partei, war Oskar Lafontaine, doch verflüchtigte sich sein Vorsprung vor der Linken im Verlauf des Wahlkampfes. Guido Westerwelle wurde stets fast exakt genauso eingeschätzt wie die FDP, Renate Künast war sogar deutlich weniger populär als ihre Partei. Aufgrund eines Popularitätsüberschusses ihres Spitzenpersonals, der das Ansehen der jeweiligen Parteien überstieg, konnte sich somit vor allem die CDU/CSU Vorteile an der Urne erhoffen, in geringerem Maße aber auch die SPD.

Abbildung 1: Bewertungsdifferenzen zwischen Spitzenkandidaten und Parteien

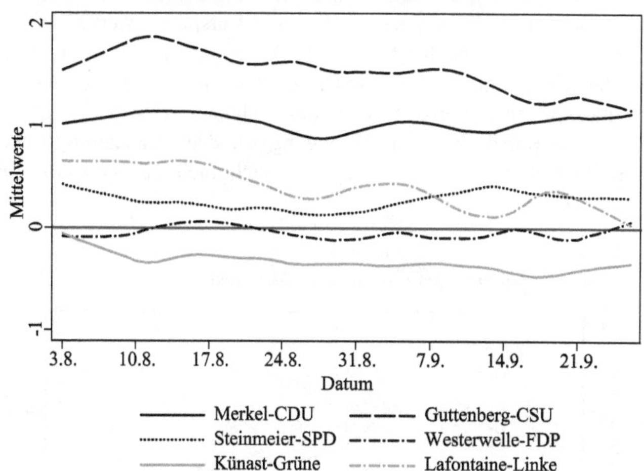

5.11.3 Die Kanzlerkandidaten aus der Sicht der Wähler

Bereits in Kapitel 3 haben wir gesehen, dass sich der Popularitätsvorsprung Angela Merkels vor ihrem Herausforderer Frank-Walter Steinmeier auch in einem höheren Anteil von Wählern niederschlug, die sie erneut als Bundeskanzlerin sehen wollten. Ein solcher „Bonus" für den Amtsinhaber wurde auch bei den meisten früheren Bundestagswahlen beobachtet. Lediglich während der Kanzlerschaft Helmut Kohls stellte er sich – mit Ausnahme der „Einheitswahl" des Jahres 1990 – nicht in der gewohnten Weise ein (Vetter/Gabriel 1998). Zunehmend kommt es allerdings zu kurzfristigen Umschwüngen beachtlichen Ausmaßes im unmittelbaren Vorfeld von Bundestagswahlen. Bei der Bundestagswahl 2005 überholte der amtierende Kanzler Gerhard Schröder (SPD) seine zunächst in der Wählergunst führende Herausforderin Angela Merkel sogar erst wenige Wochen vor dem Urnengang (Gabriel et al. 2009: 277-279). Eine Aufholbewegung des SPD-Kandidaten war auch 2009 in der Endphase des Wahlkampfes zu beobachten, gleichzeitig schmolz Merkels eigener Rückhalt in der Wählerschaft etwas ab. Allerdings war der Vorsprung der Kanzlerin zu keinem Zeitpunkt gefährdet. Abbildung 2 zeigt, wie sich der Vorsprung Merkels bei den Kanzlerpräferenzen kontinuierlich von etwa 40 auf knapp über 20 Prozentpunkte halbierte. Die Kanzlerpräferenzen vollzogen damit eine Entwicklung nach, die sich mit einigen Tagen Vorlauf auch bei den generellen Bewertungen der beiden Spitzenkandidaten zeigte. Hatte der Vorsprung Merkels vor Steinmeier Mitte August noch 1,5 Skalenpunkte betragen, so schrumpfte er bis zur letzten Vorwahlwoche um ein Drittel. Allerdings erweiterte sich die Popularitätskluft in den letzten Tagen des Wahlkampfes wieder deutlich zugunsten der Kanzlerin – eine Bewegung, die dem Annäherungstrend der Beurteilungen entgegen lief, sich jedoch nicht mehr auf die Kanzlerpräferenzen übertrug.

Abbildung 2: Differenzen zwischen den Kanzlerkandidaten: Allgemeine Bewertungen und Kanzlerpräferenzen

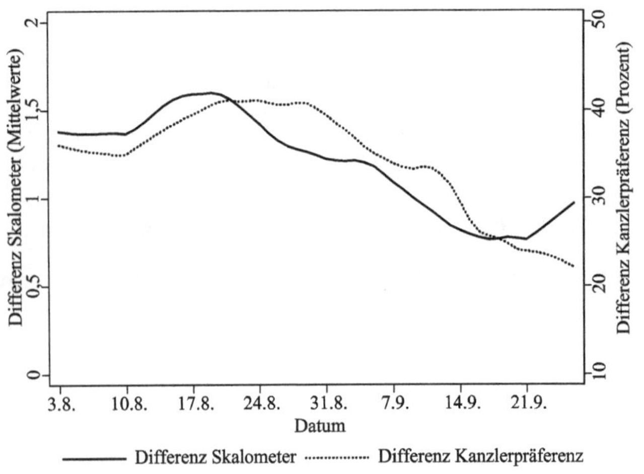

Hinter diesen allgemeinen Einschätzungen der Kanzlerkandidaten standen vermutlich spezifischere Urteile über bestimmte Persönlichkeitsdimensionen der beiden Konkurrenten. Mehrere Studien zeigen, dass die Wähler ihre Eindrücke von den Kanzlerkandidaten unter Beachtung der folgenden vier Imagedimensionen bilden: ihrer wahrgenommenen Befähigung zur Lösung konkreter politischer Probleme, ihrer generellen politischen Management- und Führungskompetenz, ihrer persönlichen Integrität und Vertrauenswürdigkeit sowie Zuschreibungen unpolitischer persönlicher Eigenschaften, z.B. physische Attraktivität oder Sympathie als Mensch (Brettschneider 2002; Gabriel/Neller 2005; Gabriel et al. 2009). Die erste Dimension betrifft die Erwartung der Wähler, dass Regierungschefs eine besondere Kompetenz besitzen sollten, die drängenden Sachprobleme zu lösen, mit denen die politische Gemeinschaft aktuell konfrontiert ist. Im situativen Kontext der Finanz- und Wirtschaftskrise, die ein Jahr zuvor begonnen hatte, lag es nahe, für die Analyse der Bundestagswahl 2009 die Wirtschaftskompetenz auszuwählen und die Befragungspersonen zu bitten, auf einer Skala von -2 (= trifft überhaupt nicht zu) bis +2 (= trifft voll und ganz zu) einzustufen, inwieweit sie der Aussage zustimmten, dass Angela Merkel bzw. Frank-Walter Steinmeier „vernünftige Vorstellungen zur Bewältigung der Wirtschaftskrise“ besaßen.

Unabhängig von der speziellen Kompetenz, konkrete, aktuell drängende Probleme zu lösen, scheint es auch wichtig, dass potenziellen Regierungschefs die Fähigkeit zugesprochen wird, grundsätzliche Führungsqualitäten zu besitzen wie Durchsetzungskraft und Führungsstärke. Politiker mögen gute Ideen zur Lösung politischer Probleme haben, doch nützt das dem politischen Gemeinwesen wenig, wenn sie nicht die Fähigkeit besitzen, diese auch umzusetzen. Umgekehrt kann eine generalisierte Zuschreibung von Tatkraft möglicherweise sogar Defizite von Wählern bei der Fähigkeit ausgleichen, konkrete Problemlösungskompetenzen von Politikern zu beurteilen. Die dritte Dimension betrifft die wahrgenommene Vertrauenswürdigkeit der Kandidaten. Sie ist eine Kategorie der Personenbeurteilung, die auch in der alltäglichen Eindrucksbildung eine große Rolle spielt, und zwar umso mehr, je weniger antizipiert werden kann, wie Personen mit künftigen, noch unbekannten Herausforderungen – mit denen gerade in der Politik ja immer zu rechnen ist – umgehen werden. Diesbezüglich kann angenommen werden, dass Wähler von der allgemeinen Integrität auf die politische Integrität schließen. Während diese drei Dimensionen mittelbar oder unmittelbar politische Bezüge besitzen und damit als rollennah eingestuft werden können, betrifft die vierte Dimension Wahrnehmungen der Persönlichkeit von Politikern, die für die Rollenerfüllung nicht relevant sind. Gefragt wurde, inwieweit die Befragten Merkel bzw. Steinmeier „als Mensch sympathisch" fanden (s. Klein/Ohr 2001: 98-102).

Abbildung 3: Imagedimensionen Angela Merkel

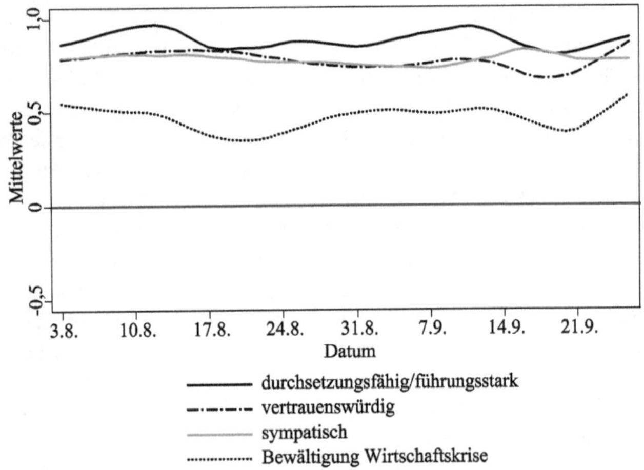

Abbildung 4: Imagedimensionen Frank-Walter Steinmeier

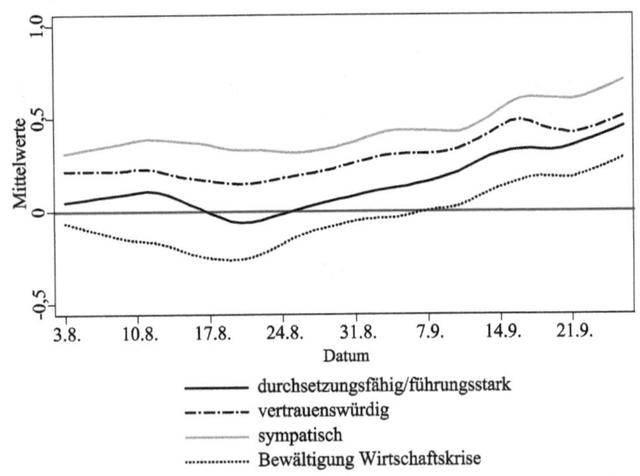

Im Vergleich der Abbildungen 3 und 4 zeigt sich, dass die Kanzlerin nicht nur allgemein, sondern auch auf jeder der vier spezifischen Imagedimensionen von der Wählerschaft vorteilhafter beurteilt wurde als ihr Konkurrent. Am günstigsten wurde Merkel hinsichtlich ihrer Management-Fähigkeiten eingestuft, in geringem Abstand gefolgt von den Dimensionen der persönlichen Sympathie und der Vertrauenswürdigkeit. Am wenigsten günstig, wenngleich immer noch klar positiv, fielen die Urteile über ihre Problemlösungskompetenz im Hinblick auf die Bewältigung der Wirtschaftskrise aus. Im Verlauf des Wahlkampfes verharrten diese Einschätzungen bei geringen Schwankungen auf weitgehend stabilem Niveau. Das verhielt sich bei Frank-Walter Steinmeier ganz anders. Er holte im Verlauf des Wahlkampfes auf allen Dimensionen deutlich und jeweils in ähnlichem Umfang (ca. 0,5 Skalenpunkte) auf, wenngleich Merkel auch direkt vor dem Wahltag immer noch vorn lag. Die Parallelität dieser Trends spricht für die Vermutung, dass alle vier Imagedimensionen auf dieselben Entwicklungen des Wahlkampfes reagierten. Auffällig ist indessen, dass das Imageprofil des Sozialdemokraten anders akzentuiert war als das der Kanzlerin. Die günstigsten Werte erhielt er auf der unpolitischen Dimension der menschlichen Sympathie, gefolgt vom Vertrauen und der Managementkompetenz. Wie Merkel wurde auch Steinmeier im Hinblick auf seine Problemlösungskompetenz im Bereich Wirtschaftspolitik am wenigsten günstig eingestuft. Anfänglich erhielt er auf dieser Dimension im Schnitt sogar leicht negative Noten, doch änderte sich das während des Wahlkampfes. Auf dieser Imagedimension war der Unterschied zwischen den Kandidaten am größten, gefolgt von der politischen Führungskompetenz und dem Vertrauen. Gering war die Distanz bei der persönlichen Sympathie. Am Ende des Wahlkampfes unterschieden sich die beiden Konkurrenten auf dieser rollenfernen Bewertungsdimension nur noch wenig.

Wie haben sich diese Einschätzungsunterschiede auf die Kanzlerpräferenzen ausgewirkt? Bei früheren Bundestagswahlen zeigten sich enge Zusammenhänge sowohl mit rollennahen als auch rollenfernen Urteilsdimensionen. Ein klares Bild, welche Art von Orientierungen wichtiger ist, ergab sich dabei allerdings nicht. Manche Untersuchungen fanden stärkere Effekte von Bewertungen unpolitischer Eigenschaften (Klein/Ohr 2001; Gabriel et al. 2009), andere eher von rollennahen Urteilen (Brettschneider 2002). Dass die Kanzlerkandidaten heute primär nach unpolitischen Gesichtspunkten beurteilt werden, wie von einer Variante der Personalisierungsthese behauptet, lässt sich aus den vorliegenden Befunden jedenfalls nicht ableiten. Tabelle 1 zeigt, wie die Einschätzungen der Kandidaten auf den vier Imagedimensionen mit ihren Kanzlerpräferenzen bei der Bundestagswahl 2009 verknüpft waren. Modelliert werden die Hintergründe einerseits einer Präferenz für Angela Merkel als Bundeskanzlerin und andererseits einer Präferenz für Frank-Walter Steinmeier. Die Analyse prüft, inwieweit diese Präferenzen aus den Differenzen zwischen den Bewertungen Merkels und Steinmeiers auf jeder der vier Imagedimensionen vorhergesagt werden können. Da davon auszugehen ist, dass die Parteibindungen der Wähler sowohl in ihre Kanzlerpräferenzen als auch in die Persönlichkeitsbeurteilungen der Kandidaten einfließen, werden auch diese in der Auswertung berücksichtigt. Die Effekte der Imagewahrnehmungen auf die Kanzlerpräferenzen werden so um die Wirkung der Parteibindung bereinigt. Die in der Tabelle ausgewiesenen Schätzwerte geben an, um wie viel sich die Wahrscheinlichkeit einer Präferenz für den jeweiligen Kandidaten zwischen Befragten mit maximal unterschiedlichen Werten auf den Differenzindizes für jede der vier Imagedimensionen unterschied. Wir sehen beispielsweise, dass die Wahrscheinlichkeit, Merkel als Kanzlerin den Vorzug zu geben, bei Befragten, welche die Unionskandidatin für wirtschaftspolitisch uneingeschränkt kompetent hielten, Steinmeier jedoch keinerlei Wirtschaftskompetenz zuschrieben, um 78 Prozentpunkte höher war als bei Befragten, die das umgekehrt sahen. Die Schätzwerte für die Parteibindungen geben die Unterschiede der Wahrscheinlichkeit einer Präferenz für Merkel bzw. Steinmeier zwischen Personen an, die sich mit den verschiedenen Parteien identifizierten, und solchen, die sich mit einer anderen Partei oder aber überhaupt keiner Partei identifizierten.

Tabelle 1: Einflüsse von Imagedimensionen auf Kanzlerpräferenzen

	Merkel	Steinmeier
Durchsetzungsfähig und führungsstark	+78[c]	-53[c]
Vertrauenswürdig	+75[c]	-21[b]
Als Mensch sympathisch	+63[c]	-40[c]
Vernünftige Vorstellungen zur Bewältigung der Wirtschaftskrise	+76[c]	-58[c]
Parteiidentifikation	+58[c]	+42[c]
Nagelkerkes R^2	0,70	0,66
N	3358	3358

a: $p < 0{,}05$; b: $p < 0{,}01$; c: $p < 0{,}001$ (s. Anhang 4).

Trotz der in der Analyse vorgenommenen Neutralisierung der Wirkung von Parteibindungen übten alle vier Imagedimensionen statistisch bedeutsame Effekte sowohl auf die Präferenz für Merkel als auch für Steinmeier aus. Ein Blick auf die Einzelbefunde vermittelt freilich einen erstaunlich differenzierten Eindruck. Insgesamt waren alle vier Imagedimensionen für die Unterstützung Merkels sehr viel wichtiger als für Präferenzen zugunsten des Spitzenmannes der SPD. Überdies war die Bedeutung aller vier Dimensionen im Hinblick auf die Bevorzugung der amtierenden Kanzlerin bemerkenswert ähnlich, im Hinblick auf Steinmeier jedoch sehr unterschiedlich. Einschätzungsunterschiede der Kandidaten bezüglich der politikfernen Dimension der persönlichen Sympathie übten den geringsten Einfluss auf die Befürwortung der Unionskandidatin aus. Mit einem Wahrscheinlichkeitsunterschied von 63 Prozentpunkten war er aber immer noch viel stärker als jeder der vier für die Unterstützung von Steinmeier beobachtbaren Effekte. Die anderen drei Imagedimensionen wirkten sich – mit Wahrscheinlichkeitsänderungen zwischen 75 und 78 Prozentpunkten – überaus stark auf die Präferenz für Merkel aus. Selbst der Effekt einer Identifikation mit der Partei der Bundeskanzlerin war erheblich geringer (58 Prozentpunkte).

Eine Präferenz für Steinmeier begünstigten insbesondere – mit Wahrscheinlichkeitsdifferenzen in der Größenordnung von über 50 Prozentpunkten – für ihn vorteilhafte Bewertungen auf den Dimensionen der politischen Führungskompetenz und der wirtschaftspolitischen Problemlösungsfähigkeit. Mit 21 Prozentpunkten recht gering war auf der anderen Seite der Effekt der Differenz der Kandidaten im Hinblick auf die Vertrauenswürdigkeit, die ihnen zugeschrieben wurde. Wenn Merkel auf dieser Dimension besser als Steinmeier beurteilt wurde, führte das mit einer knapp vierfach höheren Wahrscheinlichkeit zu einer Präferenz für die Unionskandidatin als im umgekehrten Fall, also bei Personen, denen Steinmeier besser gefiel, zugunsten des SPD-Kandidaten. Auch entsprechende Wahrnehmungsunterschiede auf den anderen drei Imagedimensionen wirkten sich für Steinmeier weniger vorteilhaft aus als für Merkel, wenngleich weniger ausgeprägt. Somit waren die Bedingungen für die Amtsinhaberin Angela Merkel bei der Bundestagswahl 2009 in zweierlei Hinsicht erheblich günstiger als für ihren Herausforderer Frank-Walter Steinmeier. Sie wurde auf allen Imagedimensionen günstiger gesehen als ihr Konkurrent, und dieser Vorsprung übertrug sich auch noch sehr viel eindeutiger als bei dem SPD-Kandidaten in eine Kanzlerpräferenz zu ihren Gunsten.

5.11.4 Kandidatenbewertungen und Parteiwahl

Fanden Kanzlerpräferenzen und Kandidatenbeurteilungen der Wähler bei der Bundestagswahl 2009 einen Niederschlag an der Wahlurne? Wirkten sie sich zugunsten oder zuungunsten bestimmter Parteien aus? Dass Kanzlerpräferenzen bei Bundestagswahlen oft eine kurzfristig wirksame Prägekraft des Wählerverhaltens von erheblichem Rang darstellen, hat die Forschung klar belegt (Vetter/Gabriel 1998; Pappi/Shikano 2001; Brettschneider 2002; Curtice/Holmberg 2005; Gabriel/Neller 2005; Gabriel et al. 2009). Manche Studien attestieren ihnen sogar ein Einflussgewicht, das dem der Parteibindungen nahe kommt und dieses zuweilen sogar übertrifft (Ohr 2000). Besonders ausgeprägte Kandidateneffekte wurden bei parteipolitisch ungebundenen Wählern gefunden (Ohr 2000; Brettschneider 2002; Gabriel et al. 2009). In Perioden enger Bündnisse großer mit kleinen Parteien können die Einflüsse von Kanzlerpräferenzen sogar auf die Unterstützung der jeweiligen kleinen Partnerparteien ausstrahlen (Pappi/Shikano 2001). Für die Wahl der CDU/CSU wurden in der Vergangenheit wiederholt stärkere Kandidateneffekte festgestellt als für die Wahl der SPD. Bei der Bundestagswahl 2005 scheint sich dieses Muster jedoch umgekehrt zu haben (Gabriel et al. 2009: 290). Einstellungen gegenüber anderen Spitzenpolitikern wurden bislang nur selten untersucht. In einer gründlichen Untersuchung der Bundestagswahlen von 1980 bis 1998 konnten Pappi/Shikano (2001) jedoch zeigen, dass auch die Wertschätzung anderer Politiker den betreffenden Parteien Wähler zuführen kann. Das gilt sowohl für Führungspersonal der großen als auch der kleinen Parteien. Allerdings wurden solche Effekte nur vereinzelt sichtbar. Die Kanzlerkandidaten scheinen für das Stimmverhalten alles in allem erheblich bedeutsamer zu sein.

Tabelle 2 zeigt die Ergebnisse einer Analyse von Kandidateneffekten auf die Parteipräferenzen (Zweitstimmen) bei der Bundestagswahl 2009. Sie prüft nicht nur, ob die großen Parteien von ihren Kanzlerkandidaten profitierten, sondern auch, ob positive Bewertungen des jeweiligen Führungspersonals Wahlentscheidungen zugunsten einer der kleineren Parteien begünstigten und ob die Unterstützung großer Parteien neben der Kanzlerpräferenz auch von der Bewertung anderer Spitzenpolitiker abhing. Einbezogen werden bei dieser Analyse neben den Kanzlerkandidaten von Union und SPD auch die Spitzenkandidaten der FDP (Guido Westerwelle), der Grünen (Renate Künast) und der Linken (Oskar Lafontaine) sowie Karl-Theodor zu Guttenberg als führender CSU-Politiker mit großer öffentlicher Sichtbarkeit. Auch bei dieser Analyse wird nach der Parteibindung der Befragten kontrolliert, um ihre Rolle als Wahrnehmungsfilter zu neutralisieren. Die Ergebnisse zeigen, dass die beiden Kanzlerkandidaten ebenso wie bei früheren Bundestagswahlen auch beim Urnengang des Jahres 2009 von erheblicher Bedeutung für die Wahlentscheidungen waren – ungeachtet der „Blässe“ und des Mangels an Charisma, die beiden Politikern von Beobachtern des Wahlkampfes bescheinigt wurden. Wer Angela Merkel weiterhin als Bundeskanzlerin wünschte, entschied sich mit um 27 Prozentpunkte gesteigerter Wahrscheinlichkeit für die Union. Frank-Walter Steinmeier wollten zwar weniger Wähler als Kanzler sehen, doch diejenigen, die diese Präferenz teilten, übersetzten sie mit noch höherer Wahrscheinlichkeit (31 Prozentpunkte) in eine Stimme für die Sozialdemokratische Partei. Der SPD-Kandidat für das Amt des Regierungschefs war also weniger populär als die Amtsinhaberin, aber wer ihn favorisierte, neigte etwas eher dazu, diese Präferenz auch durch ein entsprechendes Votum am Wahltag zur Geltung zu bringen, als das bei den Anhängern Angela Merkels der Fall war.

Tabelle 2: Einflüsse von Kanzlerpräferenzen und Kandidatenbewertungen auf Wählerverhalten

	CDU/ CSU	SPD	FDP	B90/Die Grünen	Die Linke
Präferenz Merkel	+27[c]	-3	-1	-5[c]	-6[c]
Präferenz Steinmeier	-12[b]	+31[c]	-4[c]	-3[b]	-5[c]
Bewertung Guttenberg	+15[b]	+2	-1	-2	-4[a]
Bewertung Westerwelle	-18[c]	-14[c]	+53[c]	-3	-4[b]
Bewertung Künast	-19[c]	-12[c]	-1	+34[c]	-5[c]
Bewertung Lafontaine	-11[b]	-7[a]	-3	-4[a]	+46[c]
Parteiidentifikation	+49[c]	+54[c]	+32[c]	+63[c]	+51[c]
Nagelkerkes R^2	0,67	0,64	0,49	0,57	0,63
N	2746	2746	2746	2746	2746

a: p <0,05; b: p <0,01; c: p <0,001 (s. Anhang 4).

Der stärkste in Tabelle 2 ausgewiesene Kandidateneffekt betrifft jedoch keinen der beiden Kanzlerkandidaten, sondern den FDP-Vorsitzenden Guido Westerwelle bei der Wahlentscheidung für die FDP. Beim Vergleich dieses Zusammenhangs mit den anderen in der Tabelle wiedergegebenen Effekten ist jedoch zu beachten, dass sich der ausgewiesene Wert (ebenso wie die Werte der anderen Kandidatenbewertungen) nicht – wie bei den Kanzlerpräferenzen und der Parteibindung – auf den Unterschied zwischen dem Vorhandensein und dem Fehlen einer Neigung oder Präferenz bezieht, sondern auf die volle Distanz zwischen den Extrempolen einer vielstufigen Bewertungsskala. Er gibt an, um wie viel die Wahrscheinlichkeit einer Zweitstimme für die FDP zwischen Personen differierte, die den Spitzenkandidaten der Liberalen uneingeschränkt ablehnten (Skalenwert -5), und Personen, die ihn überragend positiv bewerteten (Skalenwert +5). Die Stärke dieses Kandidateneffektes überragte deutlich die Stärke des Effektes einer Bindung an die FDP, doch wird dieser Sachverhalt dadurch relativiert, dass die extremen Skalenwerte nur von wenigen Befragten genutzt werden. Geringere, doch ebenfalls substantielle Effekte positiver Bewertungen des Führungspersonals finden sich auch bei den anderen beiden kleineren Parteien – bei der Linken in gleicher Größenordnung wie der Effekt der Parteibindung, bei den Grünen schwächer, weil sich Bindungen an die Grünen besonders ausgeprägt in entsprechende Wahlentscheidungen übertrugen. Kandidatenorientierungen prägten bei der Bundestagswahl 2009 also nicht nur das Stimmverhalten der Wähler der großen Parteien, sondern in beachtlichem Umfang auch das der Unterstützer der Kleinparteien. Zu betonen ist zudem, dass die Union den in Tabelle 2 wiedergegebenen Befunden zufolge nicht nur von der breiten Unterstützung ihrer Kanzlerkandidatin profitierte, sondern auch – wenngleich in geringerem Umfang – von der Popularität des damaligen Bundeswirtschaftsministers Karl-Theodor zu Guttenberg (CSU).

Zu positiven Ausstrahlungseffekten von Kanzlerkandidaten auf die Unterstützung verbündeter kleiner Parteien kam es bei der Bundestagswahl 2009 hingegen nicht. Am ehesten wäre das für die FDP zu erwarten gewesen, die der CDU/CSU durch eine feste Koalitionszusage verbunden war, doch zeigt Tabelle 2, dass eine Präferenz für Angela Merkel als künftige Bundeskanzlerin mit der Neigung, die FDP zu wählen, nicht verknüpft war. Erkennbar wird vielmehr, dass Kandidatenbeurteilungen das Stimmverhalten offenbar nicht nur in positiver Weise zugunsten der jeweiligen eigenen Partei der Kandidaten beeinflussten, sondern dass es offenbar auch so etwas wie Abwerbeeffekte zwischen verbündeten Parteien gab. So stieg bei Personen, die von Guido Westerwelle eingenommen waren, nicht nur die Neigung, für die Liberalen zu stimmen, sondern gleichzeitig sank in statistisch substantiellem Ausmaß auch ihre Neigung, die Union zu unterstützen. Überdies ergaben sich in geringem, doch statistisch substanziellem Umfang auch Gegnerschaftseffekte, die den Schluss nahe legen, dass die Entscheidung, bestimmte Parteien zu wählen, nicht nur durch positive Bewertungen ihres eigenen Führungspersonals, sondern – wenngleich sehr viel weniger stark –

auch durch die Ablehnung des Spitzenpersonals gegnerischer Parteien begünstigt wurde.

5.11.5 Fazit

Wenngleich sich die These einer zunehmenden Personalisierung des Wählerverhaltens erheblicher Aufmerksamkeit erfreut, sprechen die Befunde der Wahlforschung bislang nicht für einen langfristigen Bedeutungsgewinn von Kandidatenorientierungen für das Wählerverhalten bei Bundestagswahlen. Sie deuten eher darauf hin, dass die Relevanz der Spitzenkandidaten für das Wählerverhalten stark von den situativen und personellen Umständen der jeweiligen Wahl abhängt und dementsprechend von Wahl zu Wahl stark schwankt. Bei vielen Urnengängen beeinflussten die Kanzlerkandidaten das Stimmverhalten in erheblichem Maße, bei einigen spielten sie jedoch nur eine geringe Rolle. Obgleich die Kanzlerkandidaten bei der Bundestagswahl 2009, Angela Merkel (CDU/CSU) und Frank-Walter Steinmeier (SPD), von vielen Beobachtern als blass und uncharismatisch beschrieben wurden und die Vorzüge typischer „Wahlkampflokomotiven" vermissen ließen, spielte es für die Wahlentscheidungen auch 2009 eine große Rolle, wen die Wähler als Regierungschef bevorzugten. Wie viele ihrer Vorgänger profitierte auch die amtierende Kanzlerin Angela Merkel von einem Amtsbonus in der Wählergunst. Dem SPD-Kandidaten Frank-Walter Steinmeier gelang es zwar, im Verlauf des Wahlkampfes etwas aufzuholen, aber auch am Wahltag hatte die Kanzlerin eindeutig immer noch die Nase vorn. Steinmeier gaben nur diejenigen Wähler klar den Vorzug, die sich mit der SPD identifizierten. Doch selbst die sozialdemokratischen Loyalisten standen weniger klar hinter ihrem Kandidaten als das bei der Union im Hinblick auf Merkel der Fall war. Freilich schlug der Popularitätsvorsprung der Kanzlerin nicht voll auf das Wählerverhalten durch. Präferenzen für Steinmeier fanden eher einen Niederschlag in den Wahlentscheidungen als solche für die Amtsinhaberin. Die bei der Vorwahl eingetretene Umkehrung des bis dahin üblichen Musters stärkerer Kandidateneffekte für die Union setzte sich also fort.

Trotz der großen Bedeutung der Kanzlerpräferenzen für das Wählerverhalten war die Bundestagswahl 2009 jedoch kein „Schönheitswettbewerb", denn unpolitische Imageaspekte spielten dafür, ob Wähler Merkel oder Steinmeier lieber als künftigen Regierungschef sehen wollten, nur eine untergeordnete Rolle. Für die Urteilsbildung der Wähler deutlich wichtiger waren rollennahe, also politische Imagedimensionen der beiden Konkurrenten um das Spitzenamt in der Bundesregierung. Bemerkenswerter Weise waren aber auch andere führende Politiker nicht unwichtig für das Wählerverhalten. Nicht nur die großen, sondern auch die kleinen Parteien konnten an der Urne Vorteile daraus ziehen, wenn ihre Spitzenkandidaten von Wählern positiv bewertet wurden. In besonderem Maße galt das für die FDP.

Literatur

Brettschneider, Frank 2002: Spitzenkandidaten und Wahlerfolg, Wiesbaden: Westdeutscher Verlag.

Curtice, John/Holmberg, Sören 2005: Party Leaders and Party Choice, in: Thomassen, Jacques, Hg., The European Voter: A Comparative Study of Modern Democracies, Oxford: Oxford University Press, 235-253.

Gabriel, Oscar W./Neller, Katja 2005: Kandidatenorientierungen und Wahlverhalten bei den Bundestagswahlen 1994-2002, in: Falter, Jürgen W./Gabriel, Oscar W./ Weßels, Bernhard, Hg., Wahlen und Wähler: Analysen aus Anlass der Bundestagswahl 2002, Wiesbaden: VS Verlag für Sozialwissenschaften, 213-243.

Gabriel, Oskar W./Keil, Silke I./Thaidigsmann, S. Isabell 2009: Kandidatenorientierung und Wahlentscheid bei der Bundestagswahl 2005, in: Gabriel, Oscar W./ Weßels, Bernhard/Falter, Jürgen W., Hg., Wahlen und Wähler: Analysen aus Anlass der Bundestagswahl 2005, Wiesbaden: VS Verlag für Sozialwissenschaften, 267-303.

Klein, Markus/Ohr, Dieter 2001: Die Wahrnehmung der politischen und persönlichen Eigenschaften von Helmut Kohl und Gerhard Schröder und ihr Einfluss auf die Wahlentscheidung bei der Bundestagswahl 1998, in: Klingemann, Hans-Dieter/ Kaase, Max, Hg., Wahlen und Wähler: Analysen aus Anlass der Bundestagswahl 1998, Wiesbaden: Westdeutscher Verlag, 91-132.

Mancini, Paolo/Swanson, David L. 1996: Politics, Media, and Modern Democracy: Introduction, in: Swanson, David L./Mancini, Paolo, Hg., Politics, Media and Modern Democracy: An International Study of Innovations in Electoral Campaigning and Their Consequences, Westport/Conn.: Praeger, 1-26.

McAllister, Ian 2007: The Personalization of Politics, in: Dalton, Russell J/Klingemann, Hans-Dieter, Hg., Oxford Handbook of Political Behavior, Oxford: Oxford University Press, 571-584.

Ohr, Dieter 2000: Wird das Wählerverhalten zunehmend personalisierter, oder: Ist jede Wahl anders? Kandidatenorientierungen und Wahlentscheidung in Deutschland von 1961 bis 1988, in: Klein, Makus/Jagodzinski, Wolfgang/Mochmann, Ekkehard/Ohr, Dieter, Hg., 50 Jahre Empirische Wahlforschung in Deutschland: Entwicklung, Befunde, Perspektiven, Daten, Wiesbaden: Westdeutscher Verlag, 272-308.

Pappi, Franz U./Shikano, Susumu 2001: Personalisierung der Politik in Mehrparteiensystemen am Beispiel deutscher Bundestagswahlen seit 1980, in: Politische Vierteljahresschrift 42, 355-387.

Vetter, Angelika/Gabriel, Oskar W. 1998: Candidate Evaluations and Party Choice in Germany, 1972-94: Do Candidates Matter? in: Anderson, Christopher J./Zelle, Carsten, Hg., Stability and Change in German Elections: How Electorates Merge, Converge, or Collide, Westport/Conn., London, 71-98.

5.12 Das TV-Duell

Thorsten Faas und Jürgen Maier

5.12.1 Einleitung

In den Vereinigten Staaten sind Fernsehdebatten seit Jahrzehnten ein fester Bestandteil von Präsidentschaftswahlkämpfen. Erstmals kam es 1960 zu einer Serie von vier Debatten zwischen John F. Kennedy und Richard Nixon. Gleich das allererste Streitgespräch begründete dabei die Mythen, die sich bis heute um TV-Duelle ranken. Zunächst gelang es dem jugendlich wirkenden und gut aussehenden, aber vergleichsweise unbekannten, Senator Kennedy die Debatte für sich zu entscheiden – zumindest in den Augen derjenigen, welche die Sendung im Fernsehen verfolgten. Kennedy überzeugte hier mehr als Vizepräsident Nixon, der, bedingt durch eine Krankheit und eine schlechte Rasur, einen ungünstigen optischen Eindruck hinterließ. Radiohörer dagegen sahen Nixon im Vorteil (s. z.B. Matthews 1996). Wenngleich die empirischen Belege für die unterschiedlichen Reaktionen von Hörern und Sehern der Kennedy-Nixon-Debatte umstritten sind (s. z.B. Vancil/Pendell 1987; Druckman 2003), werden TV-Duelle seitdem gerne als Schauveranstaltungen gesehen, in denen es vorwiegend auf Aussehen und Auftreten, weniger jedoch auf Inhalte ankomme (s. z.B. Kraus 2000: 208ff.). Zudem konnte Kennedy wenige Wochen später auch knapp die Präsidentschaftswahl gewinnen. Seither gelten Fernsehdebatten als Wahlkampfformate, die einen großen Einfluss auf Wähler ausüben können.

Auch in Deutschland gibt es eine Tradition von Fernsehdiskussionen im Vorfeld von Wahlen. In den 1970er- und 1980er-Jahren fanden regelmäßig so genannte „Elefantenrunden“ statt, an denen die Spitzenkandidaten (bzw. die Partei- oder Fraktionsvorsitzenden) aller im Bundestag vertretenen Parteien teilnahmen. Von 1990 bis 1998 gab es allerdings keine Veranstaltungen dieser Art (s. z.B. Schrott 1990). Erst 2002 fand die Tradition ihre Fortsetzung – allerdings in einer stark veränderten, nun eher an das amerikanische Format angelehnten Version: Mit Bundeskanzler Gerhard Schröder (SPD) und seinem Herausforderer von der Union, dem damaligen bayerischen Ministerpräsidenten Edmund Stoiber, war der Teilnehmerkreis auf die beiden aussichtsreichsten Kanzlerkandidaten begrenzt. Sie trafen sich zu zwei 90-minütigen „TV-Duellen“, die vier bzw. zwei Wochen vor der Wahl stattfanden, von RTL und SAT.1 bzw. ARD und ZDF ausgestrahlt wurden und jeweils rund 15 Millionen Zuschauer vor die Fernsehbildschirme lockten.

Mittlerweile haben zwei weitere „TV-Duelle" im Vorfeld von Bundestagswahlen stattgefunden: 2005 zwischen Bundeskanzler Gerhard Schröder und seiner Herausforderin Angela Merkel (CDU); diese Sendung wurde von rund 21 Millionen Zuschauern auf ARD, ZDF, RTL oder SAT.1 gesehen. 2009 kam es zu einem live im Fernsehen übertragenen Streitgespräch zwischen Kanzlerin Angela Merkel und ihrem sozialdemokratischen Herausforderer Frank-Walter Steinmeier. Fünf Sender (ARD, ZDF, RTL, SAT.1, Phoenix) übertrugen die Sendung, die rund 14 Millionen Zuschauer verfolgten.

Neben nunmehr drei Bundestagswahlen mit TV-Duellen in Folge fand eine parallele Entwicklung bei Landtagswahlen statt. Vor 2002 kam es nur sporadisch zu Fernsehdebatten, seit 2002 findet hingegen kaum eine Wahl ohne vorhergehendes TV-Duell statt. Innerhalb eines Jahrzehnts haben sich solche Fernsehdebatten – gemessen am Zuschauerinteresse und an der Medienresonanz – also als wichtigste Einzelereignisse in Wahlkämpfen etabliert.

Die zu beobachtende Institutionalisierung ist wenig verwunderlich: Medien lieben TV-Duelle, da sie perfekt zu einem weit verbreiteten Berichterstattungsstil über Wahlkämpfe passen, dem „Horse Race Journalism". Wahlkämpfe werden dabei so präsentiert, als seien sie Sportereignisse (Brettschneider 2008). Parteien und Politiker „führen", „holen auf" oder „landen Treffer". TV-Duelle und ihre mediale Inszenierung (bis hin zum Begriff des „Duells") entsprechen genau dieser Logik. Auch für Bürger sind solche TV-Duelle interessant: Innerhalb einer sehr überschaubaren Zeitspanne von maximal 90 Minuten können sie die beiden wichtigsten Akteure eines Wahlkampfs, deren Persönlichkeiten, aber auch deren inhaltliche Positionen unmittelbar erleben und direkt miteinander vergleichen. Diese Konstellation bietet kein anderes Wahlkampfelement. Die mediale Inszenierung als Duell (in Kombination mit einer intensiven Vorberichterstattung und der gleichzeitigen Übertragung auf mehreren wichtigen Kanälen) macht das Ereignis auch für solche Wähler interessant, für die Politik normalerweise eher von untergeordneter Bedeutung ist (s. z.B. Maier/Faas 2005). Gerade darin – der großen Reichweite in die Bevölkerung (und insbesondere auch in politikferne Gruppen) hinein – liegt schließlich der Reiz begründet, den TV-Duelle auf die Spitzenkandidaten der beiden großen Volksparteien ausüben. Das Duell bietet ihnen eine einmalige Gelegenheit, sich unter weitgehender

Umgehung journalistischer Selektionskriterien breiten Bevölkerungsgruppen zu präsentieren, für sich (und ihre Partei) zu werben und die eigenen politischen Leistungen und Zukunftspläne direkt mit denen des politischen Gegners zu vergleichen. Gerade dann, wenn ein knapper Wahlausgang zu erwarten ist, sehen Politiker hier eine große Chance, das Wahlergebnis in ihrem Sinne zu beeinflussen.

Diese Interessenkongruenz zwischen Medien, Bürgern und Spitzenkandidaten – man könnte auch von einer „win-win-win"-Situation sprechen – ist zweifelsohne einer der Hauptgründe dafür, dass sich TV-Duelle in kurzer Zeit auch in einem politischen System etabliert haben, in dem eine Zuspitzung auf zwei Alternativen ebenso wenig alltäglich ist wie eine starke Fokussierung auf Personen. Ob und inwiefern sich die im Zusammenhang mit dem TV-Duell gehegten Erwartungen der beiden Kanzlerkandidaten bei der Bundestagswahl 2009 erfüllten, ist allerdings eine empirische Frage. Gelang es Merkel und Steinmeier bei der jüngsten Neuauflage der Fernsehdebatte tatsächlich, Zuschauer zu überzeugen? Konnten sie persönlich von dem TV-Duell profitieren und an Ansehen gewinnen? Und gelang es – einen persönlichen Ansehensgewinn vorausgesetzt – diesen auch auf ihre jeweiligen Parteien zu übertragen, die ja letztlich für den Bürger zur Wahl standen?

Diese Fragen möchten wir im Folgenden beantworten. Wir werden dazu zunächst einige kurze Ausführungen zu den von uns verwendeten Daten machen. Anschließend rücken die inhaltlichen Fragen des Beitrags in den Mittelpunkt: Wen haben die Zuschauer als Sieger der Debatte gesehen? Gibt es aufbauend darauf Hinweise, dass die Rezeption der Fernsehdebatte das Bild von Angela Merkel bzw. Frank-Walter Steinmeier verändert hat? Und übersetzt sich die durch das TV-Duell bewirkte Veränderung der Kandidatenbewertungen schließlich auf das Wahlverhalten der Menschen?

5.12.2 Daten

Um diese Fragen beantworten zu können, greifen wir in den nachfolgenden Analysen auf verschiedene Module der GLES zurück. Einerseits verwenden wir die *Vorwahldaten* der *Rolling Cross-Section* (genauer gesagt: die Befragungsdaten, die zwischen dem Duell am 13. September und der Bundestagswahl am 27. September erhoben wurden). Andererseits greifen wir auf die Querschnittsbefragung zurück, die *nach* dem Wahltag durchgeführt wurde. In beiden Modulen wurde unter anderem danach gefragt, ob die Befragten die Debatte gesehen haben. Personen, bei denen dies der Fall war, wurden auch gefragt, wer aus ihrer Sicht die Debatte gewonnen hat. Außerdem liegen Informationen zum Image von Merkel und Steinmeier sowie zur Wahlabsicht bzw. zum Wahlverhalten vor, die sich mit dem Debattenkonsum in Verbindung bringen lassen. Auf diese Weise lässt sich untersuchen, ob sich die Einstellungen zu den beiden Kanzlerkandidaten bzw. das (beabsichtigte) Wahlverhalten durch die TV-Debatte verändert haben.

5.12.3 Die Wahrnehmung der Debatte

Rund 14,2 Millionen Menschen sahen die Fernsehdebatte zwischen Merkel und Steinmeier am 13. September 2009 – 7,9 Millionen in der ARD, 3,5 Millionen im ZDF, 2,1 Millionen bei RTL und 0,8 Millionen bei SAT.1. Der Marktanteil der Sendung lag bei 42,1 Prozent – und damit deutlich höher als bei jeder anderen Sendung zur Bundestagswahl 2009 (Dehm 2009). Legt man die Vorwahl-Befragung der GLES zugrunde, so geben 52 Prozent der Befragten an, das Aufeinandertreffen von Merkel und Steinmeier gesehen zu haben. 34 Prozent von ihnen waren dabei nach eigenen Angaben „sehr aufmerksam", 38 Prozent „aufmerksam", während 28 Prozent die Debatte weniger bis überhaupt nicht aufmerksam verfolgt haben. Die Werte, die aus der Nachwahlbefragung resultieren, sind diesen sehr ähnlich.

Tabelle 1: Wahrgenommener Sieger der Fernsehdebatte 2009

Wahrgenommener Sieger (Prozent)	Gesamt	Vorwahl KW 38	KW 39	Nachwahl Gesamt
Merkel	16	16	17	31
Steinmeier	32	33	31	28
Unentschieden	52	51	53	41
Summe	100	100	101	100
N	874	433	441	1113

Ein Blick auf Tabelle 1 zeigt, dass (zunächst) Frank-Walter Steinmeier die Debatte für sich hat entscheiden können. Insgesamt sahen ihn in der Vorwahlbefragung 32 Prozent der Zuschauer als Sieger, während Angela Merkel nur 16 Prozent der Zuschauer von sich überzeugen konnte. Allerdings zeigt ein Blick auf die weiteren Spalten der Tabelle, dass der wahrgenommene Ausgang der Debatte einer erheblichen zeitlichen Dynamik unterliegt. Schon eine Differenzierung der Vorwahlbefragung nach Kalenderwochen zeigt, dass insbesondere der Vorsprung Steinmeiers nach dem Duell zu schmelzen beginnt. Dieser Trend setzt sich bis zur Nachwahlbefragung fort, da vor allem die (mittlerweile bestätigte) Amtsinhaberin deutlich an Zustimmung gewinnt: 31 Prozent der Nachwahlbefragten sehen sie nach der

Bundestagswahl als Siegerin des Duells. Damit liegt sie sogar vor ihrem Herausforderer Steinmeier, der zu diesem Zeitpunkt von 28 Prozent der Zuschauer zum Gewinner erklärt wird. Zugleich geht der Anteil derer, die sich an ein Unentschieden als Ausgang der Debatte erinnern, auf 41 Prozent zurück – im Vergleich zur Vorwahlbefragung recht deutlich. Insgesamt zeigt sich hier ein „Bandwagon"-Effekt, demzufolge sich Einstellungen (und offenkundig auch die Wahrnehmungen zum Debattenausgang) hin zur erfolgreichen Kandidatin verschieben.

5.12.4 Imageveränderungen nach der Debatte

Finden diese Siegerwahrnehmungen auch ihren Niederschlag in den Images der beiden Kontrahenten? Zur Beantwortung dieser Frage wollen wir auf die so genannten „Sympathieskalometer" von Merkel bzw. Steinmeier zurückgreifen. Steigen diese Sympathiewerte alleine durch das Anschauen der Debatte an? Diesen Eindruck zumindest vermitteln die Abbildungen 1 und 2, denn in beiden Fällen zeigt sich, dass die Zuschauer der Debatte jeweils ein positiveres Bild von den beiden Kandidaten aufweisen als Personen, welche die Sendung nicht gesehen haben. Verstärkt wird dieser Eindruck noch dadurch, dass sich diese Lücke zumindest im Falle von Angela Merkel erst nach dem Duell öffnet; zudem verschwinden die Unterschiede zwischen Sehern und Nicht-Sehern gegen Ende des Wahlkampfs fast (Merkel) oder vollständig (Steinmeier). Dies alles spricht für durch die Debatte ausgelöste Effekte, die ausschließlich darin ihren Ursprung haben, dass Menschen die Debatte gesehen haben oder nicht. Zugleich zeigt sich, dass – ähnlich wie bei den Siegerwahrnehmungen zuvor – dieser Effekt nicht über die Zeit hinweg stabil bleibt.

Abbildung 1: Bewertungen von Angela Merkel nach Debattenkonsum

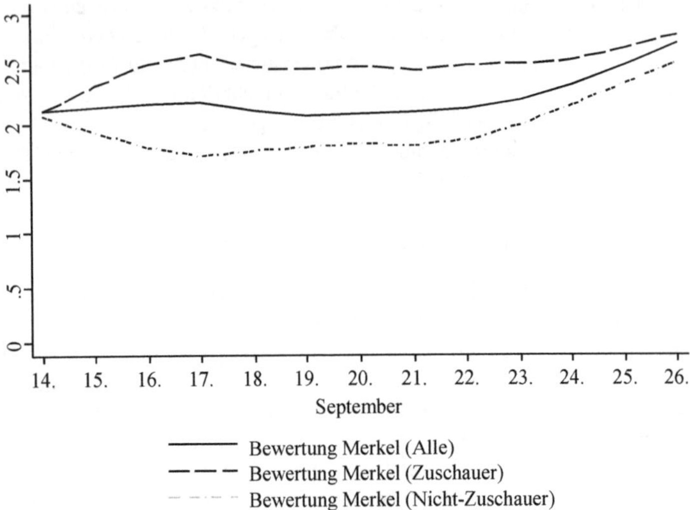

Abbildung 2: Bewertungen von Frank-Walter Steinmeier nach Debattenkonsum

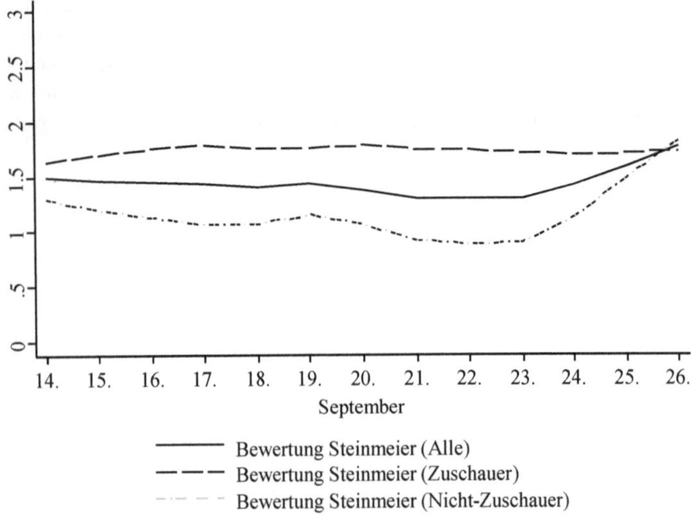

Diese grafischen Befunde sind allerdings gegen mögliche alternative Erklärungen abzusichern, was Tabelle 2 (in analoger Analyselogik zu Tabelle 1) mittels einfacher linearer Regressionsmodelle leistet. Der starke Effekt, der von der Parteiidentifikation ausgeht, ist im vorliegenden Zusammenhang von nachgeordneter Bedeutung. Sie hat hier nur den Status einer Kontrollvariable und zeigt inhaltlich, dass grundlegende politische Orientierungen die Einschätzung der beiden Kandidaten stark beeinflussen.

Tabelle 2: Bewertungen von Angela Merkel und Frank-Walter Steinmeier in Abhängigkeit von Debattenkonsum und Parteiidentifikation

		Vorwahl		Nachwahl
	Gesamt	KW 38	KW 39	Gesamt
		Gesamtbewertung Merkel		
PID CDU/CSU	+1,82^{c}	+1,73^{c}	+1,90^{c}	+3,15^{c}
Duell gesehen	+0,50^{c}	+0,48^{b}	+0,53^{b}	+0,16
Konstante	+1,52^{c}	+1,49^{c}	+1,54^{c}	-0,25^{b}
N	1536	720	816	1971
		Gesamtbewertung Steinmeier		
PID SPD	+1,57^{c}	+1,43^{c}	+1,68^{c}	+2,69^{c}
Duell gesehen	+0,53^{c}	+0,50^{b}	+0,56^{b}	+0,38^{c}
Konstante	+0,83^{c}	+0,86^{c}	+0,81^{c}	-0,64^{c}
N	1515	708	807	1926

Ausgewiesen sind unstandardisierte Regressionskoeffizenten multipler Regressionsanalysen.
a: p <0,05; b: p <0,01; c: p <0,001 (s. Anhang 4).

Von substanziellem Interesse dagegen sind die zu beobachtenden Effekte, die vom Konsum des TV-Duells ausgehen. Für Angela Merkel ist dieser Effekt zumindest in der Vorwahlphase sehr robust: Das Ereignis verfolgt zu haben, geht einher mit einer um rund einen halben Skalenpunkt besseren Bewertung von Angela Merkel. Allerdings ist dieser Effekt in der Nachwahlwelle *nicht* mehr zu beobachten – ein Muster, das sich auch in den letzten Tagen vor der Wahl schon abzeichnet, wie weitere Analysen zeigen. Für Frank-Walter Steinmeier dagegen stellt sich ein durchgängig positiver Effekt ein, der in seiner Größenordnung ebenfalls bei rund einem halben Skalenpunkt liegt. Die einfache Tatsache seiner Teilnahme am TV-Duell, so wäre zu schlussfolgern, hat ihm, ebenso wie der Kanzlerin, zu zusätzlichen Sympathien bei den Zuschauern verholfen.

Dies bestätigt sich auch, wenn man im nächsten Schritt zusätzlich berücksichtigt, wer die Debatte in den Augen der Zuschauer gewonnen hat.

Die entsprechenden Ergebnisse zeigt Tabelle 3: Gegenüber den Ergebnissen aus Tabelle 2 wird hier zusätzlich danach differenziert, ob Merkel bzw. Steinmeier als Sieger der Debatte wahrgenommen wurde oder nicht – jeweils im Vergleich zur Gruppe derer, welche die Debatte nicht gesehen haben.

Tabelle 3: Bewertungen von Angela Merkel und Frank-Walter Steinmeier in Abhängigkeit von Debattenkonsum, wahrgenommenem Ausgang der Debatte und Parteiidentifikation

	Vorwahl Gesamt	Vorwahl KW38	Vorwahl KW39	Nachwahl Gesamt
	Gesamtbewertung Merkel			
PID CDU/CSU	+1,75[c]	+1,65[c]	+1,83[c]	+2,88[c]
Duell gesehen, kein Sieg Merkel	+0,41[b]	+0,38[a]	+0,45[a]	-0,07
Duell gesehen, Sieg Merkel	+0,99[c]	+1,04[b]	+0,94[b]	+0,80[c]
Konstante	+1,53[c]	+1,51[c]	+1,55[c]	-0,20[a]
N	1536	720	816	1971
	Gesamtbewertung Steinmeier			
PID SPD	+1,41[c]	+1,22[c]	+1,57[c]	+2,45[c]
Duell gesehen, kein Sieg Steinmeier	+0,26[a]	+0,11	+0,40[a]	+0,20
Duell gesehen, Sieg Steinmeier	+1,14[c]	+1,31[c]	+0,95[c]	+0,97[c]
Konstante	+0,86[c]	+0,89[c]	+0,83[c]	-0,61[c]
N	1515	708	807	1926

Ausgewiesen sind unstandardisierte Regressionskoeffizienten multipler Regressionsanalysen.
a: p <0,05; b: p <0,01; c: p <0,001 (s. Anhang 4).

Bemerkenswert (und im Einklang mit den zuvor präsentierten Ergebnissen) sind die Werte für die Gruppe der Personen, die zwar die Debatte gesehen haben, Merkel bzw. Steinmeier aber *nicht* als die Gewinnerin bzw. den Gewinner des Duells wahrgenommen haben: Auch in dieser Gruppe ergeben sich nahezu ausnahmslos *positive* Koeffizienten, die einen systematischen Einfluss dieser Merkmalskombination auf die Sympathiebewertung anzeigen. Der Effekt ist keinesfalls zu vernachlässigen, denn die Kandidaten können hier fast bis zu einem halben Skalenpunkt zulegen. Es ist demnach tatsächlich so, dass der reine Debattenkonsum positive Effekte auf die Sympathiebewertungen der beiden Kontrahenten hat – und zwar unabhängig davon, welchen Kandidaten man als Sieger sieht. Die Teilnahme am TV-Duell 2009, so lautet die Schlussfolgerung, die auf der Grundlage der vorliegenden Ergebnisse gezogen werden muss, hat sich aus dieser Perspektive für beide Kandidaten in jedem Fall gelohnt.

Noch deutlicher fallen diese positiven Effekte allerdings aus, wenn Merkel oder Steinmeier als Debattensieger wahrgenommen werden. Die Debatte zu gewinnen, bringt Merkel einen Ansehensgewinn von rund einem Skalenpunkt (auf den elfstufigen Sympathieskalometern). Für Steinmeier sind Sympathiesteigerungen von bis zu 1,3 Skalenpunkten zu beobachten. Der gemessene Effekt ist (sowohl im Hinblick auf seine Größenordnung als auch hinsichtlich seiner Signifikanz) sehr robust und zwar auch im Zeitverlauf.

Zusammenfassend gilt demnach: Die Teilnahme an einer Debatte nützt den Kontrahenten bereits per se. Mit einer Wahrnehmung, die Debatte gewonnen zu haben, verstärkt sich dieser Effekt aber nochmals erheblich – was dem oben präsentierten Befund, wonach sich die Siegerwahrnehmung im Zeitverlauf stark zugunsten von Angela Merkel verändert hat, zusätzliches Gewicht verleiht.

5.12.5 Effekte auf das Wahlverhalten?

Im letzten Schritt stellt sich nun noch die Frage, ob sich von der Debatte ausgehende Effekte – gegebenenfalls vermittelt über die Sympathieskalometer – auf das Wahlverhalten ausmachen lassen. Wie in den Kapiteln zuvor werden wir zu diesem Zweck logistische Regressionsmodelle (für eine Wahl von CDU/CSU bzw. SPD) schätzen und die resultierenden Wahrscheinlichkeitsunterschiede ausweisen. Tabelle 4 und Tabelle 5 zeigen die entsprechenden Ergebnisse, wobei wir ein zweistufiges Vorgehen gewählt haben und im zweiten Schritt *zusätzlich* die Sympathieskalometer für Merkel bzw. Steinmeier berücksichtigen. So möchten wir prüfen, ob der mögliche Einfluss der Debatte über die im vorhergehenden Kapitel gezeigten Veränderungen der Kandidatenimages vermittelt ist.

Dass sich Parteibindungen auch an dieser Stelle in starkem Maße positiv auf die Wahrscheinlichkeit, die Union bzw. die SPD zu wählen, auswirken, bleibt – wie in den bisherigen Analysen – auch an dieser Stelle von nachgelagertem Interesse. Entscheidender ist vielmehr die Tatsache, dass sich die Wahrnehmung der Debatte durchaus auf das Wahlverhalten auswirkt. Allerdings setzt dies voraus, dass tatsächlich der jeweilige Kandidat – also Merkel für die Union, Steinmeier für die SPD – als Gewinner der Debatte wahrgenommen wird. Von einer neutralen oder gar negativen Wahrnehmung eines Kandidaten gehen – im Gegensatz zu den Ergebnissen, die für die Sympathieskalometer ermittelt wurden – keine positiven Effekte mehr aus. Im Gegenteil: In der Nachwahlbefragung zeigt sich sowohl für Merkel als auch für Steinmeier ein negativer Effekt für den Fall, dass sie *nicht* als Sieger des Duells wahrgenommen wurden.

Auch die Effekte, die sich für die Siegerwahrnehmungen ergeben, sind nicht gänzlich einheitlich. So zeigt sich für die Union, dass sich die Wahrnehmung, Angela Merkel habe das Duell gewonnen, in der Vorwahlbefragung positiv auswirkt: Die Wahrscheinlichkeit, für CDU/CSU zu votieren, steigt um 19 Prozentpunkte; allerdings reduziert sich dieser Unterschied auf (dann statistisch nicht mehr bedeutsame) fünf Punkte, sobald man zusätzlich die Sympathiebewertungen für Angela Merkel im Modell berücksichtigt. Inhaltlich zeigt dies einen vermittelten Wirkungsmechanismus: Das Duell verändert die Einstellung zu Angela Merkel – und auf diesem Weg auch das Wahlverhalten.

Tabelle 4: Veränderungen der Wahrscheinlichkeit, CDU/CSU bzw. SPD zu wählen, in Abhängigkeit von Debattenkonsum, wahrgenommenem Ausgang der Debatte und Parteiidentifikation

	Vorwahl Gesamt	Vorwahl KW 38	Vorwahl KW 39	Nachwahl Gesamt
		Wahl der CDU/CSU		
PID CDU/CSU	+52[c]	+49[c]	+55[c]	+66[c]
Duell gesehen, kein Sieg Merkel	+5	+10	+1	-11[b]
Duell gesehen, Sieg Merkel	+19[b]	+34[c]	+6	+2
Nagelkerkes R^2	0,33	0,34	0,34	0,53
N	1242	598	644	1494
		Wahl der SPD		
PID SPD	+52[c]	+60[c]	+46[c]	+68[c]
Duell gesehen, kein Sieg Steinmeier	0	-3	+1	-6[a]
Duell gesehen, Sieg Steinmeier	+8[a]	-3	+21[c]	+3
Nagelkerkes R^2	0,39	0,46	0,37	0,54
N	1242	598	644	1494

a: p <0,05; b: p <0,01; c: p <0,001 (s. Anhang 4).

Tabelle 5: Veränderungen der Wahrscheinlichkeit, CDU/CSU bzw. SPD zu wählen, in Abhängigkeit von Debattenkonsum, wahrgenommenem Ausgang der Debatte, Sympathiebewertung der Kandidaten und Parteiidentifikation

	Gesamt	Vorwahl KW 38	KW 39	Nachwahl Gesamt
		Wahl der CDU/CSU		
PID CDU/CSU	+37[c]	+33[c]	+41[c]	+56[c]
Duell gesehen, kein Sieg Merkel	+2	+5	-1	-10[b]
Duell gesehen, Sieg Merkel	+5	+19[a]	-3	-2
Sympathie Merkel	+44[c]	+42[c]	+46[c]	+52[c]
Nagelkerkes R^2	0,44	0,45	0,44	0,58
N	1242	598	644	1494
		Wahl der SPD		
PID SPD	+44[c]	+57[c]	+30[c]	+58[c]
Duell gesehen, kein Sieg Steinmeier	-1	-3	-1	-5[a]
Duell gesehen, Sieg Steinmeier	+4	-5	+13[b]	0
Sympathie Steinmeier	+24[b]	+14	+36[c]	+38[c]
Nagelkerkes R^2	0,43	0,47	0,45	0,58
N	1242	598	644	1494

a: $p < 0{,}05$; b: $p < 0{,}01$; c: $p < 0{,}001$ (s. Anhang 4).

Wie die nach Kalenderwochen differenzierten Ergebnisse zeigen, tritt dieses Muster besonders pointiert in der unmittelbar auf das Duell folgenden Woche auf. Dort bleibt sogar ein Effekt der Siegerwahrnehmung übrig, wenn man zusätzlich das Sympathieskalometer berücksichtigt. In Kalenderwoche 39 dagegen sind keine Effekte der Siegerwahrnehmung mehr zu beobachten, ebenso auch in der Nachwahlwelle. Dort zeigen sich dann allerdings die negativen Effekte für den Fall, dass Merkel das Duell in den Augen der Befragten *nicht* gewonnen hat.

Für Frank-Walter Steinmeier sind die Muster weniger eindeutig. Zwar zeigt sich auch hier bei Betrachtung der Vorwahldaten insgesamt, dass von der Siegerwahrnehmung ein positiver Effekt auf die Wahl der SPD ausgeht. Gegenüber Personen, die das Duell nicht gesehen haben, steigt die Wahrscheinlichkeit der SPD-Wahl um acht Prozentpunkte (und liegt damit niedriger als der Merkel-Effekt bei der Union). Auch verschwindet der Effekt, wenn man zusätzlich die Sympathiewerte Steinmeiers berücksichtigt, so dass sich hier – wie auch bei Angela Merkel – ein analoger Vermittlungsmechanismus zeigt. Weniger plausible Ergebnisse treten dagegen auf, wenn man eine Differenzierung nach Kalenderwochen vornimmt. In der Woche nach dem Duell zeigen sich *keinerlei* Effekte der Debatte, während solche Effekte in der darauffolgenden Woche durchaus zu beobachten sind. Aus theoretischer Sicht ist dies auf den ersten Blick unbefriedigend. Eine Erklärung könnte allerdings darin bestehen, dass sich die Siegerwahrnehmungen, wie oben gesehen, im Zeitverlauf zugunsten von Angela Merkel verschoben haben. In Kalenderwoche 39 war nur noch ein „harter Kern" von einem Sieg Steinmeiers überzeugt und für diesen harten Kern lässt sich ein entsprechender Effekt zugunsten der SPD beobachten.

5.12.6 Fazit

Fernsehdebatten nach amerikanischem Muster gab es in allen drei vergangenen Bundestagswahlkämpfen. Die sich abzeichnende Institutionalisierung dieses Wahlkampfereignisses ist nicht überraschend, da offenbar sowohl die Wähler als auch die Parteien und die Medien von der Ausstrahlung solcher Sendungen profitieren. Während der Nutzen für die Wähler (vergleichende Informationen über die zur Wahl stehenden Kandidaten) und für die Medien (Einschaltquoten, „Horse Race Journalism") auf der Hand liegt, kann der Nutzen für Politiker nur anhand empirischer Daten geprüft werden. Für die TV-Debatte 2009 haben wir deshalb drei Kriterien festgelegt, um diese Frage zu beantworten. Erstens: Gelang es Merkel und Steinmeier, die Zuschauer von sich zu überzeugen? Zweitens: Konnten die Kandidaten persönlich von dem TV-Duell profitieren und an Ansehen gewinnen? Drittens: Hatte das TV-Duell einen Einfluss auf die Wahlabsichten der Zuschauer?

Hinsichtlich der ersten Frage zeigt sich, dass die Ergebnisse differenziert bewertet werden müssen. Unsere Daten dokumentieren, dass Steinmeier aus Sicht der Fernsehzuschauer das Duell zunächst klar für sich entscheiden konnte. Allerdings hat sich diese Einschätzung in den Tagen nach der TV-Debatte deutlich verändert. Nach der Wahl waren sogar deutlich mehr Zuschauer der Meinung, Merkel habe beim Duell besser abgeschnitten als ihr Herausforderer. Insgesamt zeigt sich, dass die öffentliche Meinung hierzu starken Schwankungen unterliegt. Im Fall der TV-Debatte 2009 ist zu vermuten, dass diese Schwankungen weniger ein Produkt der Medienberichterstattung sind, sondern das Debattenpublikum den Wahlausgang auf die Kräfteverhältnisse beim TV-Duell projiziert hat. Auf die zweite Frage gibt es eine eindeutigere Antwort. Unsere Daten belegen, dass sich das Image der Kandidaten bereits durch die Teilnahme an der Debatte verbessert. Dieser Effekt fällt nochmals deutlich stärker aus, wenn Merkel bzw. Steinmeier als Debattensieger wahrgenommen werden. Hinsichtlich der dritten Frage ist zu erkennen, dass der Effekt des TV-Duells davon abhängt, welcher Kandidat als Sieger bzw. Verlierer der Debatte gesehen wird. Ein Sieg im TV-Duell sorgt dafür, dass – bedingt durch den Sympathiegewinn – die Wahrscheinlichkeit einer Stimmabgabe für die Partei des Debattensiegers deutlich wächst. Insbesondere für Steinmeier variiert die Stärke dieses Effekts jedoch im Beobachtungszeitraum. Einfacher liegt der Fall, wenn ein Debattenteilnehmer als Verlierer wahrgenommen wird. Dies wirkt sich in recht robuster Art und Weise nachteilig auf den Stimmenanteil der entsprechenden Partei aus.

Alles in allem sprechen die Daten aber dafür, dass Politiker durch TV-Debatten durchaus in der Lage sind, das Bild, das die Wähler von ihnen haben, maßgeblich zu beeinflussen. Gelingt es ihnen zudem, die Debatte (aus Sicht der Zuschauer) zu gewinnen, schlägt sich dies positiv auf das individuelle Wahlverhalten nieder. Damit versprechen Fernsehduelle auch Politikern Vorteile. Trotz aller Kritik, die es an diesem Format gibt, ist es angesichts einer solchen „win-win-win“-Situation unwahrscheinlich, dass solche Sendungen in naher Zukunft wieder von der Mattscheibe verschwinden werden.

Literatur

Brettschneider, Frank 2008: Horse Race Coverage, in: Donsbach, Wolfgang, Hg., International Encyclopedia of Communication, Oxford: Blackwell. [http://www.communicationencyclopedia.com/subscriber/tocnode?id=g9781405131995_chunk_g978140513199513_ss23-1] <16.8.2010>.

Dehm, Ursula 2009: Das TV-Duell 2009 aus Zuschauersicht: Dreistufige Befragung zum Wahlduell zwischen Kanzlerin Angela Merkel und Herausforderer Frank-Walter Steinmeier, in: Media Perspektiven 12, 651-661.

Druckman, James N. 2003: The Power of Television Images: The First Kennedy Nixon Debate, in: Journal of Politics 65, 559-571.

Kraus, Sidney 2000: Televised Presidential Debates and Public Policy. 2. Auflage, Mahwah: Erlbaum.

Maier, Jürgen/Faas, Thorsten 2005: Schröder gegen Stoiber: Wahrnehmung, Verarbeitung und Wirkung der Fernsehdebatten im Bundestagswahlkamp 2002, in: Falter, Jürgen W./Gabriel, Oscar W./Weßels, Bernhard, Hg., Wahlen und Wähler: Analysen aus Anlass der Bundestagswahl 2002, Wiesbaden: VS Verlag für Sozialwissenschaften, 77-101.

Matthews, Christopher 1996: Kennedy & Nixon: The Rivalry That Shaped Postwar America. New York: Simon & Schuster.

Schrott, Peter 1990: Wahlkampfdebatten im Fernsehen von 1972 bis 1987: Politikerstrategien und Wählerreaktion, in: Kaase, Max/Klingemann/Hans-Dieter, Hg., Wahlen und Wähler: Analysen aus Anlaß der Bundestagswahl 1987, Opladen: Westdeutscher Verlag, 647-674.

Vancil, David L./Pendell, Sue D. 1987: The Myth of the Viewer-Listener Disagreement in the First Kennedy-Nixon Debate, in: Central States Speech Journal 38, 16-27.

5.13 Das Modell der Wählerentscheidung in der Gesamtschau

Jan Eric Blumenstiel und Hans Rattinger

5.13.1 Einleitung

Das in Kapitel 5.6 erläuterte Michigan-Modell des Wahlverhaltens wurde in den vorangegangenen Teilkapiteln schrittweise auf die Bundestagswahl 2009 angewendet. Die Analyse begann in Kapitel 5.7 mit der zentralen Komponente des Modells, den langfristigen Parteibindungen. Wie erwartet beeinflussten Parteiidentifikationen das Wählerverhalten erheblich, wobei den Parteien die Mobilisierung ihrer Anhänger unterschiedlich gut gelang. Nur wenige Wähler fühlten sich 2009 einer der drei kleineren Parteien verbunden, die größte Zahl an „psychologischen Parteimitgliedern“ konnte die Union aufweisen.

In den nachfolgenden Kapiteln wurden die wichtigsten kurzfristig stabilen Einflussfaktoren der Wahlentscheidung untersucht. Allgemeine Bewertungen der Regierungsleistung und der Leistungen einzelner Parteien in der vergangenen Legislaturperiode erwiesen sich in Kapitel 5.8 für alle Parteien als sehr bedeutsam. Im Hinblick auf Sachfragenorientierungen konnte in Kapitel 5.9 gezeigt werden, dass die zugeschriebenen Problemlösungskompetenzen für als besonders wichtig empfundene Themen die Wahlentscheidung stark beeinflussen. Positionen der Parteien zu grundlegenden Themen waren insgesamt etwas weniger wichtig, insbesondere die Haltung der Parteien zur Kernenergie hatte aber wahlrelevante Effekte. Kapitel 5.10 behandelte Einschätzungen der wirtschaftlichen Lage und endete mit der Feststellung, dass diese trotz der Wirtschaftskrise keinen dominierenden Einfluss auf die Wahl ausübten. Tendenziell konnten die bürgerlichen Parteien eher bei hinsichtlich der wirtschaftlichen Entwicklung optimistischen Wählern punkten, Pessimisten bevorzugten eher die Linke.

Neben Sachfragenorientierungen bilden Einstellungen gegenüber Kandidaten die zweite große Kategorie kurzfristig fluktuierender Einstellungen im Michigan-Modell. Die Analysen in Kapitel 5.11 zeigten, dass die Spitzenkandidaten aller Parteien die Wahlchancen ihrer Parteien deutlich verbessern können, wenn sie als sympathisch wahrgenommen werden. Dies gilt nicht nur für die Kanzlerkandidaten der beiden Großparteien, so war gerade für die FDP ihr Spitzenkandidat Guido Westerwelle bei der Bundestagswahl 2009 ein bedeutender Stimmenmagnet. Als spezieller Fall von Kandidatenorientierungen und besonders kurzfristig wirksamer Faktor wurde in Kapitel 5.12 der Einfluss des TV-Duells zwischen Angela Merkel und ihrem Herausforderer Frank-Walter Steinmeier untersucht. Die gefundenen Effekte sind in ihrer Stärke naturgemäß nicht mit langfristigen Parteibindungen vergleichbar. Dennoch kann der oder die wahrgenommene Sieger(in) der Debatte auf etwas bessere Wahlchancen seiner/ihrer Partei infolge steigender persönlicher Sympathiewerte hoffen. Für die Partei der wahrgenommenen Verliererin/des wahrgenommenen Verlierers sind sogar direkte Stimmeneinbußen zu befürchten.

Insgesamt bestätigten sich die grundlegenden theoretischen Annahmen des Ann-Arbor-Modells: Das Ergebnis der Bundestagswahl 2009 war Resultat einer Kombination langfristiger und kurzfristiger Faktoren. Ungeklärt ist aber bisher, in welchem Verhältnis die verschiedenen kurzfristigen Momente bei der vergangenen Wahl standen und ob die präsentierten Resultate bestätigt werden können, wenn alle Faktoren gleichzeitig berücksichtigt werden, so wie es dem theoretischen Modell (und natürlich auch der Realität) entspricht. Zwar ist unwahrscheinlich, dass der Einfluss etwa von Kandidatenorientierungen in einem vollständigen Modell verschwinden wird, für jede Partei und jede Wahl stehen die Einflussfaktoren jedoch in einer spezifischen Konstellation und jeder einzelne Aspekt ist mal mehr und mal weniger entscheidend (Kellermann 2007). In diesem Kapitel soll zur Klärung dieser Fragen ein integriertes Modell berechnet werden, welches alle zuvor dargestellten Erklärungsvariablen enthält. Nach einer kurzen Erläuterung der dazu notwendigen methodischen Modifikationen werden die Ergebnisse in der aus den vorherigen Kapiteln gewohnten Weise dargestellt. Abschließend soll die Erklärungskraft der Teilmodelle verglichen werden.

5.13.2 Ein integriertes Modell zur Erklärung des Wahlverhaltens bei der Bundestagswahl 2009

Eine erste für die Berechnung des Gesamtmodells erforderliche Anpassung im Vergleich zu den vorherigen Teilkapiteln betrifft die Befragtenauswahl. Um die in Kapitel 5.8 verwendeten retrospektiven Leistungsbeurteilungen der drei kleineren Bundestagsparteien berücksichtigen zu können, wurden analog zu diesem Kapitel nur die *nach* der Bundestagswahl 2009 befragten Personen in die Analyse einbezogen. Daraus resultiert eine deutliche Reduzierung der Fallzahl gegenüber den mit Vor- und Nachwahlbefragten berechneten Modellen vorangegangener Kapitel. Vertiefende Analysen haben jedoch gezeigt, dass sich die Ergebnisse nicht wesentlich unterscheiden würden, wären auch die Vorwahlbefragten mitberücksichtigt worden. Einschränkend ist zu erwähnen, dass sich bei ausschließlicher Verwendung der Nachwahlbefragten aufgrund der geringeren Fallzahl das Problem ergibt, dass nur sehr wenige Befragte die Lösungskompetenz für das in ihren Augen wichtigste Problem einer der drei kleineren Parteien zuschreiben. Die diesbezüglichen Variablen aus den Kapiteln 5.8 und 5.9 würden in dem berechneten Modell, gemessen durch die Wahrscheinlichkeitsänderung, viel zu einflussreich erscheinen, da diese wenigen Personen wiederum eine sehr hohe Wahrscheinlichkeit haben, die als am kompetentesten eingestufte kleine Partei zu wählen. Um diesen künstlichen statistischen Effekt zu vermeiden, wurden die zugeschriebenen Lösungskompetenzen nicht in das Gesamtmodell aufgenommen.

Die vorgenommenen Modifikationen ermöglichen ein nahezu vollständiges Gesamtmodell, welches – abgesehen von einer Ausnahme – für alle Parteien dieselben unabhängigen Variablen enthält. Wie in Kapitel 5.12 sind die Variablen zur Erfassung des wahrgenommenen Ausgangs des TV-Duells nur für SPD und CDU/CSU berücksichtigt worden.

Eine psychologische Bindung an eine der Parteien steigert auch im integrierten Modell für alle fünf Parteien signifikant die entsprechende Wahlwahrscheinlichkeit (s. Tabelle 1). Das von manchen Wahlforschern gezeichnete Wunschbild einer gegenüber den Parteien weitgehend unvoreingenommenen Wählerschaft, die ihre Wahlentscheidung hauptsächlich auf Grundlage kurzfristiger Erwägungen trifft (Dalton 2000) entspricht nach wie vor nicht der Realität. Am deutlichsten war dies 2009 den berechneten Effektstärken zufolge bei SPD und Grünen zu beobachten. Auf den ersten Blick mag diese scheinbar gute Mobilisierung der sozialdemokratischen Klientel angesichts des schlechten Wahlergebnisses der SPD verwundern. Möglicherweise ist ihr schwaches Abschneiden aber gerade der Grund für den hohen Einfluss langfristiger Bindungen: Die massiv geschrumpfte verbliebene Wählerschaft der SPD bestand zu einem hohen Teil aus dem harten Kern ihr langfristig verbundener Wähler. Die Linke hingegen hatte ihr Rekordergebnis weniger der aufgrund ihres kurzen Bestehens zahlenmäßig eher geringen überzeugten Anhängerschaft zu verdanken als vielmehr parteilich ungebundenen oder vormals mit anderen Parteien (allen voran der SPD) sympathisierenden Wählern. Folglich wirken Bindungen an die Linke im Modell am wenigsten einflussreich.

Tabelle 1: Die Bedeutung kurz- und langfristiger Faktoren für das Wahlverhalten bei der Bundestagswahl 2009

	CDU/ CSU	SPD	FDP	B90/Die Grünen	Die Linke
Parteiidentifikation	+30[c]	+41[c]	+21[c]	+37[c]	+17[c]
Retrospektive Leistung	+61[c]	+39[c]	+39[c]	+37[c]	+68[c]
Distanz sozioökonomisch	+7	-8	-7[a]	-3	+1
Distanz Integration	+9	+10	-2	+1	-1
Distanz Kernenergie	-14[a]	-2[b]	-5[a]	-6[a]	+1
EWL gegenwärtig	+3	-7	+3	-1	-1
EWL retrospektiv	0	0	0	+1	0
EWL prospektiv	-3	+3	-6	+1	+3
AWL gegenwärtig	+1	-6	+1	+1	-1
AWL retrospektiv	+4	+9	-2	+1	-2
AWL prospektiv	+13	+2	+3	+1	-3
Präferenz Merkel	+9[a]	-3	-2	-5[a]	-3
Präferenz Steinmeier	-18[c]	+17[c]	-3[a]	-3[a]	-3
Skalometer Guttenberg	-2	-9	-7	+3	+1
Skalometer Westerwelle	-36[c]	-17[b]	+34[c]	-1	-2
Skalometer Künast	-32[c]	-17[b]	+4	+6	-9[c]
Skalometer Lafontaine	-9	-7	-4	-4[a]	+3
TV-Duell gesehen, kein Sieg	-7[a]	-2	-	-	-
TV-Duell gesehen, Sieg	-2	-3	-	-	-
Nagelkerkes R^2	0,70	0,67	0,60	0,59	0,72
N	1037	1069	1002	1017	910

EWL: Eigene wirtschaftliche Lage.
AWL: Allgemeine wirtschaftliche Lage.
TV-Duell gesehen, kein Sieg: 1=Personen, die das TV-Duell gesehen haben, aber keinen Sieg Merkels (bei CDU/CSU) bzw. Steinmeiers (bei der SPD) wahrgenommen haben, 0=TV-Duell nicht gesehen.
TV-Duell gesehen, Sieg: 1=Personen, die das TV-Duell gesehen haben und Merkel (bei CDU/CSU) bzw. Steinmeier (bei der SPD) als Sieger wahrgenommen haben, 0=TV-Duell nicht gesehen.
a: $p<0{,}05$; b: $p<0{,}01$; c: $p<0{,}001$ (s. Anhang 4).
-: Nicht einbezogen.

Darüber hinaus erweisen sich retrospektive Beurteilungen der Leistung einer Partei als einflussreichster Kurzfristfaktor für die Wahlentscheidung. Für jede Partei gilt, dass ein mit ihren Leistungen in der vergangenen Legislaturperiode voll und ganz zufriedener Wahlberechtigter diese mit sehr viel größerer Wahrscheinlichkeit wählen wird als ein vollständig unzufriedener. Besonders stark ausgeprägt ist der beschriebene Zusammenhang für die Linke und die Union. Nach den in Tabelle 1 angegebenen Wahrscheinlichkeitsänderungen übertrifft der Einfluss der Leistungseinschätzung bei drei Parteien sogar die Wirkung der langfristigen Parteibindungen. Wie in den vorherigen Kapiteln ausgeführt muss allerdings auch hier bedacht werden, dass sich die ausgewiesenen Effekte auf die maximal mögliche Veränderung der Leistungseinschätzung auf einer elfstufigen Skala beziehen. Meist unterscheiden sich die Beurteilungen der Parteien zwischen Wählergruppen durchschnittlich aber nur um einige Skalenpunkte, sodass die Stärke dieses Einflusses nicht überschätzt werden sollte.

Der Einfluss von Positionssachfragen im integrierten Modell ist in Einklang mit den Erkenntnissen aus Kapitel 5.9 verhältnismäßig gering. Die vergleichsweise größten Effekte gehen von der wahrgenommenen Distanz zu einer Partei in der Frage der Kernenergie aus. Für alle Parteien außer der Linken sinkt die Wahrscheinlichkeit einer Stimmabgabe, wenn ein Wähler sich bei diesem Thema nicht von der jeweiligen Partei vertreten fühlt. Angesichts der Kontroverse um die von Union und FDP befürwortete Verlängerung der Laufzeiten der Atomkraftwerke während des Bundestagwahlkampfs ist der Einfluss dieses Themas wenig verwunderlich. Für die Frage der Integration von Ausländern zeigen sich dagegen keine bedeutsamen Effekte, zudem variiert das Vorzeichen der (insignifikanten) Koeffizienten. Offensichtlich haben die Befragten Schwierigkeiten, die Parteien bei diesem im Wahlkampf eher zweitrangigen Thema zu verorten. Die sozioökonomische Distanzvariable zeigt lediglich für die FDP einen statistisch signifikanten Effekt. Da Forderungen nach Steuersenkungen ein Schwerpunkt der Wahlkampfbemühungen der Liberalen waren, ist auch dieser Befund plausibel. Sachfragen, bei denen es eher um inhaltliche Standpunkte als um den richtigen Weg zur Erreichung eines unstrittigen Ziels geht, scheinen demnach vor allem dann bedeutsam, wenn diese entweder allgemein im Wahlkampf intensiv diskutiert oder von einer Partei besonders hervorgehoben werden.

Hinsichtlich der Einschätzungen der allgemeinen und persönlichen wirtschaftlichen Lage fördern die Ergebnisse des Gesamtmodells keine signifikanten Effekte zu Tage. Insbesondere Bewertungen der eigenen ökonomischen Situation verändern die Wahlwahrscheinlichkeit der Parteien nur in geringem Maße. Bezüglich der Einschätzungen der allgemeinen wirtschaftlichen Lage kann der Befund aus Kapitel 5.10, wonach optimistisch gestimmte Wähler eher zu Union oder FDP tendierten, pessimistische eher zur Linken, zwar tendenziell bestätigt werden. Die zugehörigen Irrtumswahrscheinlichkeiten lassen aber nach gängigen Konventionen keine hinreichend gesicherte Übertragung des in der Stichprobe gefundenen Zusammenhangs auf die gesamte Wählerschaft zu. Möglicherweise ist auch die im integrierten Modell aus theoretischer Sicht unzureichende Erfassung der wirtschaftlichen Orientierungen für diese geringen Effekte verantwortlich. Wie in Kapitel 5.10 erörtert, unterscheidet sich der Einfluss der wahrgenommenen Wirtschaftslage in Abhängigkeit von der zugeschriebenen Verantwortung für die ökonomische Situation an die Bundesregierung. Diese Unterscheidung einzubeziehen hätte das hier präsentierte Modell jedoch erheblich verkompliziert.

Von den Einschätzungen der Kandidaten gingen bei der Bundestagswahl 2009 einige bedeutsame Effekte auf das Wahlverhalten aus. Alle Parteien wurden von Bürgern häufiger gewählt, denen ihre Spitzenkandidaten sympathisch waren. Im integrierten Modell ist dieser Zusammenhang für Union, SPD und FDP signifikant, für letztere besonders ausgeprägt. In einigen Fällen sind zudem negative Kandidateneffekte zu beobachten, beispielsweise wählen Sympathisanten von Renate Künast seltener die CDU/CSU. Dass die Einschätzung Karl-Theodor zu Guttenbergs trotz seiner Popularität keine positiven Auswirkungen auf die Wahl der Unionsparteien hat, verwundert zunächst, ist bei genauerer Betrachtung aber plausibel. Zu Guttenberg erhielt von Bürgern jeglicher ideologischer Prägung während des Wahlkampfs positive Bewertungen, die große und politisch heterogene Gruppe seiner Sympathisanten wählte jedoch nicht zwangsläufig CDU oder CSU. Guido Westerwelle hingegen erhielt hauptsächlich von der FDP verbundenen oder zumindest liberaler Politik positiv gegenüberstehenden Personen vorteilhafte Bewertungen, die Gruppe seiner Unterstützer wählte also mit großer Wahrscheinlichkeit FDP, was den Kandidateneffekt für diese Partei besonders stark erscheinen lässt.

Bezüglich der TV-Duell-Variablen findet sich nur ein einziger signifikanter Effekt. Personen, welche die Debatte gesehen, Angela Merkel jedoch nicht als Sieger wahrgenommen haben, wählten mit etwas geringerer Wahrscheinlichkeit eine der beiden Unionsparteien. Positive Einflüsse einer Wahrnehmung als Sieger auf die Wahlchancen der eigenen Partei können an dieser Stelle nicht berichtet werden. Folgt man dieser Erkenntnis, ginge es bei der Fernsehdebatte in erster Linie um die Vermeidung einer klaren

Niederlage, während die Wahrnehmung als Sieger/in nicht zwangsläufig zu dem erhofften positiven Effekt führte.

Die Darstellung der Effekte in Form von Wahrscheinlichkeitsänderungen für einzelne unabhängige Variablen veranschaulicht Richtung und Stärke der gefundenen Zusammenhänge. Nicht ersichtlich ist daraus aber der Beitrag, den die in den Teilkapiteln untersuchten Themenkomplexe insgesamt zur Erklärung der Wahlentscheidung zugunsten einer Partei leisten. Dazu eignet sich die in Tabelle 2 dargestellte Übersicht der Modellgüte der einzelnen Teilmodelle. Wird zunächst nur die Parteiidentifikation als Erklärungsvariable berücksichtigt, kann für alle Parteien außer der FDP bereits ein großer Teil der Unterschiede im Wahlverhalten erklärt werden. Von sehr wenigen Ausnahmen abgesehen kann aber ein solches ganz einfaches Modell immer durch Hinzunahme eines beliebigen kurzfristigen Aspekts verbessert werden. In Einklang mit den theoretischen Erwartungen der Autoren des Michigan-Modells prägen langfristige Identifikationen die Wahlentscheidung also deutlich vor, ohne dabei kurzfristige Einflüsse gänzlich zu überlagern. Vergleicht man die Verbesserungen, welche mit den einzelnen Teilmodellen erreicht werden können, so sind diese für Kandidatenorientierungen und Leistungseinschätzungen etwas größer als für andere Kurzfristfaktoren. Kein Teilmodell erreicht jedoch die Erklärungsgüte des entsprechenden umfassenden Gesamtmodells. Wahlentscheidungen zugunsten der Union, der SPD und der Linken können damit recht gut erklärt werden, Nagelkerkes R^2 erreicht für die entsprechenden Modelle Werte um 0,70. Etwas schlechter, aber immer noch zufriedenstellend, ist die Erklärungsleistung der Modelle für FDP und Grüne. Zum Teil könnten diese Unterschiede auf strategische Entscheidungen zugunsten der beiden letztgenannten Parteien zurückzuführen sein, welche mit den hier verwendeten Variablen nicht erfasst werden können.

Bei der Interpretation der hier präsentierten Ergebnisse darf überdies nicht vergessen werden, dass die in der Realität existierenden kausalen Beziehungen zwischen den Erklärungsvariablen mit einfachen logistischen Regressionsmodellen nicht abgebildet werden können. Erstens sind langfristige Parteibindungen den Kurzfristfaktoren natürlich per definitionem zeitlich vorgelagert und beeinflussen die Wahrnehmung von Kandidaten und Leistungen oder von inhaltlichen Positionen der Parteien. Zweitens bestehen auch zwischen den verschiedenen kurzfristig stabilen Einstellungen vielfältige (Wechsel-)Wirkungen, die hier unberücksichtigt bleiben mussten. Ein als sehr unsympathisch wahrgenommener Kanzlerkandidat wird beispielsweise ungeachtet seines Auftretens in den seltensten Fällen als Sieger des

TV-Duells wahrgenommen werden. Die retrospektive Beurteilung der Leistung einer Partei ist unter Umständen selbst eine Art Sammelkonto verschiedener Einstellungen und Meinungen zu dieser Partei. Ein Wähler, dem Angela Merkel recht sympathisch ist, der seine Interessen zu wichtigen Sachfragen von der Union gut vertreten sieht und die Wirtschaftslage als hervorragend wahrnimmt, wird die Leistung von CDU/CSU wahrscheinlich deutlich besser bewerten als ein glühender Anhänger Renate Künasts, der die Atomkraftwerke lieber heute als morgen abgeschaltet sähe.

Tabelle 2: Vergleich der Erklärungsleistungen der Teilmodelle

	CDU/ CSU	SPD	FDP	B90/Die Grünen	Die Linke
Parteiidentifikation (PID)	0,52	0,53	0,28	0,45	0,44
PID + Wirtschaft	0,53	0,55	0,31	0,44	0,50
PID + Sachfragen	0,57	0,56	0,40	0,50	0,48
PID + Kandidaten	0,64	0,62	0,52	0,54	0,64
PID + Leistung der Partei	0,58	0,57	0,40	0,55	0,61
PID + TV-Duell	0,53	0,55	-	-	-
Gesamtmodell	0,70	0,67	0,60	0,59	0,72

Angegeben sind Werte für Nagelkerkes R^2.

5.13.3 Fazit

Mithilfe eines in der Wahlforschung seit langer Zeit etablierten theoretischen Modells haben wir in den vergangenen Kapiteln den Versuch unternommen, die komplexen Prozesse der Wahlentscheidung bei der Bundestagswahl 2009 besser zu verstehen. Bei jeder Wahl stehen langfristige und kurzfristige Faktoren in einer spezifischen Konstellation und variieren in ihrer Wichtigkeit. Wie erwartet beeinflussten 2009 langfristige psychologische Bindungen die Ergebnisse aller Parteien, besonders stark für die SPD, etwas weniger für die Linke und die FDP. Die Union profitierte von der größten dauerhaft gebundenen Anhängerschaft. Kurzfristige, potentiell im Wahlkampf beeinflussbare Aspekte spielten ebenfalls eine wichtige Rolle. Der Erfolg der Parteien war vor allem abhängig von der Einschätzung ihrer Leistung in den vergangenen vier Jahren und der Bewertung ihrer Spitzenkandidaten. Letzteres galt 2009 in besonderem Maße für die FDP und ihren Spitzenkandidaten Westerwelle. Bei den Positionssachfragen erwies sich das Thema Kernenergie am einflussreichsten. Trotz der schweren Wirtschaftskrise gingen von Einschätzungen der ökonomischen Lage nach unseren Erkenntnissen dagegen vergleichsweise schwache Effekte aus. Der eher geringe Einfluss des TV-Duells ist der Tatsache geschuldet, dass keiner der Kontrahenten in der Wahrnehmung durch die Zuschauer als klarer Sieger oder – noch wichtiger – als klarer Verlierer aus der Debatte hervorging.

Literatur

Dalton, Russell J. 2000: The Decline of Party Identifications, in: Dalton, Russell J./ Wattenberg, Martin P., Hg., Parties without Partisans: Political Change in Advanced Industrial Democracies, Oxford: Oxford University Press, 19-36.

Kellermann, Charlotte 2007: Trends and Constellations: Klassische Bestimmungsfaktoren des Wahlverhaltens bei den Bundestagswahlen 1990-2005, Baden-Baden: Nomos.

5.14 Koalitionen und strategisches Wählen

Evelyn Bytzek und Sascha Huber

5.14.1 Einleitung

In den vorangegangenen Kapiteln wurde deutlich, dass eine Vielzahl von Faktoren die Wahlentscheidungen beeinflussen. Einer weiteren wesentlichen Bestimmungsgröße des Wahlverhaltens, den Präferenzen und Erwartungen hinsichtlich bestimmter Regierungskoalitionen, wird dagegen meist weniger Aufmerksamkeit geschenkt, auch nicht in den klassischen Modellen des Wahlverhaltens (s. Kapitel 5.6 bis 5.13). In Mehrparteiensystemen wie in Deutschland können Koalitionsüberlegungen aber eine bedeutende Rolle bei Wahlentscheidungen spielen. Koalitionsregierungen sind in der Bundesrepublik seit Jahrzehnten die Regel. In Wahlen stimmen die Bürger zwar für bestimmte Parteien ab, regiert wird dann aber meist von mehreren Parteien und auch nicht unbedingt von der Partei mit den meisten Stimmen. Wähler, die vor allem daran interessiert sind, von wem das Land regiert wird und welche Politik nach den Wahlen umgesetzt wird, werden also gegebenenfalls auch Überlegungen über bevorzugte Koalitionen und ihre Erwartungen über deren Zustandekommen bei ihrer Wahlentscheidung berücksichtigen. Nachdem Wähler also verschiedene Bewertungsfaktoren wie z.B. die Regierungsleistung oder Spitzenkandidaten betrachtet haben und gegebenenfalls auch zu einer Entscheidung darüber gelangt sind, welche Parteien ihnen bei dieser Wahl mehr oder weniger zusagen, werden sich abschließend einige von ihnen auch noch mit den möglichen Koalitionen und ihren Einschätzungen dazu befassen. Möglich ist dann, dass diese Koalitionsbewertungen und Erwartungen über ihr Zustandekommen einen eigenständigen Einfluss auf die Wahlentscheidung ausüben und sich Wähler gegebenenfalls aus taktischen Überlegungen auch für eine andere als ihre eigentlich bevorzugte Partei entscheiden.

Für verschiedene Wahlen in Deutschland konnte wiederholt solches strategisches Wählen nachgewiesen werden (z.B. Pappi/Thurner 2002; Gschwend 2007; Huber et al. 2009). Beim deutschen Zweistimmensystem ist dabei zunächst zwischen verschiedenen strategischen Anreizen bei Erst- und Zweitstimme zu unterscheiden. Bei der Erststimme für den Wahlkreiskandidaten steht vor allem dessen Chance im Vordergrund, den Wahlkreis auch tatsächlich zu gewinnen. Wer bei der relativen Mehrheitswahl mit der Erststimme seine Stimme nicht vergeuden möchte, wird deshalb gegebenenfalls nicht für den oder die eigentlich bevorzugte Kandidaten oder Kandidatin stimmen, wenn dieser oder diese im Rennen um das Direktmandat aussichtslos ist. Stattdessen erscheint es dann sinnvoll, den aus eigener Sicht „besseren" der tatsächlich aussichtsreichen Kandidaten zu wählen. In Deutschland waren und sind fast ausschließlich die Direktkandidaten der CDU/CSU und der SPD aussichtsreich beim Erringen des Direktmandats, in Ostdeutschland zum Teil auch Kandidaten der Linken (Herrmann/Pappi 2008). Daraus ergibt sich ein systematischer Unterschied zum abweichenden, strategischen Wählen mit der Erststimme zwischen Anhängern von großen und kleinen Parteien. Während es für Anhänger der großen Parteien meist Sinn macht, mit der Erststimme für den Kandidaten der eigenen Partei zu stimmen, macht das für Anhänger der kleinen Parteien meist wenig Sinn. Auf das strategische Erststimmenwählen wird im Folgenden nicht gesondert eingegangen, vielmehr wird sich dieses Kapitel wie auch die vorherigen auf das Wahlverhalten mit der Zweitstimme konzentrieren.

Die taktischen Anreize bei der Zweitstimme, mit der Wähler letztendlich über die Sitzverteilung im Bundestag und mögliche Regierungskoalitionen bestimmen, sind durch das Verhältniswahlrecht nicht ganz so eindeutig. Will der Wähler seine Zweitstimme so einsetzen, dass sie den größten Einfluss auf die zukünftige Regierungsbildung hat, genügt es auch hier nicht, nur zu berücksichtigen, welche Partei am besten bewertet wird. Er muss zusätzlich antizipieren, welche Koalitionen er bevorzugen würde, welche Erfolgsaussichten Parteien bei einer Wahl haben, welche Signale die Parteien für mögliche Koalitionen aussenden und was dies für den Regierungsbildungsprozess bedeutet. Wähler können sich beispielsweise dagegen entscheiden, für eine Kleinstpartei zu stimmen, die keinerlei Chance hat, die Fünf-Prozent-Hürde und damit den Einzug in den Bundestag zu erreichen. Zusätzlich können sie versuchen, ihre Stimme möglichst so einzusetzen, dass sie den größtmöglichen Einfluss auf die Bildung einer bestimmten Koalition hat. Das erfolgt beispielsweise beim sogenannten „Leihstimmen"-Wählen (s. z.B. Pappi/Thurner 2002; Gschwend 2007). Ein Wähler vergibt hierbei seine Stimme nicht an die von ihm bevorzugte Partei, sondern an deren potenziellen – kleineren – Partner der gewünschten Koalition, dessen Einzug ins Parlament gefährdet ist. Wählt der Bürger seine eigentlich bevorzugte Partei, so läuft er Gefahr, dass der mögliche Koalitionspartner an der Fünf-Prozent-Hürde scheitert und das gegnerische Lager eine Mehrheit der Sitze erhält. Mit einer Stimme für den kleineren Partner kann versucht werden, diesen zu stärken, dessen Einzug ins Parlament zu ermöglichen und so die Wunschkoalition zu erreichen. Nach der Leihstimmen-These sollten also vor allem Anhänger der großen Partei mit der Zweitstimme strategisch wählen. Das gilt besonders dann, wenn klare Koalitionssignale vor der Wahl vorliegen und die erwarteten Mehrheitsverhältnisse zu einer klaren Lagerbildung nach der Wahl führen (Linhart/Huber 2009). Bei unklaren Koalitionsstrukturen sollten sich deshalb die Anreize zur Vergabe einer Leihstimme reduzieren (Golder 2005). Die Vergabe von Leihstimmen an potentielle Koalitionspartner konnte für Deutschland bei unterschiedlichen Wahlen in unterschiedlichem Ausmaß nachgewiesen werden: Danach profitierte vor allem die FDP von Leihstimmen von CDU/CSU-Anhängern (z.B. Shikano et al. 2009; Gschwend 2007).

Unabhängig von der strikten Logik der Leihstimmen und der Bedeutung der Fünf-Prozent-Hürde dafür besteht aber auch die Möglichkeit, dass Wähler mit ihrer Zweitstimme einfach ihre Koalitionspräferenz ausdrücken wollen (Blais et al. 2006; Bytzek 2010). Das deutsche Zweistimmensystem gibt ihnen dafür scheinbar die Möglichkeit. Ein Anhänger der Union, der sich eine schwarz-gelbe Koalition wünscht, könnte versucht sein, einfach seine beiden Stimmen auf die beiden potentiellen Koalitionspartner aufzuteilen – ganz unabhängig von den Erwartungen über das Abschneiden des kleineren Koalitionspartners. Da die Wahl des FDP-Kandidaten mit der Erststimme wenig Sinn ergibt, könnte er dann entsprechend mit der Erststimme Union und mit der Zweitstimme die FDP wählen. Klar ist aber auch, dass die Stimmen getrennt voneinander ausgezählt werden und so eine Koalitionspräferenz durch Stimmensplitting kaum auszudrücken ist und dass der Wähler mit der Zweitstimme für die FDP seiner eigentlich bevorzugten Partei schadet.

Die Ausgangslage bezüglich potentieller Regierungskoalitionen war bei der Bundestagswahl 2009 so unübersichtlich wie selten zuvor. Die amtierende Regierung einer Großen Koalition wollte diese so nicht fortsetzen. CDU/CSU und FDP signalisierten den Wunsch, zusammen regieren zu wollen, genauso wie SPD und Bündnis 90/Die Grünen auf der anderen Seite. Aufgrund des wahrscheinlichen Einzugs der Linken in den Bundestag war aber für beide dieser Konstellationen unklar, ob sie zusammen eine ausreichende Mehrheit erlangen würden. Im Vorfeld der Wahl wurden deshalb auch erstmals ausgiebig Dreier-Koalitionen diskutiert: ein rot-rot-grünes Bündnis, die sogenannte Ampel-Koalition aus SPD, FDP und Grünen und die sogenannte Jamaika-Koalition aus CDU/CSU, FDP und Grünen. Einige dieser Kombination wurden von jeweils einzelnen Partnern im Wahlkampf bereits ausgeschlossen: Die SPD schloss eine Koalition mit der Linken und die FDP eine Ampelkoalition aus (s. Kapitel 3). Die Bürger waren also aufgrund des unübersichtlicheren Fünf-Parteiensystems und der unklaren Mehrheitsverhältnisse in Umfragen vor der Wahl vor eine schwierige Situation gestellt, wenn sie Koalitionsüberlegungen mit in ihre Wahlentscheidung einbeziehen wollten.

Auch in den Medien wurde vor der Wahl immer wieder die unübersichtliche Koalitionslage thematisiert: Verschiedene Koalitionsoptionen wurden beschrieben, unterschiedliche Signale der Parteien analysiert und neueste Umfrageergebnisse ausgiebig diskutiert. Während manche Kommentatoren den Stimmzettel schon als „Lotterieschein“ ansahen, da für „den Wähler nicht mehr klar ist, was aus seinem Votum am Ende für eine Regierung herausspringt“ (Focus Nr. 39, 21. September 2009, S. 20), gaben andere Zeitungen gar Wahlempfehlungen für die Anhänger unterschiedlicher Koalitionen ab, z.B. im Rahmen des „Koalomats“ der ZEIT: „1. Wer eine Große Koalition will, wählt am besten SPD. 2. Wer sich Schwarz-Gelb wünscht, bekommt es am ehesten mit einer Stimme für die FDP. 3. Eine Ampel lässt sich am wahrscheinlichsten mit einer Stimme für die Grünen befördern. 4. Wer will, dass Angela Merkel Kanzlerin bleibt, geht nur mit einer Stimme für die Union auf Nummer sicher.“ (Die ZEIT, Nr. 37, 3. September 2009, S. 3). Es sei zunächst dahingestellt, wie sinnvoll solche Ratschläge im Einzelnen waren, klar wird, dass die Unübersichtlichkeit nicht unbedingt zu einem Weniger an Berichterstattung über Koalitionen geführt hat, sondern eher zu einem Mehr. Strategisches Wählen und Koalitionspräferenzen waren also ein wichtiges Thema bei der Bundestagswahl 2009.

Deshalb stellt sich besonders bei dieser Wahl die Frage, wie die Bürger über mögliche Koalitionen im Vorfeld der Bundestagswahl dachten und wie sich diese Überlegungen möglicherweise auf das Wahlverhalten auswirkten. Im Folgenden wird zunächst untersucht, welche Koalitionsoptionen in der Wählerschaft insgesamt und bei bestimmten Anhängergruppen vor der Wahl besonders beliebt oder unbeliebt waren. Danach wird in einem zweiten Schritt analysiert, wie die Wähler die ausgesendeten Koalitionssignale der Parteien im Vorfeld der Wahl aufgenommen haben und welche Koalitionen tatsächlich nach der Wahl erwartet wurden. Abschließend wird dann der Einfluss der Koalitionspräferenzen auf die Wahlentscheidung analysiert – zunächst für alle Befragten und dann genauer für bestimmte Anhängergruppen.

5.14.2 Koalitionsbewertungen und -wahrnehmungen

Zentral für den Zusammenhang von Koalitionen und Wahlverhalten sind die Präferenzen der Wähler für eine bestimmte Koalition. Wir haben die Befragten vor der Bundestagswahl 2009 gebeten, acht Koalitionen auf einer Skala von -5 bis +5 zu bewerten. -5 bedeutet, dass die Befragten die Koalition überhaupt nicht wünschenswert finden, während +5 bedeutet, dass die Koalition sehr wünschenswert ist. Aus diesen Angaben haben wir berechnet, welche Koalition den höchsten Wert aufweist und damit als bevorzugte Koalition gelten kann. Dabei wurden diejenigen Befragten außer Acht gelassen, die mehr als einer Koalition den höchsten Wert zugewiesen haben. Wie hoch der Anteil an Befragten ist, der sich eindeutig für eine bestimmte Koalition ausgesprochen hat, ist in Tabelle 1 ersichtlich.

Mit 37,7 Prozent war die schwarz-gelbe Koalition (bestehend aus CDU/CSU und FDP) mit Abstand am beliebtesten. Ihr folgte die rot-grüne Koalition (bestehend aus SPD und Bündnis 90/Die Grünen) mit 21,2 Prozent, der Abstand zu Schwarz-Gelb war jedoch beträchtlich. Die rot-rot-grüne Koalition (auch Linkskoalition genannt, bestehend aus SPD, Bündnis 90/Die Grünen und Die Linke) folgte überraschenderweise mit 16,5 Prozent relativ dicht auf Rot-Grün. Erstaunlicherweise lag sie in der Beliebtheit noch vor der damals amtierenden Großen Koalition aus CDU/CSU und SPD, die nur von 13,1 Prozent der Befragten bevorzugt wurde. Dies liegt aber sicherlich auch an unserer Messung, die jeweils angibt, welche Koalition relativ zu den anderen Koalitionen am besten bewertet wurde. Betrachtet man dagegen allgemein die Durchschnittswerte der Koalitionsbewertungen weist die rot-rot-grüne Koalition deutlich schlechtere Werte auf (s. Kapitel 3). Offensichtlich hat die Option einer rot-rot-grünen Koalition also stark polarisiert: Während ein beträchtlicher Teil sie relativ am besten bewertet hat, lehnte ein sehr großer Teil der Wähler sie auch vehement ab. Die beiden ebenfalls diskutierten Dreier-Koalitionen, Ampel- und Jamaika-Koalition, waren relativ unbeliebt. Dieses Los traf auch die schwarz-grüne Koalition aus CDU/CSU und Bündnis 90/Die Grünen und die sozialliberale Koalition aus SPD und FDP. Dies macht deutlich, dass die traditionellen Koalitionen, die politische Lagergrenzen nicht überschreiten, am beliebtesten waren. Ihnen gegenüber stehen Koalitionen, die aus drei Parteien bestehen und zudem Lagergrenzen überschreiten und damit als nicht wünschenswert galten.

Betrachtet man die Koalitionspräferenzen unterschiedlicher Anhängergruppen einzeln, war die schwarz-gelbe Koalition wie erwartet äußerst beliebt bei den CDU/CSU- und FDP-Anhängern, Rot-Grün dagegen bei SPD-

und Grünen-Anhängern. Auch die Große Koalition war bei den SPD-Anhängern recht beliebt und CDU/CSU-Anhänger konnten ihr ebenfalls einiges abgewinnen. Zusammen mit der Popularität der rot-rot-grünen Koalition bei SPD-, Grünen- und Linke-Anhängern lässt dies die Vermutung zu, dass Partei- und Koalitionspräferenzen eng miteinander zusammenhängen. Man findet folglich die Koalition wünschenswert, welche die präferierte Partei enthält. Dass dieser Zusammenhang nicht bedingungslos gilt, machen die weiterhin über alle Anhängergruppen niedrigen Zahlen für lagerüberschreitende Zweier- und Dreierkoalitionen deutlich (nur die Große Koalition bildet hier eine Ausnahme). Diese ungewohnten Koalitionen waren auch dann nicht besonders beliebt, wenn die eigene Partei darin enthalten gewesen wäre. Die Wähler hatten folglich klare Erstpräferenzen für klassische Koalitionsmodelle, neue Koalitionsoptionen folgten auf den hinteren Rängen.

Tabelle 1: Koalitionspräferenzen für alle Befragten und nach Anhängergruppen

Präferierte Koalition	Alle	Anhänger von CDU/CSU	SPD	FDP	B90/Grüne	Die Linke
Große Koalition	13,1	17,4	19,4	3,5	4,7	2,4
Schwarz-Gelb	37,7	71,6	3,2	78,9	1,7	5,6
Rot-Grün	21,2	0,9	47,8	2,3	61,8	9,7
Sozialliberale Koalition	3,1	0,6	8,1	4,7	1,7	1,4
Schwarz-Grün	4,2	6,5	1,9	1,1	7,9	1,8
Ampelkoalition	3,5	0,7	5,0	5,8	7,4	0,7
Jamaika-Koalition	0,7	1,2	0,0	1,5	0,0	0,0
Rot-Rot-Grün	16,5	1,1	14,7	2,3	14,9	78,4
N	1367	491	325	148	174	170

Neben der Präferenz für eine Koalition dürfte es für die Wähler auch eine Rolle spielen, ob die Parteien dazu bereit sind, die entsprechende Koalition zu bilden. Die Einschätzung dessen wird von Aussagen der Parteien vor der Wahl erleichtert, in denen sie deutlich machen, welche Koalitionen sie eingehen würden und welche nicht. So hat die SPD beispielsweise vor der Bundestagswahl 2009 eine Koalition mit der Linken explizit ausgeschlossen, sich aber offen für eine Ampelkoalition gezeigt (s. Kapitel 3). Um die Wahrnehmung solcher Koalitionssignale zu erfassen, wurden die Befragten vor der Wahl um folgende Einschätzung gebeten: „Unabhängig von den tatsächlichen Mehrheiten nach der Wahl, für wie wahrscheinlich halten Sie es, dass die folgenden Parteien bereit sind, eine Koalition miteinander einzugehen?" Abbildung 1 zeigt für die jeweilige Koalition den Prozentsatz an

Befragten, die hierauf mit „sehr“ oder „eher wahrscheinlich“ antworteten (für einen Überblick über die Entwicklung solcher Wahrnehmungen vor der Bundestagswahl 2009 s. Kapitel 3).

Wenig erstaunlich ist, dass zwischen CDU/CSU und FDP, den selbst ernannten Traumpartnern, trotz der Querelen zwischen Horst Seehofer und Guido Westerwelle ein sehr ausgeprägter Wille zum gemeinsamen Regieren wahrgenommen wurde. Überraschend ist hingegen, dass die Koalitionsbereitschaft zwischen CDU/CSU und SPD höher eingeschätzt wurde als zwischen SPD und Bündnis 90/Die Grünen. Dies könnte durch den relativ zahmen Wahlkampf der beiden Regierungsparteien zu erklären sein oder auch durch die grundsätzliche Bereitschaft der beiden Volksparteien, bei schwierigen Koalitionslagen einzuspringen und in einer Großen Koalition miteinander zu regieren. Wiederum erwartungsgemäß war die Wahrnehmung recht gering, dass die Parteien gewillt sind, Dreier-Koalitionen einzugehen. Auch die Bereitschaft der beteiligten Parteien, sich an einer rot-rot-grünen Koalition zu beteiligen, wurde als relativ gering eingeschätzt. Der Großteil der Befragten scheint also den Beteuerungen der SPD geglaubt zu haben, nicht mit der Linken koalieren zu wollen.

Abbildung 1: Wahrgenommene Koalitionssignale

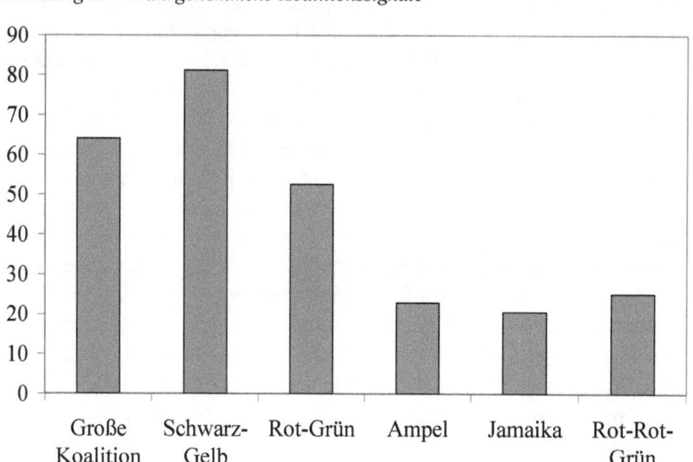

Anteil der Befragten, der bei der jeweiligen Koalition angab, dass es sehr oder eher wahrscheinlich ist, dass die jeweiligen Parteien bereit sind, diese Koalition miteinander einzugehen.

Dieser Eindruck bleibt auch bestehen, wenn man die Wahrnehmungen einzelner Anhängergruppen betrachtet (nicht abgebildet). Erstaunlich ist hier lediglich, wie gering die Einschätzung unter FDP-Anhängern verbreitet war, dass Union und SPD oder SPD und Grüne miteinander koalieren wollen. So gingen nur knapp 50 Prozent der FDP-Anhänger davon aus, dass Union und SPD grundsätzlich miteinander koalieren würden, während 64 Prozent aller Wähler positive Koalitionssignale zwischen Union und SPD wahrgenommen haben. Im Gegensatz zu dieser „negativen" Einschätzung von anderen Koalitionen stechen die Linken-Anhänger mit einer deutlich höheren Wahrnehmung von knapp 50 Prozent zur Bildung einer rot-rot-grünen Koalition heraus, die im Durchschnitt über alle Wähler nur bei etwa 25 Prozent lag. Unter den Linken-Anhängern haben also offensichtlich viele den Beteuerungen der SPD nicht geglaubt, keine Koalition mit der Linken einzugehen. Unklar bleibt hierbei, ob diese Unterschiede in der Wahrnehmung lediglich durch Wunschdenken zustande kamen oder ob die Anhänger unterschiedliche Informationen zu Koalitionssignalen erhielten, z.B. durch Selektionsprozesse bei ihrer Medienrezeption.

Insbesondere für die Diskussion um strategisches Wählen ist interessant, ob die Wähler auch erwarten, dass sich die von Ihnen präferierte Koalition nach der Wahl bilden wird. Hierfür spielen nicht nur die Wahrnehmungen der Koalitionssignale der Parteien eine Rolle, sondern auch Erwartungen zum Kräfteverhältnis der Parteien nach der Wahl. Im Vorfeld der Bundestagswahl 2009 legten Umfragen wochenlang einen Sieg von Schwarz-Gelb nahe, erst in den letzten beiden Wochen vor der Wahl erschien dies nicht mehr ganz sicher (dies wurde auch von den Wählern so wahrgenommen, wie Abbildung 9 in Kapitel 3 zeigt). Eine Große Koalition hätte naturgemäß zu jeder Zeit eine Mehrheit gehabt, während Rot-Grün relativ abgeschlagen war. Mehrheitsfähig wäre auch eine Jamaika-Koalition gewesen, für eine Ampelkoalition wäre es hingegen knapp geworden und eine rot-rot-grüne Koalition hätte laut den Umfragen eher keine Mehrheit bekommen. Interessant ist nun, inwieweit die Wähler diese Meinungsumfragen rezipierten und sich entsprechende Erwartungen über den Wahlausgang bildeten. Unsere Befragten wurden vor der Wahl gebeten, ihre Einschätzung zum Wahlausgang anzugeben. Tabelle 2 gibt an, welche Koalitionen vor der Wahl erwartet wurden.

Die von Umfragen vor der Wahl erzeugte Erwartung, dass es nach der Wahl für eine schwarz-gelbe Mehrheit reichen würde, bestätigt sich auch hier. So erwarteten dies 63,5 Prozent aller Befragten. Erstaunlich ist jedoch, dass immerhin noch 14,8 Prozent mit der in den Umfragen abgeschlagenen rot-grünen Koalition rechneten. Selbst die Große Koalition, die im Zweifelsfall bei einer unklaren Koalitionssituation einspringen würde, wurde von weniger Befragten erwartet (13,5 Prozent). Im Vergleich zu den drei genannten Koalitionen dachte nur ein sehr geringer Teil der Wähler, dass sich eine Dreier- oder eine lagerüberschreitende Zweier-Koalition bilden wird.

Tabelle 2: Erwartete Koalition

Erwartete Koalition	Alle	Anhänger von CDU/CSU	SPD	FDP	B90/Grüne	Die Linke
Große Koalition	13,5	11,3	16,0	5,2	10,4	19,1
Schwarz-Gelb	63,5	83,4	41,3	85,7	51,8	45,0
Rot-Grün	14,8	2,7	33,5	5,7	24,3	13,8
Sozialliberale Koalition	0,1	0,0	0,2	0,0	0,0	0,0
Schwarz-Grün	0,1	0,1	0,0	0,0	0,0	0,0
Ampelkoalition	1,9	0,6	3,4	1,4	3,2	1,8
Jamaika-Koalition	2,3	1,5	1,7	0,7	5,8	2,9
Rot-Rot-Grün	3,9	0,5	4,0	0,0	4,4	17,5
N	1631	574	401	162	210	199

Das Überschätzen der Chancen von Rot-Grün schien durch den Wunsch von SPD- und Grünen-Anhängern zustande gekommen zu sein, dass es ihre Wunschkoalition doch noch schafft. Dass die Erwartungen zugunsten der präferierten Koalition überzogen waren, lässt sich auch für die Anhänger anderer Parteien feststellen. So sahen CDU/CSU- und FDP-Anhänger die schwarz-gelbe Koalition nahezu als sicher an, während Anhänger der Linken Rot-Rot-Grün eine echte Chance zugestanden. Ob Erwartungen eine zentrale Rolle bei der Wahlentscheidung spielen, kann daher bezweifelt werden. Zunächst wird im nächsten Abschnitt jedoch untersucht, welche Rolle Koalitionspräferenzen ganz allgemein bei der Wahlentscheidung spielen.

5.14.3 Koalitionswählen bei der Bundestagswahl 2009

Wie in den vorangegangenen Kapiteln gezeigt wurde, sind Präferenzen für Politiker oder politische Positionen wesentlich für die Wahlentscheidung. Dies kann auch für Koalitionspräferenzen gelten, da Koalitionen letztlich ebenso politische Objekte darstellen, die man gut findet oder nicht. Schwierig ist jedoch, dass Koalitionen aus Parteien bestehen und die Koalitionspräferenz somit als Kombination unterschiedlicher Parteipräferenzen verstanden werden kann. Der enge Zusammenhang zwischen Partei- und Koalitionspräferenz wurde in Deutschland bereits nachgewiesen (Pappi 2007). Dennoch soll hier in einem ersten Schritt untersucht werden, ob ganz allgemein ein Einfluss von Koalitionspräferenzen auf die Wahlentscheidung besteht. Die Kontrolle für Parteipräferenzen geschieht hierbei durch das Hinzunehmen der Parteiidentifikation. Wir berechnen daher ein Modell, das einen Zusammenhang zwischen der Bewertung der einzelnen Koalitionen auf der schon vorgestellten Skala von -5 (überhaupt nicht wünschenswert) bis +5 (sehr wünschenswert) und der Wahlentscheidung herstellt. Dabei folgen wir der Darstellung in den vorangegangenen Kapiteln und zeigen, wie sich die Wahrscheinlichkeit für die Wahl einer Partei verändert, wenn die Koalitionsbewertung statt dem minimalen Wert den maximalen Wert annimmt (s. Anhang 4 für eine Erläuterung des Vorgehens). Tabelle 3 zeigt die Ergebnisse dieses Modells.

Die Ergebnisse sind weitestgehend wie erwartet: Identifizierte sich ein Befragter mit der betreffenden Partei, stieg die Wahrscheinlichkeit natürlich stark an, diese zu wählen (im Durchschnitt um etwa 55 Prozentpunkte). Doch auch die Bewertung der jeweiligen Koalition konnte die Wahlentscheidung deutlich beeinflussen – auch nach Kontrolle für die Parteiidentifikation. Die Wahrscheinlichkeit, die Union zu wählen, stieg mit der Bewertung von Koalitionen, in denen die Union enthalten ist. Hierbei war der Effekt von Schwarz-Gelb mit zwölf Prozentpunkten jedoch geringer als der von Großer (18 Prozentpunkte) oder schwarz-grüner Koalition (19 Prozentpunkte). Dagegen hatte eine positive Bewertung von Schwarz-Gelb einen starken Effekt auf die Wahl der FDP. Dies ist ein erster Hinweis darauf, dass die Präferenz für eine schwarz-gelbe Koalition eher zu einer Wahl der FDP als der Union geführt hat. Ähnliches lässt sich auch für SPD, Grüne und rot-grüne Koalition feststellen: Der Effekt von Rot-Grün war für die Grünen-Wahl höher als für die SPD-Wahl. Bei den Grünen-Wählern sticht jedoch überraschenderweise der Effekt der weniger stark diskutierten schwarz-grünen Koalition mit 26 Prozentpunkten hervor. Interessant ist auch der Effekt der Großen Koalition: Die SPD profitierte mit 24 Prozentpunkten etwas mehr von einer positiven Bewertung der Großen Koalition als die Union (18 Prozentpunkte). Bei den Wählern der Linken gibt es kaum Überraschungen: Die Bewertung der rot-rot-grünen Koalition hatte mit 46 Prozentpunkten einen überaus starken Effekt. Generell zeigt sich also, dass eine bessere Bewertung für eine Koalition die Wahlwahrscheinlichkeit für die darin enthaltenen Parteien erhöhte und sie für die ausgeschlossenen Parteien reduzierte. Neben diesen positiven Effekten gab es erwartungsgemäß auch negative „Abstoßungseffekte“ von Koalitionen, die die gewählte Partei nicht enthalten.

Tabelle 3: Der Einfluss von Koalitionspräferenzen auf die Vergabe der Zweitstimme

	Zweitstimme für				
	CDU/ CSU	SPD	FDP	B90/ Grüne	Die Linke
Parteiidentifikation	+53[c]	+52[c]	+49[c]	+69[c]	+54[c]
Große Koalition	+18[c]	+24[c]	-6[c]	-1	-4
Schwarz-Gelb	+12[a]	-19[c]	+24[c]	-8[b]	-4
Rot-Grün	-19[c]	+7	0	+17[c]	-10[c]
Sozialliberale Koalition	-5	+41[c]	+12[b]	-1	-1
Schwarz-Grün	+19[a]	-13[a]	-1	+26[c]	-7[a]
Ampelkoalition	-13	-5	0	+2	-2
Jamaika-Koalition	+9	-7	+1	-1	+6
Rot-Rot-Grün	-13[b]	-3	-1	-4[a]	+46[c]
Nagelkerkes R^2	0,70	0,62	0,46	0,62	0,59
N	1442	1442	1442	1442	1442

a: $p<0,05$; b: $p<0,01$; c: $p<0,001$ (s. Anhang 4).

Erstaunlich ist auch, wie unwichtig die Bewertungen von Ampel- und Jamaika-Koalition für die Wahlentscheidung waren. Hier konnten wir uns bei keinem Effekt sicher sein, dass er nicht nur zufällig zustande gekommen ist. Die deutlichen Steigerungen der Wahrscheinlichkeiten der Parteienwahl gerade in Hinblick auf eher ungewöhnliche Koalitionen, wie z.B. eine sozialliberale oder eine schwarz-grüne Koalition, könnten darauf hindeuten, dass eine Partei umso eher gewählt wurde, je eher der Befragte mit allen Koalitionen, die diese Partei enthalten, zufrieden ist oder zumindest leben kann. Dies dürfte in erster Linie auf Befragte zutreffen, die voll und ganz hinter ihrer Partei stehen. Diese Vermutung macht wiederum deutlich, wie eng Partei- und Koalitionspräferenz zusammenhängen. Daher ist es bei einer Untersuchung der Wirkungen von Koalitionspräferenzen auf die Wahlentscheidung sinnvoller, den strategischen Aspekt des Wahlverhaltens und damit verbunden gewisse Wählergruppen genauer zu betrachten.

Die beiden Wählergruppen, die hier von besonderem Interesse sind, sind Anhänger von Union und FDP auf der einen Seite und Anhänger von SPD und Grünen auf der anderen Seite. Wie aus Tabelle 1 hervorgeht, bevorzugten mehr als 70 Prozent der Anhänger von CDU und CSU eine Koalition mit der FDP. Gleichzeitig warb die FDP ganz bewusst um solche Wähler, die sich eine schwarz-gelbe Koalition wünschten und spekulierte mit ihrer Zweitstimmenkampagne auch auf Anhänger von CDU und CSU. Anhänger der Union mochten versucht sein, im Sinne einer „Leihstimme“ dem bevorzugten kleineren Koalitionspartner zu „helfen“, um die gewünschte Koalition auch tatsächlich zu erreichen. Diese Überlegung ergibt dann Sinn, wenn die Gefahr besteht, dass der kleinere Koalitionspartner an der Fünf-Prozent-Hürde scheitern könnte und so den Einzug in den Bundestag nicht schafft. Die Zweitstimme für den kleinen Koalitionspartner wäre dann sinnvoll eingesetzt – wenn so doch ein Einzug der kleinen Partei in den Bundestag erreicht werden kann (s.o.). Im Fall der FDP bei der Bundestagswahl 2009 trägt diese Argumentation allerdings nur sehr bedingt, da die FDP in Umfragen vor der Wahl durchgängig weit oberhalb von fünf Prozent angesiedelt wurde. Interessant ist in diesem Zusammenhang auch, dass, wie oben gesehen, fast 90 Prozent der Unions- und FDP-Anhänger die Koalitionssignale der beiden Parteien so verstanden, dass CDU/CSU und FDP sehr gerne eine Koalition miteinander bilden wollten. Wenn die Wahl also eine Mehrheit für Schwarz-Gelb ergibt, sollte sich demnach auch eine Koalition von Union und FDP bilden. Tatsächlich rechneten auch knapp 84 Prozent der Unionsanhänger und 86 Prozent der FDP-Anhänger aufgrund der Stärkeverhältnisse in Umfragen vor der Wahl damit, dass sich nach der Wahl eine schwarz-gelbe Koalition bilden wird. Nichtsdestotrotz können sich einige Befürworter einer schwarz-gelben Regierung im Sinne einer reinen Koalitionswahl gedacht haben, mit einer Zweitstimme für die FDP am besten ihre Präferenz für eine solche Koalition ausdrücken zu können.

Tabelle 4: Koalitionswählen: Anhänger von Union und FDP

	Wahl der FDP im Vergleich zur Wahl von CDU/CSU
Parteiidentifikation FDP	+68[c]
Parteiidentifikation CDU/CSU	-39[c]
Bevorzugte Koalition Schwarz-Gelb	+10[a]
Nagelkerkes R^2	0,52
N	588

Zweitstimmen, nur Anhänger von Union und FDP.
a: p<0,05; b: p<0,01; c: p<0,001 (s. Anhang 4).

In Tabelle 4 wird deshalb der Einfluss der Koalitionspräferenz für eine schwarz-gelbe Koalition auf die Wahl der FDP im Vergleich zu einer Wahl von CDU oder CSU untersucht. Hierfür wurden nur die Anhänger der Unionsparteien und der FDP berücksichtigt. Der Effekt der Koalitionspräferenz wird wie in allen Modellen für die Parteibindung an die Union und die FDP kontrolliert.

Die Ergebnisse zeigen zunächst wenig verwunderlich starke Effekte der Parteibindungen. Wer sich mit der FDP identifizierte, entschied sich mit einer um 68 Prozentpunkte höheren Wahrscheinlichkeit für die FDP – im Vergleich zu einer Wahl von CDU/CSU. Umgekehrt verringerte sich die Wahrscheinlichkeit, die FDP zu wählen um 39 Prozentpunkte bei denjenigen Befragten, die sich parteilich an die Union gebunden fühlten. Interessant ist nun aber der Effekt der Präferenz für eine schwarz-gelbe Koalition. Zusätzlich zu den Parteibindungen hatte die Koalitionspräferenz einen bedeutsamen Einfluss auf die Wahl der FDP. Wer eine schwarz-gelbe Koalition bevorzugte, entschied sich mit einer um 10 Prozentpunkte höheren Wahrscheinlichkeit für die FDP – wiederum im Vergleich zu einer Wahl der Union. Offensichtlich haben sich also einige Unions- und FDP-Anhänger, die sich eine schwarz-gelbe Koalition wünschten, von der Überlegung leiten lassen, mit einer Zweitstimme für die FDP diese Koalition am besten erreichen zu können. Die FDP profitierte also von koalitionstaktischen Überlegungen der Unions- und FDP-Anhänger. Die Union dagegen litt unter diesen koalitionstaktischen Überlegungen. Interessant ist dabei auch, dass dieser Effekt der Koalitionspräferenz unabhängig von den Erwartungen bezüglich des Wahlausgangs wirkt. Führt man die oben beschriebene Analyse getrennt für Befragte mit jeweils unterschiedlichen Erwartungen bezüglich des Wahlausgangs durch, bleibt der Effekt der Präferenz für eine schwarz-gelbe Koalition relativ konstant. Befragte, die am Zustandekommen der schwarz-gelben Koalition noch zweifelten, ließen sich nicht viel stärker von ihren Koalitionspräferenzen leiten als diejenigen, die das Zustandekommen einer schwarz-gelben Koalition als mehr oder weniger sicher ansahen.

Ähnlich wie Union und FDP signalisierten SPD und Grüne vor der Wahl, gerne miteinander eine Koalition bilden zu wollen. Auch hier könnten die Grünen als kleinerer Partner einer potentiellen rot-grünen Koalition von taktischen Überlegungen der SPD- und Grünen-Anhänger profitieren. Immerhin wünschten sich 48 Prozent der SPD-Anhänger und 62 Prozent der Grünen-Anhänger Rot-Grün. Auf der anderen Seite wurde die rot-grüne Koalition – nach den Umfragen verständlich – als nicht besonders wahrscheinlich eingeschätzt. Von den SPD-Anhängern erwarteten nur 34 Prozent eine rot-grüne Koalition, von den Grünen-Anhängern waren es nur 24 Prozent. Daneben bestand für die Grünen genauso wie für die FDP nach den Umfragen vor der Wahl nicht die Gefahr, an der Fünf-Prozent-Hürde zu scheitern. Ein vermeintlich strategisches Kalkül der Anhänger einer rot-grünen Koalition, mit einer Stimme für den kleinen Partner den größtmöglichen Einfluss auf das Zustandekommen einer solchen Koalition zu haben, hatte damit kaum eine Grundlage. Trotzdem erscheint es auch hier möglich, dass manche Wähler ihrem Wunsch nach einer rot-grünen Koalition mit einer Zweitstimme für den kleineren Partner besonderen Ausdruck geben wollten.

Tabelle 5 zeigt den Einfluss der Präferenz für eine rot-grüne Koalition auf die Wahl der Grünen im Vergleich zu einer Wahl der SPD. Hierfür wurden nun nur die Anhänger der SPD und von Bündnis 90/Die Grünen berücksichtigt und entsprechend der Analyse oben diesmal für die Parteiidentifikation mit der SPD und den Grünen kontrolliert. Wie erwartet zeigten sich wieder zunächst starke Effekte für die Parteibindungen. Wer von den hier berücksichtigten Wählern eine Parteiidentifikation mit den Grünen angab, entschied sich mit einer um 76 Prozentpunkte höheren Wahrscheinlichkeit mit der Zweitstimme für die Grünen – im Vergleich zu einer Zweitstimme für die SPD. Dagegen verringerte sich die Wahrscheinlichkeit einer Wahl der Grünen um 35 Prozentpunkte, wenn sich die Befragten mit der SPD identifizierten.

Tabelle 5: Koalitionswählen: Anhänger von SPD und Bündnis 90/Die Grünen

	Wahl von Bündnis 90/Die Grünen im Vergleich zur Wahl der SPD
Parteiidentifikation B90/Grüne	+76[c]
Parteiidentifikation SPD	-35[c]
Bevorzugte Koalition Rot-Grün	+21[b]
Nagelkerkes R^2	0,70
N	485

Zweitstimme, nur Anhänger von SPD und Bündnis 90/Die Grünen.
a: p<0,05; b: p<0,01; c: p<0,001 (s. Anhang 4).

Von besonderem Interesse ist hier allerdings wieder der Effekt der Koalitionspräferenz. Wer von den Anhängern von SPD und Grünen eine rot-grüne Koalition bevorzugte, stimmte mit einer um 21 Prozentpunkte höheren Wahrscheinlichkeit für die Grünen – im Vergleich zu einer Wahl der SPD. Offensichtlich veranlasste der Wunsch nach einer rot-grünen Koalition einen Teil der SPD- und Grünen-Anhänger dazu, mit ihrer Zweitstimme eher für die Grünen zu stimmen als für die SPD. Die Grünen scheinen also von den Koalitionsüberlegungen der SPD- und Grünen-Anhänger profitiert zu haben, die SPD dagegen litt unter diesen Überlegungen. Der kleinere Koalitionspartner profitierte also auch hier, wie oben die FDP, von den Koalitionsbewertungen. Das gilt wiederum relativ unabhängig von den Erwartungen über den Wahlausgang. Befragte, die eine rot-grüne Koalition nach der Wahl für möglich hielten, ließen sich nicht stärker von ihrer Koalitionspräferenz leiten als Befragte, die der rot-grünen Koalition keine Chancen einräumten.

5.14.4 Fazit

Aufgrund der unübersichtlichen Koalitionssituation nach der Bundestagswahl 2005 waren Koalitionspräferenzen, -erwartungen und -signale der Parteien ein wichtiges Thema im Vorfeld der Bundestagswahl 2009. Trotz der Diskussion neuer Koalitionsmodelle, wie beispielsweise der Jamaika-Koalition, sind die Präferenzen der Wähler doch eindeutig: Aus zwei Parteien bestehende Lagerkoalitionen, also Schwarz-Gelb und Rot-Grün, werden eindeutig bevorzugt. Dass Parteien in ihrer politischen Richtung zusammenpassen, scheint folglich ein wichtiges Kriterium bei der Bewertung von Koalitionen zu sein. Dieser Eindruck wird beispielsweise auch dadurch unterstützt, dass die Linkskoalition beliebter ist als die Große Koalition. So kann ein weiteres wichtiges Kriterium bei der Bildung von Koalitionspräferenzen, das Enthaltensein der „eigenen“ Partei, die Unbeliebtheit lagerübergreifender Koalitionen nicht schwächen. Dies trifft insbesondere auf die Jamaika-Koalition zu, die nur von einem Bruchteil der CDU/CSU-, FDP- und Grünen-Anhänger bevorzugt wurde. Die Unbeliebtheit lagerübergreifender Dreier-Koalitionen schlägt sich auch in dem Einfluss von Koalitionspräferenzen auf die Wahlentscheidung nieder: Generell steigt die Wahrscheinlichkeit der Wahl einer Partei mit einer besseren Bewertung von Koalitionen, in denen die Partei enthalten ist. Diesen Zusammenhang konnten wir bei Ampel- und Jamaika-Koalition jedoch nicht feststellen. Neben der Untersuchung allgemeiner Einflüsse von Koalitionspräferenzen auf Wahlentscheidungen ist insbesondere die Rolle von Koalitionen beim strategischen Wählen von Interesse. Hier konnten wir zeigen, dass die Präferenz für eine schwarz-gelbe Koalition einen großen Einfluss auf die Wahl der FDP hatte, die FDP also von koalitionstaktischen Überlegungen profitieren konnte. Ähnliches gilt für die Wahl von Bündnis 90/Die Grünen und die Präferenz von Rot-Grün. Aus theoretischer Sicht ist dabei erstaunlich, dass diese Koalitionsbewertungen relativ unabhängig von den Erwartungen über den Wahlausgang ihren Einfluss auf die Wahlentscheidung ausübten. Nach der Leihstimmen-These sollten Wähler dagegen nur dann einem kleineren Koalitionspartner ihre Stimme leihen, wenn damit die Chance einer tatsächlichen Bildung dieser Koalition stärker erhöht wird als wenn die eigentlich bevorzugte Partei gewählt würde. Dies wäre z.B. der Fall, wenn der Koalitionspartner mit dieser Stimme die Fünf-Prozent-Hürde überspringen könnte. Das zeigen unsere Daten nicht. Erwartungen bezüglich des Wahlausgangs waren relativ unwichtig und hatten keinen vermittelnden Einfluss auf die Wahlentscheidung. Der Einfluss der Koalitionsbewertungen auf die Wahlentscheidung kann deshalb eher als Wunsch der Wähler gedeutet werden, ihrer Präferenz für eine bestimmte Koalition Ausdruck zu verleihen – unabhängig von den spezifischen Erwartungen über den Wahlausgang. Das deutsche Wahlsystem mit zwei Stimmen hat dann offensichtlich einige Wähler dazu verleitet, mit der Erststimme eine große Partei zu wählen und mit der Zweitstimme einen potentiellen Koalitionspartner dieser Partei (s. dazu auch Kapitel 4). Koalitionspräferenzen haben somit bei der Bundestagswahl 2009 eine nicht zu vernachlässigende Rolle gespielt, insbesondere für den Erfolg der nun nicht mehr ganz so kleinen Parteien.

Literatur

Blais, André/Aldrich, John H./Indridason, Indridi H./Levine, Renan 2006: Do Voters Vote for Government Coalitions? Testing Downs' Pessimistic Conclusion, in: Party Politics 12, 691-705.

Bytzek, Evelyn 2010: Der überraschende Erfolg der FDP bei der Bundestagswahl 2005: Leihstimmen oder Koalitionswahl als Ursache?, in: Faas, Thorsten/Arzheimer, Kai/Roßteutscher, Sigrid, Hg., Information – Wahrnehmung – Emotion. Politische Psychologie in der Wahl- und Einstellungsforschung, Wiesbaden: VS Verlag, 315-332.

Golder, Sona N. 2005: Pre-electoral Coalitions in Comparative Perspective: A Test of Existing Hypotheses, in: Electoral Studies 24, 643-663.

Gschwend, Thomas 2007: Ticket-Splitting and Strategic Voting under Mixed Electoral Rules: Evidence from Germany, in: European Journal of Political Research 46, 1-23.

Hermann, Michael/Pappi, Franz U. 2008: Strategic Voting in German Constituencies, in: Electoral Studies 27, 228-244.

Huber, Sascha/Gschwend, Thomas/Meffert, Michael/Pappi, Franz U. 2009: Erwartungsbildung über den Wahlausgang und ihr Einfluss auf die Wahlentscheidung, in: Gabriel, Oscar W./Falter, Jürgen W./Weßels, Bernhard, Hg., Wahlen und Wähler. Analysen aus Anlass der Bundestagswahl 2005, Wiesbaden: VS Verlag für Sozialwissenschaften: 562-584.

Linhart, Eric/Huber, Sascha 2009: Der rationale Wähler in Mehrparteiensystemen: Theorie und experimentelle Befunde, in: Henning, Christian/Linhart, Eric/Shikano, Susumu, Hg., Parteienwettbewerb. Wählerverhalten und Koalitionsbildung. Festschrift zum 70. Geburtstag von Franz Urban Pappi, Baden-Baden: Nomos: 133-160.

Pappi, Franz U./Thurner, Paul W. 2002: Electoral Behaviour in a Two-Vote System: Incentives for Ticket Splitting in German Bundestag Elections, in: European Journal of Political Research 41, 207-232.

Shikano, Susumu/Herrmann, Michael/Thurner, Paul W. 2009: Strategic Voting under Proportional Representation: Threshold Insurance in German Elections, in: West European Politics 32, 634-656.

Was wir wählen, in: Focus Nr. 39, 21. September 2009, 20.

Wie wähle ich richtig? Und wer regiert mit meiner Stimme? Der »Koalomat« zeigt, wie die Wähler ihre Stimme bei der Bundestagswahl gezielt einsetzen können, in: Die ZEIT Nr. 37, 3. September 2009, 3.

6. Holpriger Start einer Wunschehe? Die Regierungsbildung der schwarz-gelben Koalition

Evelyn Bytzek und Sigrid Roßteutscher

6.1 Einleitung

Regierungen bestehen in der Bundesrepublik Deutschland in der Regel aus Koalitionen mehrerer Parteien. Für die Regierungsbildung bedeutet dies, dass sie problematischer und langwieriger ist als in klassischen Mehrheitsdemokratien mit Zwei-Parteien-System und Ein-Parteien-Regierung. Im Gegensatz zu anderen parlamentarischen Systemen war die Regierungsbildung in Deutschland dennoch in den meisten Fällen relativ unproblematisch. Koalitionsregierungen waren zudem äußerst stabil, sodass viele der Befürchtungen, die mit Mehrparteiensystemen einhergehen, im Nachkriegsdeutschland keine Bestätigung fanden. Es herrschte ein bestimmter Koalitionstyp vor, die sogenannte Kleine Koalition aus großer (CDU/CSU oder SPD) und kleiner Partei (FDP oder Bündnis 90/Die Grünen). Diese im Vergleich zur Weimarer Republik sehr einfache Koalitionsstruktur hat zur Stabilität von Regierungen beigetragen. Die Akzeptanz von Koalitionsregierungen war trotz der Erfahrungen der Weimarer Republik dementsprechend hoch und ernsthafte Pläne, das deutsche parlamentarische System in eine Mehrheitsdemokratie umzuwandeln, fanden in jüngster Zeit wenig Gehör.

Nach der Bundestagswahl 2005 sah es jedoch kurzzeitig so aus, als hätte diese angenehme Situation ein jähes Ende gefunden. Keine aus zwei Parteien bestehende Block-Koalition hatte eine Mehrheit, sodass eine Große Koalition aus CDU/CSU und SPD einspringen und die Regierungsverantwortung übernehmen musste. Dies weckte Befürchtungen, dass die beiden großen Parteien infolgedessen massiv an Stimmen verlieren würden, was zu einer Stärkung der politischen Ränder beitragen und wie bei der ersten bundesdeutschen Koalition in den 1960er Jahren eine Radikalisierung mit sich bringen könnte. Hierdurch wäre bei der nächsten Bundestagswahl höchstwahrscheinlich wieder das Problem aufgetreten, dass nur eine Große Koalition mit lediglich zwei Parteien eine Mehrheit auf sich vereinen und damit regierungsfähig sein würde. Für den Fall, dass die beiden großen Parteien aus strategischen Kalkülen für eine Große Koalition nicht zur Verfügung ständen, wurden vorsorglich ganz neuartige Koalitionsmodelle wie Jamaika

(CDU/CSU, FDP und Bündnis 90/Die Grünen) oder eine Linkskoalition (SPD, Bündnis 90/Die Grünen und Die Linke) diskutiert, die aber wenig Rückhalt in der Bevölkerung hatten (s. Kapitel 5.14 in diesem Band).

Es zeichnete sich jedoch schon im Vorfeld der Wahl 2009 ab, dass dieser Fall nicht eintreten würde. Durch die moderaten Stimmenverluste von CDU/CSU und das gute Abschneiden der FDP konnte wie erwartet eine schwarz-gelbe Koalition gebildet werden und übernahm relativ kurz nach der Wahl die Regierungsgeschäfte. Dies sollte nicht darüber hinweg täuschen, dass die Bildung einer Koalitionsregierung ein spannendes und nicht ganz einfaches Unterfangen ist, bei dem sich die potentiellen Partner über den Inhalt der Politik der nächsten vier Jahre und das zugehörige politische Personal einigen müssen. So war auch in diesem Fall die Regierungsbildung problematischer als zunächst angenommen. Daher wird in diesem Kapitel in einem ersten Schritt dargestellt, wie die Koalitionsverhandlungen abliefen. Im Anschluss daran werden die Resultate dieser Verhandlungen, der Koalitionsvertrag und die Kabinettszusammensetzung, genauer betrachtet, um mit einem Ausblick auf die Regierungstätigkeit zu schließen.

6.2 Die Koalitionsverhandlungen

Welche Koalition sich nach einer Wahl bildet, ist immer eine spannende Frage, die einen ganzen Forschungsstrang der Politikwissenschaft beschäftigt. Auch wenn es unterschiedliche Theorien dazu gibt, welche Koalitionen für die Parteien aus welchen Gründen attraktiv sind, haben sich doch die folgenden drei Erwartungen (auch auf Basis empirischer Beobachtungen) herauskristallisiert: Erstens wird eine Regierungskoalition eine Mehrheit der Sitze im Bundestag besitzen. Die Koalition wird zweitens aus so wenigen Parteien wie möglich bestehen, damit auf die einzelnen Koalitionsparteien so viele politische Ämter und Einfluss wie möglich entfallen. Um die Koalitionsverhandlungen und die anschließende Regierungstätigkeit zu erleichtern, werden sich die Parteien drittens ideologisch nahestehen, also auf einer ideologischen Dimension nebeneinander positioniert sein (zu den Erwartungen s. Laver/Schofield 1990: 88-103).

Abbildung 1 zeigt die auf Basis von Wahlprogrammen berechneten ideologischen Positionen der fünf im Bundestag vertretenen Parteien. Diese ideologischen Positionen setzen sich aus einer wirtschafts- und einer gesellschaftspolitischen Dimension zusammen (s. Kapitel 5.5). Auch wenn das Vereinfachen auf eine ideologische Dimension für das deutsche Parteiensystem aufgrund der Positionierung der FDP umstritten ist, wird hier aus

Gründen der Anschaulichkeit so verfahren. Neben den ideologischen Positionen der Parteien sind die Sitzanteile zentral: Die Union erreichte 38,4 Prozent der Sitze, die SPD 23,5 Prozent, die FDP kam auf 15,0 Prozent, Die Linke 12,2 Prozent und Bündnis 90/Die Grünen auf 10,9 Prozent. Betrachtet man Abbildung 1 zusammen mit den Sitzanteilen lässt sich daran deutlich erkennen, dass nur die Koalition aus CDU/CSU und FDP alle drei Erwartungen erfüllt: Rot-Grün hat keine Mehrheit, eine Ampelkoalition enthielte mehr Parteien, bei einer Großen Koalition stünde die FDP zwischen den beiden Parteien. Darüber hinaus stehen sich CDU/CSU und FDP ideologisch auch recht nahe. Zusammen mit dem deutlichen Wahlergebnis und der Betrachtung der jeweils anderen Partei als Traumpartner erklärt dies, warum sowohl von Seiten der CDU/CSU als auch der FDP keine anderen Koalitionsoptionen ausgelotet wurden. Das bedeutet jedoch nicht, dass die Koalitionsverhandlungen durchweg harmonisch verliefen, wie die folgenden Ausführungen zeigen.

Abbildung 1: Ideologische Positionen der Parteien

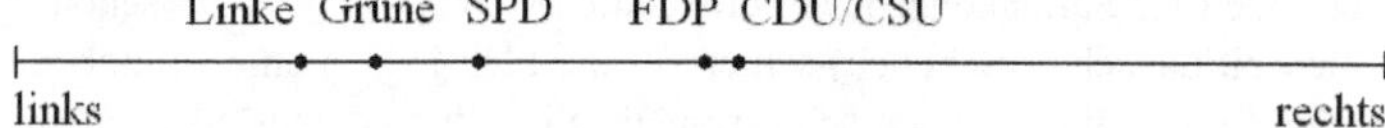

Gewichteter Mittelwert der Parteipositionen auf einer wirtschafts- und einer gesellschaftspolitischen Dimension. Die Positionen wurden von Linhart und Shikano auf Basis von Auswertungen der Wahlprogramme 2009 erstellt und sind erhältlich unter http://www.polver.uni-konstanz.de/shikano/forschung/daten-und-programme/. Zur Methode s. Linhart/ Shikano 2007, 2009.

Schwierigkeiten beim Zusammenfinden zeichneten sich bereits im Vorfeld der Bundestagswahl ab: Trotz der langen gemeinsamen Regierungszeit (auf Bundesebene beispielsweise zuletzt von 1982 bis 1998) und der allgemeinen Wahrnehmung, dass eine Koalition sowohl von CDU/CSU als auch von der FDP gewünscht wird, kam es zu Querelen zwischen CSU und FDP um den gegenseitigen Vorwurf, nicht zu einer schwarz-gelben Koalition zu stehen bzw. den Wahlerfolg dieser zu gefährden. Auch wenn die Wirkungen dieses Streits auf das Wahlergebnis schwer zu ermessen sind, macht er doch eine Besonderheit von schwarz-gelben Koalitionen deutlich: Trotz des gemeinsamen Wahlprogramms von CDU/CSU und der Fraktionsgemeinschaft der beiden Parteien sitzen mehr als zwei zukünftige Regierungspartner am Verhandlungstisch. Insbesondere bei der Betrachtung der Koalitionsverhandlungen muss diese Besonderheit folglich einbezogen werden.

Offiziell begannen die Koalitionsverhandlungen am 5. Oktober 2009, doch bereits am 28. September 2009 und damit einen Tag nach der Bundestagswahl traf Angela Merkel den FDP-Vorsitzenden Guido Westerwelle im Kanzleramt, am Tag darauf Horst Seehofer, den Vorsitzenden der CSU. Als Resultat dieser Treffen wurde angepeilt, die Verhandlungen bis zum 9. November abzuschließen. Wie geplant fand die erste Verhandlungsrunde mit je neun Mitgliedern von CDU, CSU und FDP in der Landesvertretung Nordrhein-Westfalens statt. Im Anschluss daran begann die inhaltliche Arbeit der zehn gebildeten Arbeitsgruppen (für eine Übersicht über Verhandlungsführer, Delegationsmitglieder und Arbeitsgruppen s. Saalfeld 2010). Erste Konflikte traten schnell zutage und betrafen vor allen Dingen die Finanz- und Steuer- als auch die Gesundheitspolitik. In der Finanz- und Steuerpolitik strebten zwar beide Parteien eine steuerliche Entlastung der Bürger an. Die FDP wollte bei diesem Ziel jedoch um Einiges weiter gehen als CDU und CSU, die stärker die Haushaltslage und die im Grundgesetz verankerte Schuldenbremse im Blick hatten. Der Einstieg in eine durchgreifende Steuerstrukturreform über massive Steuersenkungen schon in dieser Legislaturperiode (das Stufenkonzept mit drei Stufen wurde von der FDP schon auf die Zeit danach verschoben) schien für die FDP jedoch eine Grundbedingung für die Bildung einer schwarz-gelben Koalition darzustellen. Auch in der Gesundheitspolitik waren die Gräben tief: Während die CDU am zusammen mit der SPD beschlossenen Gesundheitsfonds festhalten wollte, zielte die FDP auf einen kompletten Umbau des Gesundheitssystems, z.B. durch Einführung einer einkommensunabhängigen und nicht vom Arbeitgeber mitfinanzierten Kopfpauschale. Erschwerend kam bei diesem Konflikt das sich abzeichnende Defizit der Krankenkassen hinzu, was die Erhebung von Zusatzbeiträgen bei etlichen Krankenkassen notwendig machte (s. „Krümel statt Streuselkuchen“, Der Spiegel Nr. 42, 12. Oktober 2009, S. 22). Die dritte Verhandlungsrunde fand am 14. Oktober statt, beschlossen wurden eine Reihe finanzieller Verbesserungen für Hartz IV-Empfänger („Union und FDP wollen Hartz IV-Empfänger besser stellen“, Spiegel Online, 14. Oktober 2009). Auch am folgenden Tag gab es Erfolgsmeldungen, da etliche Regelungen in der Innen- und Sicherheitspolitik festgelegt wurden, bei denen sich in erster Linie die FDP durchsetzen konnte, so z.B. bei Vorratsdatenspeicherung, Internetsperren und Online-Durchsuchung („FDP stoppt Internetsperren“, Spiegel Online, 15. Oktober 2009).

Das sollte aber nicht über die großen Konflikte hinwegtäuschen. Aufgrund der festgefahrenen Verhandlungen einigten sich die Parteivorsitzenden auf ein dreitägiges Spitzentreffen mit den jeweiligen Vorsitzenden der

Arbeitsgruppen. In diesen turbulenten Tagen meldeten sich zudem vermehrt auch Ministerpräsidenten der CDU zu Wort und kritisierten die Forderungen der FDP als überzogen. Dennoch schien gerade bei der heftig umstrittenen zukünftigen Finanz- und Steuerpolitik eine Lösung gefunden zu sein: die Einrichtung eines Sonderfonds, aus dem die Defizite der Sozialsysteme mit geliehenem Geld ausgeglichen werden sollten („Weiterwursteln im Merkelland“, Der Spiegel Nr. 44, 26. Oktober 2009, S.24). Damit wäre die offizielle Neuverschuldung niedriger ausgefallen, sodass mehr Raum für Steuersenkungen bliebe. Die ernsthafte Prüfung eines solchen möglicherweise verfassungswidrigen „Schattenhaushalts“ zeigt, wie unvereinbar die Ziele von CDU/CSU und FDP im Bereich Steuern und Finanzen sein mussten. Aufgrund eines massiv negativen Medienechos und verfassungsrechtlichen Bedenken des Kanzleramts und des Innenministeriums wurde dieser Plan jedoch aufgegeben. Dennoch scheint entweder eine Einigung über die strittigen Fragen oder eine Vertagung dieser erreicht worden zu sein, denn nach einem Durchbruch in der Gesundheitspolitik und dem Bekanntwerden des neuen Kabinetts am 23. Oktober wurden die Koalitionsverhandlungen am 24. Oktober abgeschlossen. Der Koalitionsvertrag wurde auf einem Sonderparteitag der FDP am 25. Oktober ohne Gegenstimmen angenommen, am 26. Oktober auch von CDU und CSU (ebenfalls ohne Gegenstimmen). Noch am Abend desselben Tages wurde er von Angela Merkel, Guido Westerwelle und Horst Seehofer unterzeichnet. Die Wiederwahl Angela Merkels zur Bundeskanzlerin fand am 28. Oktober statt (zu Details s. auch Saalfeld 2010). Die Regierungsbildung wurde folglich in 30 Tagen abgeschlossen. Damit ging es bei Schwarz-Gelb um Einiges schneller als bei der Bildung der Großen Koalition 2005, für die insgesamt 64 Tage benötigt wurden. Die Bildung einer rot-grünen Koalition nach den Bundestagswahlen 2002 und 2005 hat dagegen auch in etwa 30 Tage in Anspruch genommen. Trotz der zum Teil sehr unterschiedlichen politischen Vorstellungen dauerte die Bildung der schwarz-gelben Regierung folglich nicht lange. Dies muss jedoch nicht bedeuten, dass in jedem Punkt eine Einigung erzielt werden konnte, da die Vertagung strittiger Punkte ein häufig angewandtes Vorgehen in solchen Fällen darstellt. Genaueren Aufschluss kann daher nur eine Betrachtung des Koalitionsvertrags geben, der Thema des nächsten Abschnitts ist.

6.3 Der Koalitionsvertrag

Betrachtet man zunächst lediglich den Umfang des Koalitionsvertrags, so ist er mit 132 Seiten und damit gut 40.000 Worten nicht gerade ein Leichtgewicht. Lediglich der Koalitionsvertrag der Großen Koalition 2005 ist mit 226 Seiten und rund 60.000 Worten länger. Die rot-grüne Koalition kam 2002 mit 90 Seiten und ca. 32.000 Worten aus, 1998 sogar mit lediglich 51 Seiten und ca. 16.000 Worten. Der Koalitionsvertrag von CDU/CSU und FDP 2009 stellt damit eines der umfangreichsten Dokumente dieser Art in der Geschichte der Bundesrepublik dar, wobei sich generell ein Trend hin zu immer länger werdenden Vereinbarungen abzeichnet (s. Saalfeld 1997). Von der Möglichkeit, vor Beginn der gemeinsamen Regierungszeit die Inhalte der zukünftigen Politik, die Ämterverteilung und zum Teil auch prozedurale Regelungen zum Koalitionsmanagement in einem Koalitionsvertrag festzulegen, wird folglich immer stärker Gebrauch gemacht. Dies hat für die Koalitionspartner den Vorteil, eine gewisse Sicherheit über das gemeinsame Regieren zu erlangen und verleiht der Koalition damit Stabilität, auch wenn Koalitionsvereinbarungen faktisch rechtlich nicht bindend und damit nicht einklagbar sind (Kropp/Sturm 1998). Dennoch sollte der Hinweis auf eine zuvor gemeinsam beschlossene Regelung im Konfliktfall eher zu einer Lösung führen als Machtspiele und Drohungen zum Austritt aus der Koalition, die die weitere Zusammenarbeit eher belasten. Daher können Koalitionsverträge einen wichtigen Beitrag zur Konfliktreduzierung leisten, indem wichtige Eckpunkte in den Koalitionsverhandlungen und nicht im laufenden Regierungsgeschäft geklärt werden müssen. Dies macht es im Gegenzug für die Parteien wichtig, so viel von ihren Vorstellungen im Koalitionsvertrag unterzubringen wie nur möglich. Eine Analyse des Koalitionsvertrags unter diesem Gesichtspunkt legt folglich offen, wer sich in den Koalitionsverhandlungen bei welchen Punkten durchsetzen konnte und verrät damit auch Einiges über die Machtverteilung in der Regierung. Daher zeigt Abbildung 2 die Positionen von CDU/CSU und FDP auf einer wirtschafts- und einer gesellschaftspolitischen Dimension, wie sie in dem jeweiligen Wahlprogramm dargelegt und anhand eines Textanalyse-Verfahrens gemessen wurde. Auf der Basis der Positionierung der beiden Parteien wurde dann der Koalitionsvertrag eingestuft, indem er anhand eines automatisierten Analyseverfahrens mit den Wahlprogrammen verglichen wurde. An dieser Stelle wird im Gegensatz zu Abbildung 1 nun von beiden Dimensionen Gebrauch gemacht, da es nicht um eine allgemeine ideologische Nähe der Parteien zueinander geht, sondern um konkrete Positionen, die möglichst genau erfasst werden sollen.

In Hinblick auf die Positionierung des Koalitionsvertrags kann man unterschiedliche Erwartungen haben: Dass sich eine Partei bei zwei so wichtigen politischen Bereichen komplett durchsetzt, die Position des Koalitionsvertrags also einer der beiden Parteipositionen entspricht, erscheint eher unwahrscheinlich. Theoretisch ließe sich zwar auch dieser Fall denken, wenn der „unterlegenen" Partei politische Inhalte vollkommen unwichtig sind und diese nur an Ämtern interessiert ist. Doch selbst in einem solchen Fall kann sich eine Partei nicht erlauben, politische Forderungen nicht wenigstens zum Teil durchzusetzen, da sie andernfalls in den Augen der Wähler diskreditiert wäre. Realistischer ist daher die Erwartung, dass die Position des Koalitionsvertrags zwischen den Positionen von CDU/CSU und FDP liegen dürfte. Dies ist jedoch noch keine sehr präzise Erwartung. Genauere Erwartungen lassen sich anhand der Betrachtung der Machtverhältnisse bilden, die die Koalitionsverhandlungen beeinflussen: Einerseits ist die Koalition nicht mehrheitsfähig, wenn eine der beiden Parteien nicht gewillt ist, diese einzugehen. Auf Basis dieser Betrachtungsweise sind beide Koalitionspartner folglich gleich wichtig, haben die gleiche Macht in der Koalition und sollten sich daher bei den Koalitionsverhandlungen auf Augenhöhe begegnen können. Daraus resultieren sollte also ein Koalitionsvertrag, der mittig zwischen den Positionen der beiden Parteien liegt (angezeigt durch die Position 50/50). Andererseits bringt die CDU/CSU viel mehr Sitze in die Koalition ein als die FDP, nämlich ungefähr 72 Prozent, und ist somit der deutlich größere Partner. Dies könnte sich als gutes Argument in den Koalitionsverhandlungen herausstellen, außerdem entspricht eine solche proportionale Einigung auch der Erwartung bei der leichter zu beobachtenden Ämterverteilung (s. unten). Für eine stärker der CDU/CSU entgegenkommenden Einigung spricht auch, dass sie mit der Großen Koalition eine realistische zweite Koalitionsoption hatte, die die FDP ausschließt. Eine Ampelkoalition hatte dagegen keine Mehrheit und eine Koalition aus SPD, FDP und Die Linke war äußerst unerwünscht, sodass die FDP keine Optionen auf eine Koalition ohne CDU/CSU und damit weniger Verhandlungsmacht hatte (zu diesem Thema genauer Laver/Schofield 1990: Kapitel 7). Auf Basis dieser Überlegung würde man die Position des Koalitionsvertrags da vermuten, wo der gewichtete Mittelwert aus CDU/CSU- und FDP-Position liegt (angezeigt als Position 72/28). Die Erwartungen zur Position des Koalitionsvertrags lassen sich somit auf zwei Punkte und, weil eine genaue Punktlandung unwahrscheinlich ist, den Bereich dazwischen präzisieren.

Abbildung 2: Positionen der Parteien und des Koalitionsvertrags auf zwei Dimensionen

Gesellschaftspolitische Dimension

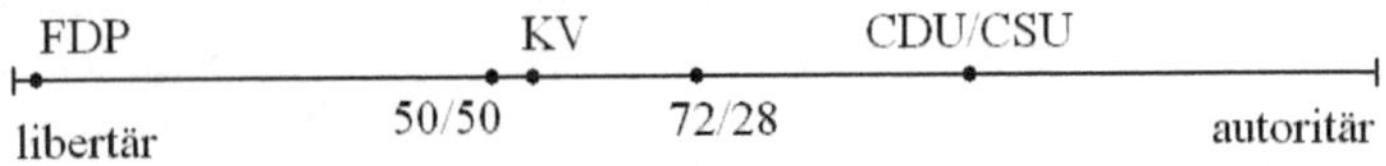

Wirtschaftspolitische Dimension

Die Parteipositionen wurden von Linhart und Shikano auf Basis von Auswertungen der Wahlprogramme 2009 erstellt und sind erhältlich unter http://www.polver.uni-konstanz.de/shikano/forschung/daten-und-programme/. Zur Methode Linhart/Shikano 2007, 2009. Die Positionen des Koalitionsvertrags wurden durch eine automatisierte Textanalyse mit dem Programm Wordscores erstellt, die Referenztexte bildeten die Wahlprogramme von CDU/CSU und FDP (Programm erhältlich unter http://www.wordscores.com, zur Methode Laver et al. 2003).

Abbildung 2 zeigt daher für die wirtschafts- und die gesellschaftspolitische Dimension die Positionen der Parteien, den ungewichteten (50/50) sowie den anhand der Sitzanteile gewichteten Mittelwert (72/28) der Parteipositionen und die Position des Koalitionsvertrags (KV).Wie in der Abbildung zu sehen, ist die Erwartung zur Positionierung des Koalitionsvertrags gerechtfertigt, er liegt zwischen dem gewichteten und dem ungewichteten Mittelwert der beiden Parteipositionen. Bei beiden politischen Bereichen ist es also so, dass die FDP mehr politische Inhalte in ihre Richtung beeinflussen kann, als es die Proporzregel vorsehen würde. Dies trifft insbesondere auf die gesellschaftspolitische Dimension zu, wo der Koalitionsvertrag näher an der Mitte beider Parteien ist als bei der wirtschaftspolitischen Dimension. Dieses erste Ergebnis zeigt wie erwartet, dass aus den Verhandlungen ein Dokument resultierte, das im Durchschnitt einen Kompromiss zwischen den beiden Parteien darstellt. Ob damit auch Kompromisslösungen bei den strittigen Fragen gefunden wurden, beispielsweise in der zukünftigen Steuer- und Gesundheitspolitik, oder ob sich einmal die CDU/CSU, ein anderes Mal die FDP durchsetzen konnte, lässt sich daran nicht ablesen. Um diese Fragen beantworten zu können, müssen die Koalitionsvereinbarungen im Detail mit den Forderungen in den Wahlprogrammen verglichen werden. Hierbei interessieren insbesondere strittige Politikfelder, weshalb sich die folgenden Ausführungen auf die Bereiche Finanz- und Haushalts- sowie Gesundheitspolitik beschränken. Dies soll nicht darüber hinwegtäuschen, dass es daneben weitere Politikbereiche gibt, bei denen von vornherein Einigung zwischen CDU/CSU und FDP herrschte (z.B. beim Hinzufügen eines Elements der Kapiteldeckung in der Pflegeversicherung) und daher zum Teil sehr konkrete Regelungen im Koalitionsvertrag existieren.

Für die *Finanz- und Wirtschaftspolitik* ist die Einkommenssteuer zentral. In Hinblick auf diese sieht die FDP in ihrem Wahlprogramm ein neues Stufenkonzept mit nur noch drei Stufen von 10 Prozent (ab 8.005 Euro), 25 Prozent (ab 20.000 Euro) und 35 Prozent (ab 50.000 Euro) vor. Dies soll die Einkommensbesteuerung einfach und verständlich machen sowie den Bürgern mehr finanziellen Spielraum verschaffen. Letzteres ist auch das Ziel der Union, die in ihrem Wahlprogramm aber keine grundlegende Steuerreform ankündigt. Stattdessen strebt sie eine Korrektur des Tarifverlaufs, die Senkung des Eingangssteuersatzes auf zunächst 13 Prozent, später 12 Prozent und die Verschiebung der Anwendung des Höchststeuersatzes ab 55.000 Euro, später 60.000 Euro an. Wie sieht nun die gefundene Lösung aus? Die Rhetorik ist sehr ähnlich, doch anscheinend konnte man sich nicht auf eine Steuerreform einigen. So wurde statt neuer Steuertarife oder eines neuen Steuermodells festgeschrieben, wie hoch die Entlastung der Bürger ausfallen soll. Dies soll in erster Linie über die erweiterte Absetzbarkeit der Krankenkassenbeiträge und dem Einstieg in die Beseitigung der kalten Progression geschehen, wodurch ein Einsparvolumen von 24 Milliarden Euro in der Legislaturperiode generiert würde. Zusätzlich dazu soll das Steuersystem zu einem Stufentarif umgebaut werden, das aber erst 2011 in Kraft treten soll, Zahl und Verlauf der Stufen sind noch zu entwickeln. Es zeigt sich also, dass das von beiden Parteien angestrebte Ziel der schnellen Steuererleichterung festgeschrieben wurde, aber nur mit wenigen Hinweisen auf konkrete Maßnahmen. Zudem wurde die von der FDP gewollte große Steuerreform auf 2011 verschoben. Die schwierigen Verhandlungen scheinen somit dadurch zu einer Lösung gekommen zu sein, dass man Vieles im Unklaren ließ und auf das Festschreiben konkreter Regelungen verzichtete.

Die steuerliche Entlastung von 24 Milliarden Euro stellt dennoch eine nicht geringe Belastung der Staatsfinanzen dar. Beide Parteien sehen aber in ihren Wahlprogrammen einen ausgeglichenen Haushalt als Gebot der Generationengerechtigkeit an. Die FDP fordert daher ein prinzipielles Neuverschuldungsverbot für Bund, Länder und Gemeinden. Die im Mai 2009 vom Bundestag und im Juni 2009 vom Bundestag verabschiedete sogenannte Schuldenbremse, die die strukturelle Neuverschuldung des Bundes auf 0,35 Prozent des Bruttoinlandprodukts deckelt, wird von der FDP aufgrund des hohen Schuldenbergs folglich nicht als nachhaltige Lösung angesehen. Die CDU/CSU verspricht in ihrem Wahlprogramm dagegen, die Schuldenbremse einzuhalten und schlägt keine restriktiveren Regelungen zur Kreditaufnahme des Staates vor. Dennoch will sie so bald wie möglich einen Bundeshaushalt ohne Neuverschuldung vorlegen, in dem gespart wird. Wie sollen diese Ziele im Angesicht der beschlossenen Steuersenkungen erreicht werden? Zunächst einmal geht die schwarz-gelbe Regierung im Koalitionsvertrag davon aus, dass es durch ihre Politik (und damit unter anderem den Steuersenkungen) zu einem Wachstum der Wirtschaft kommen wird, was Geld in die Kassen spült, die Sozialsysteme und damit langfristig auch den Bundeshaushalt entlastet. Zudem werden „Alle staatlich übernommenen Aufgaben … auf ihre Notwendigkeit hin überprüft" (S. 19 des Koalitionsvertrags), eine Forderung, die sich genauso im Wahlprogramm der Union finden lässt. Die vielleicht interessanteste Aussage zur künftigen Haushaltspolitik lautet aber folgendermaßen: „Alle Maßnahmen des Koalitionsvertrags stehen unter Finanzierungsvorbehalt." (S. 20 des Koalitionsvertrags). Dies lässt viel Spielraum für die Gestaltung der zukünftigen Steuerreform offen, was als eine Schmälerung des Verhandlungserfolgs der FDP betrachtet werden kann, insbesondere da das Finanzministerium mit einem CDU-Politiker, Wolfgang Schäuble, besetzt wurde.

Auch in der *Gesundheitspolitik* sind die Forderungen der FDP deutlicher als die der regierenden Union, die für die Entwicklungen der letzten Jahre mitverantwortlich ist und damit nicht scharf gegen diese vorgehen kann. Die FDP will das Gesundheitssystem von einem umlagefinanzierten zu einem kapitalgedeckten System umgestalten, in dem die Beiträge der Arbeitnehmer vom Einkommen unabhängig sind. Durch diesen grundlegenden Richtungswechsel plädiert sie für die Abschaffung des von der CDU/CSU mitbeschlossenen Gesundheitsfonds. Diese erwähnt den Gesundheitsfonds in ihrem Wahlprogramm nicht namentlich, fordert aber lediglich Kurskorrekturen und keine weitreichende Reform, was einem Festhalten am Gesundheitsfonds gleich kommt. Auch im Koalitionsvertrag wird der Gesundheitsfonds nicht direkt erwähnt. Als Zugeständnis der CDU/CSU kann die Einführung einkommensunabhängiger Arbeitnehmerbeiträge angesehen werden, jedoch erst auf lange Sicht. Zudem wird eine Regierungskommission eingesetzt, die die notwendigen Schritte einer Gesundheitsreform festlegt. Durch die Verlagerung des Konflikts auf spätere Zeiten und in eine Kommission sind somit auch bei diesem Politikbereich heftige Debatten zwischen den Koalitionspartnern zu erwarten.

Zusammenfassend kann man daher feststellen, dass die Einigungen in den strittigen Politikfeldern der Finanz- und Haushalts- sowie Gesundheitspolitik dadurch erreicht wurden, dass auf detaillierte Festlegungen verzichtet und ein optimistischer Blick in die Zukunft gewagt wurde. Trotz des außerordentlich umfangreichen Koalitionsvertrags lassen sich folglich Konflikte über die genaue Ausgestaltung der darin skizzierten zukünftigen Politik erwarten. Wie mit Konflikten und generell in der Koalition miteinander umgegangen wird, ist ebenfalls Bestandteil des Koalitionsvertrags. Mit gut einer Seite nimmt der Teil zu den Verfahrensregeln im Vergleich zum inhaltlichen Teil jedoch kaum Raum ein, die vereinbarten Regelungen bieten zudem wenig Neues: So ist vorgesehen, dass im Kabinett bei Fragen, die für einen Koalitionspartner von grundsätzlicher Bedeutung sind, keine Seite die andere überstimmt. Auch wird ein abgestimmtes Verhalten in den Gremien der Europäischen Union festgelegt. In Hinblick auf die Arbeit der Fraktionen wird bestimmt, dass die Koalitionsfraktionen einheitlich abstimmen, wechselnde Mehrheiten also nicht möglich sind (Kropp/Sturm 1998: Kapitel 5). Ebenso üblich ist die Einrichtung eines Koalitionsausschusses, der im Falle der schwarz-gelben Koalition aus den Parteivorsitzenden, den Fraktionsvorsitzenden, den Generalsekretären, den 1. Parlamentarischen Geschäftsführern, dem Chef des Bundeskanzleramts, dem Bundesfinanzminister und einem weiteren Mitglied der FDP besteht. Neu ist lediglich die explizite Einbeziehung des Finanzministers (Saalfeld 2010: 198). Den Koalitionsausschuss als reine Regierungsinstitution anzusehen, greift zu kurz, da ihm auch die Partei- und Fraktionsvorsitzenden angehören. Hierdurch kann zwischen dem Kabinett auf der einen und den Parteien und Fraktionen auf der anderen Seite vermittelt werden. Der Abschnitt zur Arbeitsweise der Koalition schließt mit der Ressortverteilung auf die beiden Parteien (CDU und CSU werden hier zusammen veranschlagt), das Vorschlagsrecht für die jeweiligen Ämter liegt dagegen bei den Parteien. Welches Kabinett auf Basis dessen gebildet wurde, ist Thema des nächsten Abschnitts.

6.4 Das Kabinett

Das neu gebildete Kabinett enthält, wie schon die Vorgängerregierung, 16 Mitglieder. Die Verteilung der Ministerposten stellt ebenso wie die künftige inhaltliche Ausrichtung der Politik ein Verhandlungsergebnis dar, an das man gewisse Erwartungen haben kann. So zeigt die Erfahrung, dass die

Verteilung der Ministerposten in der Regel proportional zur Sitzverteilung in der Koalition ist. Dieses Muster ist empirisch so gut belegt, dass es als Gamson-Regel Eingang in die Koalitionstheorie gefunden hat. Abweichungen von dieser Regel sind meist relativ gering und verlaufen zugunsten der kleinen Koalitionsparteien. Dies trifft auch auf Bundes- und Länderregierungen in der Bundesrepublik Deutschland zu (Linhart et al. 2008). Bei der 2009 gebildeten schwarz-gelben Regierung würde man daher ebenfalls erwarten, dass die Verteilung der Ministerposten an die Stärkeverhältnisse nach Sitzanteilen gekoppelt ist und die CDU/CSU damit etwa 72 Prozent der Ämter und die FDP 28 Prozent erhalten müsste. Mit elf CDU/CSU- und fünf FDP-geführten Ministerien zeigt sich wiederum, dass die FDP etwas mehr herausholen konnte als man auf Basis ihres Sitzanteils erwartet hätte. Diese Beobachtung sollte aber insofern eingeschränkt werden als dass eine perfekt proportionale Verteilung der Ministerämter aufgrund der geringen Zahl schlicht nicht möglich ist und im vorliegenden Fall lediglich zugunsten der FDP gerundet wurde. Auffälliger ist dagegen, dass die CSU drei Ministerien bekam, obwohl ihr Sitzanteil mit ca. 13,5 Prozent deutlich geringer ist (s. Saalfeld 2010: 194). Der Grund hierfür könnte sein, dass die Verteilung der mit der FDP ausgehandelten Ämterzahl in einem zweiten Schritt zwischen CDU und CSU stattfand und aufgrund des Status als Fraktionsgemeinschaft andere Verteilungsnormen gelten. Die CDU hat folglich deutlicher weniger Ministerposten erhalten als ihr auf Basis ihres Sitzanteils zustünden. Neben der Verteilung der Ministerämter kann eine Koalition auch beschließen, die Ministerien neu zuzuschneiden, neue Ministerien einzuführen oder bislang bestehende aufzugeben. Von dieser Möglichkeit wurde kein Gebrauch gemacht, obwohl die FDP z.B. des Öfteren die Abschaffung des Entwicklungshilfeministeriums gefordert hat (das sie nun selbst besetzt) („Tanzbären und Koryphäen“, Süddeutsche Zeitung Nr. 248, 28. Oktober 2009, S. 4). Die Verteilung der Ministerien ist in Tabelle 1 wiedergegeben.

Bei der Verteilung der einzelnen Ministerien fällt auf, dass nach Möglichkeit die Ministerien, die einem bestimmten Politikfeld angehören, auf unterschiedliche Parteien verteilt wurden. Dies trifft vor allem auf die Bereiche Wirtschaftspolitik (mit den Ministerien für Finanzen sowie Wirtschaft und Technologie) und Sozialpolitik (und den Ministerien Arbeit und Soziales, Gesundheit sowie Familie, Senioren, Frauen und Jugend) zu. Dies kommt dem Kontrollbedürfnis der Regierungspartner entgegen, da bei Gesetzesvorhaben in einem Bereich mehrere Ministerien und damit auch die Koalitionsparteien zusammenarbeiten müssen. Diese Kontrollfunktion hat auch das sogenannte Kreuzstichverfahren, wonach die Parlamentarischen

Staatssekretäre in den Ministerien häufig nicht der Partei des Ministers angehören und das auch in dieser Regierung praktiziert wird. Die Verteilung der Ministerämter innerhalb der CDU und FDP werden sehr stark von den Stärkeverhältnissen der Landesverbände bestimmt, wobei große Landesverbände mehr Minister/Innen stellen (genauer zur gesamten Ämterverteilung Saalfeld 2010).

Tabelle 1: Verteilung der Bundesministerien

Partei	Bundeskanzlerin und Ministerien
CDU	Bundeskanzlerin
	Bundesministerium des Innern
	Bundesministerium der Finanzen
	Bundesministerium für Arbeit und Soziales
	Bundesministerium für Familie, Senioren, Frauen und Jugend
	Bundesministerium für Umwelt, Naturschutz und Reaktorsicherheit
	Bundesministerium für Bildung und Forschung
	Chef des Bundeskanzleramts und Bundesminister für besondere Aufgaben
CSU	Bundesministerium für Ernährung, Landwirtschaft und Verbraucherschutz
	Bundesministerium der Verteidigung
	Bundesministerium für Verkehr, Bau und Stadtentwicklung
FDP	Auswärtiges Amt
	Bundesministerium der Justiz
	Bundesministerium für Wirtschaft und Technologie
	Bundesministerium für Gesundheit
	Bundesministerium für wirtschaftliche Zusammenarbeit und Entwicklung

6.5 Fazit

Die knappen Darstellungen zu den Koalitionsverhandlungen zeigen deutlich, dass die Regierungsbildung nicht unproblematisch war, obwohl mit CDU/CSU und FDP Parteien miteinander regieren, die dies jahrzehntelang getan haben und sich gegenseitig vor der Wahl als Traumpartner bezeichneten. Eine Einigung scheint daher in manchen Fällen nur möglich gewesen zu sein, indem man den Konflikt in die Zukunft verlagerte. Die in vielen Bereichen wenig konkreten Bestimmungen im Koalitionsvertrag stellen daher Zündstoff für die künftige Zusammenarbeit der Koalition dar, insbesondere in der Steuer- und Gesundheitspolitik. Hier wurde im Prinzip nur festgeschrieben, dass grundlegende Reformen erfolgen sollen. Die Vorstellungen der beiden Koalitionäre sind jedoch recht unterschiedlich, zudem werden in der Steuerpolitik die Spielräume enger, ebenso wie in der Gesundheitspolitik, wo darüber hinaus starke Interessenverbände existieren. Die ersten Probleme sind kurz nach dem Start der schwarz-gelben Regierung aufgetreten und zwar in Form eines politischen Skandals, der sogenannten Kunduz-Affäre, die schon einen Monat nach Ende der Regierungsbildung die erste Kabinettsumbildung notwendig machte. Der ehemalige Verteidigungsminister und damals amtierende Minister für Arbeit und Soziales Franz Josef Jung (CDU) legte sein Amt nieder aufgrund der Vorwürfe, er habe die Öffentlichkeit zu spät und falsch über einen von der Bundeswehr angeforderten Luftangriff in Afghanistan informiert, bei dem zahlreiche Zivilisten ums Leben kamen. Dieser Skandal stellt durch den eingesetzten Untersuchungsausschuss eine fortdauernde Belastung für die Regierung dar.

Im Bereich der Steuer- und Finanzpolitik wurde schnell deutlich, dass im Zuge der internationalen Finanzkrise kaum Spielräume für Steuersenkungen vorhanden sind. Dies hat auch nach Abschluss der Koalitionsverhandlungen zu einem Steuerstreit zwischen Union und FDP geführt, in den sich verstärkt die Bundesländer und Kommunen einmischen, die enorme Einnahmerückgänge bei einer sowieso schon prekären finanziellen Situation fürchten. Verschärft wurde die Situation von der massiven Haushaltskrise in Griechenland (und anderen Ländern der Euro-Zone), wodurch früh deutlich wurde, dass neue finanzielle Forderungen auf Deutschland zukommen werden, die bei der Wählerschaft aber äußerst unbeliebt sind. Und auch in der Gesundheitspolitik kochten die Wogen schnell wieder hoch: Vorschläge zum Umbau des Gesundheitssystems von Gesundheitsminister Philipp Rösler wurden aufgrund der Finanzlage zurückgestellt, zudem schwelt der Streit mit der CSU um die Kopfprämie weiter. Neben diesen beiden großen „Baustellen“ prägten aber auch kleinere Vorkommnisse das Bild einer zerstrittenen Regierung. Hierzu gehört die Diskussion um Finanzhilfen für den angeschlagenen Automobil-Hersteller Opel, die die CDU befürwortete, die FDP jedoch ablehnte. Auch eine auf den ersten Blick wenig weitreichende Entscheidung, die Besetzung des Beirats der „Stiftung Flucht, Vertreibung, Versöhnung“, führte zu einem Koalitionsstreit als Guido Westerwelle sein Veto gegen die Präsidentin des Bundes der Vertriebenen, Erika Steinbach, einlegte, die jedoch in den Reihen der Union Einiges an Unterstützung genoss.

Durch den Eindruck eines misslungenen Starts war der sogenannte Honeymoon der Bundesregierung, also eine Zeit hoher Popularität nach einem

Wahlsieg, denkbar kurz. Insbesondere die FDP brach in den Umfragen ein und erreichte schon ein halbes Jahr nach der Wahl die 10 Prozent-Marke nicht mehr. Zudem stand schon im Mai 2010 die erste Landtagswahl im politisch wichtigen Nordrhein-Westfalen an, durch die unpopuläre Entscheidungen auf die Zukunft verschoben wurden. Die Landtagswahl lief darüber hinaus schlecht für Schwarz-Gelb: Der CDU-Ministerpräsident Jürgen Rüttgers verlor die Wahl gegen seine Herausforderin Hannelore Kraft von der SPD, womit Schwarz-Gelb nun keine Mehrheit im Bundesrat hat. Da der Bundesrat den Gesetzen zu Steuer- und Gesundheitsreform zustimmen muss, was selbst bei einer schwarz-gelben Mehrheit im Bundesrat schwierig geworden wäre, sinkt der Spielraum für großangelegte Gesetzesvorhaben weiter. Darüber hinaus ist es schwierig, die Auswirkungen der internationalen Finanzkrise auf längere Sicht einzuschätzen. Es bleibt folglich spannend, wie die schwarz-gelbe Regierung mit diesen ungünstigen Randbedingungen umgeht und die zukünftige Politik in Deutschland gestalten wird.

Literatur

Bundesvorstand der CDU und Parteivorstand der CSU, 28. Juni 2009: Wir haben die Kraft – Gemeinsam für unser Land. Regierungsprogramm 2009-2013 [http://10.0.1.254:1813/download-6U5Ks7/090628-beschluss-regierungsprogramm-cducsu.pdf] <5. Mai 2010>.

FDP-Bundesparteitag, 15.-17. Mai 2009: Die Mitte stärken. Deutschlandprogramm der Freien Demokratischen Partei [http://www.deutschlandprogramm.de/files/653/ Deutschlandprogramm09_Endfassung.PDF] <5. Mai 2010>.

FDP stoppt Internetsperren, in: Spiegel Online vom 15. Oktober 2009 [http://www.spiegel.de/politik/deutschland/0,1518,655464,00.html] <8. Juli 2010>.

Kropp, Sabine/Sturm, Roland 1998: Koalitionen und Koalitionsvereinbarungen. Theorie, Analyse und Dokumentation, Opladen: Leske+Budrich.

Krümel statt Streuselkuchen, in: Der Spiegel Nr. 42, 12. Oktober 2009, 22.

Laver, Michael/Benoit, Kenneth/Garry, John 2003: Extracting policy positions from political texts using words as data, in: American Political Science Review 97, 311-331.

Laver, Michael/Schofield, Norman 1990: Multiparty Government. The Politics of Coalition in Europe, Oxford usw.: Oxford University Press.

Linhart, Eric/Pappi, Franz U./Schmitt, Ralf 2008: Die proportionale Ministerienaufteilung in deutschen Koalitionsregierungen: Akzeptierte Norm oder das Ausnutzen strategischer Vorteile?, in: Politische Vierteljahresschrift 49, 46-67.

Linhart, Eric/Shikano, Susumu 2009: Ideological signals of German parties in a multidimensional space: An estimation of party preferences using the CMP data, in: German Politics 18, 301-322.

Linhart, Eric/Shikano, Susumu 2007: Die Generierung von Parteipositionen aus vorverschlüsselten Wahlprogrammen für die Bundesrepublik Deutschland (1949-2002), Mannheim: MZES Working Paper Nr. 98.

Saalfeld, Thomas 2010: Regierungsbildung 2009: Merkel II und ein höchst unvollständiger Koalitionsvertrag, in: Zeitschrift für Parlamentsfragen 41, 181-206.

Saalfeld, Thomas 1997: Deutschland: Auswanderung der Politik aus der Verfassung? Regierungskoalitionen und Koalitionsmanagement in der Bundesrepublik, 1949-1997, in: Müller, Wolfgang C./Strøm, Kaare, Hg., Koalitionsregierungen in Westeuropa. Bildung, Arbeitsweise und Beendigung, Wien: Signum-Verlag, 47-108.

Tanzbären und Koryphäen, in: Süddeutsche Zeitung Nr. 248, 28. Oktober 2009, 4.

Union und FDP wollen Hartz-IV-Empfänger besser stellen, in: Spiegel Online vom 14. Oktober 2009, [http://www.spiegel.de/politik/deutschland/0,1518,655098,00.html] <8. Juli 2010>.

Wachstum, Bildung, Zusammenhalt. Der Koalitionsvertrag zwischen CDU, CSU und FDP, 17. Legislaturperiode [http://www.cdu.de/doc/pdfc/091026-koalitionsvertrag-cducsu-fdp.pdf] <5. Mai 2010>.

Weiterwursteln im Merkelland, in: Der Spiegel Nr. 44, 26. Oktober 2009, 24.

7. Fazit und Ausblick

Bernhard Weßels, Hans Rattinger, Sigrid Roßteutscher, Rüdiger Schmitt-Beck

7.1. Langeweile und Extreme bei der Bundestagswahl 2009

Die Bundestagswahl im Superwahljahr 2009, in dem neben dem 17. Deutschen Bundestag auch das Europäische Parlament, der Bundespräsident und die Landtage der Bundesländer Hessen, Sachsen, Thüringen, Saarland sowie Brandenburg und Schleswig-Holstein gewählt wurden, produzierte eine ganze Reihe von Extremen – trotz eines als besonders langweilig apostrophierten Wahlkampfes. Nie war die Wahlbeteiligung bei einer Bundestagswahl niedriger als in diesem Jahr. Auf die beiden großen Parteien CDU/CSU und SPD entfielen zusammen so wenige Stimmen wie bei keiner Bundestagswahl zuvor. Seit 1957 war die Veränderung der Stimmenanteile der Parteien zwischen zwei Bundestagswahlen noch nie so stark gewesen. Die SPD erzielte ihr schlechtestes Ergebnis seit Gründung der Bundesrepublik, die FDP und auch Grüne und Linke andererseits holten ihre bisher jeweils besten Ergebnisse. Das Ausmaß des Stimmensplitting und die Zahl der Überhangmandate im Deutschen Bundestag, die als Folge des Wahlergebnisses vergeben wurden, waren noch nie so hoch. Was waren die Gründe für diese Extreme, welche Bedeutung kann der Bundestagswahl 2009 aus wahlsoziologischer Perspektive zugeschrieben werden? In einem ersten Schritt sollen im Folgenden die Besonderheiten dieser Bundestagswahl kurz beleuchtet werden, dann ihre Bedeutung für die Frage der Stabilität von Allianzen zwischen Bürgern und Parteien angesprochen und im letzten Abschnitt die Frage beantwortet werden, ob die Wähler bei ihrer Wahlentscheidung abwägender geworden sind.

Zu den Besonderheiten der Bundestagswahl 2009 zählte ihre Ausgangslage, denn das normale Spiel des Wettbewerbs von Regierung und Opposition zwischen den beiden großen Parteien war durch die Große Koalition, die seit der vorgezogenen Bundestagswahl 2005 regierte, außer Kraft gesetzt. Weder CDU/CSU noch SPD, weder Bundeskanzlerin Angela Merkel, die Spitzenkandidatin der Union, noch ihr Vizekanzler Frank-Walter Steinmeier, der die Sozialdemokraten im Wahlkampf anführte, konnten wissen, ob sie nicht nach der Wahl erneut gezwungen sein würden, gemeinsam eine Regierung zu bilden. Die globale Wirtschafts- und Finanzkrise, die ein Jahr vor dem Urnengang ausgebrochen war, erzwang von der amtierenden Regierung koordiniertes Handeln bis zum Tag vor der Wahl. Eine der Konsequenzen dieser Ausgangslage war der relativ undramatische Wahlkampf, in dem Großparteien und Spitzenkandidaten – sehr zum Leidwesen vieler journalistischer Beobachter, die sich mehr „Action“ gewünscht hätten – sehr pfleglich miteinander umgingen (s. Kapitel 2). Aus Wählersicht gab es – gestützt auf die Zahlen der Demoskopen – nur die Option, die Große Koalition im Amt zu bestätigen oder eine schwarz-gelbe Mehrheit ins Amt zu wählen. Beides dürfte mit zu dem dramatischen Absinken der Wahlbeteiligung beigetragen haben. Allerdings wurde die Tendenz von Bürgern, sich der Stimme zu enthalten, auch von allgemeiner Unzufriedenheit mit der Politik und Entfremdung vom politischen System genährt (Kapitel 5.1).

Diejenigen Bürger, die zur Wahl gingen, mussten indessen eine Schwierigkeit meistern, die es bei früheren Bundestagswahlen nicht gegeben hatte. Aufgrund der Zusammenarbeit von Union und SPD in der Großen Koalition waren sie vor eine besondere Aufgabe gestellt, wenn sie die Regierung für eine schlechte Leistung durch Stimmenentzug abstrafen wollten: Wohin mit der entzogenen Stimme? Die Regierung insgesamt konnte nicht abgewählt werden – es war ja stets klar, dass mindestens eine der beiden darin vertretenen Parteien auf jeden Fall auch an der Nachfolgeregierung beteiligt sein würde. Diese schwierige Konstellation scheint die Wählerinnen und Wähler aber nicht der Fähigkeit beraubt zu haben, in Alternativen zu denken. Die Kriterien, die sie zur Beurteilung der Regierungsleistung heranzogen, waren parteispezifisch auf CDU/CSU und SPD gerichtet – die Wähler sahen die Große Koalition also mitnichten als einheitlichen Akteur, sondern fällten differenzierte Urteile über die Leistungen der beteiligten Parteien. Und diese fielen für die Union günstiger aus als für die Sozialdemokraten. Die Ergebnisse in Kapitel 5.8 zeigen, dass diese auf die einzelnen Parteien bezogenen Beurteilungen für die Wahlentscheidungen bedeutsamer waren als die Beurteilung der gesamten Regierung. Das betraf nicht nur die allgemeine Einschätzung der Regierungsleistung, sondern auch die Beurteilung der Kompetenz der Parteien zur erfolgreichen Bearbeitung konkreter und von den Wählern als drängend empfundener politischer Sachfragen (s. Kapitel 5.9). Die Wählerinnen und Wähler passten ihr Kalkül der faktischen Situation der Großen Koalition an und fanden für sich einen Weg, selbst unter diesen schwierigen Umständen eine Regierungs-Oppositionswahl gleichsam zu simulieren.

Darüber hinaus haben diejenigen, die eine Koalition von CDU/CSU und FDP als Regierungsalternative attraktiv fanden, Mittel und Wege entdeckt, ihr auch eine Mehrheit zu verschaffen. Dass diese so komfortabel ausfiel, hat viel mit dem strategischen Einsatz der Stimmen zu tun, den das Wahlsystem durch die Möglichkeit erlaubt, Erst- und Zweitstimme an verschiedene Parteien zu vergeben. Das Stimmensplitting, von dem noch nie so häufig Gebrauch gemacht worden ist (s. Kapitel 4) wie bei dieser Bundestagswahl, wurde von den Unterstützern einer schwarz-gelben Koalition strategisch eingesetzt. Viele von ihnen haben die Erststimme der Union und die Zweitstimme der FDP gegeben. Vor allem Wählerinnen und Wähler aus den westdeutschen Bundesländern, und hier vorwiegend aus dem westlichen und südwestlichen Raum, haben diese Option großzügig genutzt (s. Kapitel 5.4). Nicht zuletzt diese Form strategischen Wählens hat dazu geführt, dass die FDP den höchsten Anteil an Zweitstimmenmandaten aller Parteien erzielte und die CDU/CSU fast drei Viertel der Direktmandate gewann.

7.2. Flexible Wähler = „Dealignment“?

Angesichts der höchsten seit 1957 bei einer Bundestagswahl gemessenen Volatilität – also der Summe der Veränderungen der Stimmenanteile der Parteien seit der Vorwahl – und der enormen Stimmeneinbußen der SPD, die gleichzeitig der größte prozentuale Verlust waren, den überhaupt je eine Partei seit Bestehen der Bundesrepublik erlitten hatte, stellten sich die Fragen nach der Stabilität von Allianzen zwischen Parteien und sozialen Gruppen und nach der Flexibilität der Wählerinnen und Wähler mit verschärfter Aktualität. Die Analyse der Zusammenhänge zwischen sozialstrukturellen Merkmalen und dem Wählerverhalten zeigt, dass in soziopolitischen Konfliktlinien (sogenannten „Cleavages“) wurzelnde und ehemals klar mit Wahlentscheidungen verknüpfte Prädispositionen heute insgesamt gesehen nur noch relativ schwache Determinanten der Wahlentscheidung darstellen. Das trifft für Wahlentscheidungen zugunsten der FDP und insbesondere der SPD zu, die immer eine starke soziale Basis gehabt hatte. Weniger von diesem Bedeutungsverlust betroffen waren demgegenüber die sozialen Bestimmungsgründe der Wahlentscheidung zugunsten der Christdemokraten, der Grünen und der Linken. Besonders der Unterschied zwischen den beiden großen Parteien CDU/CSU und SPD ist auffällig. Die Erklärungskraft sozialer Merkmale für die SPD-Wahl war 2009 sehr viel geringer als für die Wahl der CDU/CSU. Das Wahlverhalten von sozialen Gruppen, die traditionell eher der SPD zuzurechnen waren, unterschied sich kaum vom Wahlverhalten des Bevölkerungsdurchschnitts. Demgegenüber wich das Wahlverhalten der sozialen Gruppen, die traditionell den Christdemokraten nahe standen, immer noch sehr beträchtlich vom Durchschnitt aller Wähler ab.

Von den beiden in der Bundesrepublik traditionell bedeutsamen Konfliktlinien übte also die religiös-konfessionelle bei der Bundestagswahl 2009 immer noch eine relativ hohe Bindungswirkung aus. Insbesondere die katholischen Kirchgänger wählten auch in diesem Jahr in stark überproportionalem Maße die Union. Der SPD dagegen schien ihre sichere soziale Basis jedoch weitgehend abhandengekommen zu sein. Die sozioökonomische Konfliktlinie prägte das Wählerverhalten kaum noch. Unter Arbeitern und gewerkschaftlich organisierten Personen – ihren traditionellen Kerngruppen – konnte die SPD nur geringe überproportionale Stimmenanteile erzielen (s. Kapitel 5.3). Zumindest für die Sozialdemokraten verweist das auf Tendenzen eines sozialstrukturellen „Dealignment", also der Abschwächung der ehedem relativ stabilen Allianz zwischen dieser Partei und ihren traditionellen sozialen Anhängergruppen. Die Größenordnung dieser Veränderung im Elektorat ist nicht zu vernachlässigen. Die Freigabe oder Aufgabe tradierter, durch soziopolitische Konfliktlinien erzeugter Bindungen hat einen großen Anteil an der augenscheinlich großen Beweglichkeit der Wähler bei der Bundestagswahl 2009. Soziale Gruppenzugehörigkeit scheint zunehmend weniger für die Erklärung von Wahlentscheidungen und längerfristigen Bindungen an Parteien zu bedeuten. Wenn soziale Lagen Parteibindungen und Wahlverhalten zunehmend weniger bestimmen, was ist es dann, woran Wähler sich orientieren?

Beliebigkeit ist mit Sicherheit nicht an die Stelle traditioneller Muster des Stimmverhaltens getreten. Jegliche Annahme, dass den Bürgerinnen und Bürgern mit abnehmender Prägekraft sozialer Gruppenzugehörigkeiten die politischen Orientierungspunkte und das politische Koordinatensystem zur Einordnung von Politiken und Parteien abhandengekommen wären, erweist sich bei näherer Analyse als nicht zutreffend. Politische Wertorientierungen und allgemeine ideologische Dimensionen wie das Links-Rechts-Schema sind nach wie vor wichtige Bezugssysteme, mit denen Politik bewertet und eingeordnet wird. Es sind heute nicht weniger Wählerinnen und Wähler als früher, die etwa die Parteien konsistent auf der Links-Rechts-Dimension verorten können, und der Zusammenhang zwischen diesen Bewertungsmaßstäben und Orientierungskriterien und den Wahlentscheidungen ist nach wie vor hoch (s. Kapitel 5.5).

Auch die längerfristigen Bindungen an Parteien, die sogenannten Parteiidentifikationen, haben nicht in bedeutendem Ausmaß abgenommen – möglicherweise haben sie aber andere Quellen als früher. Immer noch fühlen sich zwei Drittel der Wählerinnen und Wähler einer bestimmten Partei dauerhaft verbunden – allerdings in den alten deutlich mehr als in den neuen Bundesländern. Auch der Zusammenhang zwischen Parteiidentifikation und Wahlentscheidung ist nach wie vor stark. Jedoch galt dies bei der Bundestagswahl 2009 für die Parteien in durchaus unterschiedlicher Weise. Zwar konnte die SPD nach einigen Schwierigkeiten letztendlich ihren festen Anhängerstamm etwa in dem gleichen Ausmaß für sich mobilisieren wie die Christdemokraten den ihren, allerdings lag der Anteil derjenigen, die sich mit der SPD identifizierten, im Wahljahr 2009 deutlich niedriger als bei der CDU/CSU (s. Kapitel 5.7). Gleichwohl war die Wählerdynamik mit der höchsten Volatilität seit 1957 sehr beträchtlich, und sie ist weder durch sozialen Wandel zu erklären, denn dieser vollzieht sich so langsam, dass er sprunghafte Veränderungen von einer Wahl zur nächsten nicht erklären kann, noch durch rapide gesunkene Parteibindungen. Wenn langfristige Faktoren, wie sie durch die Frage „Sage mir, was Du arbeitest und woran Du glaubst, und ich sage Dir, was Du wählst“ angesprochen werden, als Erklärungen nicht mehr reichen, was ist es dann, was die Wahlentscheidung der Deutschen heute festlegt?

7.3. Vorsichtig abwägende Wähler?

Trotz einer besonderen, die Wahrnehmbarkeit von Politikalternativen erschwerenden Ausgangslage mit einer Großen Koalition als amtierender Regierung waren diejenigen Wahlberechtigten, die sich an der Bundestagswahl 2009 beteiligt haben, in der Lage, die Regierungsleistung nicht nur global, sondern auch parteispezifisch zu beurteilen und die Wahl für sich in diesem Sinne zu einer echten *Aus*-Wahl zu machen. Die Kriterien, welche die Wählerinnen und Wähler anwandten, um zu einer Wahlentscheidung zu kommen, scheinen komplexer geworden sein. Zumindest kann von der Parteien- und Wahlforschung nur noch in begrenztem Umfang auf traditionelle Gewissheiten gebaut werden. Stattdessen gewinnen stärker strategisch motivierte Wahlentscheidungen und die leistungsorientierte Beurteilung der politischen Parteien an Bedeutung.

So spiegelt sich im Splittingverhalten der Wähler die strategische Überlegung, einer Koalitionspräferenz zum Erfolg verhelfen zu wollen. Präferenzen für bestimmte Koalitionen führten bei der Bundestagswahl 2009 in überproportionalem Maße zu Entscheidungen zugunsten einer der kleineren Parteien in diesen gewünschten Regierungsbündnissen. Die FDP hat davon besonders profitiert – eine Präferenz für eine schwarz-gelbe Regierung ging mit einem hohen Zweitstimmenanteil zu ihren Gunsten einher (s. Kapitel 5.14).

Neben solchen strategischen Erwägungen scheinen es vor allem konkrete Beurteilungen zu sein, welche die Wahlentscheidung zunehmend beeinflussen. Das heißt nicht, dass nur noch die Wechselfälle der Tagespolitik die Wahlentscheidungen prägen und diese damit eine gewisse Beliebigkeit gewinnen. Vermutungen, dass angesichts der Erosion traditioneller Muster des Wahlverhaltens und der wachsenden Rolle der Massenmedien Wahlen immer mehr den Charakter von Schönheitswettbewerben annähmen, haben sich bei der Bundestagswahl 2009 ebenso wenig bestätigt wie bei früheren Wahlen. Vielmehr werden die Bestimmungsfaktoren des Wahlverhaltens insgesamt komplexer, Vorhersagen schwieriger, die Unsicherheit auf Seiten der Parteien als Anbietern von Politik damit größer. Die Wähler scheinen mehr als früher in der Zeit des Wahlkampfes genau auf Personen, Parteien und Politiken gleichzeitig zu schauen.

Auch wenn Wahlen nach wie vor nicht von einzelnen Personen gewonnen werden, spielen die Beurteilungen von Spitzenpolitikern eine wichtige Rolle für die Wahlentscheidung, und zwar nicht nur im Hinblick auf die Kanzlerkandidaten der großen Parteien, sondern auch auf das Führungspersonal der kleineren Parteien. Gleichwohl war auch die Bundestagswahl 2009 kein simpler „Schönheitswettbewerb", denn politikferne Imageaspekte spielten für die Kanzlerpräferenzen der Wähler nur eine untergeordnete Rolle, die Beurteilung politikbezogener Eigenschaften dagegen eine ganz entscheidende (s. Kapitel 5.11).

Auch der Sieg in der unmittelbaren Konfrontation des TV-Duells der Kanzlerkandidaten hatte nachweisbare Konsequenzen für die Wahlentscheidung (s. Kapitel 5.12), wenn auch keine entscheidende für den Gewinn der Bundestagswahl. Mindestens ebenso wichtig wie die Sympathie gegenüber Personen war die Leistungsbeurteilung der Regierung bzw. der beiden Regierungsparteien. Dazu zählte die Einschätzung der bisherigen Regierungsleistung, vor allem aber auch die in die Zukunft gerichtete Perspektive, also die Erwartung, inwieweit die Parteien in der Lage sein würden, anstehende Probleme zu lösen – sie beeinflusste die Wahlentscheidungen ganz deutlich (s. Kapitel 5.8). Aber nicht nur Wahrnehmungen der Regierungsleistung und Kompetenzvermutungen flossen in die Wahlentscheidungen ein, sondern auch Einschätzungen konkreter politischer Sachfragen. Wenngleich die Einschätzung der Wirtschaftslage kein völlig unbedeutender Faktor war (s. Kapitel 5.10), mutet es angesichts des situativen Kontextes der ein Jahr vor der Bundestagswahl ausgebrochenen Finanz- und Wirtschaftskrise doch überraschend an, dass die Ökonomie bei ihrer Entscheidung für die Wähler nicht an vorderster Stelle stand. Ihre Positionen zu politischen Sachfragen, wie etwa der Kernkraft, und die jeweiligen auf Wertorientierungen und Ideologien bezogenen Positionen waren zusammengenommen bedeutsamer für die Wahlentscheidung als wirtschaftliche Fragen (s. Kapitel 5.9).

Insgesamt gesehen ergibt sich damit das Bild einer wohl überlegenden und klar zwischen den Angeboten differenzierenden Wählerschaft. Wenn die Wähler für sich die Entscheidung getroffen hatten, sich an die Wahlurne zu begeben, waren die Kriterien, anhand derer sie ihre Auswahl aus dem politischen Angebot trafen, zwar vielschichtig, aber alles andere als beliebig. Weniger als früher bestimmt durch langfristige Faktoren, wie sozialstrukturell verankerte Prädispositionen, fußten Wahlentscheidungen bei der Bundestagswahl 2009 nicht nur auf der Beurteilung einzelner Kriterien, sondern wurden in wohl abwägender Weise aus der Zusammenschau verschiedener Aspekte gewonnen (s. Kapitel 5.13). Dass dabei vor allem politische Kriterien eine Rolle spielten, lässt nur den Schluss zu, dass der über Bundestagswahlen ausgetragene Wettbewerb um die politische Macht in Deutschland ohne Bezug zu Inhalten nicht funktionieren kann. Auch wenn die politische Kommunikation von Medien und Parteien in Wahlkämpfen manchmal den Eindruck entstehen lässt, dass Politik in zunehmendem Maße zum Showgeschäft verkommt, in dem es vor allem auf die persönliche darstellerische Leistung der Politikerinnen und Politiker ankommt, sprechen die in unseren Analysen ermittelten Ergebnisse zu den Bestimmungsgründen des Wahlverhaltens bei der Bundestagswahl 2009 eine deutlich andere Sprache. Zudem machten Wählerinnen und Wähler von den strategischen Möglichkeiten des Wahlsystems mehr Gebrauch als jemals zuvor und waren offenkundig willens, sich für andere als früher gewählte Parteien zu entscheiden, wenn der Saldo ihrer Beurteilungen zugunsten einer anderen Partei ausfiel. Alles zusammengenommen deuten diese Befunde darauf hin, dass die Wähler ihre Wahlentscheidung auf der Basis vernünftiger Kriterien vorsichtig abgewogen haben.

Einerseits werden damit die Herausforderungen größer, vor denen die politischen Parteien stehen. Sie können sich weniger als früher auf treue Anhängerschaften verlassen, sondern müssen mit angemessenen und den Wählerinnen und Wählern einleuchtenden inhaltlichen – also politischen – Botschaften und vor allem mit nachvollziehbaren Problemlösungsvorschlägen ihre Wahlkämpfe ausfechten. Im Grundsatz werden sie viel stärker nach ihren Leistungen beurteilt als früher. Andererseits bedeutet eine flexiblere und vernünftig abwägende Perspektive auf Seiten der Wählerinnen und

Wähler für die Parteien aber auch, dass der politische Wettbewerb trotz des Erodierens traditioneller Bindungen und Loyalitäten nicht zu einem Spiel der Beliebigkeiten degeneriert – jedenfalls nicht auf Seiten des Wahlvolkes.

Trotz der massiven strukturellen Veränderungen und der vielen Negativrekorde, welche für die Bundestagswahl 2009 zu berichten waren, scheint diese Wahl der Extreme also aus demokratietheoretischer Sicht zunächst wenig Anlass zu Bedenken zu geben – jedenfalls solange man ausschließlich die Wählerinnen und Wähler betrachtet, die sich am Urnengang beteiligt haben. Die Auflösung alter Bindungen und Gewissheiten führte nicht in die Beliebigkeit, sondern resultierte eher in einem Zugewinn an politischer Rationalität. Als beunruhigend kann allerdings die Tatsache betrachtet werden, dass so viele Wahlberechtigte wie nie zuvor beschlossen haben, ihr Wahlrecht erst gar nicht wahrzunehmen. Es bleibt zu hoffen, dass die ganz besondere Langeweile, die diesen Bundestagswahlkampf im Schatten der Großen Koalition kennzeichnete und die sich im nächsten Wahlkampf vermutlich nicht wiederholen wird, an diesem bedenklichen Negativrekord zumindest mitschuldig war.

8. Anhänge

Jan Eric Blumenstiel

Anhang 1: Wahlverfahren

Bei der Wahl des Deutschen Bundestages sind diejenigen Personen wahlberechtigt, welche die deutsche Staatsangehörigkeit besitzen und das 18. Lebensjahr vollendet haben. Jeder Wähler verfügt über zwei Stimmen. Die *Erststimme* wird für einen Direktkandidaten im Wahlkreis abgeben. In jedem der 299 Wahlkreise der Bundesrepublik wird ein Direktmandat nach der einfachen Mehrheit der Erststimmen vergeben. Mit der *Zweitstimme* kann der Wähler für die Landesliste einer Partei stimmen. Die Zweitstimmen sind letztlich ausschlaggebend für die Anteile der Parteien an den insgesamt 598 Sitzen im Bundestag.

Die Sitzverteilung erfolgt in zwei Schritten: In der *Oberverteilung* wird anhand der Zweitstimmen berechnet, wie viele Sitze einer Partei bundesweit zustehen. Zunächst werden von der Gesamtzahl der Sitze (598) die Wahlkreissitze abgezogen, die von Kandidaten gewonnen wurden, die als parteilose Einzelbewerber kandidieren, deren Partei in diesem Bundesland keine Landesliste eingereicht hat oder deren Partei die Sperrklausel verfehlt hat. Die übrigen Sitze werden auf die Parteien, welche die Sperrklausel von fünf Prozent der Zweitstimmen überwunden oder drei Direktmandate gewonnen haben, nach ihrem Anteil an der Zahl aller Zweitstimmen auf der Bundesebene verteilt. Als Verrechnungsverfahren für die Umwandlung von Stimmen in Sitze galt bei der Bundestagswahl 2009 erstmals das Divisorverfahren mit Standardrundung (Sainte-Laguë), eine einfache Beschreibung dieses Verfahrens kann z.B. unter www.wahlrecht.de/verfahren/stlague.html abgerufen werden.

In der *Unterverteilung* wird anschließend für jede Partei die Verteilung der im ersten Schritt vergebenen Sitze auf ihre einzelnen Landeslisten ermittelt. Dafür wird die Anzahl der auf der Bundesebene gewonnenen Sitze einer Partei proportional nach deren in den einzelnen Bundesländern erhaltenen Stimmen verteilt. Würde also beispielsweise eine Partei nach ihren Zweitstimmen insgesamt 100 der 598 Mandate im Bundestag erhalten, dann entfielen von diesen 100 Mandaten der Partei zehn auf ein Bundesland/eine Landesliste, wenn sich der Anteil der Zweitstimmen der Partei in diesem

Land auf zehn Prozent der von dieser Partei insgesamt gewonnenen Zweitstimmen beläuft (auch hier gilt das Verfahren nach Sainte-Laguë).

Wenn eine Partei in einem Bundesland mehr Direktmandate gewinnt als ihrer Landesliste in diesem Land nach der Unterverteilung Sitze zustünden, entstehen Überhangmandate. Am Beispiel der Sitzverteilung in Baden-Württemberg nach der Bundestagswahl 2009 kann dies gut verdeutlicht werden (Tabelle 1).

Tabelle 1: Sitzverteilung nach der Bundestagswahl 2009 in Baden-Württemberg

	CDU	CSU	SPD	FDP	B90/ Grüne	Die Linke
Oberverteilung Bund	173	42	146	93	68	76
Unterverteilung Baden-Württemberg	27	-	15	15	11	6
Direktmandate Baden-Württemberg	37	-	1	0	0	0
Listenmandate Baden-Württemberg	0	-	14	15	11	6

In der Oberverteilung wurden 2009 der CDU 173 Sitze zugeteilt, der SPD 146 und der FDP 93. In der Unterverteilung erhielt die CDU in Baden-Württemberg 27 Sitze, die SPD und die FDP jeweils 15. Von der Anzahl an Sitzen, die der Landesliste einer Partei zustehen, wird schließlich noch die Zahl an Direktmandaten abgezogen, die diese Partei in dem betreffenden Bundesland gewonnen hat. So gewann die SPD 2009 in Baden-Württemberg ein Direktmandat, ihrer dortigen Parteiliste standen demnach 14 Sitze zu. Die CDU dagegen gewann 37 Direktmandate in Baden-Württemberg, eigentlich hätte sie entsprechend der Unterverteilung aber nur 27 Sitze bekommen. Weil jedem direkt gewählten Kandidaten jedoch ein Bundestagsmandat zusteht, verblieben die zehn zusätzlichen Sitze als Überhangmandate bei der CDU.

Anhang 2: Wahlergebnis, repräsentative Wahlstatistik, Stimmensplitting

Tabelle 2: Wahlergebnis der Bundestagswahl 2009 – Erst- und Zweitstimmen

	Erststimmen			Zweitstimmen		
	2009		2005	2009		2005
	Anzahl	%	%	Anzahl	%	%
Wahlberechtigte	62.168.489	-	-	62.168.489	-	-
Wähler	44.005.575	70,8	77,7	44.005.575	70,8	77,7
Gültige Stimmen	43.248.000	98,3	98,2	43.371.190	98,6	98,4
CDU	13.856.674	32,0	32,6	11.828.277	27,3	27,8
SPD	12.079.758	27,9	38,4	9.990.488	23,0	34,2
FDP	4.076.496	9,4	4,7	6.316.080	14,6	9,8
Die Linke	4.791.124	11,1	8,0	5.155.933	11,9	8,7
Bündnis 90/ Die Grünen	3.977.125	9,2	5,4	4.643.272	10,7	8,1
CSU	3.191.000	7,4	8,2	2.830.238	6,5	7,4
Sonstige	1.275.823	3,0	2,7	635.525	6,0	3,9

Quelle: Bundeswahlleiter.

Tabelle 3: Wahlbeteiligung der Männer und Frauen nach Altersgruppen und Ost/ West bei der Bundestagswahl 2009

Alter	Gesamt	Ost	West	Frauen	Männer
18-20 Jahre	63,0	55,7	64,5	62,7	63,2
21-24 Jahre	59,1	52,9	60,7	58,9	59,4
25-29 Jahre	61,2	55,0	62,7	62,0	60,3
30-34 Jahre	65,1	60,3	66,2	65,9	64,2
35-39 Jahre	68,9	63,7	70,1	69,9	68,0
40-44 Jahre	72,4	66,6	73,5	73,2	71,6
45-49 Jahre	73,2	66,7	74,7	73,8	72,6
50-59 Jahre	74,8	68,6	76,4	75,2	74,3
60-69 Jahre	80,0	73,8	81,6	79,7	80,4
Ab 70 Jahre	72,8	65,2	74,6	69,1	78,4
Insgesamt	71,4	65,1	72,9	71,0	71,8

Quelle: Bundeswahlleiter; Angaben in Prozent.
Ost: Neue Länder und Berlin-Ost.
West: Früheres Bundesgebiet und Berlin-West.

Tabelle 4: Zweitstimmen der Männer und Frauen nach dem Alter bei der Bundestagswahl 2009

	CDU/CSU		SPD		FDP		B90/Grüne		Die Linke	
Alter	F	M	F	M	F	M	F	M	F	M
18-24 Jahre	28,2	24,0	18,5	17,9	13,3	17,3	18,9	12,1	10,9	9,7
25-34 Jahre	32,1	27,3	17,8	16,1	16,1	20,5	16,1	11,6	10,0	10,9
35-44 Jahre	32,2	28,0	20,2	20,2	14,4	18,9	17,0	12,6	10,3	12,0
45-59 Jahre	31,5	27,3	22,9	23,8	13,5	15,4	14,1	11,0	13,5	16,9
Ab 60 Jahre	45,3	39,1	27,1	27,6	11,3	13,3	5,4	4,6	8,6	12,5
Insgesamt	36,4	31,0	23,1	23,0	13,1	16,1	12,0	9,4	10,6	13,3

Quelle: Bundeswahlleiter; Angaben in Prozent; F: Frauen, M: Männer.

Tabelle 5: Kombination der Erst- und Zweitstimmen bei der Bundestagswahl 2009

	Erststimme				
Zweitstimme	CDU/ CSU	SPD	FDP	Bündnis 90/ Die Grünen	Die Linke
CDU/CSU	87,6	4,1	4,8	1,7	0,7
SPD	4,5	85,8	1,1	5,2	2,4
FDP	45,8	4,8	44,8	2,1	1,1
Bündnis 90/Die Grünen	6,1	33,3	2,1	53,6	3,6
Die Linke	3,1	12,8	1,7	4,8	75,7

Quelle: Bundeswahlleiter.
Lesehilfe: Angaben in Zeilenprozent. Von 100 Wählern, die mit der Zweitstimme CDU/CSU gewählt haben, entschieden sich beispielsweise 87,6 mit der Erststimme ebenfalls für den Wahlkreiskandidaten/die Wahlkreiskandidatin der Union, 4,1 für den- bzw. diejenige der SPD usw. Abweichungen der Zeilensummen von 100: Sonstige Parteien.

Anhang 3: Datensätze

Die Grundlage der in diesem Buch präsentierten Analysen bilden die Datensätze von vier Befragungen, die anlässlich der Bundestagswahl 2009 im Rahmen der German Longitudinal Election Study (GLES) erhoben wurden. Der in den meisten Kapiteln verwendete Datensatz entstammt einer Vor- und Nachwahl-*Querschnittsbefragung* (GLES-Komponente 1). Insgesamt wurden 4288 zufällig ausgewählte wahlberechtigte Bürger befragt, davon 2173 für die Vorwahlbefragung in der Zeit vom 10. August bis 26. September 2009 und 2115 Bürger für die Nachwahlbefragung in der Zeit vom 28. September bis 23. November 2009. Die Befragungen wurden von ausgebildeten Interviewern in den Wohnungen der Befragten in Form computergestützter persönlicher („face-to-face") Interviews durchgeführt und dauerten durchschnittlich knapp 56 Minuten. Um eine ausreichend hohe Zahl ostdeutscher Befragter z.B. für getrennte Ost-West-Analysen zu gewährleisten, wurden überproportional viele Ostdeutsche interviewt. Von den 4288 Befragten stammen rund zwei Drittel (2835) aus West- und rund ein Drittel (1435) aus Ostdeutschland.

Für die Analysen wurde ein gemeinsamer Datensatz mit allen Befragten aus den Vor- und Nachwahl-Erhebungen erstellt. Die Daten wurden mit einem Repräsentativgewicht gewichtet, welches die disproportionale Stichprobenziehung bezüglich Ost- und Westdeutschland ausgleicht und zufällige Abweichungen zwischen Stichprobe und Grundgesamtheit hinsichtlich Alter, Geschlecht und Bildungsabschluss korrigiert (für eine umfassende Übersicht zum Thema Gewichtung s. Gabler et al. 1994).

Der zweite verwendete Datensatz enthält die Daten einer *Rolling Cross Section*-Wahlkampfstudie mit Nachwahl-Panelwelle (GLES-Komponente 2). Dazu wurden in der Zeit vom 29. Juli bis zum 26. September 2009 insgesamt 6008 zufällig ausgewählte Personen in telefonischen Interviews befragt, von denen 4027 nach der Wahl noch ein zweites Mal interviewt wurden (vom 28. September bis zum 26. Oktober). Die Interviews dauerten durchschnittlich etwa 29 (Vorwahl) bzw. 21 Minuten (Nachwahl). Die Besonderheit dieser Studie besteht darin, dass während der sechzigtägigen Feldzeit der Vorwahlbefragung jeden Tag durchschnittlich 100 Befragte interviewt wurden. Die Durchführung wurde so organisiert, dass nicht nur die gesamte Stichprobe, sondern auch die Sub-Stichproben, die für jeden Tag des Wahlkampfs zur Verfügung stehen, zufällige Stichproben der Wählerschaft darstellen. Dieses Design erlaubt die Analyse von Veränderungen der Einstellungen und Meinungen der Wählerschaft während des Wahlkampfs.

Für den aus der Befragung erstellten Datensatz wurden zwei Gewichte verwendet. Ein Transformationsgewicht korrigiert die von der Haushaltsgröße abhängigen Auswahlwahrscheinlichkeiten, ein Bildungsgewicht dient der Anpassung an die Verteilung der Schulabschlüsse wahlberechtigter Personen in der Bundesrepublik Deutschland.

Als dritte Datenquelle wurde (ausschließlich für Kapitel 5.2) ein siebenwelliges *Wahlkampfpanel* (GLES-Komponente 3) verwendet. In der Zeit vom 10. Juli bis zum 7. Oktober wurden nach vorgegebenen Quoten bezüglich Alter, Geschlecht und Bildung ausgewählte Teilnehmer eines Online-Access-Panels in sechs Vor- und einer Nachwahlwelle befragt. Insgesamt nahmen 4570 Personen an der Wiederholungsbefragung teil, von denen 3232 an mindestens vier Panelwellen und 1477 sogar an allen sieben Wellen teilgenommen haben. Für die Teilnahme an den Befragungswellen 1, 2, 3, 4 und 7 benötigten die Befragten durchschnittlich ca. 25 Minuten, für Welle 5 etwa 30 und für Welle 6 etwa 36 Minuten. Die Daten dieses Wahlkampfpanels ermöglichen Analysen von Veränderungen politischer Einstellungen und politischen Verhaltens auf der Ebene einzelner Wähler.

Als vierter Datensatz wurden schließlich (ebenfalls nur für Kapitel 5.2) die Daten einer *langfristigen Wiederholungsbefragung* (GLES-Komponente 7) verwendet. Anlässlich der Bundestagswahlen 2002, 2005 und 2009 wurden dazu insgesamt 2340 wahlberechtige Bürger persönlich bzw. telefonisch interviewt, von denen 619 an allen drei Befragungswellen teilnahmen. Der Vorteil dieses Datensatzes liegt vor allem darin, dass politische Einstellungen und Verhaltensweisen im langfristigen zeitlichen Verlauf auf individueller Ebene analysiert werden können.

Anhang 4: Methodische Hinweise

1. Statistische Signifikanz

Bei den in diesem Buch präsentierten Analysen wird des Öfteren der Begriff der „statistischen Signifikanz" verwendet (s. dazu ausführlicher Bortz 2005: Kapitel 4). Dieser Begriff hat in der empirischen Sozialforschung eine zentrale Bedeutung, weil er Aufschluss darüber gibt, ob ein in der analysierten Stichprobe gefundenes Ergebnis auf die Grundgesamtheit (im vorliegenden Buch die wahlberechtigte Bevölkerung) übertragen werden kann oder ob dieses auf die zufällige Stichprobenzusammensetzung zurückzuführen ist.

Ausgangspunkt jeder empirischen Analyse ist eine Vermutung über einen Zusammenhang oder einen Unterschied, die sogenannte Alternativhypothese. Diese wird anhand der Daten aus der Stichprobe gegen die Nullhypothese getestet, welche immer die Existenz des in der Alternativhypothese unterstellten Zusammenhangs oder Unterschieds verneint. Theoretisch können bei der anschließenden Interpretation des Ergebnisses vier Situationen eintreten, von denen zwei problematisch sind (Tabelle 6).

Tabelle 6: Mögliche Entscheidungen bei der Ergebnisinterpretation

Entscheidung aufgrund der Stichprobe für die	Richtig in der Grundgesamtheit ist die: Nullhypothese	Alternativhypothese
Nullhypothese	Richtige Entscheidung	β-Fehler
Alternativhypothese	α-Fehler	Richtige Entscheidung

Signifikanzaussagen bezeichnen die Wahrscheinlichkeit eines α-Fehlers (auch Irrtumswahrscheinlichkeit genannt), d.h. einen in der Stichprobe gefundenen Zusammenhang oder Unterschied fälschlicherweise auch für die Grundgesamtheit anzunehmen. Das Risiko eines β-Fehlers wird dagegen meist ohne weitere Spezifikation in Kauf genommen, u.a. weil die Berechnung der entsprechenden Wahrscheinlichkeit nicht immer möglich ist und weil dieser Fehler „statistisch konservativ" dazu führt, die Alternativhypothese aufgrund der Stichprobenergebnisse zu verwerfen.

Wann ein Ergebnis als signifikant interpretiert wird, bleibt letztlich eine subjektive Entscheidung jedes Forschers. Gängige Konvention ist es, bei einer Irrtumswahrscheinlichkeit von höchstens fünf Prozent von einem signifikanten Ergebnis zu sprechen. In vielen Fällen, so auch in diesem Buch, werden neben diesem allgemeinen zwei weitere Signifikanzniveaus unterschieden, nämlich für Irrtumswahrscheinlichkeiten von höchsten einem und höchstens 0,1 Prozent. Diese Signifikanzniveaus sind in den Tabellen und Abbildungen zu den Kapiteln dieses Buches durch hochgestellte Buchstaben hinter der entsprechenden Zahl wie folgt ausgewiesen: a: $p < 0{,}05$; b: $p < 0{,}01$; c: $p < 0{,}001$.

2. Darstellung der Effekte und der Modellgüte bei logistischen Regressionen

Um die Effekte der in Kapitel 5 berechneten logistischen Regressionen darzustellen, ist in den dortigen Tabellen für jede unabhängige Variable ausgewiesen, wie stark sie die Wahrscheinlichkeit für die Wahlentscheidung zugunsten einer bestimmten Partei verändert, wenn alle anderen erklärenden Merkmale konstant gehalten werden (s. Long/Freese 2006). Am Beispiel der hier nochmals abgedruckten Tabelle 3 aus Kapitel 5.8 kann dieses Vorgehen einfach erläutert werden. Um den Einfluss der Leistungsbeurteilung der CDU/CSU auf die Wahlabsicht für die Union zu schätzen, wird zunächst die Kontrollvariable Parteiidentifikation auf den Mittelwert über alle Befragten gesetzt. Anschließend werden anhand der Regressionsgleichung die Wahrscheinlichkeiten der Wahl der CDU/CSU berechnet einerseits für einen mit der Leistung der Union *vollständig unzufriedenen* Wähler und andererseits für einen mit der Leistung der Union *voll und ganz zufriedenen* Wähler.

Die Differenz dieser beiden Wahrscheinlichkeiten ist in den Tabellen als Wahrscheinlichkeitsänderung ausgewiesen, in diesem Beispiel erhöht also eine maximal mögliche Veränderung der Leistungseinstufung der Union die Wahrscheinlichkeit, diese Partei zu wählen, um 49 Prozentpunkte. Ein Befragter, der mit den Leistungen der FDP voll und ganz zufrieden ist, hat eine um 75 Prozentpunkte höhere Wahrscheinlichkeit, diese Partei zu wählen, als ein mit den Leistungen der Liberalen vollständig unzufriedener Befragter.

Um vergleichen zu können, wie gut die einzelnen Modelle in diesen Teilkapiteln die Wahlentscheidung erklären können, ist jeweils der Wert für das Gütemaß Nagelkerkes R^2 angegeben. Dieses Maß kann theoretisch Werte zwischen null und eins annehmen, wobei null eine sehr schlechte und eins eine sehr gute Erklärungskraft bedeutet. Als grobe Faustregel kann ab einem Wert von 0,5 von einem guten Modell ausgegangen werden (Backhaus et al. 2006: 449f.). Nagelkerkes R^2 ist in etwa vergleichbar mit dem Bestimmtheitsmaß R^2 der linearen Regressionsanalyse, welches angibt, wie viel Prozent der Unterschiede zwischen den Befragten hinsichtlich des zu erklärenden Merkmals auf Unterschiede in den erklärenden Merkmalen zurückzuführen sind.

Tabelle 7: Einflüsse der Bewertung der Leistung der Parteien auf das Wahlverhalten (entspricht Tabelle 3 aus Kapitel 5.8)

	Wahlentscheidung für				
	CDU/ CSU	SPD	FDP	B90/Die Grünen	Die Linke
Leistung der jeweiligen Partei	+49,0[c]	+40,5[c]	+75,4[c]	+49,7[c]	+70,3[c]
Parteiidentifikation	+57,4[c]	+60,4[c]	+44,6[c]	+49,4[c]	+41,2[c]
Nagelkerkes R^2	0,60	0,58	0,48	0,54	0,60
N	2997	2997	1430	1457	1409

Regierung: CDU/CSU, SPD; Opposition: FDP, Die Linke, Bündnis 90/Die Grünen.
a: $p<0,05$; b: $p<0,01$; c: $p<0,001$ (s. Anhang 4).

3. LOWESS-Glättung für Rolling Cross Section-Daten

Die in Kapitel 3, 5.6 und 5.11 mit der *Rolling Cross Section*-Wahlkampfstudie berechneten Verlaufsanalysen basieren auf jeweils ca. 100 Befragten pro Tag, die jeweils in sich repräsentative Zufallsstichproben aus der wahlberechtigten Bevölkerung darstellen. Wegen dieser tageweise nur relativ geringen Fallzahlen sind die Daten mit einem recht großen Zufallsfehler behaftet, so dass Mittelwerte und Verteilungen von Tag zu Tag ziemlich stark schwanken können. Dem wurde bei den in diesem Buch präsentierten Analysen durch das sogenannte LOWESS-Verfahren (locally weighted scatterplot smoothing) der Datenglättung entgegengewirkt, das die in den Daten enthaltenen Trends sichtbar macht (s. Cleveland 1994: 168-180). Bei allen Abbildungen wurde mit einer sogenannten „Bandbreite" von 0,25 gearbeitet. Die ersten Erhebungstage wurden stets aus der Analyse ausgeschlossen, weil die in der Anlaufphase der Erhebung gewonnenen Interviews aufgrund der Eigenheiten des Erhebungsverfahrens noch nicht als Zufallsstichproben gelten können.

Literatur

Backhaus, Klaus/Erichson, Bernd/Plinke, Wulff/Weber, Rolf 2006: Multivariate Analysemethoden: Eine anwendungsorientierte Einführung, 11. Auflage, Berlin, Heidelberg: Springer.

Bortz, Jürgen 2005: Statistik für Human- und Sozialwissenschaftler, 6. Auflage, Heidelberg: Springer Medizin Verlag.

Cleveland, William S. 1994: The Elements of Graphing Data, revised edition, Murray Hill/NJ: AT&T Bell Labs.

Gabler, Siegfried/Hoffmeyer-Zlotnik, Jürgen H.P./Krebs, Dagmar, Hg., 1994: Gewichtung in der Umfragepraxis, Wiesbaden: Westdeutscher Verlag.

Long, J. Scott/Freese, Jeremy 2006: Regression Models for Categorical Dependent Variables Using Stata, 2. Auflage, College Station: Stata Press.

9. Die Autoren

Ina Bieber, M.A., ist Projektmitarbeiterin der „German Longitudinal Election Study – GLES“ an der Johann Wolfgang Goethe-Universität Frankfurt am Main.

Dipl.-Pol. Jan Eric Blumenstiel ist Projektmitarbeiter der „German Longitudinal Election Study – GLES“ an der Universität Mannheim.

Dr. Evelyn Bytzek ist Projektmitarbeiterin der „German Longitudinal Election Study – GLES“ an der Johann Wolfgang Goethe-Universität Frankfurt am Main.

Prof. Dr. Thorsten Faas ist Juniorprofessor für Politikwissenschaft, insbesondere Wählerverhalten, an der Universität Mannheim.

Dipl.-Soz.wiss. Sascha Huber ist wissenschaftlicher Mitarbeiter am Lehrstuhl für Politische Wissenschaft I – Politische Soziologie der Universität Mannheim.

Mona Krewel, M.A., ist Projektmitarbeiterin der „German Longitudinal Election Study – GLES“ an der Universität Mannheim.

Prof. Dr. Jürgen Maier ist Professor für Politikwissenschaft an der Universität Koblenz-Landau.

Prof. Dr. Hans Rattinger ist Inhaber des Lehrstuhls für Vergleichende Politische Verhaltensforschung der Universität Mannheim.

Prof. Dr. Sigrid Roßteutscher ist Professorin für Soziologie mit dem Schwerpunkt sozialer Konflikt und sozialer Wandel am Institut für Politik- und Gesellschaftsanalyse der Johann Wolfgang Goethe-Universität Frankfurt am Main.

Dr. Tatjana Rudi ist wissenschaftliche Mitarbeiterin am Zentrum für Qualitätssicherung und -entwicklung der Johannes Gutenberg-Universität Mainz.

Dipl.-Soz.wiss. Philipp Scherer ist Projektmitarbeiter der „German Longitudinal Election Study – GLES“ an der Johann Wolfgang Goethe-Universität Frankfurt am Main.

Prof. Dr. Rüdiger Schmitt-Beck ist Inhaber des Lehrstuhls für Politische Wissenschaft I – Politische Soziologie der Universität Mannheim.

Dr. Markus Steinbrecher ist Akademischer Rat am Lehrstuhl für Vergleichende Politische Verhaltensforschung der Universität Mannheim.

Aiko Wagner, M.A., ist wissenschaftlicher Mitarbeiter der Abteilung „Demokratie: Strukturen, Leistungsprofil und Herausforderungen“ im Projekt „German Longitudinal Election Study – GLES“ am Wissenschaftszentrum Berlin für Sozialforschung (WZB).

PD Dr. Bernhard Weßels ist wissenschaftlicher Angestellter in der Abteilung „Demokratie: Strukturen, Leistungsprofil und Herausforderungen“ am Wissenschaftszentrum Berlin für Sozialforschung (WZB) und Privatdozent am Institut für Sozialwissenschaften, Philosophische Fakultät III, an der Humboldt-Universität zu Berlin.

Ansgar Wolsing, M.A., ist Research Manager Analytics & Operations bei der nurago GmbH, Hannover.

Zeitfracht Medien GmbH
Ferdinand-Jühlke-Straße 7
99095 Erfurt, Deutschland
produktsicherheit@kolibri360.de